U0513555

嶺南思想家文獻叢書
景海峰 主編

[明]方獻夫 撰
問永寧 周悦 點校

方獻夫集

上海古籍出版社

本項目由深圳市宣傳文化事業發展專項基金資助

點校説明

方獻夫（一四八五—一五四四），初名獻科，字叔賢，號西樵，廣東南海縣（今佛山市南海區）人。明孝宗弘治十七年（一五〇四）領鄉薦。弘治十八年成進士，選翰林庶吉士。乞歸養母，丁母憂。終喪起復，除禮部祠祭主事，改吏部，歷驗封、文選諸司主事，員外郎。正德六年（一五一一）與主事王守仁論學，遂請爲弟子。尋謝病歸，與湛若水、霍韜卜築西樵，往來講學西樵山中者十年。嘉靖改元（一五二二）以薦起，授吏部考功員外郎，轉文選。會大禮議興，與張璁、桂萼、席書、霍韜各具疏協贊典禮，世宗嘉納之。嘉靖三年進翰林院侍講學士。嘉靖四年以大禮成，升少詹事兼原官。嘉靖六年進禮部右侍郎，纂修《明倫大典》，尋轉吏部左侍郎，升禮部尚書，仍兼翰林學士。嘉靖七年《明倫大典》成，加太子太保。嘉靖八年改吏部尚書。嘉靖九年以疾歸養。嘉靖十年世宗遣行人召之還部復任。嘉靖十一年至京，進武英殿大學士，入閣輔政，尋署吏部。嘉靖十三年加秩少保，其年致仕。嘉靖二十三年卒，贈太保，謚文襄。《明史》卷一九六有傳。著有《古文周易傳義約説》、《學解》諸説、《程子語》、《大學原》、《中庸原》、《西樵遺稿》，其中《學解》諸説、《程子語》、《大學原》、《中庸原》已佚。

《西樵遺稿》是方獻夫的文集。獻夫早年在西樵山讀書，因以西樵爲號，并以名集。是書收録了方獻夫奏議、詩、序、記、墓表、祭文、書、説等十多種文體的作品，包括方獻夫給王守仁、湛若水等同時代著名學者的書信。基於該書中所涉及的重要學術問題與政治事件，我們可以大致推斷該書所收遺稿多成於正德末年（一五二一）至嘉靖二十一年（一五四二），可以代表其中晚期思想。《西樵遺稿》有兩種刻本：

一、方獻夫之子方蕖於隆慶己巳（一五六九）搜求遺篇彙刻文集五卷，是爲《西樵遺稿》初刻五卷本。黄虞稷《千頃堂書目》、徐乾學《傳是樓書目》、《明史·藝文志》、薛福成《天一閣見存書目》皆有著録。民國三年（一九一四），范氏天一閣被盜，《西樵遺稿》五卷本亦被竊散佚。（黄裳編《天一閣被劫書目》）是書今不見，其目録亦不詳。

二、方獻夫之玄孫方林鶴於康熙丙子（一六九六）孟冬彙刻文集八卷，是爲《西樵遺稿》重刻八卷本。是書在《西樵遺稿》五卷本的基礎上多有增益：方林鶴之從兄雲從於崇禎癸酉（一六三三）購得密諭七札并奏稿一帙亦另編一卷附入集中；至於五卷本中所闕略的方獻夫生平著作，或序記，或詩文亦以次編入。

這次整理以齊魯書社一九九七年出版的《四庫全書存目叢書》所收《西樵遺稿》八卷本爲底本，該本是據中山市圖書館藏清康熙三十五年（一六九六）方林鶴刻本影印而成，爲孤本。參校張邦翼《嶺南文獻》、屈大均《廣東文選》、温汝能《粤東詩海》等所選獻夫作品。有關地理名物則多參校明清兩代地方志。

《古文周易傳義約説》十二卷是方獻夫闡説《易》象數與義理的書。四庫館臣謂其書「用朱子所定古經本，以上下經、十翼各自分篇，兼取《程傳》、《本義》而參以邵子之學，頗以象數爲主，其説務在簡明」，道出了方氏此書的基本特點。方氏作此書之初衷，即是爲了在《古文周易》的基礎上博采程、朱二子之説而約之，故名「古文周易傳義約説」。方氏認爲《程傳》與《本義》雖各有所失，但二者可以互補。其曰：「自《本義》而通之《傳》則無遺矣。豈惟《本義》，雖諸家之説有可取者亦弗遺也。」（《約説序》）故是書多引《周易傳義大全》中所載宋、元各家《易》説，綴於程、朱注後。方氏還認爲「夫象數者，易之本也。象數得則辭與意得矣。邵子之説，於象數精矣」（《約説序》），故其亦多取邵子之説。雖然方氏在注釋《周易》章句時多本前人之説，但對於《周易》的作者與成書過程、易圖等問題的看法確有獨到之處，在易圖的創作上亦有所發明。我們正可從中看出此書的價值。《約説》雖付梓於嘉靖二十年，但基於方獻夫及其後人、門人的記述，我們推斷此書主體部分當成於正德七年（一五一二）至十六年間，這段時間正是方獻夫别過王守仁隱居西樵山，并與霍韜、湛若水往來講學的時期。因此，我們認爲《古文周易傳義約説》一書可以代表其中前期思想。

這次校點所採用的底本是齊魯書社二〇〇一年出版的《四庫全書存目叢書補編》所收《古

文周易傳義約説》，該本是據臺灣漢學研究中心藏明嘉靖二十年刻本影印而成，世無他本。此本由其門人關直方校刊，首列嘉靖庚子（一五四〇）初夏方獻夫《古文周易傳義約説序》，次爲《古文周易傳義約説圖》，次爲正文十二卷，次爲《易雜説》，最後是關直方作於嘉靖辛丑（一五四一）中秋的《書古文周易傳義約説後》。由於是書多引程頤、朱熹等宋、元各家《易》説，故取《程氏易傳》、《周易本義》、《周易傳義大全》中相關部分以資參校。

凡底本有訛、脱、倒、衍而確有所據者，則出校記予以改正，并注明所據文獻；底本有若干處殘闕乃至缺頁處，有其他文獻依據者則予以校補，并出校記，無法校補者則予以標識；據上下文可以判定底本文字明顯有誤而無其他文獻根據者，予以改正，出校記加以説明；凡底本文字疑誤而證據不足者則不改，只出校記説明；底本於時、地、人、物、數字等關鍵詞語，與其他文獻有異者，亦酌情出校記注明；底本及參校本中的俗字、異體字，皆改爲正字，不出校記；底本明顯訛誤或刻誤，如己、已、巳之類，則徑改不出校；底本中的小字，點校本亦遵循原文用小字排列；點校本斷句標點悉依通例。

我們注意借鑒今人的古籍整理成果，如王鐵校點的《周易本義》、陳廣恩校點的《廣東文選》等，在此也向這些成果的作者致謝。

校點者　問永寧　周　悦

目録

西樵遺稿

西樵遺稿卷之四 ……（八四）

西樵遺稿卷之五……（一四五）

西樵遺稿卷之六……（一五五）

西樵遺稿卷之七……（一八〇）

西樵遺稿卷之八……（一九六）

古文周易傳義約説

西樵遺稿

西樵遺稿卷之一

奏議

議大禮疏〔一〕

〔伏見近議陛下繼嗣孝宗尊稱〕興獻帝之禮，〔一謂守《禮經》之言，一謂循宋儒之説。臣按〕：《禮經》曰「爲〔人後者〕」，傳曰：「何如而可以爲人後？支子可也。」〔又〕曰：「爲〔人後者孰後？後大宗也。適子不得後大宗。〕」蓋謂有支子而後可以爲人後，未有絶人之後以爲人後者也。爲是議者，臣未見其合於《禮經》之言者也。臣又按：宋儒程頤輩曰：「英宗既以仁宗爲父，不當以濮王爲親。」臣則謂今日之事不同，蓋仁宗嘗育英宗於宫〕中矣，〔是實爲父子也。今孝宗未嘗育陛下〕於宫中也。〔孝宗嘗有武宗矣，仁宗未嘗〕有子也。濮王別有子，〔可以不絶

〔一〕 本篇底本原多處殘闕，復經某氏手書補全，其人已不可考。兹將其補諸字起迄處以〔 〕標識，以示區別。

矣，今興獻帝〕別無子也。爲是議者，臣未〔見其善述宋儒之說者也〕。蓋父子天性也，不可改移；〔名實相須也，豈容假借？說〕者不過謂孝宗不可無〔後，故必欲以陛下爲子。今夫〕推孝宗之心欲有〔後者，在不絕祖宗之祀，不失〕天下社稷之重而已。〔孝宗有武宗〕，武宗有陛下，是不絕祖宗之〔祀矣，不失天下社〕稷之重矣。故陛下之繼二宗，〔當繼統而不繼嗣；興獻之異〕群廟，在稱帝而不〔稱宗。繼統者天下之公，三王之〕道也；繼嗣者一人之〔私，後世之事也。興獻之得〕稱帝者，以陛下爲天〔子也；不得稱宗者，以實未嘗〕在位也。請宣示朝臣改〔議，布告天下，稱孝宗曰皇伯〕，稱興獻帝曰皇考，〔別立廟祀之，夫然後合于人情〕，當乎名實。舉斯心而〔推之，治天下可運之掌矣〕。

上大禮論〔一〕

〔大禮之議，其蔽在於執爲人〕後之說，而不知天子、諸〔侯無爲人後之禮也〕。〔臣謹按〕：《儀禮·喪服》「斬衰」曰「爲人〔後者〕」，子夏傳曰：「爲人後者孰後」？後大宗也。」又按：

〔一〕本篇底本原多處殘闕，今據清屈大均輯《廣東文選》卷十（北京圖書館藏康熙二十六年序刊本）所收該篇補全。所補諸字起迄處以〔　〕標識，以示區別。

《記·大〔傳》曰：「別子爲祖，繼別爲宗，繼〕禰者爲小宗。」是宗法者，〔大夫、士之禮也。天子、諸〕侯無宗法，則爲人後者，大夫、〔士之禮也明矣〕。且爲人後者，爲其父母降服期。喪服〔自期而下，諸侯絶，大夫降，天子安〕得有之乎？且降其〔父母，則爲子臣其父；不降其父母〕，則爲兩父。此天子、〔諸侯所以無爲〕人後之禮也。然則天子、諸侯之無嗣，〔其禮爲何？曰兄終〕弟及者，即天子、諸侯之禮也。斯禮〔也，自夏太康、仲康，商外丙、仲壬〕而已然矣。故我太〔祖高皇帝之訓，乃百代王者家〕傳之法也。然則於經〔有據乎？曰有。《禮運》曰：「大人世〕及以爲禮。」說者曰：「大人，〔天子、諸侯也。父子相傳曰世〕，兄弟相傳曰及。」是也。然〔則天子、諸侯之無嗣，必兄終弟〕及而不必爲後者，其〔義爲何？曰：適子不得爲人後，爲〕人後者必以支子，故〔凡族人皆得爲之。天子、諸侯則〕先嫡長、貴倫序。若必〔爲後，則恐禮得爲人後者，或無〕其人，或有其人而幼〔弱，非社稷之福。故兄終無嗣〕，直及其弟，爲天下社稷〔計也。此我太祖之訓，真王〕者大公之道，行之萬世〔而無弊者也〕。

〔是故繼承之義有〕二：繼統也，繼嗣也。兄〔終弟及者，繼統也；爲人後者〕，繼嗣也。蓋天子者，天下〔之統也；諸侯者〕，一國之統也。何爲人後之足云？故繼〔統之義大，爲後〕之義小。漢宣〔帝，繼統〕昭帝者也，未嘗〔不考史皇孫；光武，繼統元帝者〕也，未嘗不考南頓君。〔是繼統不繼嗣也。若夫成帝必立〕哀帝爲子而後與〔之者，私也；宋事〕必育于宮中者，則又私之甚矣。嗚呼！〔當時議者不知宣〕帝、光武之是，而執爲人後之説；不〔知成帝、仁宗之非，而徒以哀〕帝、英宗爲罪，謬矣！漢儒〔之謬，未詳《儀禮》之過也；宋儒之〕謬，因襲之弊也。雖然，〔史皇孫稱皇考之奏，魏相也〕；成帝當立中山王之議，〔孔光也；欲考濮王之争，韓琦〕、歐陽修也。然韓、歐比魏、〔孔則有間矣，不争於仁宗初育〕英宗之時，而争於英〔宗既考仁宗之後，則韓、歐之失〕也。英宗既爲人後矣，〔則安得復父其父乎？此又司馬〕光、程頤之是，而韓、歐〔之非也。雖然，考濮王則有兩父〕之嫌，不考濮王則有〔子臣其父之嫌，此朱熹所以〕終有非禮之論也。然則〔成帝之失若何？於戲！作俑者〕其成帝乎！廢百代王者〔之法而成一己兒女之私，奪人〕之嫡嗣而泯人之天〔倫者，成帝也。且使後世姦臣〕乘之利於立幼，而平、嬰、〔桓、靈遂以亡漢。若〕成帝者，其萬世之罪人乎！嗚呼！斯〔義之不明久矣〕，何怪乎今日之紛紛也？且今日之事，〔其道有三：一曰祖宗之統不可〕私也，二曰君臣之〔義不可廢也，三曰父子之倫不可〕泯也。必後孝宗，〔則私祖宗之統矣；不繼〕武宗，則廢君臣之義矣；〔不考興獻帝，則泯父子之〕倫矣。

夫天下者，祖宗〔之天下也。自祖宗列聖〕而傳之武宗，孝宗不〔得而私也；武宗無嗣而傳之〕皇上，武宗不得〔而私也。此正所謂兄終弟及，而〕不必爲後者也。若必〔欲立後，則當爲武宗立後〕，安得爲孝宗立後乎？〔夫天下者，受諸其兄者也。既〕不必爲其兄立後，又何〔必追爲其伯立後乎？然弟〕繼其兄之統，則其兄之祀〔未嘗絶也〕；其兄之祀〕不絶，則其伯之祀亦何嘗絶乎？〔若止爲其伯立後，則其兄之〕祀反絶矣。此兄終弟及，〔雖繼統而實寓繼嗣之義〕，真萬世無弊之道也。故曰〔祖宗之統不可私者，此也〕。

漢之惠、文，亦兄弟相繼，而〔當時議者推文帝上繼高祖〕，而惠帝親受高祖天下〔者，反不得與昭穆之正〕。生則以臣子事之，死則以兄〔弟治之，忘生悖死，況已〕實受之後君？今乃自繼先君，〔不惟棄後君命己之命，又廢先君〕命兄之命，豈所以〔重授國之意也？此宋儒劉敞之議，可考也。今皇上〔不繼統武宗，則前失安〕能免乎？故曰君臣之義不〔可廢者，此也〕。

〔孝子莫大於嚴父〕，由嚴父之義推之，故〔尊祖，尊祖故敬宗。無父則曷從而〕推乎？此聖人制禮〔之意，權衡輕重之極，天理人情之〕至也。今獻帝止〔生皇上一人，别無支庶，欲使〕皇上不父其父而〔爲人後，父子之倫安在哉？使獻帝〕有他子而皇〔上爲人後，猶爲非禮，況無他子乎？孔〕子所謂「於女安〔乎」。苟以爲安，是無人心者矣。故曰父〕子之倫不可泯〔者，此也〕。

〔孔子曰：「殷因於夏禮，所損益〕可知也。周因於〔殷禮，所損益可知也。其或繼周者〕，雖百世可知也。」説〔者謂三綱五常，禮之大體，百世不變〕。所損益者，〔不過儀文度數之間是也。然則孝宗稱〕皇伯，可乎？有據〔乎？宋真宗稱太祖曰皇伯，仁宗稱〕太祖曰皇伯祖，且〔今日之兄，即他日之伯也。今皇〕上既兄武宗，則〔他日皇太子必伯武宗；他日〕既可伯武宗，今〔日獨不可伯孝宗乎？然則獻〕帝稱皇考，可乎？曰〔皇考者，自漢以來，上下之通〕稱也，而況於天子之父〔乎？然則獻帝何以祀乎〕？曰當別廟也。然則廟於何〔所，主於何人？曰廟於〕十王府可也。歲時祭太廟，則〔遣駙馬將命代祭可也。然則〕立廟大内之説非乎？曰〔非也。立廟於大内，則干於正統矣〕，斷斷其不可也。〔皇上雖繼武宗而猶考獻帝〕者，不以尊尊害親〔親也；雖考獻帝而不得入〕太廟者，不以親親害〔尊尊也〕。

〔抑又有説焉。二三臣之〕所言者，禮也；衆論之〔所重者，時也。禮，時爲大。皇上即位〕之初，明詔已頒〔於天下矣，考孝宗、母昭聖又且三年〕矣。天下之〔人皆知皇上已爲孝宗之子，而昭聖〕之心亦〔已安皇上爲子。一旦欲變而從禮，則昭〕聖之心〔未必安而兩宮之隙起，前事之失不可〕言而大臣之〔聞開，天下之人亦未必無疑於聖〕心公私之間以〔爲向背者，是亦治亂之機、利害〕之大者，不可不懼也。〔故此禮也，非昭聖之心釋然〕，不可變也；非舉朝之〔心釋然，不可變也。嗚呼！難矣哉！知〕禮者無一二而〔論利害者常千百也，此臣之所以屢〕言而不敢也。雖然，〔臣又慨夫聖經之不著、祖訓〕之不明、聖心之不白〔也，懼夫斯道之將絶、正論〕之不伸、吾人之受病也，〔故著爲論〕。

重上議大禮疏 □年四月□少詹事兼翰林院侍講學士〔一〕

〔臣等按：自古主爲人後之〕議者，宋莫甚於司馬光，魏〔莫甚於明帝，漢莫甚於〕王莽。主濮議者，司馬光爲首，〔呂誨、范純仁、呂大防附之也〕。主哀帝議者，王莽爲首，〔師丹、甄邯、劉歆附之也。惟莽説〕流毒最深。魏明帝以〔篡逆得國，不足多論。惟宋〕儒祖述王莽之説以惑萬〔世，不容不辨〕。

〔臣等按：戾太〕子，武帝嫡子，宜有天下者〔也。被譖死，武帝作思子〕宫於湖，滅江充家。史皇孫，〔武帝嫡孫，宣帝父也。昭帝，戾太子弟，宣帝〕叔祖也。宣帝〔即位，尊史皇孫曰皇考，戾太子曰〕皇祖考，别爲廟祀，〔禮也。王莽乃曰：「皇考廟本不當立。宣〕帝爲昭帝後，復〔尊悼〕〔考，爲兩統二父。」是稱叔祖曰皇考〕，悖天倫矣。

又〔按：成帝嗣朝議，翟方進曰宜定陶王〕，孔光曰宜中山王。〔用孔光議，則父子兄弟各正其位〕，而無復棼諠矣。公〔羊氏曰：「爲人後者爲之子。」王〕莽祖述師丹，爲之先也。〔宋人後

〔一〕 本篇底本原多處殘闕，大部分經某氏手書補上，這部分以〔　〕標識。除此之外尚有部分遺漏，今據清屈大均輯《廣東文選》卷二所收該篇補全，這部分以〔　〕標識。

襲莽術，曰丁、傅焚」如，以脅英宗也；曰泠褒、段「猶徙合浦，以脅輔臣也。丹」非漢室臣也，莽功臣也。又「按：莽用爲後之議」，上及平帝母族，内及其子，外及海「内豪傑，以及宗」室姻戚，并罹酷禍，然後簒逆之謀成「焉。又按：平帝身」有天下而不得見其母，衛后子有天「下而不能保」其宗，皆「爲人後者爲之子」之説誤之也。〔又按：莽謀顓漢柄，即隔絶平帝」，母后不得至京師，衛「姬日夜啼泣，思見帝不可」得，曰：「爲人後者爲之子也，「禮也。」既而欲速簒謀，即」身繼漢宗，不行母服，亦曰：「爲「人後者爲之子也，禮也。」至是」人倫絶，天理滅，禽獸逼「人矣。劉歆倡之，諸儒和者七十八人，繼而」從者四「十八萬七千人。邪説惑人之毒」，〔慘矣〕！

〔又按〕：魏明帝無子，「防支庶之入繼也，即預禁之」，使不得有父母；至痛幼「女之死也，即追謚立廟。是」嗣君父母，反殤女之不如「也，明帝何心哉？雖然，曹」氏積兇累狡，竊漢鼎社，犯分「逆天，尤無忌憚，其爲此制」，無足怪者。獨惜宋人學問「宗焉，以誤國」是，故删其節略，比論正之，豈得已也？「又按：《禮・喪大記》」無「爲人後者爲其父母降服三年爲「期」之説，歐陽修」《濮議》亦惟用《儀禮》云而已。修史者不「惟於禮書有所弗」讀，而於歐陽修之説亦有所弗讀「矣，襲」謬踵訛，以誤後學。且所删録，惟存吕誨、范純仁、「吕大防」輩憤激駡詈之詞，於英宗所以榜示朝堂者「則削而」不述，遂上誣英宗有薄德之疵，下誣輔臣蒙「邪詇之辱」。千古不辯之訕，孰與訂決？後儒自入黨庠，「即爲成説所」蔽久矣，是宜大道之弗明也。

（《重上議大禮疏》後，底本本卷頁十後半部分及頁十一、十二、十三、十四、十五、十六、十七嚴重漫漶，亦無從校補，故從闕。）

□□□□□□□□□□□聖學疏 七年閏十月初六日〔一〕

□□□□□□□□□□□□□思臣愚平日留心□□□□□□□□□□□□儒説者未曾及之，蓋□□□□□□□□□□疇而解釋訓詁者漫爾説□□□□□□□□□□聖學淵深默契□□嘗加□□□□□□□□□於此疇之旨必有□□者臣□□□□□□□益萬一然野人芹曝之誠不能自□□□□□之。蓋《洪範》九疇五位居中，數亦居中，其象在天下則君居中，在人則心居中，故言人君正心之事。極者，中正之的也。曰「皇建其有極」云者，即《書》所謂「建中于民」，《易》所謂「中正以觀天下」，《禮》所謂「王中心無爲以守至正」是也。曰「斂時五福，用敷錫厥庶民。惟時厥庶民于汝極，錫汝保極」云者，即《書》所謂「民協于中」，《易》所謂「下觀而化」，《孟子》所謂「君正莫不正」是也。君臣上下咸爲中正之德則和氣充塞天地，而人無夭札、

〔一〕 本篇底本原多處殘闕，除標題及篇首尾數處無從校補外，篇中殘闕處以本書卷八所收《洪範皇極大義説》補齊，因二文大部内容重合。

物無疪癘矣。先儒真德秀所謂「堯舜之民莫不仁且壽者」是也，是斂福錫民之義也。曰「凡厥庶民，無有淫朋，人無有比德，惟皇作極」云者，是覆言臣下之化於中正者實由在上者之作則也，即《書》所謂「民心罔中，惟爾之中」也。無朋無比，即下文無偏無黨之義也。夫人之心莫大於好惡二者，而人君之職只是用人一事，故於用人言之曰「凡厥庶民，有猷有爲有守，汝則念之。不協于極，不罹于咎，皇則受之，而康而色」。曰「予好德，汝則錫之福」云者，是即所謂「嘉善而矜不能，尊賢而容衆」，無所偏黨於其間也。曰「無虐煢獨而畏高明，人之有能有爲，使羞其行，而邦其昌。凡厥正人，既富方穀，汝弗能有好于而家，時人斯其辜。于其無好德，汝雖錫之福，其作汝用咎」云者，是善善惡惡，進賢退不肖。無虐煢獨，不之其所敖惰賤惡而辟焉也。無畏高明，不之其所畏敬親愛而辟焉也。箕子反覆言之不已，又自敷衍其義。曰「無偏無陂，遵王之義；無有作好，遵王之道；無有作惡，遵王之路。無偏無黨，王道蕩蕩；無黨無偏，王道平平；無反無側，王道正直」，是皇極之義，皆正心之事也。《大學》一書只是要人正心修身，而治國平天下章亦只是言好惡用人之事，其道如此。皇上聖明，誠能深體其義而力行之，正其好惡，無偏無陂，以立極於上，使臣下化之，亦正其好惡，無偏無黨而同歸於極，則董子所謂「正心以正朝廷，正朝廷以正百官，正百官以正萬民，正萬民以正四方。四方正，遠近莫敢不一於正，而無有邪氣姦其間者，是以陰陽和而風雨時，群生和而萬民殖。諸福之物，可致之祥，莫不畢至矣」。蓋《洪範》九疇□□帝王治天下之大經大法，而其體要只在此一疇，此疇舉則八疇莫不畢舉矣。善乎先儒胡宏曰「明君以務學爲急，聖學以正心爲要」，蓋得之矣。今日聖學緊要下手處，實不外此。伏望聖明留神體玩，務見之躬行實踐，不徒事區區文義之末〔一〕，臣愚幸甚。

議禮儀疏 七年十一月

茲者伏遇大行中宮皇后喪禮，皇上疑於天子□□□□□服制，屢降聖諭，内閣及臣等援引□□反覆推究。臣等仰惟皇上稽古好道，事必審其據，禮必求其中，真大聖人之見，殆出尋常萬萬者□。臣等雖愚昧寡識，叨職禮官，幸遇聖明，敢不以禮事陛下乎？連日自聞聖諭以來，精白一心，博考群籍，不敢眩惑人言，亦不敢附會推説，深思明辯，惟理是求，乃知聖人之經無不具載，先儒之説皆有源委，而學者不善讀，讀者不善解耳。

謹按：《儀禮·喪服篇》斬衰下曰「父」、曰「父爲長子」。齊衰三年下曰「父卒則爲母」〔二〕、曰「母爲長子」。齊衰期年下曰「父在爲母」、曰「妻」。《傳》曰「父在則爲妻不杖」〔三〕。斯禮也，

〔一〕「末」，原作「未」，今據上下文意改。
〔二〕「爲母」，此二字原漫漶不清，今據《儀禮·喪服》補。
〔三〕「曰父在」，此三字原漫漶不清，今據《儀禮·喪服》補。

通乎上下而言也。蓋君臣父子夫婦，三綱也，人倫之大者也，自天子諸侯大夫士庶人莫不服之，所謂殷因於夏禮，周因於殷禮，不可損益者也。故《儀禮》別篇曰士冠禮，曰士昏禮，曰士喪禮，曰大夫饋食禮，惟喪服不曰士喪服而獨曰喪服者，古註疏謂「喪服一篇，總包天子以下服制之事」是也。或者謂齊衰期年下止曰妻，不曾明言曰天子爲后、諸侯爲夫人，謂非天子諸侯之服，然則斬衰齊衰三年爲父爲母，下亦不曾明言曰天子諸侯爲父、天子諸侯爲母，亦將謂非天子諸侯之服乎？蓋經文簡而備，君臣上下并包之矣。

或者謂「天子絶期」，斯言也，蓋出於漢儒。《白虎通》曰「天子爲諸侯絶期何？示同愛百姓，明不獨親其親也」，其言甚明，蓋謂天子之期，親世父母、叔父母、衆子、昆弟、昆弟之子皆出爲諸侯而非正統者也。此等期服，大夫則降爲大功，天子諸侯則不服，天子所絶即大夫所降者也，此皆爲旁期也。若正統之期，天子諸侯亦不降也，而況絶乎？故「爲衆子」下條註云「大夫則謂之庶子，降之爲大功，天子國君不服之」[一]。疏云：「天子國君不服之者，以其絶旁親，故不服。」又云「尊有正有旁之義」是也。此天子絶期之説也。又按：《儀禮圖解·天子諸侯正統旁期服圖》註云：「天子諸侯絶旁期，尊同則不降，正統之期不降，於衆子絶而無服。」又按：杜氏

[一]「爲衆子」，「子國君」，原漫漶不清，今據《儀禮注疏》卷十一《喪服》補。

《通典・天子不降服及降服議》魏田瓊云：「天子不降其祖父母、曾祖父母、后、太子、嫡婦、姑姊妹嫁於二王後，皆如都人。」祖父母、后、嫡婦，即所謂正統之期不降者也；姑姊妹嫁於二王後，即所謂尊同則不降者也。又按：《喪服傳》「父在則爲妻不杖」條下註云：「服之降有四品，君、大夫以尊降。」疏云：「君、大夫以尊降者，天子諸侯爲正統之親，后、夫人與長子、長子之妻等不降，餘親則絶。天子諸侯絶者，大夫降一等，即大夫爲衆子大功之等是也。」

又按：《中庸》曰：「期之喪，達乎大夫；三年之喪，達乎天子；父母之喪，無貴賤一也。」古註云：「期之喪達乎大夫者，謂旁親所降在大功者，其正統之期，天子諸侯猶不降也。大夫所降，天子諸侯絶之，不爲服，所不臣乃服之也。」疏云：「三年之喪達乎天子者，謂正統在三年之喪，父母及適子并妻也。達乎天子者，言天子皆服之。天子爲后服期，以三年包之者，以達子之志，故通在三年之中。是以昭十五年《左傳》叔向云：『王一歲而有三年之喪二焉。』是包后爲三年也。惟父母之喪，無問天子及士、庶人，其服并同，故云『無貴賤一也』。」[一]又按：《中庸或問大全》吕氏曰：「期之喪有二：有正統之期，有旁親之期。正統之期雖天子諸侯莫降，旁親之期天子諸侯絶服而大夫降也。三年之喪達乎天子者，三年之喪，爲父爲母，適

[一] 此句原漫漶不清，今據《禮記注疏》卷五十二《中庸》補。

孫爲祖，爲長子爲妻而已，天子達乎庶人一也。父在爲母及妻，雖服期，然本爲三年之喪，但爲父爲夫屈者也。故與齊衰期之餘喪異者有三：服而加杖，一也；十一月而練，十三月而祥，十五月而禫，二也；夫必三年而後娶，三也。」此皆聖經賢傳與先儒之正訓也，其言皆已甚明。若謂《喪服》自□以下，天子皆絶，則《喪服》「齊衰期」條「妻」之下曰「祖父母〔二〕」，然則祖父母之喪〔三〕，天子亦不服之乎？此後儒不□□□□。

又按：《春秋左傳》昭公十五年六月乙丑，王太子壽卒〔三〕。秋八月戊寅〔四〕，王穆后崩。十二月，晉荀躒如周，葬穆后。既葬，除喪，以文伯宴。王索晉獻彝器。晉叔向曰：「王一歲而有三年之喪二焉。於是乎以喪賓宴，又求彝器，樂憂甚矣，且非禮也。三年之喪，雖貴遂服，禮也。王雖弗遂，宴樂以早，亦非禮也。」天子爲后服期而通謂之三年喪者，吕氏謂「夫爲妻，本爲三年之喪，但爲夫屈而爲期者」是也，此周景王天子爲后服之明據也。或者謂天子之爲后服無明文，亦惑矣。

〔一〕「母」，原漫漶不清，今據《儀禮·喪服》及上下文意補。
〔二〕「然」，原漫漶不清，今據《儀禮·喪服》及上下文意補。
〔三〕「子壽卒」，原漫漶不清，今據《春秋左傳注疏》昭公十五年補。
〔四〕「秋八月」，原漫漶不清，今據《春秋左傳注疏》昭公十五年補。

又考之我朝大學士楊士奇所著《三朝聖諭録》：「永樂甲辰九月癸未，禮部尚書吕震言於上曰：『今喪服已逾二十七日，請如太祖倣漢制釋衰，易吉服。』震奏已，遂退，偏語群臣明旦易服。士奇謂震曰：『今喪服未可比此例，蓋洪武有遺詔，且仁孝皇后崩，太宗皇帝在上，縗服後，仍服數月白衣冠絰帶。今上於皇考乃遽即吉乎？』時黄淮同余意，然不敢明言忤震。震厲聲忿余曰：『朝廷每事被爾拗。』衆尚書、蹇義從旁解之曰：『渠言當理，國家事公豈應偏執己見，請兼取二説。明旦君臣皆素衣冠黑角帶。』遂偕六部、都察院具奏，報可。明旦，上素冠麻衣麻絰出視朝，文臣惟學士、武臣惟英國公如上所服，餘文武群臣之服，皆從義等所定。朝退，上召蹇義、夏原吉及臣士奇等諭曰：『吕震昨奏易服，云皆與汝等議定然後奏，時吾已疑其非，但聽臣下易之。梓宫在殯，吾豈忍易。後聞士奇有言，始知震妄，士奇所執是。』因歎曰：『張輔知禮，六卿乃有不及。』又顧義曰：『汝所折衷，亦未當，然不必再以語人。群臣聽其便。』」據此曰「仁孝皇后崩，太宗皇帝在上，縗服後，仍服數月白衣冠絰帶」，此我朝祖宗已行之明據也。

夫考之古禮經傳與先儒之正訓如此，考之周王爲后服之故事如此，考之我朝祖宗典故又如此，則禮之當然者可知矣。臣等伏讀皇上前數次聖諭，俱默契千古，符合先聖，真大聖人之見，出尋常萬萬者也。皇上聰明睿知，不世出之主也，崇道好學，親親法祖，爲萬世彝倫之極、禮樂之宗也。臣等豈敢附會順諛，而陷陛下於非禮乎？伏望聖明亮察，俯從本部原議。上服斷自齊衰杖期，以日易月，爲十三日之制，其餘儀文及百官之服一聽聖明裁定，則得禮之中、道之正，無復異議者矣。

應詔陳言疏 八年正月二十六日

欽蒙敕諭：「以近者災害繼作，困於生民，去冬長庚見而數丈，元旦陰霾作而竟日，且連年之變異，數省之旱潦，自來未有。責躬思過以仰答皇天仁愛，開曉文武群臣、大小百官，使各加思省，各盡其職，有可弭災□術許令各自陳奏，務有知速言，言無不盡。欽此。」欽□□伏聞和氣致祥，乖氣致異，此不易之理也。今日□□弭災消變之術亦惟於斯言求之而已，出此則□□萬貫，事事而數之，人人而責之，皆末耳。欲格□□□反災爲祥，不亦難乎！漢儒云：「氣同則從，聲比則應，人主和德於上，百姓和洽於下，故心和則氣和，氣和則形和，形和則聲和，聲和則天地之和應矣。」臣伏覩皇上御極以來，勤學勤政，敬天敬親，汲汲求賢之心，源源恤民之念，宜乎善政民安、德流化洽，而猶未能者，臣竊謂今日所病在君臣闕同遊之樂，宰輔少和衷之美，大臣乏休休有容之量，群臣無濟濟相讓之風。將相不交驩，内外不相承，事本一家而務人執私見以相牴牾者有之，善與人同而必事從己出以擅功能者有之，以致上下猶未免於猜疑，同列或相持以忌尅，安得謂之和德乎？然則今日致災之由，其本實在於是。伏望皇上澄心燭微，體而行之，自宰輔而下，大小臣工咸事同寅協恭和衷之道。自今以往，務各反躬克己，開誠布公，悟今是而昨非，無□私而拒善，則君臣一德，内外同風。然後戒飭諸司，□□□令省刑薄斂，賑窮恤孤，則德澤下流而和氣□□。否則，雖日下百詔，人上萬言，何益哉？

臣又聞《易·象》曰：「雷雨作，解，君子以赦過宥罪。」説者云：君子觀雷雨作解之象，體其發育則施仁恩，體其解散則行寬釋，是亦省災消戾之一道也。臣切見向年議禮諸臣以忤旨降謫者固皆其罪過，無所怨尤，但懲創之久，必有感悟之情；悔艾之深，豈無同歸之化？近蒙恩旨，准令吏部酌量推用，人皆稱德矣，而充軍爲民者，如余寬、馬明衡等，或流竄荒徼，或窮匿草野，今幾五六年，比之降謫諸臣，其悔艾感悟猶必有甚焉。伏望皇上大擴包荒之量，廣推宥罪之仁，充軍者許還，編氓爲民者姑與冠帶，中間果有才識超卓、行能可嘉者，仍許吏部一體酌量起用，則在朝在野無非至和而天地之和應矣。

臣又聞守令親民之官，自古論治者皆曰重守令，蓋亦不易之道也。守令得其人，則所謂省刑薄斂賑窮恤孤之事，與凡勸農興教一切仁民之政，自能心誠求之，應時舉行。守令不得其人，則朝廷雖有畫一之法，誰爲行之！夫郡守固重而縣令尤重，以其於民尤親也。今天下郡守員數不多，得人□易，而縣令員衆，難於得人。臣每見近日各處撫按□奏稱：知縣，進士稱職者多，舉人監生稱職者少，欲得多選進士。其言固非至論，然爲今日一時救弊之術，識者是之。蓋進士多保身名，舉人監生自待不遠，亦其勢使然也。況今方經考察，員缺數多，各處災傷，用人尤急，今正當貢舉之期，伏望皇上特賜宸斷，多取進士五六百名，二甲限以百名以下，其餘悉置三甲，以次銓注，知縣庶幾可望得人，然後敕令吏部略倣漢法著爲令甲，不由縣令者不得擢臺郎給舍，不由郡守者不得至侍郎列卿，則守令自重而仁政畢舉矣，是亦安民致和、弭災消變之要也。

臣智識蹇淺，叨列九卿，旦夕竊禄，無所裨益，仰承德意，使各盡言，敢不罄竭愚衷，對揚休命於萬一？然不敢繁辭博引，多立條貫，而惟於本源之地，機要之大者，冒昧言之，切謂爲治大端大本亦無以出此，蓋非特弭災之道也。漢申公云：「爲治不在多言，顧力行何如耳。」伏望皇上矜其愚昧，察其懇誠，而賜行之，天下幸甚。

省災自劾疏 嘉靖八年

臣切見去年季冬長庚示變，今年元旦風霾蔽天，且各處奏報災異，天下大半旱荒，災害非常，生民困苦。昨者上勞宸慮，引咎自歸，特敕群臣同加修省。臣伏首聞命，深自思維，變不虛生，災由人致。仰惟皇上聖明，不世出之主也，臨御以來，憂勤無間，求治切於飢渴，愛民根於至誠，孝敬不遺其親，操履未聞失德，豈宜致此災異，實大小臣工不職之所致也。夫君之有臣，猶天之有地，天施而地不承則萬物不生，君令而臣不共則百職莫舉。如臣自知尤爲不職者也，切念臣本以凡庸之器謬居宗伯之官，多病早衰，不學寡識，事多廢弛，言無建明。禮樂不興，安有中和之化；祭祀不腆，難求受福之祥。宗室之法弊而莫知所以變通，學校之教隳而莫知所以修復，妨賢竊禄，負國失身，凡此者致災之道也。自古災異策免公卿，祖宗之朝亦行斯典，伏望皇上將臣罷黜，别選賢能以充其位，則庶幾天變可弭而致治有道矣。

辭免改吏部尚書疏 嘉靖八年三月初三日

臣竊惟今之吏部尚書即古之天官冢宰，在古以統邦治，於今則司用人。蓋人才之進退而風俗之美惡、□治之得失實係焉，乃至重至大之責也。且乘積弊之後，方屬勵精之時，因循則宿弊益滋而法意日壞，振作則人情或駭而怨謗易興，非素有才望足以服人者曷足以當之？臣性愚識淺，質弱病多，待罪禮官，已多失職，日圖引退，未忍遽言，敢期恩命荐加？實使慚惶愈甚。知人則哲，非臣之愚昧克承；任事惟能，又非臣之衰病可委。若忘負乘之戒，難免覆餗之虞。臣切見兵部尚書李承勛、户部尚書梁材，皆一時高品，其才識志節皆臣不及，欲稱厥職，宜畀斯人。伏望聖明亮察，收回新命，容臣以舊官供職，别求賢能如承勛、如材者而用之，則庶幾群望可協而重任不孤矣。

西樵遺稿卷之二

奏議

自陳請罷疏 嘉靖八年八月二十三日，以下俱任吏部尚書

臣迂疏鄙士，多病孱軀，入仕二十餘年，大半投閒林壑，自甘退棄，無足世用。比者偶因議禮之故，誤辱聖明之知，拔於常流，進之清秩，委以重任，俾居要津。臣自知才綿力薄，不稱任使，受命以來，日切恐懼，第以聖恩深重，未忍造次求退，然此心未嘗一刻忘也。近該言官劾論大學士張璁、桂萼罪過。欽奉聖斷，張璁着回家省改，桂萼着致仕。臣聞命惶悚，反己自思，臣與璁、萼二臣同事一體，二臣既去，臣無獨存之理，且臣才劣病多，力小任重，識慮蹇淺，行事乖謬。臣之罪過，臣雖不自知，人雖未及言，而聖明洞察之下則有莫能逃遁者矣。若不早求避位，誠恐罪叢過積，彼時臣雖能萬死莫贖，臣之心事終何以自白也！是以聞命次日即開注門籍，不朝參者三日。方圖自□間忽奉欽命山川壇西廡分祀行禮，命嚴期逼，不得辭避，臣即强出供事，

自是朝參者又三日。今遲遲而後舉者，亦恐涉悻悻之迹而傷陛下之心也。然大臣進退之義所係非小，臣義所當退，豈容姑息。用是敢陳愚悃，冒瀆天顔。伏望聖慈俯垂矜察，將臣罷黜，别選賢能，以充其位，則臣受皇上天包地容之恩萬萬矣。

明公論别善類以全國體兼乞回避疏 八年八月

臣切見近日大學士張璁、尚書桂萼去位而科道等官劾論其平日所與者，咸指以爲黨，屢下吏部查奏。臣查得陸粲奏内凡二十人，岳倫奏内凡八人，王化奏内凡二十一人，六科會奏内凡二十八人，十三道會奏内凡三十三人，前後事情不一，大概皆謂璁、萼二臣之黨也。臣愚竊嘆以爲黨禍之害人國也大矣，漢黨起而亡，唐黨起而亂，宋黨起而宋室始多事也。識治體者豈可輕以黨之一字空人之國也。臣竊詳各奏内所指之人，平素奸惡、公論不與者固有，而善類受誣者亦多。或因其所見之偶差不幸同於在位，或篤於交遊之舊誼難以責之遠嫌，或職任頗優因於大體，或陞遷不次本於時名，一概目以黨人，似爲繩之太過。宋儒歐陽修曰：「小人無朋，惟君子則有之。」君子修身則同道相益，事國則同心共濟，豈得以交遊爲黨。古人内舉不避親，外舉不避讎。謝安薦其姪，程顥薦其弟，豈得以親故爲嫌。今只當論其賢與不賢，不當論其黨與非黨。且當年攻璁、萼者既以爲黨而去之，今之附璁、萼者又以爲黨而去之，則縉紳之禍何時而已也。

此風若長，將使人無置足之地矣。臣愚之見，昔年誤以爲黨賢而見黜者方圖以漸收復，豈可復蹈前轍，重於國體有傷，且人才難得，聖諭昭然，去其太甚，古訓攸在。況今正當人才寥落之時，缺者未補而去者繼報，去者未必否而來者未必賢，徒爲紛擾，無益於治，誠爲識治體者之憂也。但言官糾舉，亦其職分，若大臣謀國則有不同，是在陛下斷之而已。乞敕吏部，博稽公論，甄别善惡，不問黨與不黨，只備考其人。平日奸險有名，素爲公論不與，足以害事者去之，以昭公道。其餘跡涉疑似、無有顯過者，悉令照舊供職，各圖自新，不必苛求，以安人心。如此則事無枉濫而國體少全矣。再照臣與璁、萼二臣同爲議禮之人，理合避嫌，若不回避，誠恐人言難免。伏乞聖明俯察，容臣回避，特命吏部左侍郎董玘等會同九卿堂上官，從公查議，奏請定奪，則不惟人心可服而朝廷大公之體亦當然也。

謝賜手敕并賜銀記疏 八年九月初七日

切惟手敕之頒，所以極奬崇之禮；銀章之賜，所以托密勿之人。自顧臣愚，何以當此。切念臣病多質弱，智小才疏，受任以來，無所裨益，反躬而省，恒切慚惶。方圖避位以推賢，敢謂亡愆而獲寵。伏惟皇上天資英邁，聖學淵深，見事每極乎幾微，發言默契乎道義，猶且不自滿假，時常詢及蒭蕘，誠是有君無臣，誰能損下益上？不廢愚臣之眇末，益彰聖德之謙沖。將有咨詢，同帝舜之好察邇；願聞差失，即大禹之拜昌言。忠誠直諒之文，終身可佩；重要機密之責，休命曷承。臣敢不精白此心，對揚惟謹，方覆前之在鑒，懼善後之難圖。言戒無稽，道惟有要。伏願皇上惟精惟一，帝王之心法自師，無黨無偏，天下之中道是守，則聰明不惑而百志惟熙，思慮無勞而萬化自順矣。

應詔議禮疏 九年正月初十日

欽奉制敕，謂我太祖高皇帝始建圜丘、方丘以祀天地，後定合祭之禮，恐上下之分、陰陽之義未得。日月贊上帝以成化工，止歲一從祀，不得專享。及大祀，以群臣從之，恐天神地祇失其上下之位，聖心皆以爲疑，欲有所更定，以復皇祖之始制，令臣親述所知以對。欽此。臣聞制莫大於禮，禮莫大於郊。夫禮者，義之實也，非精義入神者不足以語之。孔子之時，去古未遠，猶曰：「君子毋輕議禮。」而況當今禮文殘缺之後，異説汩没之餘，豈易言哉？孔子又曰：「明乎郊社之禮，治國其如視諸掌乎？」則郊社之禮尤有未易言者。

臣切惟古之《禮經》，今猶存而可考者，曰《儀禮》，曰《禮記》，曰《周禮》。《儀禮》十七篇，所載祭禮僅止於大夫、士少牢饋食以下之事，不存王者郊社之禮。《禮記》「禮運」、「禮器」、「郊特牲」、「月令」、「祭法」、「祭義」等篇，雖多及郊社而的然可據者亦無幾也。至於《周禮》，則先儒已謂其出於劉歆之附，蓋非周公之書，可疑而不可信，可觀而不可行，則亦豈能深據以爲古禮之必然哉？今亦惟其理之可信者信之，勢之可行者行之而已。而理之不可信、勢之不可行者，不敢質言也。

臣謹按：祭天圜丘、祭地方丘之説，蓋出於《周禮·大司樂》，曰：「冬日至，於地上之圜丘奏之，則天神皆降，可得而禮矣。夏日至，於澤中之方丘奏之，則地祇皆出，可得而禮矣。」祭天南郊、祭地北郊之説，蓋起於漢儒。匡衡曰：「祭天於南郊，就陽之義也；祭地於北郊，即陰之象也。」而鄭玄輩遂因之以解《周禮》也。斯言也，考之五經而無文，質之先王之行事而不合。

臣謹按《禮運》之言曰：「祭帝於郊，所以定天位也；祀社於國，所以列地利也。」又曰：「禮行於郊而百神受職焉，禮行於社而百貨可極焉。」以「帝」對「社」，以「郊」對「國」，以「定天」對「列地」，是明以郊祭天、社祭地，而無方丘北郊祭地之説也。《郊特牲》之言曰：「社祭土而主陰氣也。君南向於北墉下，答陰之義也。社所以神地之道也。地載萬物，天垂象，取法於天，取財於地，是以尊天而親地也。」又曰：「郊之祭也，大報天而主日也。兆於南郊，就陽位也。於郊，故謂之郊。郊所以明天道也。」以「就陽」對「答陰」，以「明天」對「神地」，以「尊天」對「親地」，是亦明以郊祭天、社祭地，而無方丘北郊祭地之説也。《祭法》之言曰：「燔柴於泰壇，祭天也；瘞埋於泰折[一]，祭地也。」是亦未嘗言北郊也。《禮器》之言曰：「因名山升中於天，因吉土饗帝於郊。」是亦未嘗言北郊也。且祭天於郊，故謂之郊，安得祭地亦謂之郊乎？

又以先王之行事質之：舜之攝位也，類于上帝禋于六宗矣，望于山川徧于群神矣，未聞祭地之事也。望于山川，即祭地也。武王之大事于商也，類于上帝宜于冢土矣，未聞祭地之事也。宜于冢土，即祭地也。其既事而退也，柴於上帝，祈於社矣，未聞祭地之事也。祈於社，即祭地也。周公之祭于洛邑也，丁巳用牲于郊，牛二，戊午社于新邑，牛一、羊一、豕一，未聞祭地之事也。社于新邑，即祭地也。

蓋嘗思之：王者尊天，故祭於郊，遠，所以尊之也；親地，故祭於社，近，所以親之也。祭天於郊，北面曰「就陽」，祭地於社，南面曰「答陰」，此陰陽之大義也。祭天先燔於壇，祭社先埋於折，此上下之大分也。非必南北郊爲陰陽，而高丘、下澤爲上下也，此先王制禮之意也。或曰：諸侯則有社矣，謂之祭地，可乎？曰：古者天子封土五色，以立大社，其命諸侯，惟以方色之土予之，使歸而立社，則諸侯之國有社，而無五色之大社。是諸侯可以謂之祭土，不可以謂之祭地也。《春秋傳》曰：「天子祭天，諸侯祭土。」猶之宗子祭父，支子不得祭父而可以祭母，父尊故

[一]「折」，原作「壇」，今據《禮記·祭法》改。

也；天子祭天，諸侯不得祭天而可以祭土，天尊故也。

古之王者祭地，有王社，又有大社。大社謂之后土，謂之冢土，謂之泰折，謂之大示，未有方丘北郊之事也。至漢武帝，始有甘泉泰畤、汾陰后土之祠，而匡衡遂爲南北郊之議，則失先王尊天親地之意矣。新莽始有天地合祭、祖妣并配之説，而後世遂以爲祖配地之儀，則失先王之意益甚矣。夫聞尊祖配天之説矣，未聞尊祖配地之説也。古者祭天地之大神，必配以人鬼，以通其氣，如五帝配以伏羲、神農、黄帝、少昊、顓頊，社配以勾龍氏，稷配以后稷氏，虞、夏、商、周郊天，各配以其祖，未嘗無配者也。夫祭五帝、社、稷，配以前代之人鬼，祭天配以其祖者，尊祖也。若别有祭地之禮，則安得不聞配地之神乎？是知社即祭地。勾龍氏嘗平水土，有功於地者也，故後世有易以夏禹者，亦有功於地者也，是即配地之神也。觀其配則知其主矣。

臣又按宋儒胡宏曰：「古者祭地於社，猶祀天於郊也。故《泰誓》曰：「郊社不修。」而周公祀于新邑，亦先用二牛于郊，後用太牢于社也。《周禮》以禋祀祀昊天上帝，以血祭祭社、稷，而别無地祇之位。四圭有邸，舞《雲門》以祀天神；兩圭有邸，舞《咸池》以祀地祇〔一〕，而别無祭地之説，則以郊對社可知矣。後世既立社，又立北郊，失之矣。」臣嘗因是説而考之《周禮》「大宗

〔一〕「祇」，原作「示」，爲「祇」之省文。

伯」、「典瑞」、「司服」、「大司樂」、「鼓人」等篇，凡言社即不言地，言地即不言社，至於《曲禮》、《月令》諸處亦然，則宏之説不爲無據矣。又《小宗伯》建國之神位，右社稷，左宗廟，兆五帝於四郊，四望、四類亦如之；兆山川、丘陵、墳衍，各因其方。若有祭地北郊之事，則當曰兆五帝於四郊，兆后土於北郊。夫山川、丘陵、墳衍且序之不憚煩，安得兆地之大禮而獨缺乎？是知右社即兆地之位，而宏之言亦得之矣。

臣又按《中庸》曰：「郊社之禮，所以祀上帝也。」朱子解曰：「郊祀天，社祭地，不言后土者，省文也。」又朱子小註曰：「《周禮》只説祀昊天上帝，不説祀后土，先儒説祭社、稷便是。如郊特牲，而社、稷太牢，又如用牲于郊，牛二，乃社于新邑，此乃明驗。五峰言無北郊，只社便是祭地，此説却好。」據朱子此言，則以宏之説爲是矣。夫《四書章句集註》，朱子晚年所定之書也，不亦可據乎？

又按横渠張載亦曰：「大社祭天下之地祇，王社祭京師之地祇。」載，宋儒知禮者也，而其言若此，亦可信矣。然則圜丘、方澤之説非乎？曰：此臣前所謂可疑而不敢質言者也。圜丘不見於五經，北郊不見於三禮，元儒袁桷已言之矣。然則其可疑者何必信，可信者何必疑乎？若必如《周禮》，則一歲九祭天，二祭日月四時，四望、山川、丘陵、墳衍，各祭於其方。圜丘必求自然之山，方澤必求水鍾之地，可行乎？孔子曰：「觀其會通，以行其典禮。」酌古今之宜，爲會通之術，則必有其道矣。

臣嘗見我國初儒臣所著《存心録》，編次圜丘、方丘、朝日、夕月，專祀天神，專祀地祇，社、稷等壇，儀節繁多，精義未著，嘗竊疑之。厥後莊誦我太祖高皇帝御製《大祀文》，内云：「朕即位以來，命儒臣偏歷群書，自周以至於宋元，皆考祀事之典。既考之後，守而行之。然當行祀之時，惟宗廟頗合人情，及南北二郊以及社、稷，甚有不如人情者也。」於是自洪武十年，更社、稷於闕右，去繁就簡，一壇合祀，以奉二神。洪武十一年，命三公率工部，役梓人於京師之南，創大祀殿，合祀皇天、后土。又云：「古人之祀南北郊，朕度之彼以義起，故曰南郊祭天，以其陽生之月，北郊祭地，以其陰生之月。孰不知至陽祭之於至陰之月，至陰祭之於至陽之月，於理可疑。且掃地而祭，其來甚遠。若以斯祀之禮執古不變，則人之享亦執古而不變，則汙尊抔飲，茹毛飲血，巢居穴處，以今言之，勢可行乎？斯必不然也。」因是命太常卿每歲祭天地於首春，正三陽交泰之時，是其宜也。

臣乃竊伏自嘆，始知《周禮》之繁文、國初諸儒草創之謬見，真不可行。而我聖祖之高明特出，閱歷已熟，審於人情，揆於事理，而更定者之爲是也。所謂酌古今之宜，得會通之術者也。故臣嘗曰：「今之南郊，本祀天而配以地，猶大社本祭地而配以稷耳，無害於義也。」知稷之不可以對地而可以配地，則知地之不可以對天而亦可以配天也。是亦一道也。《禮》曰：「非從天降也，非由地出也，人情而已矣。」又曰：「夫孝者，善繼人之志，善述人之事者也。」仰惟皇上天資英睿，度越百王，問學淵源，覽識千古。然聖不自聖之心，必不自以爲聰明高於聖祖也，閱歷深於聖祖也，豈肯舉其制而遽變之？誠以聖心有不安於此禮者，惟求其是而已矣。是以親降綸音，徧詢臣下，使各述所聞，真聖不自聖之心，未嘗固必於此也，亦惟理之是從而已矣。

夫理有輕重，事有緩急。法古爲重，法古可也；遵祖爲重，遵祖可也。故曰有其舉之莫敢廢也，有其廢之莫敢舉也。況時詘舉盈，君子以爲戒；生今反古，聖人以爲菑。陳其數不知其義，謂之瞽；守其常不達其變，謂之迂。此臣之所以不敢輕議也。臣職忝大臣，義關國計，尤有不可易言者。不然，則臣雖至愚，豈不知皇上一心承天，鋭志復古？凡在大小臣工，莫不仰聖人之再出，喜禮樂之可興，孰敢不敷陳古典，將順德意，而乃爲是由舊之説，以自取不韙之罪哉？伏惟聖明鑒之。幸甚！幸甚！

任大責重病實不能支持再疏陳情懇乞天恩放歸田里疏 九年六月初三日

邇者該臣奏爲久病不職自陳請罷以全聖恩事。欽奉聖旨：「卿職居銓曹，朕所委任，可即出用心辦事，不准辭。欽此。」臣伏枕聞命，感激聖恩，天高地厚莫可云喻，但臣所有血誠未蒙照察，敢昧死再陳之。臣聞事君而致其身者，人臣之分也；審己而量其力者，君子之義也。苟知其力之不足而徒附致身之義，持位守禄，馴致覆敗，以誤人家國者，其迹似忠，實國之賊也。君子何取焉？ 切念臣性質迂愚，識慮淺陋，粗知章句，早竊虚名，實非任事之才、濟時之器。兼之累年疾病未嘗脱體，氣息奄奄，不能任事，此臣實自知之明也。比者受國厚恩，畀以銓衡重任，臣感激殊遇，千載一時，雖自知其力之不勝，而亦欲竊附於致身之義以圖報聖恩於萬一也。奈何天限其分，福過則災，其任日重，其病日甚。近來加患脾泄，將及一年，累治不愈，時止時作，遂成痼疾，以致胃氣久虚，飲食少進，終日之間，飯不盈撮，血氣頓衰，視聽半失，事過輒忘，心痛時作，稍有勞碌，輒至暈眩。顧此銓衡，事任繁劇，實難支持，臣若一日不去，必誤朝廷一日之事，隕身無益，如誤國何？ 此臣所以反覆思維，不能一日安於其位也。用是敢吐血誠，懇求休退，此臣之情，實非有他。臣聞上有至仁之君，則下有曲全之士。伏望聖慈，曲加憐察，特從微志，早賜生還，别求賢能，以舉其職，上以昭皇上保全之恩，下以勵臣工止足之節，臣即死故丘，無遺憾矣。

自陳請免罷黜疏 九年七月二十日

臣才劣病多，久瘝銓衡之職，臣罪大矣。近該户部左給事中孫應奎劾臣徇私推用太僕寺少卿冼光、右春坊右諭德彭澤，前後敷論治體與大臣事君用人之道，皆有益於臣之言，臣何容辯，然謂臣於光於澤爲親友而私之，則實未然，臣之心迹不容不白。臣與光同府異縣，與澤同縣，實并非親故。光爲弘治九年進士科第，今已三十五年矣。爲安仁知縣，爲御史，湖廣查盤，南直隸巡按皆有聲。其侍養家居十餘年并無過舉，孝友著聞，鄉評重之，廣東巡按御史涂相曾特薦之。其陞南京通政參議、太僕少卿皆臣未到吏部時也。前日推舉僉都御史之時，都御史汪鋐先一日到臣家曰：「明日會推本院僉都御史，特來請教。」臣曰：「生正欲請教，貴同僚當自擇也。」鋐即首舉光曰：「光年深，又係老道長，事體甚熟，道中人甚重之。光曾巡按敝處，甚好，二十餘年無此巡按，人至今思之，該用。」臣即應之曰：「光係生鄉里，豈可推之？」鋐曰：「豈可避嫌？」又曰：「其次莫如林有孚。」臣即應之曰：「相應次日會推。」時臣正以光鄉里之嫌，不敢正推，乃推有孚而以光陪寫耳。鋐仍對衆如前言，今鋐見在，其言猶可訪也。至於澤，爲進士時已有才名，以進士丁憂起復，即選入吏部，異擢也。其爲考功主事，文選員外、郎中皆偉績卓然，行義無玷，士論與之。止因大禮初議之時，澤嘗與有力焉，遂爲群猜衆疾而謗毁至矣。人言取舍，前後頓殊，幸賴聖明垂察，得賜保全，其改諭德也，内閣會推也，今將三年矣。前日，提督四彝館太常卿之推，臣猶以爲其退一着也。舊規，翰林官至五品已爲崇階，如庶子、學士皆五品也，即推各部侍郎。諭德亦五品也，今推卿，又係提督四彝館冗職，似不爲過。且以常格論之，澤爲文選郎中即可陞少卿，少卿三年即可陞卿，亦非越次。今皆以爲臣之私，恐非臣之心也。雖然，即非臣私而臣不能遠迹避嫌，亦臣之罪也，臣復何辭。

再念臣久病脾泄，精力頓衰，氣息奄奄，朝不保夕，銓衡重地，實難勝任，一向扶病，勉强供職，用人行事，不可人意者多矣。負恩誤國，罪將安逭。前此臣屢陳病狀，懇乞退休，不蒙聖恩許可，且責臣勿得辭避。臣自得命，如芒在背，進退維谷，莫知所從，以致人言日至，臣過日積，又臣之罪也。伏望聖慈，曲垂宥察，將臣早賜罷黜，以爲大臣不職者之戒，以塞人言，以全治體。

十分病弱不能供職陳情固請懇乞天恩放歸調理疏 九年九月初十日

臣久病宜退，以受恩深重，不敢固請，一向勉强扶病辦事。今病勢十分困弱，委實不能支持，不得已昧死陳情固請矣。臣舊患内傷虚損，近又得患脾泄已一年，胃氣久虚。夫人以胃氣爲本，胃氣既虚，根本則壞，有此病者十不一生，以是臣自得此病，日甚一日，少遇風寒勞役輒易感冒，百病皆出，難以枚舉。前此猶幸不曾咳嗽吐痰，今咳嗽氣喘，每日吐痰一碗，如此者已踰一月，即今日甚一日，晝夜不能安枕，胸膈虚痞，飲食不進，精神内潰，形容外枯，六脉沈微，諸藥不效。前此猶能出部，强病辦事，今不能出部者二十日矣。部事叢委，尤爲關心，日夜憂思，自知元氣既虚，藥石難療，非謝事静養決無可生之理。前數日大學士張璁到臣家，見臣病狼狽，爲之愴然，許臣曰：「爾病勢若此，當爲達于聖上，放爾回去調理一二年可也。」又二日，大學士桂蕚亦來看臣，亦曰爾病勢若此，誠不可不去，亦許臣同璁轉奏。臣時即涕泣感賴，日望一日，今不知二臣爲臣啓奏未也。臣日夜憂鬱，莫知所從，遽疏則恐拂聖懷，苟延則恐誤國事，憂懼交并，病且日劇。况今天氣漸寒，河冰將合，家在萬里，首丘之思，實爲苦切。伏望聖慈，俯垂憐察，容臣致仕，回籍調理一二年，或者謝事静養，元氣可復，四體稍健可以任事，臣即當自疏求用，圖盡犬馬之報。臣非木石，豈肯終負天地父母莫大之恩也。

十分病弱委實不能供職再疏陳情懇乞天恩放歸以全萬里殘骸疏 九年九月二十六日

近者該臣奏爲十分病弱不能供職陳情固請懇乞天恩放歸調理事。欽奉聖旨：「卿有疾，宜善加調理。部中事務着侍郎董玘暫行，痊可即出供職，所請不允。該部知道。欽此。」臣伏枕聞命，感激流涕，聖恩深厚，所以體悉臣者至矣。臣自是日夕在家用藥調理，庶圖少瘥，即出供職，以副聖懷，以盡臣犬馬之報。緣臣病脾泄已經一年，愈久愈弱，非旬月可愈，加之咳嗽吐痰兩月不止，漸成勞瘵，亦非藥石可療，必須假以歲年，寧心静養，庶或元氣可復，前病可痊。夫吏部非卧病之地，尚書豈卧病之官？臣自得病以來，雖卧在牀褥，部中事務未嘗一日不關心者。近雖奉有欽依着侍郎董玘暫行部事，但印信猶係臣掌管，事體不便，難以日久，且事之大者猶不免關白於臣，臣氣體衰憊，神思昏昧，銓衡大事，豈能裁决，終恐部事日廢，臣病日深，胥失之矣。臣之血誠，竭盡前疏。大學士張璁、桂萼二臣明知臣病，不能爲臣力請而猶欲留臣者，其意何居？臣螻蟻之軀固不足惜，如誤國事何？賢俊滿朝，孰非可任者？臣一病人，何足靳留以誤國事哉？臣又思昔年尚書席書以病乞歸，不蒙聖恩俞允，後竟卒于京師，臣嘗悼之。且書病時猶有一弟一壻一子在侍，今臣并無一兄弟子姪在旁，臣家又遠在嶺外，若臣病不起，萬里之途，誰爲收臣骸骨？臣聞窮而呼天，疾痛而呼父母，人之情也。伏惟皇上天地父母之心哀而憐之，及此凍前，特賜俞允，容臣給假回籍調理，亟選賢才以代臣任，上不致廢誤國事，下得以保全殘骸，則臣受大造更生之恩無涯矣。

謝恩陳情疏 十年七月十一日，給假回籍養病

臣以患病欽蒙聖恩，放歸調理。今年六月初十日，復蒙欽差行人蔡靉捧到手敕，起臣復任。臣時居山服藥，忽聞召命，無任惶恐，謹命姪僕扶臣力疾望闕，頓首接敕禮畢。臣感激聖恩，超出常典，驚惶隕越，莫之所云。竊念臣以一介庸才遭遇明主，委任隆重，恩禮優渥，恤其私以去，責之大義而勉其復來。天語諄切，王人在門，皆殊恩也。臣拜恩，宜即日趨命報答殊遇，尚復何言？但臣之情有大不得已者，亦不得不於明主之前陳之。臣患脾泄病症，日久不愈，時止復

作，遂成痼疾，服藥過多，反傷元氣，飲食頓減，精神益衰。今兩脚痿軟，不能拜立，神思髣髴，視聽半失。東垣所謂其形如夢寐，朦朦如煙霧中不知身所有也。安静無事，可以坐起如常，似無病人，稍涉勞役輒眩暈顛仆，徧身發熱，一卧牀褥，動經旬月。臣自揣如此病廢之人，雖加意安養以祈旦夕之命猶且不能，尚能當鼎軸之任，爲百僚之率乎？况考察在邇，事體繁重，實不敢苟取一身之寵榮而誤國家之大事也。夫大臣之義，以身殉國，苟有利於國家，死生以之。况臣受恩深重，尤出異常，雖粉身虀骨萬死以報朝廷未足也。今病與事違，志因力屈，且跡涉遷延，冢司久曠，此臣之所深懼也。省愆思咎，如芒在背，戰兢䠊𨄔，無以自容。然反復維念，今日方命之罪小，他時誤國之罪大，此臣血誠也。伏望聖慈，察臣之情，宥臣之罪，容臣照舊在家調理，前病痊可，氣體强健，當即赴闕求用，圖報聖恩於萬一，臣之志也。臣竊見户部尚書梁材廉介絶俗，南京兵部尚書王廷相風采卓然，之二臣者，其才識精力皆百倍於臣，臣又不敢以一己之私而蔽天下之賢也。伏望聖明於前二臣試簡而用之，必有大效，則用臣之言勝於用臣之身矣，臣之以人報國亦莫大於此。

中途病篤懇乞天恩照舊回籍調理以全螻蟻微命疏 十年十一月十八日

臣因患病，先該臣奏准回籍調理，近者欽蒙聖恩，手敕差官取臣復任。緣臣患病未曾痊可，該臣具奏謝恩陳情，再乞照舊養病未蒙俞允。續又該行人蔡鼕奏奉欽依：「令守候催促。欽此。」行人蔡鼕日夕守催逼迫，臣不得已扶病就道，沿途請醫，服藥調理。緣臣脾泄病症，日久不痊，實是沉痼，登途以來，前病益甚。十月初四日，行至江西贛州府地方，病益危篤，多方請醫調治，未見痊愈，精神日耗，元氣日衰，今咳嗽吐痰，容枯髮槁，四肢骨立如柴，行人蔡鼕目擊也。臣自揣病勢如此，豈能前進，徒爾遷延月日，眈誤國事，甚切憂懼。再思臣病本因虚勞内傷，近年加患脾泄，以致胃氣益虚，根本凋敝，非旦夕之間藥石之工可以責效，必謝事節勞，居山守静。如東垣方書所謂少思寡慾，省言以養氣，不妄作勞以養形，虚心以維神，如此二三年庶幾元氣復續，可望生全，否則死亡無日矣。每念聖恩深厚，伏枕流涕，夫犬馬尚知報主，草木猶識向榮，臣遭際聖明，眷遇非常，豈不晝夜思奮以圖報稱。然有此身則報主有日，無此身則圖報無由矣。儻得還山調理痊可，則臣報主之日尚長也。若只强此困弱垂死之軀，遠涉水陸萬里之道，必至顛踣，何益於事，是徒負聖恩也。伏望聖慈俯垂憐察，開以更生之路，容臣照舊回籍養病，亟簡賢能以充臣任，上不致眈誤國事，下得以保全微軀，臣感恩無涯矣。臣又思贛州去家二千里，臣病勢如此，實切首丘之思，若再前行則歸途益遠，恐致死於道路，終負聖恩。奏上之日，臣即駐此候命。伏望聖慈憐察，早降俞旨。

恭問起居疏 十一年四月二十二日

臣先因患病奏准回籍調理，近蒙聖恩行取赴京。臣力疾趨命，本年三月十八日行至江西吉安府地方，得邸報，伏聞聖躬正月内偶爾違和，臣犬馬之懷無任兢切。本月二十二日行至江西省城，又得報，伏聞聖躬平復，二月初一日視朝，十五日以後常朝，臣下懷稍慰。臣以疾病之軀驅馳至此，瞻望闕廷，如在咫尺，恨不能奮飛即往以快覩天顔，以仰答眷懷，乃臣晝夜寢食不安之志。緣臣久病氣衰，沿途服藥調理，須由水路，難以陸行，計五月中旬纔得到京。臣瞻戀企望之私，如急水火。謹先具本問安，伏望聖明以宗社爲計，以養生爲重，聖體雖已平和，更宜謹於初愈。萬幾多暇，常貴存神，省事節勞，少思寡慾，安静和樂以怡適聖情，廣大寬平以完養聖慮，則聖體自安，聖儲亦廣，此臣區區芹曝急獻之忱也。伏望聖慈鑒納，實宗社萬萬年無疆之慶。

乞恩暫容調理疏 十一年五月十九日

臣先因患病於嘉靖九年九月内該臣奏准回籍調理。嘉靖十年六月内，蒙欽差行人蔡靉捧到手敕，取臣復任。臣時患病未痊，該臣奏爲謝恩陳情事，再乞照舊養病。欽奉聖旨：「覽奏至，朕甚嘉悦，卿可上緊前來供職，以副朕委託，吏部還作速催起。欽此。」本年九月内，又節該司禮監太監韋霦傳奉聖旨：「太子太保、吏部尚書方某，着馬上差人上緊催取，來京別用。欽此。」續該臣奏爲中途病篤懇乞天恩照舊回籍調理以全螻蟻微命事。欽奉聖旨：「卿既稱舊疾未痊，宜沿途善加調理稍可，即行赴京，以副朕意，不必再辭。蔡霦且着回京。欽此。」臣感激聖恩至厚，敕旨屢嚴，義當力疾趨命，沿途服藥調理稍可。今年三月内，行至江西，又該臣奏爲恭問起居事。欽奉聖旨：「卿在途具奏問安，足見忠愛，便上緊赴京，以副朕召用至意。欽此。」兼程前來，五月十五日行至張家灣，擬於十八日入京，十九日朝見，急欲瞻對天顔，慰答宸眷，臣之志也。不意臣久病氣虚，舟次積勞，十六日忽然中暑，嘔瀉眩暈，服藥稍止，未能遽興，不得已陳瀆，伏乞聖恩，容臣調理旬日，氣體稍健即行入京朝見，臣無任恐懼企望之至。

辭免重任疏 十一年六月初一日，復任吏部尚書

欽奉手敕：「太子太保、吏部尚書兼翰林院學士方某，着兼武英殿大學士，散官、尚書如舊，在内閣同張孚敬等辦事。欽此。」臣聞命戰兢，莫知云措。竊念臣迂疏無用，積病早衰，分實甘於退藏，心何期於登進，顧兹輔德之地，宜畀名世之賢。敢以臣愚冒膺斯任，恐貽聖人覆餗之戒，徒累皇上知人之明。伏望收回成命，别與閒秩，以藏臣衰疾之身，以畢臣事主之願，臣無任感恩恐懼之至。

謝恩疏 十一年六月初六日，任武英殿大學士

欽蒙聖恩：着兼武英殿大學士，在内閣辦事。六月初二日，該臣已赴午門外謝恩。緣連日陰雨免朝，未經面謝，未敢赴閣。本月初五日，伏蒙欽遣司禮監文書官焦忠到臣私第宣令臣即日入閣辦事，候視朝之日照舊面恩。臣欽遵即日赴閣辦事，隨蒙本官賫捧聖諭并原賜銀印記一顆，到閣賜臣。臣謹稽首頓首，伏讀聖諭云：「卿昨赴召到京，但連日陰雨未與朝見，故今日朕命入閣辦事，庶副朕召用之意。夫輔導之地，以納誨爲職，豈無資我之忠言，必托封章，庶得隨事開陳，兹以原賜銀印記給卿用使，宜承朕所命。欽此。」竊念臣多病朽材，遠方末學，本無知識，徒抱樸忠，過辱天地高厚之恩，俾忝台衡密勿之地，未遑辭讓，自顧逡巡。兹者復軫聖懷，促之入事，隨即再頒秘印，期以納言，皆殊典也。臣敢不仰承休命，益勵初心，知無不言，事必惟謹，庶竭庸愚萬一之報，少答皇上知遇之恩，臣無任感激惶懼之至。

自陳請罷以弭天變疏 十一年八月十五日

仰惟皇上敬德好學，畏天憂民，三代以來所未有之主也，宜乎天心降格，和氣呈祥。兹乃彗星示變，一歲之間凡三見焉。上廑聖諭，引咎自責，復敕文武臣工，痛加修省。臣切念古者災異

策免公卿，今日之咎實在臣下。如臣者，章縫末品，樗櫟朽材，忝竊國恩，冒膺寵秩，素以疏愚之性不能於官，況兼衰疾之軀尤難任事。俾參密勿，調燮無功，復柄銓衡，綜核罔效，精神日薄，智慧日昏，事每違心，力不逮志。臣自反自訟，實不職之尤，當黜之首也。伏乞聖明將臣罷歸田野，別簡賢能以充斯任，則群工皆警、庶政聿修而天變可弭矣。

陳情乞恩辭免銓衡重託疏十一年八月二十七日

臣庸才弱質，積病早衰，不任煩勞，本宜休退。比者誤辱聖明軫念，特厪召用還朝，置之館閣，俾就優容，臣感激聖恩，誓死圖報。近因吏部尚書王瓊患病，節奉欽依：「部事重繁，不可久缺人管理，着輔臣方某暫且掌印管事，承旨奏事，着周用等代。欽此。」續又該吏部題開尚書員缺，欲照例會官推補，再奉欽依：「吏部且着輔臣方某管理事務，不必推。欽此。」昨者該臣奏爲自陳不職請罷黜以弭天變事，又奉欽依：「卿召用未久，方以銓衡重任是託。上天示戒，宜爲朕精別賢否，以贊天工，不允辭。欽此。」臣仰見聖懷以銓衡爲重，不以臣之不肖而託於臣，捫心感激，益不自勝。竊念臣力可能者，皆臣分所當爲，豈敢憚勞，有所退託？第以銓衡事重，臣衰疾之人，誠恐精神氣力管理不周，誤事不小，且臣幸從輔臣之後，每日立侍御座之旁，該部承旨奏事，雖奉有欽依「令周用等代」，臣心實不安，似於事體非宜。夫聖明在上，賢俊滿朝，豈無一人堪此任者，而以臣庸愚衰疾之人，屢叨此柄，非惟事體不便，亦恐人言難免，反使臣進退無容身之地矣。臣有此悃情，不得不陳于君父之前。伏望聖慈矜察，容臣辭免，亟將吏部尚書員缺推補，臣無任感恩待罪之至。

薦賢疏 十一年九月初五日

臣聞人君之道，用人而已；大臣之道，以人事君而已。臣嘗叨典銓衡，今又忝廁輔臣之末，以人報國一念，每展轉于懷，而深愧其未能也。夫諸司之職固皆至重，而館閣之儲尤爲緊要。今左右春坊、司經局官全無一人，而講讀編討之員亦甚寥落，似非盛平之體。況近年節推，内閣題奉欽依：「今後兩京并在外官員若有學行純正，堪任宫僚館職的，吏部從公查訪推用。」及該部覆題，又奉有欽依「着實舉行」，一向廢格，未見該部遵行，意者恐有所中撓歟？臣愚以爲今日皇上應天求治之道，莫急於此也。臣切見吏部文選清吏司郎中王道、河南道監察御史張珩學行純正，識度宏遠，實皆難得之才、受重之器也。今皇上日勤聖學，汲汲思得講學之臣，若二臣者非其人歟？臣聞之已久，知之極深，故敢爲陛下薦之，乞敕吏部，查訪相同，量其年資，待以不次，特授以諭德、侍講等官，令其經筵講書。仍敕吏部查照近年題准事例，將見任講讀、修撰、編修年深者再行推補宫僚。其講讀、修撰、編修、檢討員缺，作急於兩京科道部屬等官内推訪奏

□□□□□聖學之助，將來春宫之選，皆不乏人矣。其於應天求治之道誠非小補。

謝恩疏 十一年十二月三十日

近該臣三年考滿，欽蒙復職。今日伏蒙聖恩，遣内使王隆齎賜臣新鈔三千貫、羊二隻、酒二十瓶，除已望闕叩頭祗領訖，切念臣猥以庸愚，謬承寵任，聯銜一品，竊禄三年。深懼曠瘝，無所逃罪，詎期光宥，復得覃恩。地厚天高，愧名言之莫罄；蝸緣蟻負，知報稱之爲難。臣無任感激天恩之至。

恭答聖諭議罪疏 十二年八月□□日

伏蒙聖諭，以張延齡所犯并所奉昭聖皇太后傳諭示臣等，令議處來聞。今日又蒙發示法司會本到閣。臣仰惟皇上至孝通乎神明，大智周乎庶物，雖一事之細，一物之微，處之必極乎義理之精，而即乎人心之正，有臣等愚慮萬萬不及者。今以兹大事，特賜下問，欲求處置之宜，是即帝堯稽于衆，舍己從人，文王慎于庶獄之心也。臣實自懼智識蹇淺，聞見寡陋，莫知所以上副聖明者，然臣職忝輔導，受恩尤爲深重，倘有一得之愚，敢不悉心以聞。臣切思張延齡以皇家懿親備極先朝榮寵，高爵厚禄已踰分涯，雖至愚極陋，必知所以長守富貴可也。却乃不能安分循理，肆其驕侈，交誘非人，打死四命，霸占田地，違法多端，死有餘罪矣，尚復何言？然臣切聞之：瞽瞍殺人，司法者曰執之而已矣，有司之守也。公族其有死罪，有司曰在辟，公曰宥之者三，王者之仁也。故歷代至於我朝，十惡有不赦之文，而八議有議親之制。蓋情法不偏廢，恩義不相掩也。今延齡所犯在法當死，處之死可也，法之正也。或以爲恐傷昭聖皇太后之心而妨陛下親親之仁，則免死充軍可也，奪爵爲民可也，霸占田地盡令給主，違法家人盡發充軍可也。此皇上盛德事也，非臣所敢議也。若延齡果有不軌之謀，則亂臣賊子，天地神人之所共憤，孰敢爲之隱護。但恐事在先朝，蹤跡既遠，證佐不明。夫罪疑惟輕，若遽加之法，則恐不當其情，所關國體非小，尤非臣所敢議也。此臣一得之愚，昧死上聞，伏惟聖明裁察。

辭免加秩疏 十三年正月十九日

臣先因患病給假在家調理。嘉靖十三年正月十九日，欽奉敕：「輔臣張孚敬、李時、方某日贊政務，昨來多事叢繁，竭力裨益。禮部尚書夏言自官邦禮，勤誠罔懈，好古執經，志與朕合。宜均加秩，以示褒酬。孚敬少師，時、某與言俱少保，各兼官如故。欽此。」臣聞命驚惶，莫知攸自，切以六典之官在備其職，三孤之任貴惟其人，臣多病庸才，叨承密勿，一無贊益，三年于兹。方惟負乘之羞，將有退休之請，且近者屢罹於疾，動至浹旬，廢事失時，中心抱歉，不蒙譴責，已荷包涵，敢辱恩私，再踰涯分。伏望收回成命，容臣以舊銜供職，勉圖報稱，以贖罪愆，庶使臣心少安，上恩不濫，臣無任感激恐懼之至。

自陳衰疾願乞骸骨疏 十三年閏二月二十七日

臣受皇上天高地厚之恩，寵眷異常，禄秩踰分，未嘗效分毫之報，日夜思維，死有餘罪。然臣情有甚不得已者，不敢隱忍苟延以誤國事，敢昧死上陳。臣早年嬰疾，氣血衰憊，向歲加患脾泄病症，元氣益虚，屢□不效，幸得回籍調理，前疾稍止，趨召前來，勉强支持，僅得二載。不期自入去冬，胃氣受寒，仍前脾泄時作，以致元氣復虚，風寒易感，勞役弗勝，十二月内得患勞倦傷寒，氣體益以衰弱，迄今已踰三月，起而復病，不得痊愈。即今咳嗽吐痰，胸脇疼痛，心腹痞脹，飲食不思，四肢無力，骨立如柴。醫者診云「六脉日就微弱」，臣私切憂之，莫知爲治。益憂益病，益病益憂，服藥過多，難以責效。必須謝事還山，安心静養，庶可少冀須臾不死爾。夫内閣重地，文書浩繁，事幾急大，不可一日缺人贊理。臣自在病三月，勉强赴閣辦事者，不能數日，廢時失事，不知其幾。臣豈敢以一身温飽之故，貪念寵榮，妨誤政務，是臣不能報主之罪小，怙恩誤國之罪大，雖萬死不足以贖矣。伏望聖慈察臣不得已之情，略臣之罪，保全臣之始終，容臣致仕還鄉，使萬里殘骸得返故丘，臣之大幸，臣即死猶知結草銜環之報也。

再瀝血誠自陳衰疾願乞骸骨疏 十三年三月初六日

昨該臣具疏乞休，未蒙聖恩俞允者，切念臣受恩深重，遭際非常，何忍固求休退，上辜聖明之懷，下取自棄之罪，實緣臣疾痛切身，情非得已。蓋臣之久病早衰已非一日之積，近因得患勞倦傷寒，勢益侵尋，遽難痊愈。即今相火虛炎，潮熱往來，一氣奄奄，宿疾并作，上而咳嗽吐痰，下而脾泄不已，雖平素壯盛之人亦弗能堪，況臣元氣素弱者乎？日復一日，漸成勞瘵，則有死之理，無生之圖矣。先正有云：「内無攻心之疾，則外不見從事之難；上有至仁之君，則下必多曲全之士。」臣今誠有攻心之疾者也。百體俱墮，從事實難。皇上至仁如天，天德好生，能不一垂憐察而曲全之乎？敢瀝血誠再申前請，伏祈矜憫，特賜允俞，容臣致仕，俾得生還故里，專一尋醫問藥，庶或可保餘年。倘不即死，尚圖後報。

三瀝血誠自陳衰疾願乞骸骨疏 十三年四月初十日

昨者該臣兩疏乞休，未蒙聖恩俞允，俯降温詞，慰留至再。臣伏枕涕泣，仰惟聖意，豈不以臣才猶或可用，不忍遽聽其去，此誠天地無棄物，聖人無棄人之心也。臣感恩圖報，雖百身無以自效。勉强朝夕，鞠躬盡瘁，以事陛下，臣之願也。切緣臣受氣素弱，積病早衰，今年五十已如七十之人，氣息奄奄，容枯髮白，舉朝臣工所目見也。近來加以疾病侵淩，精神氣體益就羸憊，幸蒙聖恩寬假，一向在家用藥調理，今且五閱月矣。日夜痰嗽不止，時常脾泄，胸膈虛痞，飲食少進，神思恍惚，頭目暈眩，不時暈倒在地，朝參則恐致失儀，赴閣則不能辦事，此臣之情甚不得已者也。夫病在皮膚，旦夕可療；病在腠理，旬月可療。今臣所謂病在膏肓，非藥石可治，非旬月可已者也。惟有致虛守靜，放跡山林，庶可卻病延生，終其天年爾。臣聞縱魚於壑投鳥於林者，天地之至仁；愛人之生順人之情者，帝王之盛節。臣於聖慈實有望焉，不然臣恐命隨朝露，身在遠途，臣之苦痛，曷有涯極，是以不避煩瀆，罄瀝血誠，昧死固請。伏乞陛下哀臣之情，亮臣之志，察臣衰疾，誠非事事之人，特降俞旨，放臣致仕還山，俾得專意調理以保殘骸，則臣一日之生即陛下一日之賜也。臣感恩圖報之心敢遂云已？臣情迫詞窮，莫知所言，無任戰慄惶悚叩籲祈請之至。

謝恩疏 十三年四月十七日，以下回籍養病

臣因患病，該臣三疏奏乞休致，欽奉聖旨：「卿屢奏有疾，准回籍調理，着給驛去，該衙門知道。欽此。」感恩戴德，如天如地，莫可名言者，惟念臣遭際聖明，備承寵任，誠千載一時也。前後竊禄，殆踰十年，未嘗效有毫髮之報，顧以衰疾之軀，不得已自求解職，仰荷聖慈曲加體察，准

令調理，不遽棄捐。念在遠途，與之給驛，臣感激恩私，實踰望外，捫心自媿，不知此生終何以報陛下也。即當匍匐赴闕謝恩，況復違遠天顔，瞻依無日，犬馬之戀，甚爲惓惓。奈以久病虚怯，不時暈眩，不能赴闕謝恩面辭，皆臣之中歉而負罪慚惶者也。仰冀慈仁，俯垂容納。

乞留恩賜圖書疏 十三年四月十七日

伏蒙聖恩，賜臣銀圖書一顆，責臣有所啓事，印封以聞。臣查得祖宗朝賜大學士楊士奇等圖書，皆寶藏終身，并不進繳，止因近年大學士桂萼不曾稽問故事，去官之日輒以繳還，此後因以爲常，似非聖明賜予之意。臣竊惟受恩深重，圖報未涯，雖因患病不得已乞歸，到家之日得就安閒調理。萬一不死，醫藥之餘有所聞見，願效愚忠，隨時條奏，少竭臣涓埃之報，此臣之志一息尚存，不容少懈者也。所有前賜圖書不敢進繳，容臣恭捧以歸，什襲珍藏，雖即没齒，猶遺子孫百世之寶也。

慶賀疏 十五年十二月十八日

嘉靖十五年十二月初五日，獲覩邸報。恭聞十月初六日，皇嗣誕生，臣不勝欣躍慶慰。竊念臣抱病山林，百慮俱息，惟此皇嗣一事，朝夕企望，實切懸懸。仰惟皇上孝德性成，道心天啓，學高千聖，見絶百王，禮樂焕乎一新，德業赫然丕盛。夫莫爲於前，雖美弗彰；莫爲於後，雖盛弗傳。今誠作述之有人，允自皇天之眷命。天下之本，於兹永固；宗社之福，於是靈長。此天下臣民之心所共慰，而臣慶幸之私尤倍萬常情者也。但念臣衰病之軀，遠在萬里，恨不奮飛闕廷，躬效嵩呼之誠，載致華封之祝，除於即日薰沐焚香，敬具吉服，望闕叩頭，拜舞稱賀，謹陳寸牘，少布微衷。伏願聖學日新，聖德日懋，天眷日篤，皇嗣日蕃，則照臨所暨，祝望攸同，而臣愚鄙私，名言莫罄。

慶賀疏 十六年三月二十七日

臣於本年三月十六日再獲邸報。恭聞敕下禮部：「嘉靖十六年正月二十三日，朕第三子生。欽此。」臣無任踴躍，無任忻忭，理宜再賀者。臣聞大德受命，和氣致祥，是以堯祝多男，文稱廣嗣，非可襲取，乃理固然。兹者恭遇皇上堯仁惟大，文德之純，敬一修身，中和建極，制作法祖，聰明憲天，孝敬孚于郊廟百神，仁恩洽于宗親萬姓，誠所謂日月所照，霜露所墜，凡有血氣，莫不尊親者也。乃今和氣自中，天眷在德，振振麟趾，屢見嘉祥，螽螽斯，其來未已。是蓋神人協相，實由誠孝感通。《詩》曰「則百斯男」，又曰「子孫千億」，于兹不爽，將來可徵，此國家之所大慶，而臣愚之所忻躍無比也。伏願稽以内則，正以蒙初，雖皆爲大神至聖之資，亦必求素教豫養之道。兆民永賴，萬國以貞，謳歌獄訟之攸歸，屏翰藩垣之益廣，與天無極，邁古罕儔，又臣

愚之所深望而至聖……[二]

慶賀疏 十六年五月二十二日

臣於嘉靖十六年五月十二日又獲邸報，該司禮監太監鮑忠傳奉聖旨：「本年二月二十九日子時，靖嬪盧氏生朕第四子，禮部知道。欽此。」臣又不勝踴躍忻忭之至，理宜再賀者。伏以五星聚於乾德，爲子孫蕃昌之占；九廟作於成周，有曆數八百之應。天人之理，今古不誣。茲者恭遇皇上仁孝格天，敬承祚祀。中興第二載，五星聚於娵訾；繼統十五年，九廟成于大內。天心豫啓，人事聿修。是以繞電流虹[三]□□□□以降；履跡吞乙之兆，接踵而來。有本與枝，□□□於萬葉；非鸞則鳳，衍慶瑞於九宫。自今棣蕚交輝，莫比燕游之樂；他日犬牙相制，誠爲磐石之宗。此國家無疆之休，而臣愚靡極之喜也。臣又聞性本天成，教由素定，目不閱淫艷，耳不聞優笑，居不近庸邪，所以謹幼沖之習。學之爲父子，學之爲君臣，學之爲長幼，乃尤賴輔養之功。世子與庶子之教不殊，師保與凝丞之人必擇，内樂外禮，春誦夏弦，惟養正于童蒙，克

[二]「聖」後數字底本漫漶。

[三]「虹」，原漫漶不清，今補上下文意補。

明克類，斯教尊于□德，宜君宜王，此又臣愚懇懇之私而不敢憚諄諄之告也。

奉慰疏 十八年三月二十日

伏聞大行章聖慈仁康静貞壽皇太后崩逝，臣得報不勝驚怛，悲泣嗚咽，莫知所爲。伏念皇上孝心純篤，愛敬天至，哀痛之情豈能已也。但惟皇上一身係宗社生靈之重，聖慈永世乃始終人倫之常，固知至孝因心，尤賴聖人達節。伏望俯從禮制，稍抑哀思，强膳就安，保養聖體，以全大孝，以答郊廟百靈，以副天下臣民之望。

慶賀疏 十八年四月初三日

恭聞嘉靖十八年二月初一日册立皇太子，正位東宫，并册封裕王、景王，理宜稱賀者。臣伏以太子正而天下定，本支繁而祚嗣昌，此宗社之大計而臣民之至願也。恭惟皇上乾道剛健，龍德正中，文武聖神協于帝，聰明仁孝性諸天，制禮作樂，崇德報功，是以孝敬感于郊廟百神，福禄衍于子孫萬世。皇儲建而震器有歸，屏翰成而國本維固。上慰祖宗列聖之靈，下答中外臣民之望。臣含恩戴德，涓埃未報，瞻戀宸闕，徒切仰思，聞此大慶，尤歡忻喜忭手舞足蹈而不能已者也。除于即日焚香具服，望闕叩頭，拜舞稱賀，恭修尺楮，用展愚衷。

西樵遺稿卷之三

奏議

恭答聖諭議處疏 嘉靖八年九月十二日，以下任吏部尚書

昨日欽蒙密諭，示臣以韜所奏，命臣議處。臣頓首惶懼，豈敢與聞。然此實關係國是，聖諭謂不可姑息，誠是也。況皇上有問，臣不敢不直對。臣細閲韜奏，實出血誠，外邊構謀害萼之心已久，乘此機會坐萼以贓，無復生之路，此奸人之心也。萼見偏性執，行事差謬則有之，若謂其贓私則決無，天地鬼神可鑒也，臣不敢欺。今法司究問俱無指實，只刑逼吴從周捏認王瓊之事，蓋一清素與萼、瓊有隙，又與周倫同鄉至厚者也，故爲此謀。此情聖明諒必察知，不待臣言，謹此回奏，并僭擬票旨一紙，可否伏惟聖裁。

奉旨：「這本内所奏事情，朕已悉知，近年法官屢構冤獄，自取禍敗，朕屢有旨戒諭。近又有敕，申戒百官，毋得立黨，中傷善類，如何不□。桂、林等着法司從公問明具定奪，毋得外生事

端，刑逼羅織，有傷國體。楊一清係内閣輔臣，朕自有處置。霍韜宜安心任事，不准給假。該衙門知道。」

事關國體疏 八年九月十二日

今日欽蒙密諭，示臣以一清贓事，謂知之不問非君道之體，欲明示中外，聖意誠是矣。但此事關係國體甚大，朝廷所以待輔臣之禮，似宜稍從寛假。一清果有前事，誠不可恕，但恐辱國事。臣愚以爲斥之去可也，奪其官可也，若遽置之法典，恐爲不可。昔漢賈誼《治安策》論體貌大臣之道曰：「古者禮不及庶人，刑不至大夫，所以厲寵臣之節也。古者大臣有坐不廉而廢者，不謂不廉，曰簠簋不飾；坐污穢淫亂、男女亡别者，不曰污穢，曰帷簿不修；坐罷軟不勝任者，不謂罷軟，曰下官不職。故貴大臣定有其罪矣，猶未斥然正以呼之也，尚遷就而爲之諱也。」此論甚善，蓋國家體貌大臣，務存忠厚之意，臣愚迂見如此。伏惟聖明裁斷，再與璁細議詳處施行可也。又周倫仍改南京，讚陞刑部，甚宜，合當回奏。

又恭答密諭疏 八年九月十二日

今日欽蒙密諭，謂一清事宜下六部議奏，并詳論祖宗革丞相置内閣之意及後來之弊。臣頓首頓首，仰見聖明深識遠慮，臣愚萬萬不及。誠如此，真宗廟社稷之福也。但此事體重大，行之宜斟酌周悉，伏惟聖明裁處。

又疏 八年九月十七日

今日法司會官議奏楊一清事，臣亦與焉。衆謂一清之罪，在國法固不可赦，在朝廷所以待輔臣之道則貴□□□，略與臣前日所奏意同，非敢庇一清也，所以存□□也。臣亦再三思議，一清固有罪，但係累朝老臣，議禮之時又嘗力贊席書北上以成大孝，不可謂無微功。切意皇上之仁必嘗體念及此，且一清一人不足惜，國體所在不可不惜也。萬乞聖慈俯霽天威，務從寬假，無則奪其官爵，輕則放回致仕，則在朝臣工莫不感皇上之仁，而臣等二三人亦可以免嫌疑之罪，臣不勝惶悚冒瀆之至，伏望聖明垂察焉。

恭答聖諭講心學疏 八年九月二十四日

本月二十二日欽蒙聖諭，謂倫以訓講《書經·康誥》内一節，論後世心學不明，所説欠當，命臣開陳。臣頓首頓首，仰見皇上聖學淵微，察言精審，且孜孜講學之盛心也。孔子至聖，猶以德之不修、學之不講爲憂。皇上下問及此，真天下臣民之幸也。以訓謂，後世心學不明，却將善心看作慈悲憐憫意思，講時臣亦覺得其言欠分曉。大抵其意蓋指後世佛氏之學，以清淨寂滅爲心法，以慈悲憐憫爲善果，而不知有帝王仁義并行之道，但其言欠提掇明白耳，且亦不應遽援佛氏爲説也，上下文義亦欠接續，皇上謂其所説欠當，誠是矣。但其謂後世心學不明一句則是，臣請略陳之。

自古帝王言心學者，莫要於堯、舜、禹相授受之言，曰「人心惟危，道心惟微，惟精惟一，允執厥中」。之四言者，千古聖賢傳授心法也，千古言心字亦始於此，後世學者多漫爾説過，視爲常談，不知其言實切己。彼溺於詞章訓詁之儒者，固不足與語此矣。至於知言心學者，亦多不知體認斯言，每或流於佛氏虚無之教。惟程子解得甚好，其言曰：「人心，人欲也。道心，天理也。惟精惟一，所以致之。允執厥中，所以行之。」蓋惟精惟一即允執工夫，聖賢心學只於「念頭上，理欲之幾處」用力，故周子《通書》曰「幾善惡」，曰「誠、神、幾，曰聖人」。朱子説之云：幾是動之微，欲動未動間便有善惡，須就理會。若至發著，即不濟事矣。所以戒慎不覩，恐懼不聞，又必慎其獨，蓋幾微之際大是理欲之分，故周子極力説個「幾」字，儘有警發。近則公私邪正，遠則廢興存亡，此處看破便斡轉了，此第一親切工夫，精粗隱顯，一時穿透，堯舜所謂「惟精惟一」，孔子所謂「克己復禮」也。聖賢只在此處用功，易簡之道正是如此。後世妄言心學者却於念慮未萌、無思無爲之先又説出一個至静工夫來，此便入了禪學。臣前所謂佛氏虚無之教者，此也。

蓋聖賢精一之學無動無静，却是這個工夫，然必以静爲主，故周子曰「聖人定之以中正仁義而主静」，程子説《易》静專動直一章曰「不專一則不能直遂，不翕聚則不能發散」，李侗亦曰「默坐澄心，體認天理，如此則雖一毫人欲之萌亦退聽矣」。明道教人静坐，李先生亦教人静坐，始能收斂。静坐則本原定，纔静事俱見得，然總是一個敬，故云主静。《孟子》夜氣一章可見。程子亦謂於喜怒哀樂未發之時，求其所謂中，其説皆明白切要，非如佛氏之虚無寂滅，槁木死灰其心，以爲識心見性之説也。皇上有堯舜之資，留心堯舜之學久矣，諒必體會至此，何待臣言？然臣一得之愚不能自已也，敢因以開陳，伏願皇上再加留神體會，一志此學，非徒可以養德，亦可以養身。一切用人行政與其他瑣瑣細務皆且付之有司，不必焦勞其心思，困敝其精神，以自損其根本也。俟他日涵養精純，根本盛大，德□堅定，識慮周遍，則不思不勉從容中道，而放諸紛擾膠轕之間無不可矣。臣愚不勝惓惓，伏望聖明垂鑒焉。

恭答聖諭立本工夫疏 八年十月初四日

欽蒙聖諭，示臣以所諭内閣論釋氏慈悲之謬，及善心善性之别，盡性致敬之功。聖諭已明，又見内閣詳答明白，臣以此不敢復有所奏，恐煩聖聽也。又蒙諭及立本工夫有未盡者，命臣再言之勿憚。臣謂立本工夫臣前所奏已具，惟在陛下體而行之耳。若論其要，只在性情上用功。

性情莫大於喜怒哀樂四者，而喜怒爲尤切。故《中庸》一篇體要只在喜怒哀樂未發而中，發而和。而顔子之學只在「不遷怒，不貳過」。人能涵養性情，使喜怒中節，中和成德，則萬化萬事皆從此出矣，故曰：「中也者，天下之大本也。和也者，天下之達道也。致中和，天地位焉，萬物育焉。」中和之用，至廣至大，如此乃聖賢實學，非虚語也。所謂立本工夫，莫要於此。伏望聖明留神，將《中庸》首章反覆體玩而力行之，便自有得力處，不在臣之多言也。程子曰：「若不涵養，只是説話，則多言何益？」伏惟聖明亮而察之。

恭答聖諭省身疏　八年十月初七日

欽蒙聖諭，謂近以顔子「不遷怒，不貳過」之事省身，又論及懲戒言官去留大臣之意。臣頓首頓首，仰見聖明體驗力行之功，臣不勝慶幸。自兹存養勿忘，隨事省察，遇有可喜可怒之事，未便喜怒，須徐徐觀理之可否，則自然喜所當喜，怒所當怒，而喜怒中節矣。程子《定性書》一篇論喜怒之理甚明切，伏望皇上暇時每取而玩之，當有深益也。

又蒙論及輔臣張璁所奏請處内閣之事，命臣擬處。臣謹將璁所奏稿細閲，大略與向日皇上諭臣之説同，其意甚善，非徒欲復祖宗之舊，亦以代言擬旨之責爲難，而欲求君臣相保之道也。但臣切謂今日之事與太祖太宗之時不同，太祖太宗身歴艱難，閲事日久，識慮精熟，故可不任内閣。今皇上春秋未多，閲歷未深，恐難自用。若不任内閣，又恐權有所移，爲害益大，大抵只在得人而已。臣又考得《太宗實録》載永樂二年十一月，賜六部尚書、侍郎金織文各一襲，特賜翰林學士解縉，侍讀黄淮、胡廣，侍講楊榮、楊士奇、金幼孜衣，與尚書同。縉等入謝，上曰：「朕於卿等非偏厚，代言之司，機密所寓，況卿六人旦夕在朕左右，勤勞助益不在尚書下，故於賜賚必求稱其事功，何拘品級。」又《皇明名臣録》載太宗時，楊榮入内閣典密務，時四方事殷，上時步至閣中親閲視所治，遂進官侍講，賜二品服，且勞之曰：「天下事朕與若等共計，非若六卿之分理也。」據此二書所載之言，祖宗之時亦未嘗不任内閣也。況今日正處積弊之後，方圖中興之時，天下事幾，百官章疏，沓出叢至，皇上豈能一一親自覽斷乎？臣前所謂只在得人可矣，伏乞聖明審思之。璁奏不可别有所處，只隨聖意答之而已。伏惟聖裁。

推陞巡撫疏 八年十月十六日

今因遼東、雲南二處巡撫都御史員缺，皆係邊方重地，甚難其人。臣再三咨訪思議，會同各該衙門推得遼東宜用太常寺卿成文，雲南宜用貴州布政使胡訓。蓋二人皆老成練達，平日行事安詳，邊方甚宜，他無如之者，且就近用之爲便，遠恐到任日久，亦非所宜。伏望聖明，俯從簡用，實爲地方大幸。

臣又奏：日前欽蒙聖諭問及立本工夫，臣仰見聖學高明，日進不已。續又蒙諭及近以顔子「不遷怒，不貳過」二事省身，臣益歎服。聖明體驗力行之功，非徒講説而已也。臣雖已屢有開陳，然恐臣見卑識淺，不足仰副聖意，日切顒望，不知聖明近日用功何如？蓋涵養本原工夫不可一刻間斷，纔間斷天理便不周流，應事便有差處，或觀人不當，或聽言不審，皆足爲害，堯之兢兢，舜之業業，文王之翼翼小心，只是這個工夫。伏望聖明誠心立志，大進於此學，於前臣所舉《中庸》首章及周子主静、程子定性之説，深體而力行之，將來聖德成就，雖堯舜文王事業不足讓也。臣愚不勝懇望，并録程子《定性書》一篇進呈。謹奏。

補除缺員疏 八年十月十八日

欽蒙聖諭，謂遼東所用人成文方來，似爲數易，聖諭誠是。但臣再三思議，無如此人者。又昔年張雲在遼東誠得人心，至今軍士猶思之，但已年深，又已陞侍郎，恐難復用。今若用成文，老成仁厚，行事安妥，當不劣於斯人矣。聖諭又謂如用成文，其缺須就京官除，臣亦思及此。蓋此缺係提督四彝館，頗爲清閒，甚易稱。如少卿魏校亦就可補除，其人素有學行，士論頗與之。雖言語欠正，講書不稱，皇上責之，誠是矣。但其人實係君子，似不可因其一事之不稱而遂棄之也。臣愚見如此，可否，伏惟聖裁。又蒙諭及臣昨論學之言，所謂觀人聽言有失或因人而發，臣頓首惶懼，萬死萬死。蓋論學之言，臣止是概論其理如此，非皆有所指也。若臣有所指，即當指出，明白直言，豈敢隱諱。伏望聖明包含垂察。《易·文言》曰：「學以聚之，問以辯之，寬以居之，仁以行之。」伏望聖明體寬居之義，擴包荒之量，使臣得盡狂瞽之言，無忌諱之慮，臣愚不勝幸甚。

省災直言疏 八年十月二十五日

欽蒙聖諭，謂「宮中西所災，朕深恐懼，上天示戒，必有其由，過在朕躬，弗克自察」，命臣可直言之。臣頓首頓首，仰見皇上遇災而懼之心，罪己責躬之誠，雖古聖王莫及也。臣反覆致思，皇上御極以來，清心寡慾，好學勤政，敬天愛親，先代無比，未聞失德之事，豈宜有此災變，實臣下奉職無狀之應也。臣當待罪自責，何敢復言。然古之聖王德已至而益求所未至，終日乾乾，進德不已。天心仁愛，屢示譴戒，雖小不遺，亦責之不已也。蓋人主一心與天流通。《詩》曰：「上天曰明，及爾出往；上天曰旦，及爾游衍。」此古之聖王所以無時而不存養，無事而不戒慎，所以敬天也。臣謹按自古火災，董仲舒、劉向、京房輩皆各著事應，先儒已議其謬，臣不敢妄引。惟按《書·洪範》五行「火曰炎上」，蓋火之性亢急燥動，上而不下之象也，無乃聖心尚欠和平之徵乎！仰惟皇上聖資英明，見事見理，臣下莫及。大小臣工及左右侍御之人，皆無足以當聖心者，兼以頑鄙欺詐，情狀萬端，皆可忿嫉。前後去者不一，來者復爾，無可信任，無可付託之人，以此聖心一向未得和平，聖性亦不免爲之少累。或不當怒而怒，或當怒而過，或見怒而留，以致心火愈見焦勞，聖情不見和樂，甚非養德養身之道也。臣聞古之説者，雖曰「善善惡惡」，而成王告君德則曰「無忿嫉于頑」，《大學》曰「心有所忿懥則不得其正」，《易·損》之象曰「君子以懲忿窒慾」，蓋忿慾最爲損德損身之大者。雖曰「君道貴剛」，而皋陶稱舜德則曰「御衆以寬」，孔子亦曰「居上不寬，其何以觀之哉」，又曰「寬則得衆」，其言皆可體行也。是以臣前屢奏，惟以中和爲聖學之要者，此也。蓋自古聖德無出此二字，臣平生所學亦不出此二字，故敢拳拳言之。

伏望聖明，静觀默會，勉進此學，一切大小政務皆付之六部，日與閣臣或群臣中之知學者講學論道，涵養聖性，上達天德，則功效之大有不可勝言者。《中庸》曰：「致中和，天地位焉，萬物育焉。」何災變之足慮乎？周子亦曰：「優柔平中，德之盛也。天地化中，治之至也。」然此固在陛下自用力，亦輔臣之責也。使爲輔臣者更嚴切急迫之意多、寬和樂易之意少，尚何望其剛柔相濟以輔養聖德乎？是故自古君相之善莫大於知學，不善莫大於不知學。所謂知學者，非講説明白、文辭焕發之謂也；不知學者，非不能講解、不善文辭之謂也。孟子曰：「學問之道無他，求其放心而已矣。」又曰：「博學而詳説之，將以反説約也。」蓋知學是知本，所謂「正其本，萬事理」也。不知本，茫茫地無處下手，所謂無本不立也。是以《大學》格物致知，只是要知本。《中庸》一篇體要全在首章，而反覆數十言，只是要立本。若君相知此學，日相與講求，體而行之，何患聖德不成，治化不興乎？尚何災變之足云？舍此皆爲標末，不足爲吾聖明之望也。臣嘗莊誦皇上敬一之箴，仰見聖學已深造乎此矣。但不知力行之功何如耳？夫敬非難，而一爲難。一者，常於敬而無間之謂也，故《易》曰「恒以一德」。如《中庸》戒慎恐懼，敬也；戒慎乎其所不覩，恐懼乎其所不聞，而不須臾離，一也。程子曰：「惟敬而無失，最盡。」敬而無失，即一也，是暫敬非難而常敬爲難也。故敬一者，中和之功也；中和者，敬一之效。今亦惟皇上實用敬一之功，養成中和之德耳，非敢遠求而過望也。

臣又聞近日宮中大小事務及一應章奏皆必經聖慮，此固美事，但恐聖體清弱，聖心焦勞，不能當也。且修德行政，亦有先後緩急之序，俟聖德成定則何不可乎？自古云大臣不親細事，況天子乎？又云元首叢挫哉，其喻可想也。夫君者，無爲之象也；臣者，有爲之象。君有爲則臣無爲，皆失其職矣，故曰「爲政以德，譬如北辰，居其所而衆星拱之」，又曰「王中心無爲也，以守至正」。其言雖似淺近，實有至理。伏望聖明體察，勿以臣言爲迂也。臣愚不勝至望，臣昧死直言，不勝惶懼戰慄之至。

推舉都給事中疏 八年十二月初五日

前日臣以起復原任刑科都給事中李錫，奏請復除吏科都給事中。欽奉聖旨，謂「吏科都給事中係六科官之首，尤當慎擇，爾部裏還從公推舉忠直的兩三員通寫來看」。又奉聖諭，謂吏科都給事中已有旨着另推北任此官者，科道今日已甚無人矣。茲始可慎選之，庶官不虛設，有所任用也。臣頓首伏讀，仰見聖明慎重言官之意，臣敢不敬承。臣切思之，六科都給事中員缺，舊例俱於年深左右給事中疏名上請簡用，有丁憂事故起復者，先儘起復之人。臣因見起復李錫，原係都給事中，又聞其人亦頗老成平實，故奏請復除。但吏科都給事中委係六科官之首，相應慎選。臣欽遵再三推訪，今日六科中委是無人，誠如聖諭。況今六科左右給事中止有四人，如陳守愚、趙漢、李鳳來皆曾奉敕旨戒飭，數人豈能當聖旨忠直之選〔一〕。惟張潤身一人頗可，不得已，則於別科都給事中調用亦宜，如夏言、蔡經皆頗有直名。臣今推此三人，伏惟聖明簡用。若用夏言，則用李錫或用張潤身就補夏言之缺，一并批出，庶免再推，甚幸。臣又有言，自古人才難得，而科道官尤爲難稱。臣查得六科都左右給事中共五十六員，十三道御史共一百一十員。南京六科給事中共七員，十三道御史舊三十六員，今裁爲二十六員。兩京科道官通計二百餘員，人數既衆，豈能個個得人，且知人甚難，雖加精選，中間難保必無匪人。非但今日爲然，臣歷見先朝每每有妄言者，惟在朝廷包荒而已。臣請聖明自今以後，凡言之是者取之，其不是者只

〔一〕「數人」，原作「人數」，今據上下文意改。

置之不問可也。非但王者之體當然也，將見言是而見取者益加奮忠，言不是而不見取者□當含媿，雖目前未必自悟，久必自明，且有資俸者，量可否陸續推出外任，朝廷豈能一一與較曲直耶？臣愚見如此，伏望聖明采擇。

又蒙聖諭問及《定性書》所云「將迎」二字之意，命臣開陳。臣嘗見西山真氏解云：「不隨物而往，不先物而動，故曰無將迎。」蓋將者，送也。事已往而隨之曰將，未來而逆之曰迎，此皆意必固我之私。張子曰：「意必固我，四者有一焉，便與天地不相似耳。」其《定性篇解》於《真西山讀書記》甲集二卷内頗詳。聖明暇時取觀之，可也。臣又聞皇上近日頗好作文字，夫讀書作文固是美事，但恐皇上勞神耗精於此耳。臣切謂今日前星未耀，聖嗣未廣，此所急者，餘皆非急務也。皇上既勞於政事，又勞於文字，恐非養精神圖嗣之道，萬乞聖明留意，勿以臣言爲迂，幸甚。臣不勝拳拳悃懇之至。

推舉都御史疏 八年十二月十二日

今日奉欽依，會推都察院掌印都御史。臣切以斯任乃風紀之首，亦係法司之統，其□匪輕，舊規多在法司大臣推舉。今推得刑部左侍郎聞淵、右侍郎汪鋐，二人皆操持嚴正，識度宏遠，可稱斯任。然論老成練達，忠懇力量，則淵不如鋐，但以左右次序，故先淵後鋐耳。諒聖明必有簡在，臣不敢不盡其愚，伏惟聖明裁察焉。

恭答聖諭耕蠶又推舉機部疏 九年正月二十五日

二日屢奉敕諭，皇上親耕及中宫親蠶事，甚爲盛舉。非惟可以備一代之典章，垂百王之軌法，實於風化治理有益。非惟臣心忻悦，凡有識之士皆然，誰敢非之者，勿煩聖慮，毅然行之，幸甚。

臣又奏，南京兵部尚書員缺，係參贊重任，甚難得人，今日會推得兵部左侍郎王廷相、右侍郎陳洪謨，二人皆有風力，有執持，可稱斯任。臣再三思議，此外更無才略資俸可推者，伏惟聖明簡用。謹奏。

恭答聖諭議郊禮疏 九年正月三十日

欽蒙聖諭，問及南郊天地合祭之禮，聖意似有未安。臣因此禮重大，未及詳考，不敢輕對。今連日閲古經籍，迺知古經傳并無天地合祭之文，亦無祭地北郊之文，皆後儒傅會之□□。祭地北郊之説者，蓋本《周禮・大司樂》「夏日至於澤中之方丘奏之」，然而未嘗明言北郊也。爲天地合祭之説者，蓋本《詩・小序》「昊天有成命，郊祀天地也」一句而言，然亦未嘗明言天地合祭也，皆不足爲據。是以先儒屢有疑難，其説不一。宋儒胡宏曰：「古者祭地於社〔一〕，猶祀天於郊也。故《泰誓》曰：郊祀不修，而周公祀于新邑，亦先用二牛于郊，後用太牢于社也。《記》曰：天子將出類于上帝，宜于社。又曰：郊所以明天道，社所以神地道。《周禮》以禋祀祀昊天上帝，以血祭祭社稷，而别無地祇之位。四圭有邸舞雲門以祀天，兩圭有邸舞咸池以祀地，而别無祭社之説，則以郊對社可知矣。後世既立社又立北郊，失之矣。」《中庸》曰：「郊社之禮，所以事上帝也。」朱子解之亦云：「社祭地，不言后土者，省文也。」據此二説，則以社即爲祭地，而别無祭地北郊之禮矣。宋元豐間，議者欲罷天地合祭之禮，太常陳薦言曰：「議者以天地合祭始於王莽，故欲罷之。臣按《周頌》：『昊天有成命，郊祀天地也。』漢《郊祀歌》曰：『惟泰元尊，媪神蕃釐。』泰元，天也。媪神，地也。又曰『涓選休成』，『天地并況』。此天地同祀可以概見，恐非自王莽始也，乞且循舊。」當時相臣文彦博亦曰：「譬如祭父母作一處，何害？」據此二説，則似以天地合祭無害於義矣。是以前代屢分屢合，其制不一，至今説者爲千古不斷之疑。臣愚亦未能有所裁決，然竊嘗思之，《禮記·郊特牲》曰：「地載萬物，天垂象，取財於地，取法於天，是以尊天而親地也。」臣愚意王者尊天故祭於郊，遠所以尊之也；親地故祭於社，近所以親之也。今

〔一〕「地」，原脱，今據朱熹《四書或問》所引胡宏語補。

郊本祭天而以地配，猶社本祭地而以稷配耳，非天地合祭也，説者循環以致誤也。然則今日南郊之禮本爲祭天而配以地，似爲無害於義。惟聖諭謂屋下之祭非祭天也，此事誠爲於義未安。夫天道至高至廣，難于感格，故古人祭天必燔柴以升煙，恐不達於上也，安得祭于屋下乎？是以國初名儒解縉上封事有曰「祀天宜復掃地之規」，至今識者稱爲名言。但此聖祖之制，臣不敢輕議，伏惟聖明裁斷。

祖制宜守疏 九年二月初三日

昨日欽蒙聖諭，謂古禮并無天地合祀之文而以朱子之言爲當行，欲求其宜，以復皇祖始制。聖明之見皆極義理之精微，臣愚萬萬不及，豈敢復有所異。但臣尚有未盡之愚，不得不昧死再陳之。臣聞《書》曰「欽厥止，率乃祖攸行」，孔子曰「三年無改於父之道，可謂孝矣」，解者云「三年無改，亦謂在所當改而可以未改者耳」。臣意謂子孫於父祖之道所當遵守，非有大害於理、大害於事者不可輕變。非惟孝子順孫之道當然，亦所以安人心，一政體，而防奸孽之萌得以藉口耳。臣前議非敢謂天地合祭爲古禮，但以爲無害於義，似亦從皇祖之制而不必泥古耳。夫古今異宜，事勢人情有不能盡合古者，難以枚舉，此臣所以敢爲是由舊之説也。伏惟聖明更博觀而審思之，未宜輕動，況此事先儒一向有此二説，非盡悖道之事也。天地合祀以夫婦同牢之義言之，固爲褻瀆不經，以子事父母之義言之，則亦何害於理？是以宋臣文彦博之説，時亦有稱其是者。丘濬固不敢比程朱，亦係一朝博洽之儒，其言固非□論，亦有分曉。如云成周一代之制，後世因之可也，□以義起亦可也。夫類于上帝，經有明言，舍周而從虞，又何不可哉？是亦達時通變之説也，其言似不可忽。況臣愚之見已謂郊本祭天而配以地，猶社本祭地而配以稷耳，非天地合祭也，則臣與濬説亦似可互備而相發也。伏望聖明垂察焉。

上郊祀議疏 九年二月初八日

日前欽蒙聖諭，問及天地郊祀之禮。臣愚雖有所奏對，自知所見庸陋不足以當聖心。又蒙聖德廣大，不輕棄絶，使再以所見來聞。臣再三虚心博考精思，不敢自執己是，亦不敢盡廢前聞，圖以仰答聖明，此臣愚惓惓之鄙心也。前日回奏後，又考得丘濬《大學衍義補》内論郊社之禮尤詳，濬雖不足據，然説皆本於宋儒胡宏、張載、朱熹三子之言。臣愚見雖與之小有異同，然大意亦不相遠也，敢再録。臣議鄙陋，不自知其非，伏惟聖明裁決焉。

推舉僉都御史疏 九年五月十八日

欽蒙聖諭，問及日前推補僉都御史用夏言之意。臣切以憲臺風紀之司，僉都御史總憲之佐，聖意慎選其人，甚是也。臣備查見任小堂官俱年淺，惟大理寺少卿林有孚、太僕寺少卿冼光甲第頗深，又俱舊任御史，皆有風力老成，故先次推之。奉旨另推，臣又查各處巡撫、少卿、僉都御史亦俱年淺，止有劉天和雖未久，但甚有才名。又夏言文學才識亦素有名，近日又奉敕加四品服色，且實論事論禮有功，亦宜不次超擢，臣故推此二人，衆皆以爲相應。蓋朝廷用人，惟才是任，難拘資格，況先朝御史、給事中、郎中俱有徑陞僉都御史、侍郎者，只在得人，不爲過也。此臣愚之見，不自知其非，伏望聖明亮察，幸甚。

欽遵推舉疏 九年五月二十二日

今日欽蒙聖諭，謂夏言准辭陞任，其官不可久缺，巡撫四川僉都御史唐儀鳳可取來，伊缺以通政宋滄補之。臣頓首伏讀，仰見聖明周思之至，處置之宜，臣愚萬萬不及也。今日即已具缺，俟命下，欽遵推舉，奏請簡用，合當回奏。

推補通政司員缺疏 九年六月十八日

本月十五日，該臣本部題爲缺官事，内開通政司左通政員缺，推得通政司右參議孫禬、鴻臚寺左少卿王道中堪任，及照本司見有右通政陳經在任，均乞聖裁等因具題。于十七日該司禮監文書官張興、李岳於左順門遞出前本，傳云聖諭：「孫檜并鴻臚寺孫伯義都調各衙門，陳經陞左通政，令將前本换過。欽此。」臣切惟通政司、鴻臚寺俱係奏事衙門，宜取聲音洪亮、儀容齊一人員，孫檜、孫伯義二臣不稱前職，聖明必有所察，臣無容贅矣，但未曾奉有明旨，本部遽難聲説。今早已將奉聖諭傳與二臣，令其自陳，待命下，本部另行具奏調用外。今欽遵將右通政陳經推補左通政員缺，但本司止有參議劉斷德、劉日乾二員，俱年資太淺，無相應陪推之人，故仍以鴻臚寺左少卿王道中陪推，伏惟聖明簡用。臣再看得陳經既陞左通政，其右通政員缺再無相應推用人員，臣愚不知聖意何在，或即用王道中，一并批出，庶免再推，或仍具缺，將劉斷德、劉日乾二員推用，均乞聖裁示下，臣可欽遵奉行，幸甚。

推補右通政員缺疏 九年六月二十日

欽蒙聖諭示臣，謂孫檜與孫伯義俱音聲微而促，伯義又非選用，傳陞數人〔二〕俱不堪用。聖見至當，臣無容言矣。伯義亦已衰老難用，即准致仕亦宜。聖諭又謂右通政或用原鴻臚卿今守制鄭紳補之亦可。臣仰見聖慮周悉，臣愚萬萬不及。臣即查鄭紳於嘉靖七年八月内守制，扣該

〔二〕「數人」，原作「人數」，今據上下文意改。

今年十一月内服闋，其人端謹，甚爲相應。臣又查得原任通政司左參議杜柟亦係七年七月内守制，扣今十月内服闋，年資亦深，二人俱可扣滿推補右通政員缺。聖諭又謂鴻臚寺周瑆當陞右寺丞，吴祖乾補左寺丞，亦皆資格相應，俱俟具缺命下，一一欽遵奉行，合當回奏。

推補國子監祭酒疏 九年七月初七日

今南京國子監祭酒員缺，臣思此職係師表之地，甚難得人。切見侍講學士穆孔暉潛静質實，容止端莊，頗稱是官，但臣嘗推之，未蒙皇上簡用。仰惟聖明必有所見，臣愚莫測，但臣切審其人，樸拙無華，不求人知，實無他過惡，聖聰偶未之察耳。今臣未敢再推，可否先請聖裁示下，臣可欽遵奉行，幸甚。

推補國學及太常員缺疏 九年七月初九日

昨因南京國學祭酒員缺，以孔暉可否奏請。欽蒙聖諭，謂兩京重地，師表之職尤宜慎擇，孔暉雖樸雅質重，但於學校作士子之師豈能勝其任，如用爲卿佐猶可，斯任恐不宜選。臣捧讀再四，仰服聖見至明至當。臣愚昧，乏知人之明，甚自愧懼，但以其年深行謹擬用之，然其人委實才短過樸，不稱斯任，如聖諭所云也。臣再思此缺須由翰林推用，如右贊善林文俊，文學儀表足以稱之，資格亦已相應，不知聖見何如？臣又奏提督四彝館太常寺卿員缺，此職亦久欠振作，須就近用，但少有相應之人。臣思得右諭德彭澤，其人甚有才力，可稱斯任，資格亦宜，但因大禮曾爲言者嫉毁，幸賴聖鑒明察優容，又係臣同鄉，然臣不敢以此避嫌，欲擬用之，不知聖見何如？可否均乞聖裁示下，臣可欽遵奉行，幸甚。

欽選巡按及奏謝賜字疏 九年七月初十日

昨日欽蒙聖諭，謂以文俊并澤補各員缺俱可，宜即具題行，臣欽遵即已具題外。聖諭又謂「臺郎給舍既已各照原額補之，其御史尤宜慎選，蓋出按一方而一方之休戚關焉，故朕以爲不可不加慎焉也」。臣頓首伏讀，仰歎聖慮至周，聖見至當，臣敢不欽承，已將行取之人，加意慎擇，考選之日仍會同都察院嚴加考試，務求精當，以副聖懷，此臣之職也。臣又蒙聖製「肅武」二字賜臣，臣叩首領受，不勝忻忭。非徒傳世至寶，實爲臣對病之藥。臣素稟懦弱，且因疾病久困，神氣虛怯，又性好和易，其弊也不肅，氣力不充，其弊也不武，此臣之病，實自知也。自兹以往，敢不佩服聖訓，朝夕策勵，勉於二德，以毋負天地君師之愛。感謝之私，莫可言喻，惟鏤心刻骨而已。

請寬假疏 九年七月二十五日

臣不才，以致人言，連日擾瀆聖慮，臣不勝愧懼，死罪死罪。雖蒙聖恩優容，但臣猶有未盡之情，今晨已具疏再聞已。間欽蒙聖諭，慰勉切至，臣益感泣，莫能自勝，不知臣此生何以爲報也。聖諭又促臣即赴部辦事，明早朝見。緣臣連日感病，咳嗽吐痰，晝夜不能安枕，起即眩暈，須得三五日調理，自當勉强出朝謝恩辦事。伏望聖慈，少賜寬假，幸甚。其黄卿之事即當欽遵聖諭奉行，合當回奏。

欽遵陞補各職疏 十一年九月初三日，以下俱武英殿大學士

欽蒙聖諭臣時等及臣，以汪鋐改吏部尚書，又以總憲之重，難於得人，問及原任都察院右都御史聶賢、原任僉都御史毛伯温，欲起用之。臣仰見聖明計慮周悉，遐隱不遺。臣退再三熟思，切謂總憲之職，誠爲重地，非素執法持風采者莫能稱也。切見巡撫順天等府副都御史王大用，其人甚剛正，素有風力。聶賢清謹老成善處事，誠不可及，若論風采精力則莫如王大用也。況今工部見缺尚書，亦難得人，在聶賢則甚稱矣。工部似宜用聶賢，都察院似宜用王大用，其巡撫順天員缺則毛伯温即宜補之，如此似爲各當其才，亦各資格相應。然臣愚慮豈及聖明萬一，若

以爲宜，可出自聖意，傳與吏部遵行，臣無任愚懇，謹奏。

欽奉陞補得旨疏 十一年九月十二日

前日臣具奏以賢堪任司空，大用堪任都察院，伯温堪代大用。是臣愚見，未敢自以爲然。因二日未得聖意可否，未敢傳與吏部，故推司空以軏與淵也。昨得聖諭，即已傳與吏部遵行，合當回奏。

謝恩疏 十一年十月二十四日

奏爲謝恩事。本月二十二日，該臣奏爲自陳乞賜罷黜事。二十四日欽奉聖旨：「卿昨因疾乞歸，兹方召用未久，如何輒以人言負朕求避，殆非大臣事君之道，可安心供職，不必介意，用心贊理政務，以副朕懷，吏部知道。欽此。」臣聞命驚惶，感愧交集，夫大臣之義，以身體國，況臣受恩深重，異於恒常，豈敢以人言毁譽有所畏避。惟念臣實以連年疾病，精力久衰，又本無才能，無益機務，重以言者指斥已甚，事體非常，設意造謀，其機莫測，在臣之義，惟有一去耳。伏蒙聖慈諒察，既不之罪，復責以大義，慰以温辭，臣罪益深，君恩益重，豈敢復有所請，即宜亟出報名謝恩。緣臣二日適染寒喘，疾嗽并作，不便朝儀。伏望聖恩寬假，容臣服藥調理數日，痰嗽稍止，即出赴闕，叩頭謝恩，入閣辦事，臣無任感戴天恩之至。

二十六日奉聖旨：「覽奏謝，朕已悉卿意，疾宜加意調理，待旬日必可即出辦事。彼小人報復，亦不但攻害卿與鋐而已，如孚敬已去矣。況有讎君之意，豈可墮彼計中？宜益勵忠誠以匡朕治，吏部知道。」

請復召張内輔疏 十一年十一月初三日

臣聞天地相承而成化，君臣相承而致治，自古未有不君臣同德、群工一心而能致治者也。伏惟皇上天縱聖明，當中興之運，鋭志有爲，誠不世出之主也。方御極之初，大禮未定，聖心未遑，及嘉靖九年九月禮成之後，天下翹首想望太平，而皇上亦一意求治。臣等四五人同幸遭逢，俱蒙寵任，非不欲仰承主德，共求至治也，奈何大禮雖成，而當時附和議禮不合之人終懷異志，人心錮蔽，莫之能解，敗者既去而來者復然，深相結納，暗事擠排，唯恐臣等之得政也。如席書得政則費宏極力排之，卒使憤鬱不平，火攻目病而隕。張孚敬、桂萼得政則楊一清極力排之，亦幾於不免。夫二三臣守義持正，忘身任事，違衆特立，當時無助之者，惟有胡世寧、李承勛平日忠懇，稍知大義，相助行正，則群奸又哄然排之。先賢云「正人指邪人爲邪，邪人亦指正人爲邪」，夫邪正之難辨也，莫若於其行事觀之。

席書、桂萼既往者莫論矣，且如張孚敬，賦性剛果，行事過當則固有之，至其清公嚴介一意事君，釐奸革弊行義執法，但知有朝廷，不知有他，其一念天日可表也。其行事之正皆人莫敢爲者，而孚敬每力爲之，小者且不暇論，其大者如革去皇親襲爵則外戚側目矣，革去天下鎮守則内臣切齒矣。此二事雖聖明主之於上，然輔相者稍有所顧忌，必不肯擔當相成。如英廟嘗欲革外戚之爵，孝廟嘗與兵部尚書劉大夏議欲革天下鎮守，皆以内閣不肯主張而止，此二事非孚敬，誰能任之？又如近日兵部欲濫收大漠將軍則孚敬削之，禮部欲收復凈身男子則孚敬沮之，兵部欲從北虜入貢之詐則孚敬執以爲不可，使當時若從部議，中國之禍不可測矣。凡此皆其行事之正，人莫能及，奈何因此反致群奸怨恨，内外交煽，醞釀其過，非一日矣。君門萬里，孰從而辯之？夫群奸之心何爲嫉惡孚敬至此，只以其持正執法不得適己行私以取富貴耳，況皆沽名釣譽，暗邀人心而已。大抵前日之論，魏良弼主之，秦鰲、葉洪和之，馮恩應之，其設謀造意遠矣。然得馮恩之言，奸情畢露，豈可以欺聖明也。所少者，孚敬才大而量小，志正而識不宏，善善短而惡惡長，釐奸革弊之意多而含垢納污之意少，事必由己，不能善與人同，不肯舉賢才而赦小過，此其所短也。所尤可罪者，不能降心與夏言同政，反事攻擊，然道不同不相爲謀，非彼去此則此去彼，其設心亦可憐也。古者論人取其大而略其小，今之論人以其小而掩其大，如孚敬之大節表表，論者一切置而不言，動以奸邪目之，以窮兇極惡目之，天理何在哉？皇上孜孜求治，于今十有一年，孚敬得政亦且五六年矣，而治效未成者，實以一二奸人梗於其間，未曾協一故耳，豈孚敬之罪哉！

夫力可能者，人也；力不可能者，天也。臣愚以爲今日皇上欲成中興太平之治，須得力量擔當之人。如孚敬者，眼前臣工鮮見其比。且自古人主未有無親信之臣而可以孤立於上者，臣謂孚敬終爲陛下腹心之人臣也，終不敢負陛下也。昔有譖趙普者，宋太祖曰：「鼎鐺猶有耳，汝不聞趙普社稷臣乎？」臣謂孚敬乃陛下之趙普也。且孚敬昨來數月，未見過舉，不知陛下何所聞而遽棄之。伏望聖明静觀細察，若以孚敬猶爲可任，請速賜召還。皇上一意推誠，待之如初，孚敬必能感恩思過，益勵忠貞以輔聖政，臣亦罄竭庸愚，務使剛柔相濟，寬猛得宜，協于群情，和于庶政，治效可成矣。不然臣才微識淺，欲隨衆取容則不忍，欲報陛下違衆獨立則不能，終恐無成耳。且群邪恣横日甚，今日鼓舞一言，明日駕捏一事，使聖心不得安寧，聖政不得歸一，辜負中興之會、太平之機，臣罪大矣。皇上以腹心之託託臣，臣不得不言，臣不言，無有爲陛下言者矣。臣感憤扼腕，執筆流涕者屢矣。及今不言，無時可言矣。

昨該臣奏爲謝恩事，節奉聖旨：「彼小人報復，亦不但攻害卿與鋐而已，如孚敬已去矣。况有讎君之意，豈可墮彼計中？欽此。」臣仰見皇上明見萬里，洞燭群情，無俟臣言矣。但臣懇惻之愚，有不能自已者，伏望聖慈俯垂亮察，臣不勝干冒威嚴恐懼戰慄之至。

恭答聖諭行取疏 十二年正月初八日

伏蒙聖諭，示臣以行取張孚敬之意，并示以御製敕稿。臣稽首伏讀再四，仰見皇上所以待孚敬之誠甚至，前後事情亦甚明暢。前日閣稿委的甚略，及差鴻臚少卿，勝於錦衣及部官，尤歎服聖見高明，非臣輩所能及也。孚敬得此當感激聖恩，萬死圖報，仰答朝廷矣。并御製敕稿封進，合當回奏。

自陳請免疏 十二年三月二十一日

爲自陳不職請乞罷免事。兹者伏遇皇上舉行憲典，黜陟幽明，凡在京僚，悉從考覈，四品以上例當自陳。竊念臣本以庸愚衰疾之人，叨此樞機密勿之任，知弗自勝，倍切憂惶。仰戴聖恩高厚，實同乎天地；深惟綿力支持，莫强夫駑駘。殆及逾年，曾無才補。臣自反自懼，今日不職之臣未有如臣之尤者也。非惟覆餗，抑且妨賢，揆以公評，誠宜首黜。伏望聖明寬其曠瘝之罪，畀以休致之條，别簡賢能以充任使，則機務得人，政理不爽矣。臣不勝戰慄待罪之至。

奉聖旨：「卿内閣輔臣，德學純謹，可盡誠贊朕，不准所請，吏部知道。」

請復科道互相糾察疏 十二年四月初五日

臣聞六年一考察京官，國家大典也。科道尤爲朝廷耳目之官，尤不可苟容匪人，故祖宗朝有科道互相糾劾事例。嘉靖六年已該吏部查題，奉有明旨舉行，今該部不肯題請。且查得今年考察京官，科道見在朝者全無一人，給事中止退一人，御史僅八九人，俱係差出、陞遷及給假在家者而已。夫科道官不下百五六十員，見在豈無一人奸惡可退者，蓋因都御史毛伯温係大獄復用之人，終懷異志，深與科道官結納，私同吏部考功司郎中余仞緒串謀，不肯秉公考察，暗要科道之心耳。汪鋐戇直，爲其所賣。考察之日鋐爲伯温、仞緒當堂執住不退，人人皆知。臣見得此係朝廷大典，爲此輩異心之人欺罔聖明，隱匿明旨，即欲具奏間，適同官張孚敬至，臣具以此言告，孚敬亦深歎息。臣受皇上厚恩重托，不得不言。伏望聖明鑒察，或宣臣等面諭，或傳旨吏部仍着查嘉靖六年成命，令科道互相糾劾，以昭大法，以副盛典，臣不勝悃懇冒瀆之至。

欽奉御撰疏 十二年四月初六日

今日伏蒙聖諭，示臣以下吏部之旨，令舉行科道互相糾舉事例。臣捧誦再三，仰惟聖鑒洞然矣。臣切惟外官三年一考察，京官六年一考察，已爲曠闊，此乃自古黜陟幽明大典，誠今日朝廷清明一大機也。今鋐爲邪黨所脅，致失其職，誠爲有負聖明重托，臣謹當傳聖意示鋐知之，令其改心守正，務期報主。謹將御撰傳旨封進，乞早發行。謹奏。

恭答聖諭糾舉疏 十二年四月十三日

伏蒙聖諭，以科道交相糾劾，數官果合公議歟，抑塞責爲事歟，若糾舉未盡的一并舉奏，勿得畏避。臣仰見皇上審於用舍、慎簡言官之盛心，臣不敢不實言之。昨日伏蒙發閣科道互相糾舉二本，臣即與同官議云：「所糾者容有未公未盡，臣輩豈能悉知，宜再下吏部查訪，應去應留及糾舉未盡的一并舉奏。」惟孚敬與臣見同，同官意皆不然，且云：「所糾者俱公，當只依之發落便是，若再令吏部舉奏，恐人言摇惑。」臣遂不敢異同，隨衆擬票上請。今聖明洞見，臣不敢不言，合無出自聖斷，還着吏部再行查訪，通候聖裁，使無遺奸，實朝廷清明一大機也。臣不勝恐懼悃懇之至。

推補禮部右侍郎員缺疏 十二年八月二十七日

切惟今日之事，用人爲急，皇上汲汲求賢圖治，平心委任，可謂至矣。然皆未見克當聖心者，臣深爲痛之。臣切見原任南京吏部右侍郎守制服滿張邦奇，其人德性端凝，學問純博，甚偉器也。今日經筵之選，他日内閣之儲，皆無不可，實一時難得之才。前日吏部左侍郎員缺，曾經會推，未蒙簡用，臣甚惜之。兹吏部右侍郎員缺，宜用其人，臣與孚敬議及，亦甚以爲宜。臣又切思前者所舉都御史王大用實剛正才略之人，奈爲時所共忌，科道官害之，非徒害之，又欲顯臣之不是耳。今勘已明，人心可見。昨者孚敬到京時，即對臣云：「山中聞朝廷用王大用，甚喜。如何後又不用？」臣備道其故，孚敬亦甚爲歎惜，問之可知。臣今不得不盡其愚，伏惟聖明裁察。

再奏議罪疏 十二年八月□□日

前日伏蒙聖諭下問臣等以張延齡事情，令臣等議處，隨該臣以一得之愚上聞，致蒙天語切責，臣於是戰懼慚惶者累日，莫知所云。然臣反覆思之，此事至大關係。皇上盛德，萬代瞻仰。臣忝輔導之臣，又與臣孚敬同受皇上厚恩，若不竭誠盡言，則誤主誤國之罪臣萬死不足以贖。今只得再盡其愚，伏惟聖明垂察焉。

夫反逆之事乃十惡之首，常赦所不原，只論有無，不論親疏，若果有之，雖至親不赦。聖諭所云：「同姓尚處死，況懿親乎？」誠是也。臣正謂恐延齡無此事，故不可遽以此罪加之耳。臣備訪外論及詳法司招詞，謂馬景不曾親見延齡分付，及詳曹祖原奏内稱「六丁六甲天曹抱送」等語，皆似風人妖妄之詞，全無指實，故臣敢謂其必無也。況事在先朝，又其人已死，證佐不明。夫反逆之事，須有人馬兵器實跡，若何號令，若何布置，乃可成獄，豈能以空言加之。然馬景已招延齡打死四命，則延齡之死罪已不可逃，故臣敢謂處之死可也。若或免死充軍爲民之類，則在皇上推恩，臣不敢議也。今又若係以官刑絞死司聽，則家人下手者皆當死，則處死又非但延齡一人矣，臣敢謂法只可止此。

夫今日之事所以致皇上之疑而未釋者，亦因法司不直，多遷就支離其説，而不敢爲晝一之議也。大抵今日群下之情有二等：其一保守禄位之人，惟事依阿，不敢明言是非，以逆上意。孔子所謂「患得患失」之人也。此等人只顧自家禄位，視國家得失若秦越之相視，痛癢不相干，何所望焉？其一包藏禍心之人，以昔日大禮大獄之故，疾視其長上，正欲皇上幹此等失德事，以顯皇上之過，以成臣等之罪，昔人所謂「幸災樂禍」之人也。此等人不惟不肯正救，且將欣幸其事之成焉，又何望也？人情如此，長可痛恨。臣是以日夜思維，臣與孚敬不言，無復言者矣。皇上平日以堯舜三代之王自期待，臣雖至愚不肖，何忍負之。況臣與孚敬受皇上知遇，備極恩寵，爵及五世，光被九族，百數十年來所未有者，更復何求。惟日夜思所以報皇上厚恩，倘復依阿隱忍，不竭誠言之，則罪至誤主誤國，萬死不足償矣。臣敢不再盡其愚，伏惟聖明亮察焉。

西樵遺稿卷之四

詩

駕遊環碧演新乘馬應制并序

惟皇嗣統十有二祀，勵精圖治，海宇底寧，然修内攘外，安不忘危，日乾乾焉。癸巳孟夏吉日乙酉，皇上演馬南城，寓武功也。日亭午，俄傳宣臣孚敬、臣時、臣獻夫、臣鑾候重華殿。臣等方亟趨命，駕已出東華門矣。上先御環碧殿，召臣等入見，臣等稽首頓首。上曰：「朕偶因演馬來此，召卿等同遊。」命賜茶。臣等稽首而退。仰見天顔充渥，和氣豐融，臣等無任喜慰。舊馬有玉麟驄、白玉騆、碧玉驕，新馬照夜碧、銀河練、瑶池駿、飛雲白，凡七馬焉。殿制環水，如碧馬環列焉。上命御馬監官示臣等徧觀，又命司禮監官引臣等至嘉樂館徧觀。花木蓊茂，禽鳥和鳴，真仙境也。臣等復趨候于重華殿大門右，駕即發環碧殿。上乘玉麟驄，青蓋，御重華殿，復進臣等于左室。臣等稽首頓首，臣孚敬奏曰：「臣等欽蒙聖恩賜茶，又欽蒙賜觀御馬。」載稽首頓首。上命賜酒飯，又賜蟒衣飛魚服。臣等稽首頓首，趨出。上復令中使召入，以御札示臣等，曰：「今日朕以演馬出，因與卿等同遊，即以其事爲題，卿等人各作七言律二章、古樂府二首來。欽此。」臣駑鈍，與同官方勉成七言律二章，聖製已煥然天成發示矣。臣等捧誦稱仰，心竊愧服，奏曰：「仰惟天章煥發，皆聖學淵源深邃，非臣等愚昧所及。」臣等稽首頓首，各恭和聖製及應制七言律、古樂府以獻。上覽所獻詩于左室，乃命臣等退出。臣等捧誦聖製，乃率祖訓嘉勉。臣愚不克仰副聖心，敢不力與同官交相勸勉，以所不能。臣不及君，則贊助之而已。臣仰惟皇上英明邁古，至德純全，臣愚萬萬有不能及一者也。贊助之未能，輔弼敢當乎哉？今日君臣之同遊也，臣能無喜乎？能無懼乎？謹識之以紀休命云。少傅張孚敬撰。

御林初夏晴明日，天子乘龍喜色多。共訝飛雲擎白玉，渾看匹練下銀河。同遊環碧臣何幸，賜對重華語更和。應制慚無天馬賦，南薰惟誦舜廷歌。

其二

九重飛蓋駕祥龍，仙仗如雲出帝宮。金勒雕鞍當午麗，草茵花障倍春融。鑾輿已許詞臣從，玉食仍教御饌供。錫服承恩更稽首，庸愚何以答重瞳。

又古樂府二章

白馬黄金勒，霓旌天上來。君王政機暇，游衍薫風臺。長堤柳䪨金鞭回，錦宫花簇瓊筵開，侍臣快覩紛徘徊。紛徘徊，捧壽杯。仰瞻神武姿，駕馭多良才。需雲一曲昇平樂，八方順軌無纖埃。

其二

聖王臨兆民，凛如朽索馭六馬。昔賢忠愛深，峻坂不敢馳驅下。安不忘危古所嘉，敬恭一念思無邪。周瑶池，漢渥洼，唐舞傾盃貌玉花。吾皇一洗千年陋，皇途帝軌同馳驟。

又恭和聖製古風一章

渥洼之種非寰中，乘雲來自瑶池宫，天閑十二推長雄。七駿承恩新賜名，金鞍玉勒相峥嶸。日暇鑾輿降環碧，同觀演步慚予弱。委轡伏御兮安不驚，始知在德兮不在力。重華深處復傳宣，天語相期過契棄。贊襄愚陋匪所能，鞭駑報主徒有心。君臣自古貴一德，敢忘湯盤日日新。

又恭和聖製近體一首

高拱無忘六轡駒，翩翩雲錦出宸居。驕嘶喜受君王箠，仰秣時聽舜禹謨。神相固知離牝牡，庸才何幸傍乘輿。禁林日永薰風足，咫尺天顔久未違。

謝賜飛魚服

千古豳風頌衮衣，魚袍何幸及臣微。深慚趙子身勝服，徒羨張丞夢着緋。聖典庸功嚴在笥，老年圖報正知非。寸心自許同春草，俯仰時時戀德輝。

恭和聖製夏日與輔臣同遊并序

癸巳孟夏戊子，駕出遊西苑，先傳宣臣孚敬、臣時、臣獻夫、臣鑾候西平臺。臣等趨命至西苑門，擬舟渡太液池，適嚴警蹕，旋隄而趨，過樂成殿、迎翠殿，隄柳飛綿，汀蘆蔭緑，日麗風和，鳥飛魚躍，四顧真蓬島也。至平臺拱候，少間，駕出，度玉蝀金鰲橋。上先御寶月亭，召臣等入見。上曰：「此亭去年訖工，時卿孚敬不在，今與卿等同遊。」命賜茶。臣等稽首頓首謝恩。上命司禮監官引臣等徧觀焉。駕即發，御清馥殿，復召臣等入見左室。上曰：「前是錦芳亭，修舊耳，因荒落，故建清馥殿，去年訖工。時亦因卿孚敬不在，故與卿等同觀。」臣等稽首頓首謝恩。臣孚敬奏曰：「伏蒙聖慈俯念臣不在，兹特賜同遊，臣之感恩，尤當倍萬。」載稽首頓首叩謝。上命賜酒飯，命司禮監官指引，左右前後皆徧觀焉。又賜錦囊、花果聚禽圖扇，書回文詩。頃司禮監官捧御製《夏日與輔臣同遊》古樂府一首，又七言絶、五言絶各一首，皆望雨憂民而作也。命臣等賡和。臣等捧誦，仰惟聖明存心天下，樂不忘憂，雖古堯舜其何以加諸？無任欽仰。上方御翠芬亭，亭旁皆藥欄，時紅藥盛開，上命折賜臣等，臣等各恭和御製以獻。臣孚敬奏曰：「伏承頒示御製，天章煥發，非臣等愚昧所及。」臣又奏曰：「欽蒙賜觀清馥殿，制度嚴整，仰見聖謨弘遠，又欽蒙賜饌賜扇賜芍藥花，恩禮稠疊，臣等不勝感戴。」上曰：「此是翠芬亭。」命司禮監官引臣等于亭下藥欄皆徧觀焉。上覽所獻詩于亭中，乃命臣等退出。載觀錦芳亭，亭前有沼，以通太液池，時啓閉焉。臣等出西安門，日就晡矣。嗚呼！君臣同遊，祖訓也；於斯爲盛，聖恩也。虞夏君臣交相戒飭，非敢爲佚樂也。夫人君之尊如天，雪霜雨露皆天也。威福并行，人君奉天之道也。臣等又敢不各相儆戒云。少傅張孚敬撰。

太液流光，水闊源長。萬年社稷賴明良。稽首我皇，致治成康。載稽首，慈聖安。祝皇嗣，熾而昌。

又

傳宣西指御林中，清馥餘温挹帝沖。何幸憂農降清問，一歌雲漢瀉愚悰。

又

雄搆因無逸，豳風曲未終。聖皇稽古意，直欲繼神農。

恭紀聖恩春日同遊并頒賜殊品

謭陋深承主眷優，一旬兩度賜同遊。金亭寶殿從觀眺，又降宸章許倡酬。

其二

雲間縹緲望鸞旌，太液池邊迤邐行。寶月傳宣先賜見，光榮應已勝登瀛。

其三

促步追趨度錦芳，殿名清馥御爐香。重承左室温綸下，滿袖薰風帶龍光。

其四

仙茗分來御椀攜，内庖珍饌共甘肥。縹囊綵扇連翩至，仰見皇心欲解衣。

其五

小憩迴廊逼翠華，皇風忽爾散天葩。賡歌未足成羞澀，已賜仙花壓帽斜。

其六

獻詩重上翠芬亭，拂拂花香襲御屏。更喜遶欄觀芍藥，始知仙境在皇扃。

其七

金碧輝輝映玉臺，百花叢裏五雲堆。感恩稽首臣何祝，願捧年年萬壽杯。

其八

瞻對從容略屢移，晚陰松逕出遲遲。歸來便向妻孥羨，千載儒生際遇時。

恭和聖製秋日書懷

御苑親耕喜有秋，閭閻猶繫老農憂。深慚燮理臣無補，祇覺霜添兩鬢愁。

其二

傳聞邊將謹防秋，宵旰何勞聖主憂。早晚西征罷歸士，銜枚無復室家愁。

瑞應白鹿應制 有序

謹按《瑞應圖》曰：「王者承先聖法度，無所遺失，則白鹿來。」又按《宋志》曰：「王者明惠及下則白鹿至。」夫鹿壽千歲，滿五百歲則色白，今麑而白，尤爲奇瑞也。恭惟皇上聖哲天縱，仁孝性成，至誠立本，稽古好學，乘中興之運，鋭有爲之志，大明彝倫，釐正祀典，崇德報功，繼絶舉廢。近率祖憲，遠追王章，文思焕發，道術純備。至於畏天憂民，敬一無間，佑直摧枉，明斷罔愆，賑荒恤獄，惠愛周流，蠲逋却貢，恩賚覃沓，窮簷蔀屋，莫不涵濡德澤，鼓舞神化。鳥獸咸若，草木敷榮，凡厥含生，莫不被及。今兹白麑，豈非明徵乎？皇上謙不自有，乃祇薦于廟，恭呈兩宮，以歸功于祖考，贊美于慈顔。申敕百工，益修厥德。於是大夫庶士，咸極歌誦，群黎百姓，遠邇騰歡，將覩德化之成，底于太平之盛治。臣某竊幸遭逢，叨承密勿，踴躍忻忭，倍萬恒情。

聖人建皇極，中興應時行。敷理協玄化，修身臻至誠。敬天嚴秩祀，尊親先正名。酬功舉絕世，崇道釐徽稱。不遺先聖軌，遂使百度貞。揚材達遐隱，察物無遁情。施仁及煢獨，至德本好生。詳刑洗冤牘，賑荒起疲氓。丕謨耀洪昊，厚德浹太寧。中州顯神育，瑞麑昭物靈。窈爾冰雪姿，粹然金玉精。含文好無極，馴性安不驚。如從王囿伏，靡逐蒿野鳴。撫臣重嘉異，來貢天子庭。肅雍獻宮廟，萬姓騰歡聲。昔年甘露降，再見黃河清。昨者靈鵲至，又看玉兔呈。灼哉彰盛德，允矣徵太平。皇謙益修紀，飭爾百辟卿。惟善身之寶，惟賢國之禎。進賢止至善，干禄百福盈。群臣拜稽首，嵩呼誦王明。子孫當千億，聖壽當萬齡。帝俞曰噫嘻，天休予其承。

恭和聖製求賢

先民有恒訓，圖治在任賢。致道乃由學，居肆工且專。旁求與豫養，兩法當具全。譬之鶴鳴陰，又若鴻漸干。聖主廣咨詢，賢臣竭忠堅。臣愚仰作歌，道大真如天。

恭和聖製偶成

絜短仁斯在，求仁恕是方。聖謨開要妙，末學謝荒唐。

其二

道大公能溥，心純直以方。困窮矜四海，一脉自陶唐。

其三

乾坤皆我闥，民物可相方。大學西銘意，皇風陋漢唐。

欽天追先閣宴兩宮應制 有序

伏以一人有慶，孝誠無間於兩宮；四海均歡，尊養兼隆於百物。屬此落成之燕，況當茂對之時，望切紅雲，歡騰紫禁。恭惟昭聖慈壽皇太后陛下，性體温仁，化隆恭懿。含弘光大，配坤德以無疆；中正柔嘉，翼離明而有耀。正值邦家之閒暇，載觀福履之來同。四郊建而甘露降祥，洋洋記頌；九廟安而普天同慶，藹藹聲詩。仰傑閣之宏規，見明時之盛事。

昇平有象，逸豫無期。躬承愛日之顔，爰啓需雲之燕。方珍畢獻，和玉瀣之馨香；法曲均調，順薰風而披拂。指南山之松柏，俾壽而昌；閲東海之滄桑，惟安且吉。尚祈錫福，永以同天。臣等寸玉堦前，叨塵法部，九霞天表，同覩末光。雖慙振鷺之容，少侑停鸞之樂。恭陳口號，上叩天閽。

一朵紅雲五尺天，瑶池金母坐瓊筵。盃分瑙甕擎香露，樹簇琪花擁瑞煙。日月豐碑開照耀，水風仙樂奏流連。欽天法祖吾皇事，長奉慈顔祝萬年。

又 有序

伏以欽天述祖，孚萬國之歡心；育物對時，備九重之孝養。清朝多暇，慈極載寧。遥瞻鳳輦之來臨，共仰龍顔之悦豫。恭惟章聖慈仁皇太后陛下，道協沖虚，資兼仁智。承徽啓聖，周家任姒同芳；約己裕民，宋室宣仁有媿。訓誡廣螽斯之化，憂勤深燕翼之謀。方東觀之崇成，順南離而燕喜。豐碑羽樹，傑閣翬飛。饗帝尊親，追味玄宫之瑞露；祖功宗德，登歌清廟之休風。觀孝治之有成，暢宸歡于無極。鈞天廣樂，咸英之奏迭陳；仙掌瓊漿，水陸之珍畢獻。歌薰舜旦，展化日以舒長；稽首堯天，敷慈雲而覆育。前星有耀，眉壽無疆。臣等草茅賤品，生成亦荷於天家；葵藿微衷，傾仰敢忘於日馭。願鸞驂之少駐，率獸舞以同趨。敢述心聲，敬陳口號。

紫禁東頭燕喜時，袞衣親捧萬年巵。天心祖德惟皇極，子燕孫謀有聖慈。萬丈蓮花開玉井，九仙桃實薦瑶池。周南周頌今重見，四海同賡既醉詩。

恭和聖製恭奉祖訓及皇考手澤于内宫元夜設燈致慶

聖皇思敬承，祖考垂訓澤。四方仰純孝，萬世成大業。

其二

春宵啓燕遊，玉燭覃恩澤。不忘無逸戒，艱難興王業。

恭和聖製作字以賜

深居恭默養天真，藻思風生筆有神。珍賜寶藏期百世，餘光猶足耀鄉鄰。

其二

不假清虚味道真，至誠志氣自如神。微臣輔德知何有，兩載深慚備四鄰。

南山

朝看南山雲，暮看南山月。朝莫對南山，南山青不歇。春采南山芝，冬茹南山雪。四時自往來，南山終不缺。我歌南山詩，神爽亦飛越。況此山中人，聞當回白髮。

胥門與方崑山思道

病思日忽忽，歸舟不停橈。經途亦何遠，所遇復寥寥。昨日許市頭，鄭谷有深邀。鄭繼之邀飲于滸墅。今日胥門下，俟我崑山軺。此會良幾何，爲子淹崇朝。一語終薄日，孤燈復連宵。媿此平生懷，落落應難調。對子若有合，由然慰無聊。嗟哉未竟言，一别不可招。風塵日以滿，關山日以遥。誰能御天風，覓我於西樵。

又

知子日已久，今朝始相識。會面良不易，開心復何惜。謝子亦好懷，超然與世隔。平生抱肺肝，傾倒恐不亟。媿我何所言，無以慰悃愊。功名自古難，所忌更孤植。文字費精神，戒之在無益。六籍皆通道，貴乎知用力。學而不知本，悠悠竟奚得。原來自不已，四海乃其宅。日月本有明，容光盡生白。斯道固難言，多言轉棼惑。行行勿復語，願子崇明德。

宿東園草亭

昔年別此廬，廬新髮尚緑。今年歸此居，廬故髮欲禿。流光不可返，我力尚能勗。立志當自兹，無爲更碌碌。

望西湖

初從西湖行，未弄西湖艇。西湖景若何，舉目望逾迥。屹爾湖中山，悠然見孤影。湖光有明滅，山影常静正。欲飛山頂眠，一眠發群省。欲落湖心浴，一浴消百病。有懷誰復同，欲語無人領。風來水波動，雲合山色暝。藍輿不停肩，忽忽度松嶺。何時偕美人，還來極風詠。

賦得竹亭

古稱此君子，直節多清風。更有歲寒心，將與松柏同。君子不可少，世情良惡逢。況有桃李華，依依競春容。小人本易進，君子道固窮。雅好自天性，深交若神通。日夕對君子，蕭然坐亭中。君子不可違，宦轍隨西東。亭移竹不改，晚節能有終。湖江流澤遠，甌越納春融。善政在人心，誰知君子功。至德本難言，山歌詎能工。歌罷魂孤飛，可愛不可從。

和湛甘泉太史喜石泉與煙霞同版築之作

煙霞在樵南，石泉在樵北。千里有神交，況復去咫尺。大科山之中，可以爲子宫。四時足煙霞，煙霞吾與同。紫雲峰之特，可以爲我室。下有奇石泉，君亦愛泉石。夏炎我何有，石泉水泠泠。惟子於此時，乘風來濯纓。清秋爾何有，煙霞月烱烱。惟我於此時，抱琴凌絶頂。或時好歌詠，雙鳧飛自東。煙霞作天樂，石鼓和金鐘。或時恣游觀，一鶴從西度。石泉起神獸，盤龍隨伏虎。噫吁嘻，泉可飲兮石可眠，煙霞煙霞兮能無石泉？霞可食兮煙可避，石泉石泉兮能無煙霞？煙霞、石泉皆洞名；大科、紫雲，峰名。石鼓、金鐘，煙霞所有；盤龍、伏虎，石泉所有。

梧牕贈林縣博壜

倬彼梧桐樹，結根在幽林。栽培人力厚，沾濡風露深。日夜之所息，毫芒成丈尋。可以棲鳳皇，可以製琴瑟。苟其初生時，植之無美根。暴之以風日，殘之以斧斤。本株漸凋瘁，枝葉安得存。如是求其用，奚啻千里云。

又

眷彼牕中人，讀書藉梧陰。觀梧識物理，掩卷契聖心。天下與國家，本之在一身。是之謂格物，昭昭如指陳。苟其不知本，學問徒紛紛。明德既不立，斯民何由新。如是焉用梧，用梧成愛淫。謂之物交物，請以爲子箴。

贈族姪士表之黄巖司訓

師道久不立，斯文亦云蕪。僞末勝本真，入道迷始初。況爲嗜慾累，明德日以污。大學貴知本，此義無由敷。惟教學之半，人己且相須。而況台多賢，黄巖尤巨區。取斯修諸身，乃以淑其徒。道明德乃立，戒之在趦趄。

贈童子汪大通

童子挾筆藝，肅恭來見予。九歲如成人，應對有疾徐。雖然未知學，聞教意沛如。道德以爲本，文藝安足居。聖雖由學作，所貴童子資。念哉程氏訓，勿負天所畀。

憩楊梅村與趙從周

放舟烏石灘，上有楊梅村。趙氏乃名家，仁義以爲門。我車自南華，逸思不可言。同行謝吾子，佳意更盤桓。掃室喜迎候，開此安樂樽。清飲未肯已，侑之以盤飧。足以盡我興，何必是桃源。

盛德篇贈伍侍御

在昔唐虞稱盛德，一心危微慎精一。予違汝弼臣且都，淫樂逸遊君弗咈。夏禹孜孜施鼓鞀，殷湯從諫亦如堯。武王下車勤訪道，皇皇召公憂旅獒。猗與成康號至治，六典敷陳百官備。瞽矇獻誦工進規，左史書言右書事。自從監謗降秦威，漢帝庶幾除族誹。那知言路歸臺諫，非位不言言者稀。爰使後王多失德，輪臺難悔夫何益。城狐社鼠世復紛，仗馬一鳴恒見斥。軔首乘輿能幾人，寥寥青史説埋輪。皂鵰獨鶻亦何有，補闕拾遺猶僅聞。伍君才雋名江右，早入烏臺紆豸繡。巡行兩廣志澄清，察察籍書爲所後。風采如兹今古難，未幾入奏侍天顔。六飛在道豺狼滿，危言佇看回丘山。

望錢塘憶會稽寄王陽明

東望錢塘水，南憶會稽山。錢塘之水闊如許，舉目可望不可度。會稽之山杳何處，引首見雲不見路。錢塘之水猶可航，會稽之山豈終阻。陽明洞中無主人，默默此情欲誰語。天台在山西，雁蕩在山東，會稽之山天下雄。君居此山南，我居此山北，天台雁蕩皆吾宅。噫嘻此志不可違，陽明主人何時歸。陽明主人何時歸，我欲終身夫子依。

賦得照石贈李邦直之績溪令

我聞績溪有奇石，明能鑑物高幾尋。雲開雨過光如刮，此時静對令人欽。可憐昔日蘇子由，只照塵容不照心。李侯此去當得之，無用徒作白髮吟。

洗耳巖歌

巖上石嶷嶷，巖下水泠泠。一坐松竹間，能令兩耳清。君不見昔時巢父與許由，掛瓢樹杪萬事休。世間榮利付流水，一任青山春復秋。

送别張仲陽入京

拏舟游范蠡，閉户坐潛夫。只有飛雲意，遺君一物無。

其二

何處問吾居，西樵小結廬。丹心長戀闕，一點未曾渝。

嚴子陵釣臺

諸將勳名占上台，桐江煙水獨裴徊。誰知千載風塵後，不見雲臺見釣臺。

其二

故人不仕意如何，豈愛清風一釣簑。伐木不違千古義，首陽西望共嵯峨。

得杖

一笑溪頭得杖歸，百年端許病相依。只愁他日乘龍去，何處凌空獨自飛。

訪趙元默

夢到西巖月幾回，十年今日始登臺。東君自解留人住，莫遣天風送雨來。

送陳環溪

朱雲一疏排閶闔，王素孤風動海山。七十峰頭有明月，獨能千里照君顔。

贈毛按治

擁絮烘爐也據牀，連旬卧病破茅堂。今年嶺表寒尤甚，都説西臺御史霜。

其二

舉目蠻煙滿四墟，澄清一念獨關渠。劇聞道路人相語，欲向羊亭卧使車。

贈黄石龍之南都 時在都下

燕臺離思苦依依，滿目紅塵隔翠微。十載羅浮曾有約，不知何日得同歸。

别王陽明

春風桃李總依依，領得春心入翠微。不是尋常掛冠去，灑然真若浴沂歸。

其二

聞道蕭山有主人，爲尋王翰卜佳鄰。野人亦有湘湖約，何日孤舟許問津。湛甘泉卜居蕭山。

舟中寫懷寄王陽明

到處雲山若可依，悠悠京國望中微。何人漫費相思夢，不與秋風共載歸。

其二

涼涼非敢絶斯人，僻性惟宜水石鄰。不識可行還可止，旁人休訝是知津。

遊西樵山

不知天上與人間，雲外悠然見此山。放艇獨來尋舊約，一年能借一春閒。

其二

上上此山知幾重，一山中有七十峰。巖水涓涓溪月白，此中得意難形容。

訪宗姪約

忽忽浮生春又半，閒來花徑慰詩神。繁紅滿眼尋常事，却愛幽琴鳴傍人。

湛甘泉内翰使安南還訪予西樵適予出不值

一月雲山獨自依，尋青偶爾出霏微。禪房尚貯三升粟，正待天南放鶴歸。

其二

往來真歎此身浮，孤負金山與子謀。還掃石泉松下石，肯搽三夏共眠不。

其三

歸槎始得今朝報，拄杖何勝昨日情。不是伊川無信息，佺期原欠静中靈。

其四

徨徨未得居山伴，結屋聊依野寺鄰。何處碧山來學士，西樵白馬問吾津。

郭總戎世臣見過石泉

疏慵自分只漁樵，故向深山小結巢。兩日明公來對酒，一壺聊下樹頭瓢。

次韻答鄧賁齋 用古句起

懷抱何時得好開，三年塵夢落燕臺。東君似解愁人意，猶遣梅花傍酒杯。

其二

不道長安百萬家，行窩樂事在天涯。笑來齷齪者誰子，紫陌猶矜老看花。

貴溪謁象山先生祠

道在人心自不忘，象山高與此溪長。梅花已算餘三百，誰爲先生一瓣香。

其二

斯道昭然實在公，考亭當代亦儒宗。可憐一日鵝湖辯，易簡支離竟不同。

出山

天地何心任往還，一春纔得半春閒。若非經濟吾儒事，明道何如更出山。

次東湖韻

自攬山茅搆此臺，一尊今始對君開。昭然白鹿當年論，尚有餘風動草萊。

贈周充之

瀕海南來不作難，兩春花鳥一吟鞍。期期御史今無恙，又作人間杜母看。

其二

行止誰云不自由，一官湖水又扁舟。匡廬五老知君意，不用逢人問去留。

贈謝明府奏績

三年爲令兩移封，治狀行應達九重。祇恐宵衣問幽側，青山無以答從容。

待隱園池亭觀物感懷和韻 有序

某無似，獲侍邃庵翁于天官者三年，嘗竊聞其待隱園之勝，欲一至而不可得。既而謝病以歸，今且十有一年矣。翁亦歸隱者數年。某病起北上，道京口，乃得請一造焉，喜慰若出平生者。既而翁遺以園集一帙，捧誦翁《池亭觀物感懷》二十首，又復獲領其敷陳景物之詳，陶寫性靈之妙，不覺心馳思發，輒和韻如數，少致區區願言之私云爾，安敢續貂。

待隱園開歲月深，手栽松柏盡成林。時人莫訝翁歸晚，正是先憂後樂心。

其二

十年滄海夢登臺，一日柴門敢爲開。春意滿園看不盡，他時負笈許重來。

其三

一寸丹心報國餘，歸來試把問鳶魚。行藏用舍吾無累，飛息浮沈若自知。

其四

壯年勳業重關山，載在丹書墨未乾。枕底白雲今幾片，先生閒作一般看。

其五

春氣和時秋氣清，西街緩步恣閒行。儘挤談笑鄉人共，始識堯夫混物情。

其六

繞池紅紫鬭芳菲，滿座春風散曉暉。水氣渾和花氣好，單衣常似浴沂歸。

其七

主人素性愛篔簹，南壑移栽護北堂。任取他年棲鳳處，清陰聊得且尚羊。

其八

半畝塘邊路幾叉，儘堪傍柳更隨花。行行咫尺春常在，不用前川趁物華。

其九

見説劉伶眼已青，猶疑荷鍤未忘形。當軒未了青山色，一几惟消更一屏。

其十

半點塵囂不受侵，百花叢艷竹疏陰。遊魚戲沫惟平沼，樂鳥高歌自遠林。

其十一

竹須長有不須繁，閒裏時時執斧看。君子洗心如洗竹，荒枝休得到千竿。

其十二

棫樸云何不作人，常從妙處運天斤。年來袖却朝元手，滿院奇花色色真。

其十三

暮春纔得攬群芳，把酒臨階喜欲狂。珍重歸來閒宰相，片時剛爲小生忙。

其十四

先生行止總隨時，最有江間鷗鷺知。桃李于今春幾度，蒼松留得老龍知。

其十五

竹下池邊怪石多，侵苔長坐自摩挲。雖然不管人間事，時或難忘擊壤歌。

其十六

此山之勝甲東吴，左帶三江右五湖。四海于今稱聖主，扁舟知得意應無。

其十七

楊億前身若再來，詞源峽倒莫能回。于今真隱都無事，始覺忘言是脱胎。

其十八

清池混混自原泉，逝者如斯無間然。若比先生知道處，終身慣樂不知年。

其十九

踟趺長使晷潛移，敲竹何人莫問奇。正是勾玄尋樂處，真詮應得少人知。

其二十

先生身外固無求，帝問何嘗間隱幽。洛下當年遺盛事，乘傳猶得贊謀猷。

西樵諸景閒詠

嗇墩散步

散步林巒葛袂輕，倦時閒憩嗇墩亭。眼中多少山園趣，茘子將紅橘又青。

龍井烹泉

煮石燒丹亦可憐，我今無事只烹泉。一般意味人知少，除是當年木鄧仙。

松𣗳挹袖

青松翠竹碧沙頭，草屋荒塘事事幽。時有道人來挹袖，也應題作小浮丘。

池上乘陰

大樹扶摇數十尋，常於午坐藉繁陰。自從悟得觀魚趣，無復絲毫弄釣心。

五龍穩睡

山色空濛忘曉昏，石牀高在五龍墩。等閒一枕希夷夢，莫遣鼾聲過隔村。

溪邊坐石

溪邊竹下有幽好，掃石鋪衣坐不厭。或任虚空或調息，年來仙佛笑吾兼。

玉臺攬秀

玉臺隱隱翠微中，千尺崑崙枕碧空。雲散煙消有真景，玉龍巖井共無窮。

玉巖觀瀑

獨立巖崖不厭觀，飛淙千丈下雲端。年來耳目無他用，盡放清虚一壑閒。清虚、一壑，亭名。

水澳横舟

浴凫飛鷺滿前汀，喜逐江頭春水生。野艓有人如絡繹，樓船盡日笑吾横。

大逕憑高

天畔群山紫翠堆，茆亭正在白雲隈。時時發興憑高去，石逕松風詠且回。

西湖春漲

傍柳隨花過碧潯，疏蓬短艇泊溪陰。披簑帶雨携童去，笑弄西湖春水深。

釣臺月色

雲鎖諸天迴不開，林園隨處可吾杯。興來却愛溪山好，踏月東行問釣臺。

天湖弄釣

一泓遠接銀河流，雲影天光日夜浮。湖上有人空釣坐，此心原不爲魚謀。

寶鴨濯清

恍然無語坐池頭，監止纔知勝監流。最是濯纓猶未足，真成一飲當封侯。

觀翠流觴

空同翠色滿天池，一曲閒將蕩酒巵。誰醉誰醒都不定，此中流止有天機。

燕窠眺遠

峭陟窮登眺遠時，千峰雲外碧如圍。放彌六合收盈掬，此理于今信不疑。

贈盧黄門朝言之四川少參

禁垣多獻納，西蜀此經營。四面窮輸粟，三年未息兵。濟時心益壯，顧内意全輕。試看瞿塘水，如何出閫情。

偕丹山兄本誠勿欺弘之浩卿諸友遊大橋坑

愛石侵苔坐，尋源夾澗行。水流如得意，花好不知名。採藥供晨飯，撈魚作午羹。何須滄海上，更欲問蓬瀛。

再用杜子美韻 十首

古洞應曾到，依稀記石橋。寒泉微洒雪，絕蹬曲連霄〔一〕。野犬雲間見，仙童竹外招。終當學辟穀，從此上逍遥。

其二

短世將過半，春纓一濯清。眠沙看去犢，把酒聽啼鶯。□□□□□〔二〕，亡師一勺羹。何如放縱蹟，掉臂此中行。

〔一〕「連霄」，此二字原漫漶不清，今據温汝能《粵東詩海》所選方獻夫詩補。
〔二〕「□□□□□」，此五字原被塗黑。

其三

遡隱緣流上，凌危倩竹支。翻疑鄭子谷，忽憶習家池。感舊山猿哭，開懷野鶴知。巖花無數好，回首惜紛披。

其四

入澗耳如洗，看雲眼未花。水邊餘笋蕨，松下有龜蛇。病痛渠能遣，癡獃我已賒。杖藜隨所至，好處即爲家。

其五

風林簫鼓合，春嶂畫圖開。立壑歌和鳥，巡簷笑索梅。諸公豈易得，十載是重來。醉倒忘歸路，呼童認屐苔。

其六

矢擊巖隈石，時投壺石上。杯分澗頂泉。縱狂成矍鑠，久病起沈綿。好景惟消酒，清風不賣錢。山靈催得句，雲雨擁前川。

其七

野水遺高韻，閒花送異香。冥心真得得，揣蹟故涼涼。已勝湖邊釣，方干釣于鑑湖。何須甕底藏。畢吏部。平生蓬矢志，矯首愧穹蒼。

其八

何人窺石室，此地即瑤池。亂竹惟臨水，疏藤亦作籬。湍魚驚得飯，野鹿卧存兒。跳入虛無去，浮名不□□[一]。

其九

問徑隨春草，飛筇卧午雲。歸來陶靖節，多病沈休文。水氣單衣稱，松陰小簟分。悠然天地别，白日絶塵紛。

〔一〕「□□」，此二字原被塗黑。

其十

混世終能否，耽幽奈癖何。一簑聊自足，餘論敢求多。鳳鳥何時見，滄浪隔島歌。吾儕今洒落，不啻舞雩過。

公署賞牡丹兼喜雨得時字

百卉春將盡，名花獨後時。恰逢新雨潤，又得衆光垂。把酒階常近，延賓席屢移。農家今日意，無限入金卮。

謝顧惠喦園亭讌集是日喜雨

屢借名園勝，初沾小雨涼。清尊消俗慮，高閣俯奇芳。共有農家喜，偏添客夢長。遲回松竹底，恍忽在仙鄉。

其二

泉寺清何假，湖溪樂未央。琴簫幽洞合，花竹遠亭芳。未遇赤松子，先登緑野堂。多君歌舞意，懷抱竟難忘。

新居小構次韻答周玉巖侍御

淵龍當有宅，林鳥亦知歸。暫愛喧闐遠，終期木石依。遐方欣偶合，早歲挹清輝。自得秋風約，經旬不掩扉。

立春日和戴仲鶡

至日病未起，官奴又報春。故鄉雲物舊，北闕夢魂新。撫景兼懷友，含情欲語人。蕭條鶡冠子，隱几合相親。

與戴仲鶡宿梅汀舟中

海外逢君話，孤舟復此汀。煙波秋淡淡，江雨夜冥冥。燭没分漁火，杯空挹露泠。連牀應幾夕，明日又東亭。

送黄小江之福建憲副

五年心已契，四海分誰同。問學輸前席，論文愧下風。有懷過叔度，爲政似廉翁。握手飛雲上，相期意未窮。

其二

貪泉終不易，介石是真操。嘗自建介石以見志。按獄平反衆，清屯計畫勞。風流兼吏隱，德義在吾曹。故遣山林脚，隨人擁去旄。

其三

白髮垂堂日，蒼生引領時。未酬將母念，恰有過門期。壽酒腰金舞，安車戴節馳。秋風雖在邇，莫作美蓴思。

其四

多病真違俗，高情幾合簪。通幽深處酌，觀我草堂吟。寶鴨他年夢，西樵有寶鴨池。金龍此日心。武夷山有金龍洞。途危天更遠，相見復山林。

題從化程尹士民借寇圖

自有循良傳，何人是寇恂。文中幾易數，聖代貴勞均。豈弟推長者，功名到古人。士民留轍軌，直欲叩天閽。

丁原德方思道見寄且責余久無書因戲答

故人多在位，責我屢無書。安世賢何有，嵇康懶不如。帝城千里隔，石洞十年居。南陌秋鄗夜，聯鑣憶舊衢。

游羅浮朱明洞

十日愜幽賞，朱明七洞天。盤飧餘笋蕨，衣袂足風煙。木客來相問，靈禽去復旋。知誰有仙骨，便肯絶凡緣。

贈葛静虚道人

素慕赤松子，今逢葛稚川。金丹猶未就，風骨已翛然。問竹趨衡嶽，尋鉛過石泉。他年三島去，拉我紫雲巔。

同丹山家兄勿欺諸友登梅峰

羅浮杳何處，滄海望無垠。步武連兄弟，嘯歌同友人。幾莖黄竹杖，十里緑莎茵。一枕峰頭夢，悠然隔世塵。

梁伯綱叔元昆仲枉顧山中

青雲肯與白雲期，開到黄花又幾枝。積雨分明留客意，空山遮莫愛人時。高才自與經綸熟，野性從來水石宜。未敢與君論出處，暫同一笑醉霞卮。

元旦試筆次丹山家兄韻

誰教風雨入新年，興在殘梅剩菊邊。幽思衹堪花共語，病容不與世争妍。未將東海扁舟去，願借西樵半榻眠。自笑一官能早計，十年剛辦買山錢。

梅花玉節爲程代巡時言

繡衣風采絶塵埃，攬轡澄清海上回。兩載炎氛渾不見，十洲煙瘴已全開。冰壺獨映滄江月，玉杵相輝庾嶺梅。他日想君何處是，琅玕露立五雲堆。

歸途有作

九載蒙恩兩放歸，昊天同戴日同輝。書囊借重黄龍誥，病體何勝絳鶴衣。報國有懷飛夢遠，濟生無術故心違。山林終許隨麋鹿，五疏曾將達帝扉。

新年病中作呈張羅峰李序庵二閣老

短榻垂幃擁病衾，新年人事幾呻吟。首丘每切還山計，虀骨難消報主心。相國元功銘上鼎，留侯夙志在幽林。勿云出處終殊道，已許交情比斷金。

官山樓成

頻年卜築樵山下，高閣憑凌碧漢頭。一枕清虚宜老夢，孤心縹緲與誰儔。凭闌時發吟風興，開户閒爲得月謀。當面北辰常在望，焚香每拜主恩優。

賜書樓成有感

賜書不是來天府，海角何因有此樓。寶樹重重雲氣覆，牙籤燦燦日光浮。衰年尚擬千周覩，聖德何曾一字酬。讀罷已拚高睡足，夢魂猶自遶皇州。

再用陳白沙碧玉樓韻

春來老眼不勝開，幾幅青山入畫裁。何必元龍真百尺，已堪太白放千杯。常邀明月爲朋侶，不礙浮雲任去來。珍重御函留寶帙，樓頭夜夜瑞光回。

又

群峰擘翠此樓開，指點虚無是體裁。碧玉無人誰作賦，白雲終日共銜杯。林坳露隱鶯聲遠，屋角春深燕子來。睡起開窗更何有，澄江對雨幾縈回。

又

混沌何年鑿此開，天公留與後人裁。那須畫棟連徘桷，不媿山樽自瓦杯。日上堦前玄鶴舞，潮平門外白鷗來。有時忽聽漁歌發，野老前灣罷釣回。

又

春滿前川景色開，單衣聊可試新裁。觀魚坐石閒垂釣，煮茗臨溪自引杯。月蕩波心龍睡起，煙消松杪鶴飛來。歸時不厭登臨興，夜半歌聲四壁回。

石泉精舍漫興

心契平生石與泉，泉甘可飲石堪眠。鏡湖數畝波千頃，土閣三間月一天。釣竹懶拈饒暇日，碁枰不對已多年。閒觀消息盈虛理，時檢牀頭說易篇。

次丹山家兄韻

十載還山夢寐勤，一年天氣足氤氲。偶來白酒同溪月，更許青藜入洞雲。自笑經綸應外事，亦知鳥獸可同群。衣冠幾日延佳賞，秋色剛添又幾分。

黄小江飲予西樵小寓復有後期

溪山寒菊正開時，真景隨人入緻思。得象不如忘象妙，出山休恨入山遲。空齋久矣懸清榻，他雨寧無續後期。此意信君能不負，且先分付月明知。

厓門

松柏森森蔭古祠，幾回揮淚向江陲。時來□運應難論〔一〕，事去王圖已可知。塊肉尚懸慈母恨，瓣香不斷老天疑。客來若問興亡地，波浪年年未有涯。

山亭落梅用丹山家兄韻

閒來兀坐小朱明，五日眠窩夢不驚。墻角落梅詩未辨，山家老婦釀初成。尚憐半樹寒香在，儘放三杯逸興生。湖上逋仙今不見，花神珍重向人傾。

〔一〕「□」，此字原被塗黑。

夜送周充之舟中

一夜星河作意明，扁舟蕩漾遶江城。青山過雨仍留色，白酒臨流不盡情。客裏行藏隨夢過，眼前榮辱等毫輕。送君目斷匡廬外，秋水歸帆寄雁聲。

其二

長江一日幾風濤，元亮當年興獨豪。高志已能辭斗粟，野人今亦買魚舠。百年樵谷心猶闕，萬里湖山夢更勞。歸去便須尋酒伴，茫茫天地且陶陶。

山中寫懷次鄧順之韻

浮雲不與此心期，自分鷦鷯寄一枝。抱病幸逢明聖主，愛閒剛在太平時。巖蹊菊早看無厭，山寺秋高睡正宜。不是淵明先得我，一生逃酒又逃詩。

游九龍巖

聞説龍巖極有情，果看奇絶冠平生。九龍化去名猶在，七曜飛來蹟甚明。前有七星巖。杖逐黄雲穿曲澗，花迎白鶴舞新晴。錦袍自笑成何用，且作樵夫跣足行。

午日與諸煉師登聚仙臺懷霍渭先甘于盤

振衣千仞欲孤搏，四壑風生五月寒。偶憶題詩懷白社，可憐尊酒對黄冠。龍舟錦戰連珠海，角黍山堆自瓦盤。城市山林風□别，有人曾向静中觀。

送别程時言代巡

忽看飛鷁轉南飈，洗耳江邊聽越謡。白簡連翩惟薦士，蒼生沾足在輕徭。霜威拂拂餘梅蕊，春意融融見柳條。歸國共瞻程伯子，好將遺闕答明朝。

送别廣西代巡屠文治同年

昔年紫陌憶連鑣，此日滄江望去橈。萬里關山秋月皎，九重宫闕暮雲消。豸冠指日趨明召，鐵筆凝霜道早朝。同榜英賢如有問，爲言多病老西樵。

飛來寺阻風

昔年曾記一披雲，此日重過十度春。兩鬢不如山水緑，寸心猶戀闕廷新。玉環棄去人何在，寶刹飛來蹟已陳。往事祇堪舒笑口，長風何必漫留人。

水頭寺

歸計秋江欲買舟，悠悠人事又中秋。尋僧偶到水頭寺，放蹟暫同沙外鷗。斷隔紅塵看白日，絶非人境是瀛洲。清泉已定流觴飲，薄暮還堪拄杖遊。

姚園

秋來兩度問青山，入世人還出世間。西壤草堂留短句，東籬叢菊對酡顔。幽情豈肯遺簪笏，多病終當學返還。賢哲于今滿青瑣，滄江且合縱疏閒。

夜話呈丹山家兄

歸來相對便多情，一話綢繆話二更。古瑟從來無别調，疏絃今日正稀聲。乾坤許我具雙眼，詩酒曾誰共此盟。尚愛河南兩兄弟，令人長夜想儀型。

夜卧山房懷張東所山居

一卧誰教稱夙心，羅浮與此正連衾。安身偶在菩提境，得伴還登最上尋。萬壑空虛留月久，千峰崒嵂入雲深。何時共坐雙魚石，爲續絲桐萬古音。

登大科峰絶頂

晚來偶發登臨興，策馬高凌絶頂頭。盡見百川歸巨海，却疑諸嶺在平丘。拂雲天外觀何極，倚石松根坐不休。一枕借眠誰可共，幾回飛夢到羅浮。

駱明府爲卜地

偶隨一鶴出關回，霧雨連山手拂開。道士自天傳法眼，山靈無地祕神胎。自諳飲水知泉脉，更許誅茆枕石堆。夢到華胥安樂處，不知天地有驚雷。

偕陳本誠區文光坐山池中墩

屹爾中流見此墩，偶來何處水雲身。海山浪説還仙島，天氣依然似暮春。一坐忽看天際月，三杯剛對意中人。孔顔樂事千年在，遊覽于今見果真。

燕樂亭次黄小江韻

不惹飛塵到九衢，習池風景未應殊。天心自解長觀復，樂事誰知亦體需。竹外每聞張廣樂，窗前時見落玄珠。等閒還作周公夢，不把浮雲薄有虞。

題雲樹圖爲黄明甫監司贈别胡大聲方伯

誰將别意上丹青，半幅胡縑太有情。脉脉曉雲連岫遠，依依春樹隔江明。羅浮忽落千峰影，珠海空留萬古名。九曲武夷何處是，送君無計繫心旌。

本誠文光匆欺見過飲予偶成兼呈丹山家兄

正苦深山入未深，春來花鳥費招尋。小車時復來康節，抱甕終當老漢陰。村釀可堪留客醉，山歌誰共賞樵音。明朝期把黄雲杖，去了羅浮百歲心。

贈别黄小江僉憲入京

知己三旬兩别離，傷心一淚灑天涯。江山終日能如是，聚散人間不可欺。鄙吝他年應復甚，迂狂今日更堪疑。牽衣幾欲隨仙舫，多病頹然未自支。

贈别張東所

一束徵書到遠林，簑衣江上也堪尋。行人每逐風塵化，志士寧忘溝壑心。老大行藏非草草，舊時松竹自森森。歸舟載得滄江月，還許深山入更深。

再用前韻呈東所

湖竹看看欲作林，深居無計避追尋。三辭正繫群公望，一出能明百歲心。滿眼瘡痍同疾痛，經途風物欲蕭森。豈應袖却調羹手，君相于今契且深。

坐寺旁山大石偶得

大石松根坐每酣，晚風隨意掃晴嵐。百千病孔磨人世，七十峰頭寄佛庵。開眼于今真自闊，安心到此更誰參。翳門關口雲深處，多少遊人路未諳。

坐大石用鄧順之韻寄丹山家兄本誠友人

大石誰移絶頂安，石邊真可結茅庵。江山有意同行止，天地何心管笑談。九月龍歸雲滿谷，四時花發錦成巖。個中得意堪誰會，閒向仙城一寄緘。

寄同年孟望之御史謫官桂林

歎息何人賦柏舟，虚中隨處是安流。陽城論出終違闕，王粲詩成獨倚樓。南海儘寬容我老，長安不見長君愁。論心合并知何日，夜夜鵝山夢與遊。

舟訪鄧順之既别以風雨阻再至

繚繞縈回一水賒，白雲隨我到君家。池臨坐石封春蘚，岸没垂藤帶晚花。海内虚名空自愧，人間真蹟更誰誇。多君不盡招携意，風雨重來繫短槎。

同趙元默遊朱鳥洞因欲乘潮去未歡而别

鳶魚隨處足雲淵，占斷風光又一川。三載可憐朱鳥約，一燈能共白雲眠。山空徙枕聊依竹，雨好披簑且聽泉。惱得前灘潮去急，扁舟無計可延緣。

喜黄小江僉憲至同坐寶峰

山花帶雨弄晴暉，流水穿雲一徑微。消息是誰頻滿道，喜狂如我欲顛衣。乾坤此意無今古，詩酒人間有是非。忽憶當年興國寺，對君揮餞淚依依。

其二

空山十日想清輝，兩笠真同坐翠微。論道我慚非白鹿，好賢君已到緇衣。禹周天下應難少，沮溺于今敢厚非。出處論心能不異，溪山何用久相依。

登浴日亭

舉目扶桑影在東，崦嵫西去尚無窮。祇堪羲馭乾乾力，更有湯盤日日功。玉宇清明通蟹窟，金衣光彩散龍宫。支頤久坐危亭上，萬化樞機入手中。

草堂獨酌

雲水人間有此堂，秋來景物引杯長。天光上下還誰會，鶴影連翩對我狂。兩徑黄花擎晚節，幾莖青竹藹朝陽。醉來一枕南牕下，鳴瑟無弦不用張。

草堂初成陳堯山諸友約過詩以候之

秋晚堂成菊滿籬，霜殘更有好花枝。一尊合對都忘我，三徑初開却爲誰。短榻可教雲暫掃，小車還許月相隨。典衣拚得留賢達，醉倒池邊不放歸。

喜丹山家兄遷居

一冬行李爲誰忙，十里移居共此鄉。樂事漸從今日盛，病懷何啻去年狂。勸酬擬放千杯酒，風雨應知幾對牀。更喜星聯太丘宅，每隨清燕共焚香。

以樵茶送夫椒詩來過美且有共嘗之約

深山知己獨癡狂，甘李誰憐不道旁。白露偶堪供客鼎，早春猶未薦山房。白露、早春俱茶名。東坡豈有黄州夢，常父寧無湯餅腸。渴慰吞江真有約，扁舟共載入微茫。

送李廣文一鳳北上

久病無詩到上方，送君詩思滿江鄉。莫辭官小綱常在，更愛身閒道業長。契分未緣同水石，風流何處落壺觴。惟應兩度中秋月，夜夜遠來到草堂。一鳳嘗兩度中秋同予草堂對月。

送丹山家兄北試

萬里移舟向北流，平生心事付江鷗。孟軻尚有齊梁計，康節欲爲吴楚游。義在君臣終不廢，道窮師友正須求。秋高何處孤鴻影，望眼應穿海上樓。

七月遊邏岡和鍾愛松韻

窈然一洞隔風埃，消得劉郎幾度來。述作幸同陶謝手，品題終媿賈班才。十年勞我心如渴，七衮輸君背木台。杖屨更隨乘興去，香泉澗底賦流杯。

題陳按治環溪别院

武陵蹤蹟至今疑，君□□□□已奇。瓢窟風雲隨變幻，桐江紫翠入希夷。濠梁意氣真如在，沂上風流更可期。强病猶能泛舟去，爲君一曲一題詩。

江約之南窗賞菊次丹山家兄韻

西籬晚菊正繁枝，野老東齋病起時。强去一尊供潦倒，比來雙鬢欲參差。磁杯緑醑浮金瓣，木椀青芽帶玉絲。清賞不孤花月下，風流休説習家池。

賀丹山家兄得子和梁越狂邦憲韻

江湖十載汎輕舠，正好盧山隱蒯甆。更信宦途連弟拙，惟應門第待渠高。英姿漸見能塗壁，佳器懸知陋續騷。他日奎躔聯紫氣，鳳翎麟角冠時髦。

病起寫懷柬煙霞湛太史兼呈洞中諸友

疾痛通身浹五旬，茅堂長卧欲穿裀。門前兩徑從青草，天際三間自白雲。駒隙光陰知可念，中和事業□無聞。强書白鹿諸賢輩，好惜煙霞洞口春。

贈賀少參泰解官歸吴

侍史言曾逆聖顔，風塵十載鬢毛斑。黄冠自恐還鄉晚，滄海已嘗行路難。□□□□堪换酒，居連白馬任垂竿。醉時自覺無榮辱，□□□忘鷗鷺閒。

贈黄積中之郴州教

詩興因君酒興賒，且將詩酒忘年華。眼前好景看新月，墻角殘梅自落花。千古風流思澤畔，三春桃李望江涯。杏壇莫奏虞妃曲，湘水秋風日易斜。

次韻答牛道徵長官中秋書悶是夕予適夜直

客懷一日强爲好，獨坐清宵還自深。報漏虛嚴今夜直，聞烏暗動故山心。蕭蕭槐影侵寒榻，淡淡蟾光度遠岑。何處閒愁關洛客，忽傳新句愧知音。

與周大尹岐瑞西樵看山次韻

久擠深山老作樵，放歸端荷主恩饒。三年塵夢空馳逐，一日天工入畫描。巖壑風光真自足，歲寒松柏故難凋。可人最愛周勾漏，飛錫西來不費招。

哭席元山次兀厓用杜韻

幾回廷論共逶迤，百折狂瀾亦既陂。公力固知如砥柱，聖心何啻苦標枝。道存天地當何讓，筆法春秋判不移。報國未期躬已瘁，臨風惟有淚孤垂。

病懷

多病吾生一絮衾，飽眠寒夜獨沈吟。雞聲曉覺中流夢，荔萼春懸故國心。帶月吴江移小艇，披雲庾嶺入長林。羅浮便作誅茅計，點檢歸囊有賜金。

病起

甚矣吾衰祇自知，君恩未報乞歸遲。經年不作周公夢，荒徑空懸靖節思。茘子丹時違北枕，菊花黄處到東籬。撥愁强病梳遺髮，且索殘梅一賦詩。

用舊韻寄懷霍渭厓

衰病年來荷主知，衡門從此許棲遲。簞瓢敢謂希顔道，饑渴惟應繫禹思。曉署締修佛骨表，秋江沈醉菊花籬。兩般得意君能會，莫記長鍬舊日詩。

贈汪誠齋憲副

廟堂豈乏周公旦，累歲驚心海上波。昔日樓船人已矣，他年銅柱事如何。誠齋老子虛懷久，西石先生□眼多。安得四郊烽火熄，山中擊壤有余歌。

宿東園夢與張東所同榻講中庸鳶飛魚躍孟子所過者化二言未竟而覺詩以紀之

四年未卜果同心，一夜園亭喜共衾。壤隔東西原不遠，天教風雨□相尋。鳶魚入究言皆的，神化何思語更深。覺後真成莊子蝶，幾時扶病過東林。

贈湛甘泉奉使安南便道歸省

滄海源頭許樣深，羅浮絶頂幾千尋。謝安昔日蒼生望，毛義當年白髮心。玉節遠揮南斗外，錦衣先戲北堂陰。乾坤忠孝男兒事，肉眼平生是所欽。

同梁伯綱昆仲遊大鍋頂

浹旬煙雨卒能收，拄杖相隨到上頭。積累本來由一簣，包羅曾復讓群丘。浮雲於我真無累，逝者如斯自不休。天地四方男子事，肯將鷗鳥共沈浮。

贈丁源德歸司徒

春事無因挽客車，勞勞國計有聲譽。邊臣已謂窮輸轉，聖主猶能薄羨餘。萬室依稀

□□□，□□□□□見新畬。使君自有生財道，取次□□□□□。

壽楊閣老邃庵

黑髮勳名在四方，于今七十鬢猶蒼。仙銜已屬丹臺籍，樂事先開緑野堂。瓊露幾莖分漢掌，玉桃千葉近□光。□平歌并南飛曲，暫奏仙人鸞鶴旁。

贈劉紫巖之南宗伯

講筵日日荷君恩，錫命新承寵渥蕃。留省事同分陝重，容臺位稱秩宗尊。瑞雲京口看何厭，春草江頭夢不煩。漢室思賢長側席，竚看雙□□□□。

夏日館中書懷

紫燕承恩入華堂，碧梧弱植在高□。□□□□□□逼，肯怕天遥鷹隼傷。夙夜忠誠那敢懈，文章功業愧非長。委蛇伴食中堂後，病骨輕清枕簟涼。

別霍渭厓倫白山鄧貢齋

茅屋樵巔蔭紫雯，翳門松竹路難分。迂愚自足煙霞癖，清切敢忘鵷鷺群。擬把功名悲斷瑟，已將世事看浮雲。空山病枕頻相憶，一曲枯桐對晚薰。

憶遺齋次丹山家兄韻

盈虛不假學能明，早已爲園□□□。□□□□□□短，蓬門疏竹一牀横。羊腸不省□□□，□□□□上名。老病思君數行淚，樵隈誰可耦吾耕。

春陰

一年生意陽爲主，九十日春那是陰。芳草易從原上長，好花難向雨中尋。江湖滂漲時時滿，蛙鼓池塘處處深。時節有人眠不穩，和泥拖屐入春林。右春陰詩。傳謂選翰林應制之……〔一〕或又作湛太史詩，俱無考。據未……以俟〔二〕。方蕖識。

〔一〕「之」字後數字漫漶。
〔二〕「未」字後數字漫漶。

西樵遺稿卷之五

賦

靈雪賦 應制，有序

洪惟我皇，學崇敬一，德協中和，恭天愛民，無時或懈。越嘉靖八年冬十一月將望，雨雪愆期，皇心恐懼，憂切于民，乃躬禱于天地社稷山川百神。祀事甫畢，靈雪隨應。臣某忝職冢臣，叨陪法從，覩茲盛事，極其歡忻，乃稽首頓首而獻賦曰：

龍飛八年，時值仲冬。蘆灰吹管，日輪輾空。惟雨雪爲豐年之佳兆，曾未見乎千里之雲同。於是天顏不怡，引咎責己，不謂臣下燮理之無方，而曰雨雪愆期之有以。吐淵衷，發明旨，却朝賀，減滫瀡。祝弗假于詞工，齋式嚴于群士。委皇躬以禱于神祇，蹈商湯桑林之遐軌。惟月既望，惟日戊申，四鼓而起，板輿是乘叶。詣南郊以致告，詞懇切於爲民。首禱于皇天后土，爰及乎山川之神。翼日己酉，載事社稷□□□□□恭則一。聖容穆穆，聖心翼翼，繩趨準對，規揖短立。但見至誠之極，有感必通，天無高而不聽，神靡願而弗從。法駕方言旋於大内，而雪霰已飄灑於塗中。曼草鋪沙霏霏交加，隨車翻帶著樹成花。堆山疊陸紛紛相續，欲理馬耳將及牛目。昨日晴明片雲不興，今朝滿空銀河水傾。昨日和煦負喧相倚，今朝四野柳絮風起。纔旦暮之一隔，回天意於須臾。與夫言未畢而雨至，可謂曠千古而合符。信豐年之可卜，擬黍□之盈間。臣工驚詫，黎庶懽愉，皆曰靈哉雪也，非我皇之躬，曷足以致之歟。乃若□□爲皇以清，惟兹靈雪感應彌明。又若甘露爲皇以施，惟兹靈雪感應尤異。始知我皇之事天也至，上天之眷皇也隆。天人之交，實不遠而不爽。誠敬之道，貴克初而克終。中和致極，位育成功。四靈畢集，諸福攸降叶。臣謹向玉階而稽首，願我皇益敦篤于厥躬。

頌

瑞應白兔頌 應制，有序

嘉靖壬辰冬十有一月南至，聖天子將躬享郊丘。西川撫臣獻白兔適至，得之夔州府梁山縣蟠龍嶺。臣謹按《瑞應圖》曰「王者恩加耆老則白兔見」，臣有以知今兹之獻實爲王者之祥，而瑞應之原固未可以一端論也。凡物之卓異希奇者皆可言瑞，奇而得其正又瑞之尤者也。兔於星禽屬月，乃太陰之精，而白則西方之正色，以是表瑞，非奇而正者乎！我皇上法天弘化，本乎心德，制禮作樂，坐致太平。校功比效則皆卓然之奇績，諏經訂古則皆粹然之正典[一]。休徵時降，依類託喻。上天純佑，昭然甚明。臣贊襄無能，揄揚莫既，謹倣漢樂歌拜手稽首獻頌曰：

白兔來，降西極，毓陰精，凝素質，絶其群，應有德。白兔來，嶺蟠龍，秉金行，旺卯宮，龍爲友，靈秀同。白兔[二]來，時哉游，遡紀元，歲一週，日迎長，享泰丘。白兔來，薦清廟，歡慈極，昭聖孝，月重輪，前星耀。白兔來，馴靈囿，炯金眸，驤玉首，舞簫韶，先百獸。白兔來，靈晛顥，天輔德，皇撝謙，拜稽首，於萬年。

箴

喜怒哀樂四箴 有序

顏子之學在克己，而其所事則曰「非禮勿視，非禮勿聽，非禮勿言，非禮勿動」。子思之

[一]「皆粹然」，此三字原漫漶不清，今據《嶺南文獻》所載此頌補。

[二]「兔」，原作「鹿」，今據上下文意改。

學在慎獨，而其所致則曰「喜怒哀樂之未發謂之中，發而皆中節謂之和」。夫視聽言動，身之爲也；喜怒哀樂，心之發也。顔子所以學聖，子思所以傳聖者也，其所用力，顧不出此。後之□志於聖□□可以觀矣。顔子四勿，程子嘗爲之箴，愚□□而服行之，若不及然，復爲喜怒哀樂四箴以自警。蓋非禮勿視聽言動者以修身也，節其喜怒哀樂者以正心也。内外交相養者也，所以行之者一也，敬而已矣。

喜箴

人生而静，動則爲情。縱欲亡性，是曰不明。心得其欲，喜由以生。在易之兑，説以利貞。方説而止，有節之名。戒爾君子，尚其服膺。

怒箴

凡人之情，逐物任性。有所忿懥，不得其正。聖人之心，如水之止。怒出不怒，何有於己。顔之不遷，是曰好學。希顔之徒，胡不有覺。

哀箴

人情易動，物感無窮。君子之學，約情合中。凡厥有心，惻隱怵惕。之其哀矜，不可或辟。順爾厥應，欽爾厥止。不能反躬，天理滅矣。

樂箴

志不可滿，樂不□□。先民有言，萬世□式。關雎之□，樂而不淫。盈而□□，乃放其心。冥豫爲咎，有渝則□。君子見幾，不俟終日。

銘

視聽言動銘

非禮勿視，視則思明。非禮勿聽，聽則思聰。非禮勿言，言則思從。非禮勿動，動則思恭。制之於外，以安其内。克己成性，存存弗懈。

喜怒哀樂銘

喜不可妄，説以利貞。怒不可暴，忿以思懲。哀不可傷，勿謂屯窮。樂不可淫，勿爲豫終。發乎性情，止乎禮義。顔氏庶幾，不遷不貳。

恕銘

己所不欲，勿施於人。欲立欲達，取譬諸身。所求乎子，以事其親。所惡於臣，無以事君。夫子之道，忠恕而已。强恕而行，求仁甚邇。

義銘

無適無莫，義之與比。勿信勿果，惟義所在。非道非義，千駟弗視。豈惟千駟，嚴于一介。無爲不爲，無欲不欲。如此而已，斯言可服。

贊

四賢贊

予嘗曰，出則爲諸葛孔明、范希文，處則爲陶淵明、邵堯夫，故爲之贊。

右諸葛武侯

學以廣才，静以修德。抱膝長嘯，人莫能識。噫！三分之業僅成，八陣之功未極。

右范文正公

先天下之憂而憂，後天下之樂而樂。上承慶曆之治，下啓横渠之學。噫！吾孰與歸，斯人不作。

右靖節先生

任真于我，委運在天。陶情詩酒，寄意園田。噫！耻屈二姓，是先生之爲明而淵。

右康節先生

浴沂鼓瑟之風，内聖外王之學。象外乾坤，空中樓閣。噫！道本無名，鳶飛魚躍。

四儒贊

予於董子大其尊孔氏之功，於韓子偉其排佛氏之力，於歐陽子嘉其復古文之正，於陸子高其辟章句之陋，故爲之贊。

右仲舒先生

明其道不計其功，正其誼不謀其利。孟子以來，知尊孔氏。噫！一代名儒，昭乎百世。

右韓文公

文起八代之衰，道濟天下之溺。進學之勤，排佛之力。噫！感物安人，惟誠之極。

右文忠公

學識其大，文兼衆長。有復古之力，有經國之章。噫！□直道大節，誠邦家之光。

右象山先生

儒者曰其學似禪，佛者曰我法无是。超然獨契本心，以俟聖人百世。噫！趙子之言，美矣至矣。

泰峰爲劉本魯

泰山在魯，慕魯者人。何以慕之，孔孟之鄰。亦有連子，高義凌雲。慕之思之，體之行之，實在于學，不在于云。我愛劉生，惟賢是親，惟學是勤，庶幾乎不愧斯文。

自贊

予初號一齋，晚號嗇翁，以居西樵山，又稱西樵子，或稱西樵山人。

堯舜傳心，是曰惟一。一之維何，敬而無失。濂溪老翁，學得其宗。無欲之訓，開我盲聾。無欲則誠，静虚動直。一乎我乎，即爲太極。

右一齋

嗇翁何嗇，翁性則然。翁以此道，治人事天。治人欲□，事天理存。是謂早復，老子之言。愛親愛德，愛力愛神。是之謂嗇，苟悦亦云。今爾能嗇，何慮長生。苟若不嗇，隕身滅名。

右嗇翁

山林其性，道德其心。學而未至，位浮于任。平生自得者，處心如青天白日，應事如流水行雲，是西樵子之爲人。

右西樵子

詞

乞休出都門次韻 水調歌頭

朝辭紫宸殿，暮出青牛關。一任江流陸轉，無地不平安。徑荒龜石松菊，夢斷樵山猿鶴，延首待吾還。不嫌三疏白，自信寸心丹。　荷皇恩，垂聖聽，念衰殘。喜得滿朝賢俊，饒我一人閒。挐舟急水浦口，弄篴紫雲峰頂，漁樵共歲寒。平生麋鹿志，不敢負青山。

西樵遺稿卷之六

序

明倫大典後序

《明倫大典》書成，皇上既親爲序諸首，又命内閣輔臣臣一清、臣璁、臣鑾、冢臣臣萼序其後，已而復命臣某序諸末。臣謹拜手稽首颺言曰：

夫道之大原出於天而生於心者也。故率性以爲教，緣情以爲禮，因心以爲孝，故道未有不本於心者也。夫道，一而已矣。聖人秩而序之，或謂之五典，或謂之五常，或謂之五倫。典也者，有常之謂也。常也者，不變之謂也。倫也者，有序之謂也。故曰聖人南面而治天下，必自人道始矣。立權度量，考文章，改正朔，易服色，殊徽號，異器械，别衣服，此其所得與民變革者也。親親也，尊尊也，長長也，男女有别，此其不可得與民變革者也。故禮可變，道不可變；非道不可變，心不可變也；非心不可變，天不可變也。是之謂降衷，是之謂秉彝，非由外鑠我也，我固有之也。《明倫大典》之作，蓋將以明斯道乎。嗚呼！斯道之不明也久矣。非斯道之不明也，人心之蔽也。嗚呼！人心之蔽也久矣。非心之蔽也，學之蔽也。臣嘗學矣，見天子爲後之説，見漢師丹議，見魏明帝詔，見宋司馬光、程頤論，以爲道固宜然矣。及因今日之事而反諸心，則有不然者。遂爲之思曰：若朝廷令曰「爾百官棄爾父母，將與爾官爵」，百官將棄父母而取官爵乎？否也。以此心推之皇上之心，亦若是而已矣。由是推之見舜「竊負而逃」之説，推之見《儀禮》無「爲人後者爲之子」之説，推之見「大人世及以爲禮」、「天子、諸侯無爲人後」之説。二帝三王之道，固自坦然明白，而後儒之説之蔽之也。於是繼統之義著而爲後之議屈矣。嗚呼！豈得已哉？夫師氏、司馬氏、程氏，皆名儒也，臣等何敢必違其言，以取不韙之罪哉？是心有不安焉耳！禮官之議十九，臣等之議十一，皇上亦何必違衆而從寡哉？是心有不安焉耳！是心也，良心也，降衷秉彝也，人固有之也，不可得而泯滅爲者也。使此心可泯滅焉，則亦何有於是？故學也者反諸心而已矣，讀是書者亦反諸心而已矣。

杜氏通典序

夫學何爲者，學以經世者也，而理身爲本焉。古之學者合而一，今之學者岐而二，而文藝之學不與焉。三代以上道法無二，明刑弼治即九德之皋陶，帥師升陑乃一德之伊尹。故《洪範》九疇統於皇極，《周官》六典先以關雎，故曰「古之學合而一」。自夫六籍散闕，道學不明，相國宗功止於刀筆之吏，心齋自況終爲寂寞之儒，故新法儗《周官》，徒使民受其弊，空言講《大學》，不知國倫於夷，故曰「今之學岐而二」。夫物有本末，事有終始，在識後先，未嘗偏廢。雖然，世降風殊，厭煩喜約，守身之儒或有，經世之學無聞，治理日隳，生民何賴，則俊傑之士有憂焉。予觀刻《通典》者之志，其在斯歟。《通典》作于唐杜岐公，上自軒岐，下訖天寶，禮樂刑政識其大者，事非經國皆所不録，貫穿經史，類列始終，要在可行，匪資多識，故名曰典。岐公之學，蓋主於經世者也。厥後有鄭氏《通志》，馬氏《文獻通考》，雖益加詳，實爲寡要，曰志曰考，是在博聞，非其倫矣。惜乎二書既興，斯典漸廢，板鏤不傳，僅存士大夫抄本，流布弗廣，學者無因而睹焉。嘉靖戊戌，侍御連江王君按吾廣，首謀于提學秀水吴君，訪求善本，爰加精校，乃請于提督都憲侯官蔡公嘉樂贊成，遂付之梓，匪惠吾廣，將傳四方。俾斯典久晦而復彰，覽者稽言而知學，是豈人爲，蓋天會也。予考岐公嘗節度嶺南，有討平朱厓之功。近者王、蔡二公，協忠殫謀，綏定交趾，厥功尤偉。斯人斯志，所謂曠百世而相感者歟！

廣東通志序

《廣東通志》成，廣州守鄒君將巡按御史戴君命來諉予序。序曰：天下之監戒昭而後勸懲著，勸懲著而後治教備矣。夫鑑者，監乎人者也。史者，監乎古者也。志猶史也。《廣東通志》者，志一方之故也。於以考地運焉，於以徵士風焉，於以觀民俗焉，善爲政者於是乎取材矣。知其漸而防之，知其流而遏之，美者崇之，惡者沮之，利者興之，弊者釐之，於治教其庶乎！吾廣古百越地，三代前猶在荒服，至秦始入屬郡，更漢歷唐，幅員益廣，晉宋莫及也。晉唐之末，盧黄寇攘，荆莽過半。南北五代，棼亂無紀，□□溷濁〔二〕，幾于淪胥。迄我皇明乘運，統一寰宇，薄極海外，傾心王臣。今桃林蠏窟無尺寸不入版圖，可謂盛矣。天下之生久矣，一治一亂，是故漢一時也，唐一時也，我明一時也。不於是可以考地運乎？漢晉前，廣人罕仕，賢聲寥寥，及唐張曲江公以相業顯，宋余忠襄公以直諫顯，仕者始峥然出頭角，鏗然厲聲名。南宋崔菊坡公十三疏辭相位，清風高節，彝夏想聞。至於我明成化弘治間，白沙陳先生者出，默學潛修，翕然以道統自任，由是而仕者恬進取，學者知本原。今文士裒然魁天下，恒不自以爲至，而惟反躬上遡于道德性命之求，斯亦盛矣。是故道德本也，文藝末也。不於是可以徵士風乎？自昔廣俗朴野少文，晉唐之間椎結箕踞，舊風猶爾。唐宋而降，文物寖盛，無異中州。入我國朝百六十年來，聲教日洽。今雖閭閻士女，冠裳簪履，雍容揖讓之節，昏喪交際争以不及禮爲耻。至于燕會之常，

〔二〕「□□」，此二字原被塗黑。

樽罍肴核，璀璨陸離，與京都埒。嗚呼！亦盛矣。是故夏尚忠，商尚質，周尚文，其時然也。不於是可以觀民俗乎？雖然，地極廣大則生齒之蕃也，習騖高遠則功名之薄也，俗尚侈靡則財用之蠹也。善爲政者有憂之，生齒蕃庶則思所以安集富養之方，士薄功名則思所以崇奬激勵之道，民俗侈靡則思所以返朴還淳之術，故曰化而裁之存乎變，推而行之存乎通，神而明之存乎其人，此有司者之責也，此戴君志也。是編也，雖草創于提舉張岳、教授何元述、教諭王時中輩，而發凡舉例，搜逸芟蕪，叙以先之，贊以終之，皆出戴君手自裁訂。戴君雄才博學，按兹一方，大有風裁，吏弊民隱，抉剔靡遺，而猶有暇力以及乎文士，卓然成一家言，以垂百世典，厥功偉矣。某卧病山中，筆硯弗治，媿莫能出一詞贊之，而實樂其成也。可不有言，於是乎書。

刻程子語序

道之難言也久矣。韓愈曰：「堯以是傳之舜，舜以是傳之禹，禹以是傳之湯，湯以是傳之文、武、周公，文、武、周公傳之孔子，孔子傳之孟軻。軻死不得其傳焉。」後千餘年至于宋，濂溪有周子，伊洛有邵子、二程子，關中有張子者出。周子、邵子其傳雖各有自，而其所自得者多矣。二程子雖曰受學于周子，而其自言則曰反求諸六經而後得之。張子固取益于二程子，而其所自得者亦不可誣。五子者雖其所成不同，其至於道一也。然則以繼孟氏之傳，斯亦未爲之過矣。

蓋嘗論之，周至精也，邵至大也，張至實也，程至正也。貫精實正大而一之者，斯聖矣乎。過乎此者，高虚之涯也。下乎此者，支離之漸也。去聖遠矣，吾不敢以爲法。周子《易通》，邵子《觀物篇》，張子《正蒙》各有成書，學者咸觀而樂之，惟二程子雖有遺書行于世，然皆門弟子與一時傳聞者，記録之言多重復雜亂，簡帙浩繁，觀者每厭其煩而不暇玩，況傳者既衆，其間不能無訛謬。如「今日一格物，明日一格物」，尹和靖已謂非先生之言，則若此類者當不少也，學者又不能無病焉。愚不敏，少好讀其書，所謂厭煩病謬者，蓋親嘗之，輒不自揣，乃取其言之純粹無疑者録以成編，重復者去之，理可疑者略之，爲篇十二，題曰《程子語》，庶便朝夕諷誦云爾。學者亦或有取焉矣乎！夫言道至於孟子著矣，説理至於二程子晢矣。雖然，言也，得其言而不得其心，抑末矣。

刻二原序

古昔聖賢之道至易至簡，其本在於一心，其用充於天下，其原出於性命，其理達於神化。學之者資禀有等差，工夫有次第，固不可半途而廢，亦不可躐等而進也。斯道也，吾於《大學》、《中庸》二書得之矣。大學者，大人之學也。中庸者，聖人之學也。何以言之？孟子曰「大人者，正己而物正者也」，故《大學》之言本於正心、修身而終於天下平，所以學爲大人之事也，故曰「大人之學」。又曰「君子所過者化，所存者神，上下與天地同流，聖人也」，故《中庸》之言始於性命而極於神化，所以學爲聖人之事也，故曰「聖人之學」。然則有二道乎？曰：非也，孔子曰「下學而上達」，豈有二乎？程子曰：「人之學，當以大人爲標的，然上面更有化爾。」斯言旨矣。予不敏，自少讀二書而知好之，既長而益加紬繹，恒切討論，嘗怪夫世之説者未得其旨要。是以虚心體會，未敢狃以舊聞；切己觀求，不徒憑於臆度，而又證之以六經、《語》、《孟》之言，參之以濂洛諸賢之説，思之又思，恍乎若有以通之。於是又持之以歲月，積之以優游，乃有所謂焕然而信，怡然而順者，日用持循，不能自已。又恐其意之或遺而行之不達也，乃次第其説而筆之以備遺忘，且爲吾進修之驗云爾，抑亦願與同志者共也。題之曰原，本其舊也。僭妄之罪，則予何辭。

賀督府蔡公平賊成功序

君子用世，視所治如家焉。必修其垣墻，謹其扃鑰，訓誨其子弟，約束其臧獲，驅逐其害於吾家者，無待來年也。後世之士，學不足以破其私，才不足以成其大，家其家而治其治，莫之齊視焉。於事非關牒督促而至者，類曰：「是非吾家事，吾陞改且至矣，遲之以待繼者而已矣。」繼者至則又曰：「是非吾家事也，遲之以待繼者而已矣。」不言於口而言於心，以致百務頹墮，衆志委靡，不可收拾。予昔與朝政，思與士大夫皆家視其所治，故嘗爲久任之説以默成之，而終不能以此易彼也。西廣爲山谿之險，風氣勁戾，民類非一。其爲盜有非爲上驅迫、爲己饑寒而致，如大藤峽者其尤也。峽源出柳慶萬山中，北接武宣，合流于潯，東抵藤縣五屯，右抵龍山貴縣，盤聳窈冥六百餘里，叢木蔽天，懸厓立壁，猺獞負固，其間居者行者并受其害。成化間，中丞韓公嘗用力剿除，復徙土官以治其内，設司寨以防其外，始一寧靖。自後種類日滋，法度日弛，害甚於昔，雖官船往來亦爲所禦，每以魚鹽之約爲言，實挾之也。近歲陽明王公曾一計處之，未竟其術。嘉靖戊戌，侯官蔡公來撫吾兩廣，其教養安息之政無有不舉，防護禁止之法無有不行矣，而尤以剗平此賊爲急。乃密請于朝征之，調用兵食，委任將帥，率籌于胸中，咸當其可。其攻擊截守方略，又公親授，乃擒賊首侯公丁并黠賊五十餘名，殺獲首級千二百餘顆，俘獲者稱是。兩廣官民未嘗知有兵役而已旋師奏凱，非公之才猷過人而能若是捷耶？東廣藩臬諸君徵予言以賀，予謂是役也，功之大小不必論，予獨喜公名動京師，受知主上，行且有内廷鈞軸之召，乃能不避勞難，掃除劇賊，謂非家視其治者歟？由是繼公者必曰：「公開府于是，僅閲歲而成若大功，予可以無所紀耶？」繼繼者其言又如是，以至凡在撫屬者，其言亦如是，則民之利病豈復有遺於後，賊之餘孽豈得復萌哉？是百世皆受公賜，皆將賀公也。予一人一時之言，又何足以賀。

刻周易約說序

《周易》者何？文王之易也，故曰《周易》。《古文周易》者何？上下經、十翼各自爲篇，古文也。何貴乎古文？循古文則伏羲、文王、孔子之易秩然矣。孰爲伏羲之易？八卦是也。孰爲文王之易？六十四卦與卦爻辭是也。孰爲孔子之易？彖、象、繫辭、文言、説卦、序卦、雜卦是也。故循古文則三聖之易秩然矣。傳者何？程子《傳》也。義者何？朱子《本義》也。約説者何？孟子曰：「博學而詳説之，將以反説約也。」博二子之説而約之，故名約説。於《傳》、《義》有去取乎？曰：安得無去取也。然則《傳》、《義》有得失乎？噫！易道之難言也。未至於聖人者，難乎其免矣。《本義》之失，如謂伏羲作六十四卦、周公繫爻辭，與夫象占卦變之説之類是也。若夫《傳》，一詞一義之失則有之，其大者無有也。然則《傳》足矣，何取於《本義》？曰：自《本義》而通之《傳》則無遺矣。豈惟《本義》，雖諸家之説有可取者亦弗遺也。然則約説多取邵子之説何也？噫！邵子其深於易矣乎！夫象數者，易之本也。故曰：「易者象也，象也者像也。」象數得則辭與意得矣。邵子之説，於象數精矣。所謂約者，其在是乎！

刻二禮會通序

禮運者，經禮三百，曲禮三千，其致一也。《中庸》曰：「禮儀三百，威儀三千，待其人而後行。」禮儀即經禮也，今之《儀禮》十七篇是也。其節目有三百之多，故曰三百。威儀即曲禮也，今之《曲禮》上下篇是也。其細微有三千之夥，故曰三千。是謂二禮。經者，《儀禮》十七篇，《曲禮》上下篇，皆經文也。傳者，《冠義》以下二十五篇，皆記文也。註者，鄭玄註也。説者，《儀禮》則有敖繼公，《禮記》則有陳澔《集説》也。《易大傳》曰「觀其會通以行其典禮」，不會則不能通，不通則不可行，會通之義大矣。今此編，經倡於先，傳次於後，傳無所當於經者，則弗録也。註概其實，説引其詳，義有註説相違者，則取衷也，是謂會通。嗚呼！禮豈易言哉？夫禮，天之經也，地之義也，人之文也，聖人之所制也，君子之所守也。心不得則不正，身不得則不修，家國天下不得則不能齊治平也。程子曰：「禮儀三百，威儀三千，非絶人之欲而强人以不能也。所以防其欲，戒其侈，而使之入道也。」禮之用大矣哉！周子曰：「不復古禮，不變今樂，而欲致治者難矣。」故二禮者，學者之所宜盡心也。世之學者棄經而任傳，則制作之原不著也；習説而忘註，則訓詁之義或離也。是故會經傳而通之，則如提綱以知目也；會註説而通之，則如遡流以知源也。此編之所以作也。然述也，非作也。予何人哉，敢法聖人？如其闕謬，以俟君子。

賀大司馬東塘毛公平安南成功序

予嘗讀《祖訓》而歎我太祖高皇帝真生知大聖人哉！何其道合千古而貽謀萬世也。兄終弟及，禮也，古三王傳家之法也。是三王雖家天下而其道則至公也。自漢成帝、宋仁宗有立後育子之事，而儒者之論遂流而不知源，其道已晦。至我聖祖直立訓曰：「凡朝廷無皇子，必兄終弟及。」讀者亦漫然而莫之省。往歲聖天子有繼統之議，群言淆亂，參伍折衷，卒不可易，而後知其道乃萬世而無弊。□□交趾[一]，古彝裔之國也。自秦皇、漢武好大攘彝，始疆屬郡，其後叛服不常。事之者徒煩費中國，而棄之者固未嘗爲吾中國損也。至我《祖訓》直列之於不征之國十五，蓋自古帝王内中國而外四彝之道也。近者安南莫氏乘其君黎氏之衰而擅立，國人以罪聞，聖天子赫然致討，既而緩師審議，至再至三，不肯輕舉。後知聖祖之慮爲至遠，又嘗讀《三朝聖諭録》而歎當時輔臣三楊公之善謀國也。交州既入版圖，且舉吾國家盛時之力而守之，夫何難？乃直棄之而勿有，其言曰求立陳氏後者，太祖皇帝之初心，可謂深得《祖訓》之意而純乎體

[一]「□□」，此二字原被塗黑。

國之忠也。《傳》曰「法後王」，言其近也，而況我《祖訓》之明明在上，而臣謨之肅肅在下乎？雖然，益之贊舜曰：「舞干羽于兩階，七旬，有苗格。」孔子亦曰：「遠人不服則修文德以來之。」而詩人之頌周公則曰：「戎狄是膺，荆舒是懲。」蓋德威未嘗偏廢也。嘉靖己亥，大司馬毛公東塘承天子之命來參贊戎務，問罪于莫氏。蓋公之雄才大略，竭忠純誠，簡在帝心，至則鳩兵振武，計畫周悉，乃提師壓境，諭以聖天子威德，莫氏遂岌乎稽首，繫組輸誠，生殺予奪，惟天朝命，罔有不共。公乃戢兵弗試，請于天子焉。吾廣藩臬諸臣士民咸慶，謂予當有言。予實跫然聞、躍然喜，于以表我聖祖之至道明訓、聖君賢相之大德遠猷，爲社稷生靈賀。若東塘公之豐功偉烈，比迹銅柱，則何假于言。

王母太安人壽詩序

予同年西蜀王君伯存，性明而達，志正而嚴，第進士而官于刑曹者五年，亹亹乎有獄理聲。既而出守于雷，其母安人何春秋將七十，王君以爲難。安人曰：「□樂也。」迺舍其親以行，至於官，則明斷而嚴威，政平而訟息，守其正以折權宦而民不擾者三年，當考績入京師，適安人七十有一，將取壽于家。廣之士人樂其事，咸爲詩以歌咏之，申其志也。詩成帙，俾予有言于末。夫人生天地間，有至樂者二而富且貴不與焉。親，一也；德，二也。得于天而成于己，足乎内而無待於外，施于政而裕，受其禄而宜，不怨天，不尤人，仰無愧，俯無怍，故君子樂德。生我者保我，鞠我者享我，承歡於膝下，聚笑於一堂，共安其德，共厭其禄，老如嬰兒，窮如有所歸，故君子樂親。其德厚者，其樂深；其親壽者，其樂長。齠齔之嗟無德也，風木之感無親也，故君子以德爲本，以親爲大。然有異焉，德也者人也，可勉也，親也者天也，不可假也，故得其親者，其尤難矣乎！孔子曰：「父母之年，不可不知也。一則以喜，一則以懼。」方喜而懼，孝子之心何如哉。王君初第而慶全，既官而怙靡，獨喜者，安人壽且健也。今去其母萬里而官，或者惑焉。予曰不然，是安人志也，是謂養志也。夫顯親揚名者，孝也；得名得禄者，德也。王君益修其德以施於政而成其名，則所以壽其親而有其樂者孰踰焉。君懋哉，君懋哉！

贈曾士隆序

孟子曰：「堯舜性之也，湯武反之也。」孔子亦曰：「我非生而知之者，好古敏以求之者也。」堯舜之德，弗可及已，自湯武至于孔子莫不由學以聖。夫學必有師，故湯之師伊尹，武王之師尚父，孔子之師老聃、郯子、萇弘、師襄之徒，雖非其至者而亦莫不有師焉。故曰：「夫子焉不學而亦何常師之有。」人生而不知學，學而不求師，奚可哉？是故孔門弟子之盛至於三千，師道立焉。秦漢以來學絶道喪，世不復有師，以至于唐，曰師曰弟子云者，反以爲笑。韓退之、柳子厚爲之屢歎，且其所謂師者文而已矣。千五百餘年逮于宋而程氏興，倡明絶學，始復有師道，故當時稱程門與孔門繼盛。然觀孔門弟子之徒事其師，雖至於流離困餓濱於死而不去，非要譽而規利也，所以甘心焉者，其果何所求邪！尹和靖之於伊川，終身不敢忘，堅守力行，雖貶逐禁毁有弗顧，其又何所得邪！今之學者求於師者亦末矣。執聖賢之書，章講句求之，措之文辭，惟□科之圖。利於舉者，曰吾師也；不利於舉者，曰吾不師也，則其所得於師者，宜亦止是。故求如孔門、程門之弟子視其師者固無有也。予舊友上舍曾君士隆，一日攜其弟子何子健輩訪予。敘既歡，何生進而請曰：「曾先生之教吾輩者一年矣，今將解館，吾輩幾五十人皆無忍離去者，各爲詩以寓不忘，既成帙，乞一言以揭諸端。」予喜夫諸子之得於曾先生，其必有在於講説文字之外者，而於古今之所謂師弟子者有感焉，故爲申之。《傳》曰：「鼓無當於五聲，五聲弗得弗和。水無當於五色，五色弗得弗章。學無當於五官，五官弗得弗治。師無當於五服，五服弗得弗親。」周子曰：「曷爲天下善？曰師。」師之於人，大矣。諸子其知師道矣乎。

方氏仕宦譜序

予按予氏族，出自方雷氏。雷乃神農八世孫榆罔之子，佐黄帝伐蚩尤有功，封于方山，子孫因以方爲氏。至周宣王時，其裔孫方叔食邑於洛，故世望於河南。迨西漢末王莽將篡位，司馬府長史公紘，官於吴中[一]，地居歙縣，因家焉。生一子雄，雄生三子儕、儲、儼，皆貴顯。儲累官太常卿兼洛陽令，封黟縣侯。儲能役使鬼神，卒，鄉人祠祀之，稱爲仙翁。生三子纘之、弘之、觀之，分爲三族，散處州郡，載之宋景濂學士叙譜文甚詳。予莆族所載一世祖琡公則觀之之裔也。琡公，唐光州固始人，爲唐都督長史，生御史中丞公殷符，殷符生七子廷康、廷年、廷遠、廷範、廷英、廷輝、廷滔。廷年公爲户部侍郎，廷遠公爲主簿，廷滔公爲左僕射，廷範公爲温州安固尉，歷長溪、古田、長樂三邑長，在唐昭宗時，後以子官贈金紫光禄大夫。時中原割據[二]，卜居莆之刺桐巷[三]，葬琡、殷符二祖衣冠于莆之常泰里，是爲莆田始遷之祖，因號曰「金紫長官方氏」，别他族也。生六子仁逸、仁岳、仁瑞、仁遜、仁載、仁遠皆貴顯并朝，故又號曰「六桂」。仁岳爲秘書少監，仁載爲禮部郎中。後之出於仁岳公裔者，稱爲秘監房；出於仁載公裔者，稱爲禮部房。二房子孫爲盛。仁岳公生縣簿公稷，稷生大理寺職方員外郎公應，應生屯田郎中公龜年，龜年生興化軍助教公惟深，字子通，登鄉貢第一，文章德行維時稱雄，特奏出身。徽宗崇寧中，累特奏

[一] 「中」，原漫漶不清，今據北京圖書館藏《莆陽刺桐金紫方氏族譜》補。
[二] 「時中原割據」，此五字原漫漶不清，今據北京圖書館藏《莆陽刺桐金紫方氏族譜》補。
[三] 「卜居」，此二字原漫漶不清，今據北京圖書館藏《莆陽刺桐金紫方氏族譜》補。

起〔一〕，敕賜袍笏，家鳥石山下，世稱鳥石先生，卒遂葬焉。公曾孫宗元公，宋末爲金紫光禄大夫，參知政事，涖廣東行中書省，卒于任，葬番禺沙灣青羅嶂。宗元生道隆公，元初爲武節大夫，廣州路總管，以先塋在廣，乃卜居南海丹桂家焉，墳祠在丹桂里孔邊村，是爲南海始遷之祖。道隆生六子：曰雷震，廣州路教授；曰雷復，程鄉縣主簿；曰雷頤，陽江縣主簿；曰雷壯，新會縣主簿；曰雷益、雷豫〔二〕，俱不仕。雷豫再傳而絶〔三〕。雷復、雷頤、雷益三房子孫析居南海〔四〕，雷震〔五〕、雷壯二房子孫析居新會，皆秘監公之裔也。在莆則有儀、适、喜、軫、天若、大琮、信孺、廷實、良永，勳績表著，爲世名臣，其餘登甲第列仕籍者不可勝數。惟南粤之交，仕路始微而後顯。吾先君遂爲雷益公元孫，登成化辛卯榜，授廣西全州學正。吾仲兄茂夫、族姪紹魁同登正德癸酉榜。獻夫登弘治甲子、乙丑二榜，竊兹高位。族姪大猷登嘉靖丁酉榜，族姪孫肯堂登庚子榜，餘則振振未艾。噫！譜系甚明，世德如在，後之子孫當修己勵業，以上繼長官之緒，下啓

〔一〕「特奏」，此二字原漫漶不清，今據北京圖書館藏《莆陽刺桐金紫方氏族譜》補。
〔二〕「豫」，原漫漶不清，今據北京圖書館藏《莆陽刺桐金紫方氏族譜》補。
〔三〕「雷豫再傳」，此四字原漫漶不清，今據北京圖書館藏《莆陽刺桐金紫方氏族譜》補。
〔四〕「析居南海」，此四字原漫漶不清，今據北京圖書館藏《莆陽刺桐金紫方氏族譜》及上下文意補。
〔五〕「雷震」，此二字原漫漶不清，今據北京圖書館藏《莆陽刺桐金紫方氏族譜》及上下文意補。

無競之烈，列名于仕譜之後，俾觀者知所仰，庶無忝於六桂之裔云。

記

表忠祠記

宋之一代，以仁立國，而亦卒坐其弊，武備不修，國勢寖弱。建炎而後，土宇分裂，夷狄漸逼〔二〕，國政日非。至於德祐間，元師報急，臨安震恐，詔天下勤王，多不至。時文山先生奮義而起，烏合萬衆，自贛入衛，乃内撓於陳宜中，坐失機會，出使皋亭，被留于虜，而大事去矣。然猶間關脱京口走真州，李廷芝見疑，有謀不濟。由温入閩，擁立景炎，區區爲興復之計。内議不合，開督南劍，引兵經略，軍勢稍振，若將以有爲。未幾，兵敗江西，幾執而免，復收殘卒，奔循入海。祥興繼立，張世傑又阻於中，請朝不許。進屯潮陽，趨南嶺，稍平群盜。逆黨導禍，元師突至，遂被執于五坡嶺，衆卒皆潰，而厓山亦亡。嗚呼！天乎，人耶！然且負義不屈，目擊厓門，悲歌慷慨，就戮燕市，從容南面再拜而後死，可謂忠矣！史臣謂即諸葛公鞠躬盡瘁死而後已

〔二〕「夷狄」，原被塗黑，今據海豐縣檔案館藏明嘉靖三十五年刻《惠州府志》所載《五坡表忠祠記》補。

者，非耶！

五坡嶺在海豐縣北二里許〔一〕，草莽湮没，精靈若存。比者縣學生吴子昌，以義白于當道，請祠焉〔二〕，屢舉而輒廢。適提學章朴庵先生至，方以表賢崇義爲教，吴生乃申其請，先生慨然曰：「是我志也！」遂下命有司。郡守陳君應和，承義惟勤，復命縣尹杜子表偕教諭林子佐、訓導萬子秉和廣覽周詢，乃得其地。在蓮華峰前，諸勝畢會：銀瓶山、大人嶺聳于後；金籠山、雙貢峰秀于前；東西二保嶂獻奇于左右〔三〕；溪流環其北，龍津遶其南，喬林巨麓若天設而神護焉。遂卜日興事，捐公藏以充費。訓導李子茂又率士民助役者，咸應如響。豐産故乏大木，卜地之日而報者至。又慮夫出山之難，倏驟雨一夜而木浮出。其地故少埴，偶闢得古陶穴，可磚可瓦，又若有靈致焉。故工不甚費，甫閲月而祠成。請于朴庵先生，既祭而題其額曰「表忠」，徵記於予。

予謂文山之不幸于五坡也，固一時興衰之成數，我公夙抱孤忠，而後之祠與不祠何心焉。顧今地形之勝，挺出雄會，若有所主之者，豈非天意有在而豫爲之待耶！據公之時于今幾三百

〔一〕「二」，原作「四」，今據《惠州府志》改。
〔二〕「請祠焉」，此三字原漫漶不清，今據《惠州府志》補。
〔三〕「保」，《惠州府志》作「寶」。

年，一旦倡義于吳生，而朴庵諸公群起集事，下及士庶，不愛其資，而木石之異又若此，豈非一時懿好之誠感有使之然耶！抑必有所默相而陰主之者矣。嗚呼！文山之不幸也，後之讀史者誰不廢卷扼腕，爲公慼慼。顧今乃爾，嗟乎何負於文山哉！嗟乎何負於文山哉！雖然，祠與不祠，公何心焉，其爲忠義勸，世道計，則固諸公之深意，不能不重望於後學云。

忠襄祠記

祀典所與并社稷嶽瀆者，曰有功德、曰死國事、曰勸後世而已。外此，淫也，典所禁也。粵居五嶺之表，地半山海。自沐我朝治化，稱名藩，而僻郡旁邑未盡革心，故征討歲有焉。成化初，憲副毛公猶以禦賊死，比屋可封，難哉！公諱吉，字宗吉，浙江餘姚人，由景泰甲戌進士，授刑部主事，以守法抗權貴聞。陸輩〔二〕，遷廣東按察司僉事。適潮惠賊與官兵相持三歲，莫能殄，巡撫葉公聞公來，使人馳驛促上任，委治嶺東一道。公既至，設法擒撫，平之。程鄉土賊僭稱大王公主僞號，潮民復告留公，乃勦洗石坑、龍歸、上下賓龍等峒，又平之。高雷廉賊殺掠居民，數

〔二〕「陸輩」疑爲「陸載」之誤。然《明史》卷一百六十五《毛吉傳》云：「天順五年擢廣東僉事。」距景泰甲戌已七年，時間略有不合。

百里殆無煙火，撫按推公能，復以委焉，公水陸進兵，又平之。有流賊，逼省城北門，民庶白晝驚奔入城，千百蹂踐而死。廣西參將某值公事在城，因檄領官兵捍禦，皆懷奸迂道，反在賊後。賊漸近城，吏民無策，唯相向哭。適公回自廉，乃單騎出，安衆心，且以國法諭各將，皆奮勵。公督戰，賊乃退，追逐十晝夜，擒殺數百人，城始獲全，民私設公牌位拜禱者遍里堡。公在省四載，前後征戰四十餘陣，降殺强賊餘數萬。天順八年兵部獻公績，上嘉之，遷副使，降敕獎諭，委以一方兵務，公益感勵。值西賊與新會諸峒合勢，欲并力攻縣城，新會告急，公檄諸所練兵，未至。公率都指揮焦用、指揮孫璧，領官兵并民自效者近萬人，行至火磴與賊遇，戰，破之。乘勝追至雲岫山，去賊營十餘里。時二鼓，公召諸將謂曰：「賊營後山菁而前畈田，左右皆山隴，若敗必遁入後山，爾等明日分兩哨進據其後，我以精鋭衝其中，賊可盡擒也。」星夜五鼓齊進，賊果敗走據山後，公命潘百户帥精壯千人占賊營，賊多遺財物，軍士競取之，賊窺兵亂，擁衆馳下，刺殺潘。軍士自營門擁出，賊後追之，兵大潰，公弗能止。從吏廖振勸公退避，公厲聲曰：「將退則兵皆死耳，我爲朝廷臣子，焉取獨生耶？」言未已，賊衆持鎗趨公，公且罵且敵，猶手劍斷一賊臂，力不支被害。是日雷雨大作，山谷震動，麾下尋公屍弗得，潛以火焚賊柵，賊驚以爲神，棄公屍而逃，次日乃獲屍，已越七日，面貌如生，舁歸廣城，吏民奠哭者相屬於道。公出師時，以犒賞官銀數千兩委懷遠驛丞余文司出入，已出十之三，文以公忠而貧，密付所餘公之家僮，持以歸。是夜，僮婦忽坐中堂，作公平時聲，令左右請夏憲長，舉家驚駭。近廨沈經歷聞其異，亟報夏，與同僚胡、鄭至。婦曰：「某受朝廷重任，不幸遇害，死無憾，但余文以犒賞餘銀付吾家，雖官府無所稽，某忍含污於地下耶，願急追還官，某瞑目矣。」言畢仆地，救而醒，了無所知。瓊臺丘公作公傳，載此事。嗚呼！烈哉！

撫按以公死事聞，贈通議大夫、廣東按察使，遣行人秦民悦諭祭，謚忠襄，録其子科爲國學生。縣令陶魯率居民祠公於恩平道側，巡按御史葛公奏請立祠以祀。于時有司苟簡從事，乃僅祔於都憲楊公之祠，輿論未慊也。先是，僉憲李古沖議改正位南面，以爲廟祀論功德，無論勢分也，衆以爲然而未果。兹提學吴默泉復以三學師生專祠之請議上提督府，石泉潘公允之曰：「曠典也，可以舉矣。」侍御毛君來齋，公之從孫也，適奉命來按吾廣，益訪公之遺事於故老載籍，廣之士民戚然興思，於是藩臬陸石涇、葉寅齋諸君咸贊厥成，郡守鄭君某實任其役。乃撤已毀珠池公館爲祠，正位專祀，赫然斯稱。嗚呼！是可以見人心之公而忠襄公忠烈之感、侍御君之誠孝也。祠成，鄭守以狀來，請予記之，予謂公之祀既合禮典，而多事之地使守土者知盡職于官，可廟食百世，雖晦必彰，且代有賢子孫焉，弗其勸歟，故記之。予先祖亭秋翁嘗有哭公集句云：「輟文修武六韜明，膽氣堂堂合用兵。憂國早知心獨苦，誓天不與賊俱生。十年未佩封侯印，百戰空垂異代名。欲奠忠魂何處問，江山如雪水無聲。」實録也，并記於此。

亭秋翁祠記

予南海方姓始來自莆，世居鼎安都丹桂堡之丹竈村。太祖道隆公已建有祠，在孔邊村。亭秋公者，予祖考也，出贅廣城杜氏，因居焉，是亭秋公者始遷廣城之祖也。公好古讀書，博覽强記，世稱書櫃先生，安貧樂道，守禮積善，乃生予考學正公，得鄉舉，小試學正，以有予兄弟三人皆幸有立，獻夫實忝顯位，是亭秋公者又積德之祖也，贈至光禄大夫、柱國、太子太保、吏部尚書兼武英殿大學士。禮，宗法：始遷及始興之祖，皆得爲大宗。是祠也，所以祀亭秋公也，當百世不遷，雖爲小宗，實取大宗之義，禮所得爲者也。學正公純德繼美，亦得贈如亭秋公，當祔于左室，伯兄州判侃齋公祔于右室，仲兄丹山翁與予他日亦祔于右室，皆世世祀焉，又所以合吾兄弟三房之族也，亦禮所得爲者也。厥後子孫許得各立其親祠，并不得祔於此。嗚呼！斯祠也，尊祖也，敬宗也，睦族也，一舉而三義具焉。吾子孫其世世慎念之哉！祠，寢堂一座、饗堂一座各三間，門樓二座各一間，東爲廚庫一座三間，兩畔空地各幾丈，後空地深幾丈，闊幾丈。買地及工料之費，凡用銀七百餘兩，半出侃齋公，半出於予。董營作之勞者蘭也。祭田土名、畝數、佃人具于碑陰。

石泉書院記

西樵山西有山從肇慶來，至南海鎮涌堡黄岡村渡江而東，有石跡爲石頭村，乃南而北綿延數十里，丘垤連累無慮百數，乃崛起而爲西樵。周迴四十里，有峰七十二，奇秀峭拔，面皆内向，秀氣中蓄，山巔如平地，可居可田，可沼可井，尤宜茗植焉。山之主峰爲大科，大科之北面中條頓伏而起爲紗帽峰，右翼起爲鉢子峰，疊下而爲石泉；左翼起爲大仙峰，亦數峰抱衛而下，蜿蜒如蛇如龍。然大科之右臂爲小科，爲紫雲峰，峭秀特出，峙于東，乃伏爲石臺，長近百尋，如伏虎狀；左臂爲雷壇峰，爲鷓鴣嶺，爲八棱峰，巋然雄鎮，峙于西，乃伏而爲平岡，前揖如案，其地多豐石美泉，故名石泉。正德壬申方子以銓部郎謝病歸，丁丑乃於此搆紫雲樓、沛然堂以居，曰「石泉精舍」。後廓新之，恭貯欽賜書籍，改稱書院。斯搆也，右邇白山碧雲村，而左以雲端石牌村爲依，雲表村擁其後，寶鴨池、觀翠巖在其兩腋間，前有大路，樵者游者皆由焉。路岐爲石泉洞門，乃適翳門關而達于觀山市，迴視之，群峰翕合，林木蓊鬱，有風雲之狀。山上大泉三：一出大科北麓曰雙泉，過雲表村爲西竺泉，注于寶鴨池，乃瀑布而下，歷雙魚陂石牌村而東，當書院前匯爲湖，曰天湖，亦名小鑑湖。一出小科北麓，合碧雲二泉，注于觀翠巖，又合紫雲溪，過白山村大虎臺，亦瀑布而下，匯于天湖。一出珠度坑，歷銀瓶、盤龍石而會于天湖，諸山之泉皆歸之。又有二小泉：一出盤龍石側，繞書院門而東，甘洌香潔，爲井食焉。一出後岡浮石，亦清洌可食，并流東澗入天湖，湖水出留虹橋，過無底井，從珠阬飛瀉而下。天湖之上有亭，有方子釣臺，盤龍石下有與鹿亭，伏虎臺下有洗耳巖、愛瀑軒，觀翠巖有亭，賓鴨池有耕足窩，皆方子游適處也。雷壇北下爲大科書院，湛子居焉，前有鐵泉，後有雲谷。雷壇南下爲四峰書院，霍子居焉，左有九龍洞、七星巖、鳥利巖、雞冠峰、紫姑峰、龍爪峰、聚仙峰，右爲玉案峰、仙掌峰，境皆勝焉。三院鼎峙，予三人常來往講學其間，藏修餘十年，遭際聖明御極，應召而起，咸獲登用。予忝厠内輔，霍子爲宗伯入弼東宫，湛子爲留都大司馬參贊機務，同時并顯，世所難也。謂兹山之靈使爾乎！嗚呼！物各有遭也。山水之顯晦固有時也。聞之父老云：昔年兹山嵐霧罩覆其上，昏旦莫辨，近三十年來明浄秀露，無復嵐霧掩焉，豈非時乎？非曰山之遭也，曰予三人之遭也。予三人其何以報山川之靈哉，何以報山川之靈哉！

興化軍助教惟深公墓碑記

予莆祖惟深公仕宋爲興化軍助教，因家烏石山下，時稱爲烏石先生，卒遂墓焉。子孫宦居南海，遂爲南海之方。其墓在烏石者，歲久荒蕪。嘉靖壬辰，興化二守李君翺始爲修復立石，又爲之堂，爲之亭。閩省方伯何君鰲又爲之置祭田，使世守焉。先生以道德文章顯于時，其體魄所藏，人莫不愛且護焉。祇以子孫别遷，歲事弗修，墓幾湮没，今且四百餘年矣，乃克復，見舊址儼然如昨，固有數哉！先生子孫僅再顯而微，至於十一世孫獻夫始得忝甲科，竊兹高位。獻夫何德，固先生流澤之遠也。李君、何君樂爲之修墓置田，而莆族人共相厥成，固二公秉彝好德之心，亦吾族之多賢哉！謹用記此歲月云。

嘉靖十一年壬辰春仲之吉南海世孫獻夫百拜謹識。〔一〕

〔一〕該墓碑記原無年月題識，今據北京圖書館藏《莆陽刺桐金紫方氏族譜》補。

西樵遺稿卷之七

墓表誌銘

桂文襄公墓誌銘

嘉靖辛卯夏，少保兼太子太傅、吏部尚書、武英殿大學士致仕桂公卒于家。訃聞，皇上爲之震悼，輟朝一日，贈太傅，謚文襄，加廕諸子，賜祭葬皆如制。葬有日，諸子以禮部尚書夏公公謹所撰行狀謁予銘。蓋予幸獲從公，後相知深，誼不克辭。

因憶疇昔之歲，我皇上入繼大統，一時臣工皆執爲人後之説，統嗣不明，彝倫攸斁，故太傅席文襄公同今少傅張公茂恭、詹事霍公渭先暨予，咸有論列而格於異議者幾三年。癸未之冬，公以南京刑部主事抗疏極論，諸臣亦各申前議，聖志先定，竟召五臣者而大禮之議成焉。公疏最晚出，乃最先達，封章自孤遠徑歷九關，摧陷廓清，協于克一，衆咸歎公之有勇且識時也。甲申夏，拜翰林學士，是秋禮成，乙酉冬進詹事，丙戌秋遷禮部右侍郎，丁亥秋轉吏部左侍郎，俄遷禮部尚書，是冬轉吏部尚書，五轉皆仍兼翰林學士，戊子春加太子太傅，是年夏加少保，己丑春改兼武英殿大學士，供事内閣。公每進官輒控辭，不得命則竭底裡罄心力而爲之。其議定世廟規制、禮樂儀節，請宥言禮諸臣，薦用故尚書王公瓊、新建伯王公守仁，署刑部辯明大獄，皆與席、張諸公等協恭宣力。他所自獻替，獨公尤多。其言顓經義以正學術，略文詞以養精神，謹調攝以蕃嗣續，深有功于宥密。他如飭學政，汰僧尼，廣延訪，勤恤無告；令科道互相糾俾無容奸，覈首功俾無濫殺，申明緝捕官校賞格俾無濫刑；進輿地圖，仰資聽斷，修明禮樂，興太平之基，皆自公發之。又條陳民病十事、制民産三事、邊務二事、西北彝情九事，雖未悉施行，可以存諸信史，至於希天之學四事，則我皇上允蹈之矣。公自以遭際之難，凡所言所行，發己自盡，不避形迹，爲言者所指摘。有旨以吏部尚書致仕，既行，俄復故官致仕，時己丑秋也。抵家則率族人建新祠，修家塾，將爲終老計。庚寅春，赴徵，命供職如故。公不以往事自懲，凡所言内教三事、實邊四事，進授時、任民二《考》及《三才日曆志》，大抵推廣前意，因事納忠焉。上益亮公，先後殊賜以數十計，範金圖書二，曰「忠誠静慎」，曰「繩愆糾違」。公自揆衰疾，力求退，上每遣問慰留之。辛卯春疾甚，乃賜告馳驛歸，寵以銀幣，令有司伺疾愈以聞，而公遽不起矣。口占遺表授諸子，井井不亂，用是益知公平生學力至此也。

公生十年，受學於胡敬齋之門人張先生正，警敏異常。年十七，讀書中峰僧舍，堅苦刻厲，每每默坐澄心。與其兄古山先生華友愛尤篤，自相師友。其學本於人倫，明乎物理，施諸有政，不爲空言。正德丁卯舉於鄉。戊辰薦春官。辛未第進士，亟引疾去。甲戌春乃令丹徒。乙亥秋以劾者改令青田，不赴。戊寅春又以薦者三令武康，丁家艱去。壬午春四令成安。明年乃稍遷至南曹。公以豪傑自命，廉悍蹈厲，遇事風生，所至輒忤其郡守而顧甚宜其民，循能之政，不可勝紀。比顯庸時，入告嘉猷，皆所嘗試廓而大之者也。即使公不遇時，迴翔四邑以去，其所自樹，要亦非夫人所易及者矣。公所著成書皆已登獻，遺稿若干卷，藏于家。嘗言學者讀書以明心爲主本，以致用爲實效。其學尤邃《周禮》，經濟大略具本此書。論者多以爲迂，然而皇上稽古禮文之事，興太平之功，不爲無助焉。

公諱萼，字子實，號見山。其先居信之貴溪桂店，宋初遷鄱之安仁上甲里，再遷邑之玉真山，是爲山後桂氏。曾祖珍以貲入粟，被詔旌門，祖俊有立節處士之稱，考皡篤學惇行，見推于時，皆以公貴，贈少保兼太子太傅、吏部尚書、翰林學士。曾祖妣某、祖妣某、妣倪、配吴贈封皆一品夫人。公生成化戊戌九月二十四日，卒嘉靖辛卯閏六月二十七日，壽五十四。子男三：輿，尚寶司丞，吴出；輻，中書舍人，載，邑庠生，側室史出。一女，適餘干張方伯克修之子伉。孫男三：孝曾，光祖，紹祖。孫女二。以某年某月某日葬于某山之原，銘曰：

世有經綸，曰惟聖賢。先明諸心，致用沛然。聖學墜緒，詞章溺人。炫其英華，仆榦與根。

宏宏見山，默修心學。涵泳琢磨，超然有覺。出其緒餘，循能底績。三黜益礪，古之遺直。龍興雲從，四方其雨。據經定禮，豁蔽千古。生榮殁哀，惟帝念功。猶有遺言，勤惓獻忠。惟忠惟孝，學之大節。惟公全歸，以正罔缺。我白厥心，以銘諸幽。後有興者，尚繼厥修。

霍文敏公墓表

昔者先王之有天下也，建極作則，定倫盡制，以垂一代之統，爲天下後世法程者，必有出類之才之臣起而佐之，故天命宅而人心安，禮制詳而法守定。何者？蓋以創業君臣歷涉艱，故其思慮遠，憂患明，故其擬議審。嗣守之主，率由以寧，變更以危。三代以往尚矣，肆我太祖高皇帝再造彝倫，一匡皇極，斟酌時勢之宜，損益帝王之盛，而又有出類之才之臣起而承之，故當時制作之善，周悉萬全，精一無二，聖子神孫世守勿失，是以百十年來，地平天成，民安物阜。迨夫承平既久，人心或怠，法守或隳，則亦宜有出類之才之臣起而振之，上際聖明之主，修明其禮樂，率由其典常，以復先王之舊。若渭厓霍公者，非其人歟？

我嘉靖皇上入繼大統之初，廷臣交執爲後之説，論議紛然，公曰：「是匪皇祖丕謨，兄終弟及，皇祖制也。」抗疏極論，與予志合。天子曰：「是唯爾諸臣之功，其進職秩，以成大禮。」公屢疏辭免，不許，乃由兵部職方司主司授少詹事兼翰林侍講學士。於是録進舊劄，欲皇上法祖宗、監成憲也。公曰：「内臣不得與政，皇祖令典也，先朝大臣壞我太祖之法，何可勝言！」懇懇欲釐正焉，未遂也。皇上方鋭意古禮，比隆三代，興分祀郊蠶之典，公曰：「合祀，皇祖定令也，宜勿更。皇后出郊，勞民太甚也，非可常，宫中行焉則至善也。」乃抗疏力争，預料將建四郊九廟，耗費靡極，天子震怒，械繫御史獄，尋詔釋之。郊廟成，財力竭，公憂切于中，乃繪《聖功圖》以諷，天子又怒。久之，念納忠弗究。公疏曰：「祖宗土田八百萬，今止其半，户口日耗，冗食日煩，冗費日甚，宜有永圖。」皆屢疏極言。又曰：「官之失德，賄賂章也，贓滿貫必絞，皇祖令典也，宜明法以懲貪。」皆根極遠慮。爲吏部侍郎，志頗行，未幾而南轉矣。己亥庚子間，河汴荆湖萬姓洶洶，慞駕南巡，公疏其憂勞之狀，遂以中止。屹然回天之力，人謂百萬黎元再生云。公立朝，遇事敢言，百司庶府，聞風警肅，直聲聞於時，人不敢以私干者。其立志在表章成憲，引君子于道，孔子稱所謂大臣者以道事君，孟子所謂有安社稷臣者以安社稷爲悦者也，如渭厓公者非耶？公在留都，天子詔還京師，以南京禮部尚書改太子少保、禮部尚書，方期大用，而公以嘉靖十九年十月某日搆疾，竟不起，嗚呼惜哉！

公諱韜，字渭先，别號渭厓，生成化二十三年丁未，癸酉登鄉薦第二，甲戌會試，遂魁天下。上疏乞歸者若干年，至今上登極，始授職方主事，進三劄。癸未復上疏乞歸，與予藏脩山中又若干年[二]。丁亥大禮書成，天子念功，始與予應召而起，立朝者若干年。揆厥生年，至于没年庚子，凡五十四年。訃聞，天子震悼，贈太子太保，謚文敏，遣官治葬如禮，重臣諭祭者四，皆殊恩也。公之先太原中人，徙南雄，始祖諱剛可，肇遷南海石頭村，可生義，義生玄珍，珍生厚一，一生華，華行三，華生公五人[三]，公行二。祖父、父皆贈如公官。祖妣徐氏，妣梁氏，配區氏、鄭氏俱贈夫人。區先卒，葬于西樵，今合葬者鄭也。子九人，與璞、瑕、珉、玞、瑊、琨、瓔、璒、瑺也。瑊、琨早殤，瑕登庚子鄉薦。女六人。諸子皆清修俊挺，殆有父風。以嘉靖二十一年壬寅正月九日，葬公于增城南鄉嶺丙午向之原，崇封有日矣。予念昔與公相麗樵山者十有餘年，謹表公立朝大致，俾與璞等志於用世者知繼述之大云。

鄺大夫墓表

予友憲副鄺文博公之爲人也，有君子之道四焉：其存心也厚，其守己也廉，其事上也忠，其涖民也惠。公性朴重淳篤，不飾名，不矯俗，友愛一弟，財産咸不私，親友貸者不責償。斯不亦

〔二〕「予」，原脱，今據《廣州碑刻集》（冼劍民、陳鴻鈞編，廣東高等教育出版社，二〇〇六年）頁五八〇所載《明禮部尚書掌詹事府事謚文敏渭厓霍公墓表》補。

〔三〕「華」，原脱，今據《廣州碑刻集》所載《明禮部尚書掌詹事府事謚文敏渭厓霍公墓表》補。

存心也厚乎？第進士，令龍泉，斥糧長金，豪猾者懾。爲御史，按南畿，却屬守私謁，竟坐以不職，士論服之。斯不亦守己也廉乎？時逆豎理設王店，漁利於民，公奏革其扛解諸費。又按貴州，屢以兵靖蠻醜，且爲久安之圖焉。斯不亦事上也忠乎？令金谿時，大賑饑民，不待請，全活者衆。及憲副河南，開河民苦撫臣令而奔逸，公招之乃定，蓋信公也。斯不亦涖民也惠乎？仲尼曰：「聖人吾不得而見之矣，得見君子者斯可矣。」又曰：「善人吾不得而見之矣，得見有恒者斯可矣。」若公之行不爲赫赫名而四美具焉，何止於善，殆幾於君子矣。公之卒而葬也，黎侍御一卿嘗爲之狀。後二十年，其嗣子元陽復謁予表其墓，以予嘗辱公之交也。元陽質美而知學，親賢修身，予雅重之，見其子之賢，益信其父之賢也，敬爲表之。

公諱約，字文博，號古潭，南海人。弘治壬戌進士，卒于正德辛巳四月三十日，享年五十四。配何氏，封孺人，先公卒。以嘉靖庚寅十二月十三日，合葬于將軍岡。子一即元陽，庠生。女四：長適吴大參，子可大；次適梁大作；次適吴大尹，子本周；次適林鶴鳴。孫男二：壽朋，壽寧。女一。云。

睡足翁墓表

予族兄睡足翁卒之日，予哭之慟。何慟哉？翁視予如同胞，予賴翁如手足，翁今亡矣，慟固予情也。然豈是之爲哉？末世道微，家不知有禮義，族愈繁而惡愈大，貧而無籍者，富而不好禮者，强梁而傲戾者，淫蕩而不檢者，或相習以惡，或相煽以非，或恃勢以凌物，或挾詐以行私，將無所不至，家自是敗而族自是亡，殆不復省悟。翁爲吾族長，一切以身任之。族人逾三百，每朔望，翁親率拜于太祖祠堂，肅訓之以禮義，勸導之以詩書，有罪過者數而責之，公是公非，人罔不服，時或有私怨者而終則帖然，翁亦不暇顧也。使善者有所恃而爲善，惡者不敢肆而爲惡，是以吾族人雖繁而無至于大過者，翁之功也。翁好讀書作詩，於古人佳句無不記憶，孝友尤篤，然於世味淡然，平生未嘗至官府，蓋亦嘗而得其大意者矣。嗚呼！吾族豈復有斯人哉！翁性和厚寬博，與人多歡顏，鄉人咸愛而歸之。有争訟者輒以求正，翁亦爲悉心是非，使得其平而去。平居志切民隱，凡鄉有圩岸水利之役必得翁爲領首，翁則竭力視事，多利民者。環堡百數十里，兒童婦女皆知有方睡翁也。嗚呼！是豈吾族無是人，蓋一鄉豈復有斯人哉！是可慟也。翁事狀已具于丹山兄作墓誌，故予不復詳而惟表其大者如此，以示其子孫及族人云。

方氏孺人墓誌

孺人方氏，南海人，予前室贈一品夫人鄒氏所出。夫人四女，孺人長而少聰悟，有志氣，若男子，夫人鍾愛之。年十七而夫人卒，哀痛守禮如知書者。十九適雙井街周日振，舊族也，今爲國子監生，未官而孺人不禄。惜哉！孺人性謹飾，克執婦道，尤善事姑。姑有末疾，卧牀七八年，事之弗懈。姑性嚴，稍有怫意，孺人則鬱悶不樂，常累日，時有心痛疾。治家極勤儉，屋無空地，尺寸皆鋤爲蔬圃，躬自灌溉，粗衣糲食，未嘗妄費一錢，錢有餘輒以生殖。予愛其無一毫宦家氣，而哀其未嘗享一日之樂也。惜哉！生一子二女，長女五歲而殤，孺人哭之傷，自此搆疾愈劇，遂不起。卒于丙申七月初九日，距其生己巳二月初八日僅得年二十有八。惜哉！丁酉十二月二十五日庚午，卜葬于駟馬岡辛向之原，在予之先墓右山。子佛養纔六歲，次女三歲，皆莫知所哀。嗚呼痛哉！天不永兹勤儉之婦，以爲其子若女之規，然使其子若女長而賢能，思其母而法其勤儉之德，則起家何難焉！予既爲此誌，未果葬，而次年己亥正月初五日其夫日振亦卒，次女亦已殤。嗚呼痛哉！日振名業興，性純雅謙謹，好禮義而頗練世事，僅得歲貢，需次銓選而未沾一禄以亡。命矣夫！距其生丙寅某月某日亦止得年三十有四。惜哉！迺以其年十二月十九日壬午合葬焉。

行狀

亭秋翁行狀

先祖考亭秋公諱權，字用中，以字行，別號亭秋。先莆人秘監房惟深公之曾孫宗元公，仕宋金紫光禄大夫，參知政事，涖廣東行中書省，卒于官，葬番禺之青羅嶂。季子武節大夫、廣州路總管道隆公，始卜居南海之儒林鄉丹竈村。道隆公生雷益，雷益公生日華，日華公生勢宏，勢宏公則公之考也。智勇絶倫，明初粤亂，率鄉族築禦，保障一方，民賴安全。公幼穎悟威重，日記萬言，肆口成詩文，不習嬉戲。既長，魁梧卓越，衣長六尺，貌温而栗，耳垂于肩，鬚及臍，聲如洪鐘，聰明湧博，人無及之者。以國初法嚴，居官多不獲考終，因絶意仕進，肆力于稽古之學。自六經諸子史集百家以至天文地理醫卜算藝之書，皆能舉其文而究極其意，於所未見書則汲汲求之，必得而後已。嘗求《宋史》一卷，借閲二日輒返之，曰「已記憶矣」，其人試之果然。又嘗避雨于某家，主人未出，抽架上書讀之，比□□主人覺則書已成誦，其强記類如此。晚年相從者衆，每暮不設燭，端坐于堂，弟子各以所習經史疑義問公，隨應之如按卷，無有遺誤。凡諸説有可發明者，俱能援引以證。諸當道及鄉先生於禮文沿革典籍無所攷者必於公問焉，皆得其詳，或扣於一字一義，亦爲之剖悉，故時人稱爲書櫃先生，謂其腹如書廚也。平生狷介澹薄，不營理家事，僅足衣食，每自如。聞人有急輒囊濟之，至解衣以贈，自忘其貧。居家有禮，曉起巾衣於祖考之寢焚香，畢則據案讀書，每夜至二鼓乃罷，雖親狎與少者亦未嘗見其褻服。與士者語則勸以清慎明惠，與鄉人語則勸以孝友勤儉，且告於古人成法，人莫不服從焉。鄉鄰有争鬭者，過公之門，多愧而散。尤善推步占驗之術，每夜四鼓起觀星象，國家有憂喜及四方旱澇皆先知之。

送先考學正公之任全州，返，有蟬薄于門，使人追考，舟遠弗及，歎曰「此子不復入此門矣」，後果卒于任。考柩歸，哭罷，撫予兄弟三人曰：「得此三龍可釋吾恨矣。」蓋予與二兄皆産于全，公至是始見也。公配杜氏，賢且克家，不以細務橈公之勤，居六十年未嘗一日輟敬愛。公壽八十，卒于弘治庚戌五月，杜氏卒于是歲之七月，予兄弟幼，弗克葬。弘治丙辰鄉鄰失火，前後左右俱灰燼，唯公居獨存，過者歎以爲陰德之報。公讀六經子史各有論述，今散失不存，惟《亭秋詩集》十卷行于世。平生用一硯，厚幾四寸，公卒，硯將穿，其勤篤如此。弘治乙丑，獻夫舉進士，請命歸娶，迎養黄夫人。正德丁卯十月，葬公于番禺永泰鄉員岡亥壬向之原。嘉靖戊子六月，以獻夫官贈光禄大夫、柱國、太子太保、禮部尚書兼翰林院學士。長孫貴科任南京旗手衛知事，次孫茂夫癸酉貢士。季孫即獻夫，遺腹生，公撫愛之尤至，六歲而公卒，公之音容今猶想見焉。嗚呼！獻夫性愚質薄，雖粗知向方，然不踰常人，道未成身而敢謂躋顯庸至今日耶？知者皆以爲公之積德也。將卜以己丑八月營葺公墓，願得諸先生大人一言表諸神道，用垂不朽，以昭示後人，亦庶乎公之善不没焉爾。

先考允成公行狀

先府君諱遂，南海人也，系出莆田。始祖諱宗元，宋季宦南海，迺家焉，官至金紫光禄大夫。

大夫生道隆，官至武節大夫、廣州路總管。總管生雷益公，雷益公生高祖諱日華，日華生曾祖梅隱公諱勢宏，俱隱不仕。勢宏生先祖諱用中，號亭秋，好古樂道，性嗜讀書，終日閉門記誦，家雖貧不以動心，冠裳趨步，與鄉人異。讀書過目即弗忘，人有藏書輒求讀之，經史百家微言隱義罔弗覽識。人有問，酬應如注，竟日弗能窮，時人稱之爲書櫃先生，謂其腹如書櫃也。然終身不習舉子業，故亦不仕。生三子，伯仲皆早殤，季爲府君。府君生而聰敏淳謹，與群兒異，稍長即知爲文，不以他好奪之。弱冠學《易》，得亭秋公庭訓爲多。成化辛卯領鄉薦，戊戌試禮部中乙榜，授廣西全州學正，以家貧親老就職，人皆以不究其才惜之，府君曰：「官無崇卑，皆可爲也，盡吾職則已。」及涖任，得師道甚。全有士子貧弗能學，則資助引翼如己子，成材者數人，全之人士至今思之，稱賢師必曰某先生。全舊無《易》學，府君擇其穎者躬自教授之，全以《易》顯，皆府君之傳也。八載卒于官，爲成化乙巳二月，距生正統戊辰六月享年三十八，卒之日全士奔走涕泣，如不能已。府君貌愷悌，與人有和氣，平生不見疾言怒色，恬静寡欲，不苟取予，官禄雖薄，晏如也。疾且革，誦宋儒程子「富貴不淫貧賤樂」二句，語終怡然而逝。夫人黄氏，番禺人，時年始三十有三，子三人，女三人，皆幼而孤。夫人善治家，育諸孫惟力，以其年十二月葬府君于駟馬岡亥壬向之原。後二十年丙寅夫人卒，享年五十四，丁卯十二月祔于府君之兆。長子貴科以省從事，今爲南京旗手衛知事，次茂夫癸酉鄉薦。季即獻夫，府君卒之二十八日始生，弘治甲子領鄉薦，乙丑成進士。嘉靖戊子秋，以獻夫官贈光禄大夫、柱國、太子太保、禮部尚書兼翰林院學士，夫人爲一品夫人。嗚呼！獻夫不德，天降之酷，生既不獲先君之存，風木之思，恒割于衷，幸而緩死，叨得官禄，又無以永吾夫人之養，罪惡益大，固無所容。苟存殘喘，屢辱恩命，非不孝之故，固先人之德也。敢以蕪詞擬述先行，以俟大人先生倘賜筆表諸神道，用垂不朽焉，誠不孝之榮，亦先人之志也。

祭文

祭王陽明文

嗚呼！惟先生英姿穎質高出一世，精詣自得獨契千古，其先輩之所謂不由師傳，所謂天挺人豪者耶，是以卓然而有立。然而蚤歲博學，六籍皆通，嘗歷仙釋，而後沛然一歸於正。自謂得于龍場之謫。某二十年前幸忝同官，得于先生之啓發者爲多，今猶躍然而在目。先生之心洞洞然應物無滯，先生之誠懇懇然與人惟一。異己者或忌嫉，而達識者每屈服。嗚呼！先生江西之功在社稷，田寧之功在吾廣，可謂鞠躬盡瘁死而後已者，而猶不免於訾議，人心謂何，而亦豈足爲先生之損益？先生以道德爲富貴，以仁義爲窟宅，節氣文章皆其緒餘，而何有乎事功之烜赫。嗚呼！先生之學刊落陳言，直造本原，其讀書悟道多由中出，不逐逐於章句之末。如以《中庸》戒慎恐懼爲修道事，中和自慎獨來，以《孟子》盡心知性知天爲聖人而存心養性以至之，皆軼後儒而直追乎先覺。惟格物博文之説似爲賢智者之過，某嘗屢有辯論，先生亦不以爲非，而其意惟急於今之學者救病之藥。先生之志，終始在道，講學一念，至死不懈。嗚呼！先生之苦心誰則知之，而誰信之。使天假之以年，其當底於純粹安成之地，而士論終翕然而弗惑。雖然，自古賢人君子皆不免於當時而論定於身後，先生之靈吾亦知其泰然於冥漠。嗚呼！先生已矣，吾道落落，臨風揮淚，寄此衷恪。

祭張羅峰文

公剛方之性，雄傑之才，博學獨立，庸訝群駭。若事有當爲，萬夫不敢嬰其前。四十七而得第，七年而入相，正禮明刑，卓卓挺見，惟知有君而不知有他，此公之真而人未必信其然。公在朝釐正大事五六，皆利害失得之弗顧，人皆不能而公獨能之，當時未必以爲功而今乃知其爲難矣。自古稱才難，如公者謂爲一代之偉才非焉？公所少者，善善短而惡惡長，聞人之過輒義形於色，公惟自信自用而人或病其偏。予嘗謂公善惡太明如李德裕，果斷獨任如寇準，慷慨有大志如陳亮。然同父老而無成，李、寇皆不免其身。公遭遇聖明，始終榮寵，公雖不得於人，不可謂不得於天。公卒之數年而予病阻於遠，未及一奠，今乃得致生芻之誠于宿草之上，且酹之以詞。嗚呼！社稷之功已著，中興之業未全，有情耿耿，有淚漣漣，哀哉！

祭倫諭德文

惟先生文魁天下而文不足以盡，先生學博群籍而先生不自恃其博。先生德性渾厚，心術平夷。其行己有恥，其與人和而正，信而不諒。其有志於世道，戚戚然若切於己。執而不迂，達而不隨。若先生者殆古之所謂君子非邪？至其識量宏遠，氣象雄偉，人皆以大用期之。詎意先生遽止此耶！使先生不死，得位而行其志，事業必有可觀者。視碌碌苟隨以擁大位而無所裨益者，孰得孰失，孰壽孰折？嗚呼！三槐在望，五桂齊芳，先生殆留有餘不盡之福，天顧大其後耶！嗚呼！予於先生復何憾哉！先生於予爲忘年之交，予方幸嗜德之有在而宗依之有賴也，而今已矣，痛可言耶！式將薄奠，以寫予哀。先生有靈，庶其鑒哉！

祭霍渭厓文

天生正氣，人鮮得之。或汩于欲，存者幾希。惟公獨禀，如嶽之峙。在流不波，在風不靡。大禮之議，公實先倡。正名父子，追復典常。帝禪王繼，其道皆同。千載之下，以開群蒙。天子明明，擢之不次。屢辭乃受，以見其志。諤諤立朝，衆枉交集。賴聖之知，不至折屈。漢有汲黯，唐有魏徵。淮南謀寢，貞觀治成。予嘗比之，公亦自信。惟能皦皦，詎肯溷溷。惟公之直，邦家之楨。豈期遽殞，孰力以承。予實何慟，社稷生民。言之嗌哽，酹以斯文。

西樵遺稿卷之八

書

復湛太史

承諭論及象山之學，此正今日學問之辯最大且急處。生切有所見，每欲質諸左右以求至當，見尊意頗不在此，不敢深論。今承許往復，以質所疑，非至幸與？切以爲象山之學即是孟子之學，其一言一行無一毫不似孟子處，其氣象亦然，故愚嘗謂象山是再生孟子，欲識象山須識孟子。孟子之學要處只是不失其本心而善充之而已，其極處只是盡其心而已，故其教人只是要人知天之所與我者，至貴也，至足也，我固有之也，非由外鑠我也。其論學只是一句「欲其自得之也」，都是要由中出。學問思辯，只是講明此而已，辯證此而已，安有後世許多章句口耳外面勞攘工夫。象山之學一出於此，故其議論極切實斬截，其工夫極精一簡易，合下都要在根本上著力，不許人著一些枝葉。雖其一時救弊之言似有抑揚，然聖賢切己之學實是如此。其論學要處則在《鵝湖》一詩見之，人尋常只草草看過，不知其平生學問與工夫次第盡在此詩。如末二句何等斬截，何等簡易明白，其與文公異處正在於此。至其辯道之精，則如梭山詩前二句云「孩提知愛長知欽，千聖相傳只此心」，猶以第二句爲未安，却自云「墟墓興哀宗廟欽，斯人千古不磨心」，毫釐之辨，真是精義入神，後世學者雖夢不到此。其教人只是一個合下討落著。又云「虛見與實見不同」，其自謂則云「千虛不博一實，某平生學問，只是一實」。其論孔門則有子之言猶以爲支離，以子貢爲卒不知德，彼文公之學安足著眼哉？真百代豪傑也，故其當時諄諄懇闢章句儒者，真有見于一時學者之蔽，正與孟子欲正人心、闢邪說、放淫辭之意同，豈得已哉？至其嚴於異端之辯，則如人生而静，如無極之說，毫釐不肯放過，其學安有一毫似禪處？若文公之論反多出入於禪，如將《中庸》戒懼慎獨分作二事，另說出一段至静工夫來，千古聖賢何曾有此說，正是後世禪學宗旨也。當時反不以文公爲禪，而以象山爲禪。嗚呼冤哉！大抵文公之學東塗西抹，拖禪攬老，專一在册子上尋摸，到底只是一個糊塗障，謂之支離，最中其病。蓋其學不由中出，故卒於不知道，其說都使學者無得力處。象山之學與之異者，正在内外本末主客虛實之辯，如冰炭相反，如黑白相懸，安能相入？惜哉！鵝湖一日之論，文公不能屈己從善，如横渠之撤虎皮以從程子也。又惜象山早卒，其學未至安成，其道不曾大顯，亦因一時文公之論習熟於人耳目，浸潤於人骨髓，遂使後之學者無復有出頭處，安望其知象山之學哉！四五百年來朱陸低昂之冤，無人知得，言及於此，使少知道者未嘗不爲之疾首蹙額而欲伸其不平也。故愚嘗謂今日之學不難講，只是朱陸得失之辨不明故難耳。前云此正學問之辯最大且急處，此之謂也。鄙見如此，未知是否，高明之下，敢盡吐露。執事必有至當歸一之論，願明以教我。

又

象山論學要處只是發明這些子人人自有的物事與人，使人自理會自成立，不費一毫增減，亦不消一些枝葉添助，孔顔樂事正在這些子物事，被他一見見了，千了萬當，所以爲百代豪傑。人能知得這些子物事，何事不可爲？至貴至富，天下尚有何物加得他動得他，所以其教於人最得力，象山之學要處只是在此。前書所論是統說象山之全，不曾指出其要，且朱陸之辯辭覺傷於急迫，恐不知者見之，反生一個支節。再付此紙去，何如？千萬示以至當。前紙且勿布之人人，待吾輩商量涵養日久，其説足以信於人，乃可爲是辯耳。

又

昨承教言，倉卒不及詳答，今反復執事之説，誠於這物事發明透徹，令人一大快也。其提掇象山數語尤於人有感發處，象山此等説話却是有來頭，豈是容易説得出，後世學者正是無此等見識，若有這見識，何患無志願，何患無成立，何患不爲孔孟，不爲堯舜，何患不能涵養，不能擴充？若見得此，讀書亦不難，莫道六經，雖千編萬卷，吾此中自有個建諸天地而不悖的道理。如明鏡照物，妍蚩黑白〔二〕，自然了了，其同此者爲道，異此者便非道，多少省力！孟子所謂知言正是這個來頭，人之所以自立於兩間，藐然一身，而能與天地同流，與萬物同體者，只是這物事。要大便大，要小便小，程子所謂「放之則彌六合，卷之則退藏於密」是也。既有根本，自有枝葉，夫子所謂「天下同歸而殊途，一致而百慮，天下何思何慮」是也。這物事堯舜謂之中，湯謂之衷，箕子謂之極，文王謂之易，孔子謂之仁，孟子謂之本心謂之良貴，程子謂之天理，象山謂之此心此理，其實一也。千古聖賢若合符節，實見得此，多少大快活！惟精惟一須是如此涵養，勿忘勿助須是如此擴充，静亦如此，動亦如此。朱子静而存養、動而省察之説，便不是存養，是主檢斂，是奴僕。象山便説得好，這方是動静如一。朱子正是不見此心此理，其學不由中出，故其説話工夫一齊差却。惜乎！象山此學不曾大段光明，三四百年來都是章句之説，沈溺了多少學者。今日吾輩幹當甚事，須將此學大明一明，與學者言，如饑食渴飲始得，不然則於象山要處雖見得徹，亦終非深識象山者矣。非惟不識象山，亦不識孟子矣。何益於斯道，何取於吾人哉！

〔二〕「蚩」，原作「虽」，今據文意改。

何如何如？此誠愚不肖平日汲汲之志也。所以前書急於朱陸之辯，且欲明其言行氣象與其學問工夫大凡與孟子同處，以見其爲孔孟之流耳。此意抱之數年久未可發者，故因執事之問而盡吐之，亦非以執事之不知而言之也。後覺其言之概而未指出其要，與尊問不對，故後書特地指出其要而言。然前書所謂天之所與我者，所謂斯人千古不磨心便是此心此理，但不曾特地拈出耳。來教乃以前書爲逐孟子之緒餘，爲淺之知象山，而以後書爲幾者，則似不知其情而視之太忽，繩之少過耳。然此等處皆不必深論，言之却似争勝，但置而不言，又何貴於朋友之講習哉？何如何如？未由合并，聊復布此。亮之察之，教之誨之。

又

承手諭，足見相愛之至而形之夢寐每如此，敢不體此意。還山之期當不遠，必在此月之杪，足瘡亦漸平矣。講論正貴虚心，非惟盡人之言，於己亦有益，稽于衆，舍己從人，雖帝堯亦如此。此正堯之所以爲堯，此正是人所難處。孔子曰：「有鄙夫問於我，空空如也，我叩其兩端而竭焉。」人正患不能空空，空則受道，不空則不能受道，幸各以此意存之。如前教云：「察見此理而存之，存之又存，入聖之門。」此又云：「更以此養之。」此等處，不肖受益多矣，但不可以言喻者，此曰繩而彼曰訝，皆非也。

又

《禮記註疏》已令人取，當奉去。切謂今日之學難講，正是《大學》、《中庸》不明，若二書明了，有甚講，此固賢者慮之孰矣，何俟愚言。但願更將此二書舊文反復潛玩，看何如？務見得二書本來面目，且以教我。幸幸主奴之語似無病，主奴正是一，如二主或二奴乃是二。何如何如？陽明之報，城中無聞，恐未的也。吾輩所難得者最是篤實之人，孔門只説一個忠信，如本誠真幾於忠信者矣。楊少默如尊諭尤所難得，固不肖所願與共學者，未得相對，此懷何如，幸致意。

又

二十夜夢與執事同枕簟甚狎，有彼此若一之意，覺而大笑曰：其迹之同邪？將道之同邪？愚陋何敢望於高明，而高明何取于愚陋邪？何素無此夢而今有之邪？其亦同之機邪？其天地鬼神有以主之邪？久之因恍然大悟曰：此事是天地間一大事，非是草草擔任得底，亦不是悠悠幹得底，殊可懼也。昨議論數摺，不知高明之取舍何如，而愚陋平日涓涓之見實因以益明，若有涣然自信豁然貫通者，且覺得吾輩平日所行有多少間斷處，元來只是此心此理充養無道，光明不繼耳。日就月將，學有緝熙于光明，人日用行事若得這光明接續，何處不是道理？何如何如？請自今以往各向實尋求，奮發植立，一言一論必有益於斯道而後出，一事一行必無害於斯道而後爲，庶幾人亦信我，我亦信道，而斯道之明不日矣。庶幾天之所責任吾輩，而吾輩之所以自任者，不爲空言矣。何如何如？蓋至情之發也，非言語而已，察之。

又

承示《中庸測序》，已領其大旨，而其所謂四支者猶未得也。録成，千萬終教。二《原》曾閲過否，并乞發還。無《章句》則二《原》不必作，區區之志則如此，而其書猶竄改而未已也。以急於請教，故率呈之，有不是處，望不惜一一條示，令可改也。千萬千萬！道之不明久矣，吾人相與扶持於熟爛之餘，收拾於支離之末，解析於糾紛之叢，苟非存大公之心，秉中正之説，以期至乎一是之地，則未免以亂易亂耳。先賢所謂非徒無益而反害之者也。伏乞高明深體此言，虚其心，大其量，從容涵泳，反覆精思，不事安排，不立議論，不論古今，不論人我，惟理是求，惟至當之歸，則非惟斯道之幸，亦吾人問學之實事也，何如？

柬王陽明

自得去冬在贛兩書，久不奉教，生亦久落無言。非敢如是闊略，方在默裏尋求，無可言者耳。生近來見得此學稍益親切，比往日似覺周遍，似覺妥帖，然實不出先生當時濬我之源也，真有所謂渙然自信者，而益以信先生也。蓋天下之理一本而已，惟其一本，所以推之四海而皆準，揆諸千古而皆同。此理弗見弗聞，無聲無臭，然實體物而不可遺，要名言之又無可得名者，古人不得已曰天、曰神、曰中、曰極、曰易、曰仁、曰誠、曰性、曰道、曰德，只是這一物。充塞天地，貫徹古今，無一息不存，無一處不到，無一物不該，無一事不爲，從古聖賢只是幹這一件事，無兩件事。真是精一，真是易簡，萬化萬變，千語萬語都從這裏出來。從此出者爲實，不從此出者爲虛；從此出者爲同，不從此出者爲異。學者須從此學，方有來頭，方有知識。古聖賢論學之道曰敬、曰忠恕、曰集義，固皆不易之論，然無這個來頭，無這個知識，如何會敬，如何會忠恕，如何會集義得？若有這來頭，便自無時無處不是此理發見，如水之有源而流行不息，如日月之有明而照物不窮，所謂敬恕，所謂集義，更無有内外，無有動静，都一以貫之。這個工夫，真是所謂默而成之、不言而信者，要着一些語言名狀不得。所以《大學》格物致知許大事，只是在知本，《中庸》始終只是立天下之本，至於六經、《語》、《孟》之言，一而已矣。到這裏真是見得前古聖賢言語句句是實，後世儒者除了程門都是虚説虚見，既是虚説虚見，安得不差？明道之後只有一個象山是明道之學，是這個來頭。明道所謂德性之知，象山所謂實見是也。四五百年來無人知得，都是無頭學問，壞了多少學者，其弊至於末多於本，客勝其主，故卒歸於支離，卒爲虚説虚見。至于今日，其弊尤甚，此道之所以不明也。如先生之見，真是天下一人者矣。但不知近來所以進於誠明者與汲汲明道之志何如耳？無由朝夕就正左右，徒懷悵怏，奈何奈何。近與甘泉往復書録去，中間亦見區區所得何如，望折衷之。如有未當者，隱之而已，無徒取罪戾也。風便仍乞不惜教誨，進而成之。至望。

又

士夫自贛來，每辱教劄，千里之隔，雖無因對面，然心領神會，先生之益多矣。江西之變，人心摇摇，先生一舉而定，人皆稱先生撥亂反正之才而不知先生之有本也。非誠有古人成敗利鈍非所計者之心，其安能之？此足以見儒者之用而先生之實學也，亦可以息平時世俗之嘵嘵矣。甚賀甚賀！朝廷賞功大典不日當下，然德盛者不居其功，明哲者不保其盈，先生進退之間可以自處矣。先生謂留侯有儒者氣象，非觀其進退之際歟？如何如何？西樵山中近來士類漸集，亦頗知向方，但未見有實得力者。大抵此學真是數百年絶學，非卓有實見者難以言矣。甘泉大有倡率講明之意，近搆學舍數十于山以延學者，將來必有成就，此亦一盛事也。其所立言大旨雖少有與生未翕然者，然未敢懸論。生明年春莫將期會于陽明洞中，不知此時主人歸否？嘗獲觀《朱子晚年定論》、《傳習録》二書，多所啓發。《朱子晚年定論》固是先生納約自牖之意，非其至者，然得此一書，與士子省却多少言語！其《傳習録》中間論《中庸》戒懼慎獨爲一處，真是破學者萬世之疑，及諄諄天理二字，又是於學者日用甚切，此等處誠不可無。惟格物博文之説，生尚有未釋然者，但難以紙筆指陳，當俟面見請益。先生之説或是一時救偏補弊之論，但恐學者不知而反有疑於中正歸一之極也。此等處更乞精思示教，甘泉於此等處亦疑，望不惜平心博論以致於大同也。幸甚。

又

去歲初冬，曾修書奉，不審曾達左右否？自此來未領一言，殊在懷念。自江西來者，每詢先生經事變之後形容癯瘦，鬚髪多白，此尤所切念，宜加意調養。赤松之托，此正其時。古人云，功成身退，天之道。幸諦思之。時情固有大不可人者，不必論也。凡所欲言者已具前書，恐彼時道路相左，今更録去。又《大學原》一册并呈請教，此書雖未敢以爲定論，然生數年學力所得如此，實於心思而身體之，非苟説也。切以爲《大學》一書只如此看，多少平易明白，而學亦不難矣。何如何如？有未當處仍乞不惜指示。尚有《中庸原》一册録未及，續當奉去。陽明會期不知何日，臨楮不勝悵然。

又答

趙元默及梁日孚价者回，兩辱手劄，受教多矣。《大學》格物之説，生固不敢自執己是，然反覆潛玩，竊以爲得其大旨。物字就於本文看出，而格物之義即於「自天子以至於庶人」一節見之，自覺平易明白，不費解説。且舊本之復，意正在此，不然何貴於復舊本也。蓋格物「物」字即物有本末「物」字，故下文只以知本二字釋格物，物格即知至，故曰致知在格物。而「此謂知本」之下遂繼之曰「此謂知之至也」。蓋自物而言謂之格，自心而言謂之知，非物格之外而有所謂知至也。天下萬物之理莫不有本，究此爲格，知此爲至，亦非無物不格而無知不盡也。故「一草一木亦要格，今日格一物，明日格一物」與夫「表裏精粗無不到」之説，皆支離而非本旨矣。大抵《大學》一篇要處，只在「知本」、「知止」二言，明德爲本，至善爲止，欲明明德必在知本，欲止於至善必在知止。《易》曰「知至至之」，即知本之謂也；曰「知終終之」，即知止之謂也。《孟子》曰「萬物皆備於我矣，反身而誠，樂莫大焉」，便是知本；曰「强恕而行，求仁莫近焉」，便是知止。知本便是至易，知止便是至簡，前後聖賢説話若出於一，若此處不同，將於何處講學？自漢以來《大學》不明，至宋儒又説得支離，故費許多更定。若只如于今某看，用甚解説，用甚更定？若一切離去本文而外求臆説，則又恐非中正歸一之論也。竊見如此，未知是否，姑盡其説，以俟折衷，望更不惜一番虚心體悉示教。幸甚。

復王象川論性

向夜一語，殊極慰浣。兹復承手教，深見高明好學好問而志於道篤矣。病軀習懶，筆硯弗治，不能一一奉答，惟略舉其概，當從容涵泳而心得之，非言語可及也。致曲之訓乃本程子，似是不易。觀二章文勢，曰「惟天下至誠爲能盡其性」，曰「其次致曲」可見致曲者，不能盡其性者也。然皆不學而性成者，故皆爲聖人也。孟子曰：「聖人之於天道也，命也。」既曰聖人矣，而猶有於天道合不合者。合者，盡性者也。不合者，致曲者也。此皆天分生成，非由學者，故曰命也。天地間自有此兩等聖人，故不得不著之也。若論君子之學，則當學其全者，而豈學其偏者哉？故曰「乃所願則學孔子也」。足下不得其説而反謂孟子過許夷、惠爲聖，非矣。若性説，則僕惟主孔門「性相近」一言，而衆説可不勞而一以貫之矣。曰性相近則本有善惡也，但其初善惡不甚相遠，惟漸習而後相遠耳。若皆善而無惡，豈得曰相近，是孔子之言謬矣。夫子之言性與天道不可得而聞也，《易大傳》曰「一陰一陽之謂道，繼之者善也，成之者性也」，是孔子言性與天道處。只於此章細玩得分曉，便不煩多説，止因後人看差了此章，便自紛紜。一陰一陽之謂道，繼之者善也，天道也，天道有善而無惡。成之者性也，性則有善惡矣。陰陽相繼，流行不息，運於亭毒之表者，本純粹至善者也，故可曰善也。及其賦予人物，爲剛爲柔，而成於生質者，則有善有惡，不得純善矣，故曰成之者性也，不可曰善矣。此語意甚明，五峰胡氏曰：「性説不得善亦説不得惡，纔説善便與惡對。」程子曰：「善固性也，然惡亦不可不謂之性。」皆説得好。天下無性外之物，若性本無惡則惡從何來？程子曰：「性即氣，氣即性。」既入於氣便有善惡，除是不曾着物，天理本然，則有善無惡耳。夫人未生以前，不喚做性，既生以後，方喚做性，纔喚做性便衮在氣質中，所以有善有不善，此生之謂性也，張子所謂氣質之性也。然天理之本然，惟有善而已，就氣質中指即本然者説，是則孟子所謂性善、張子所謂天地之性也。若不分做兩個性説，則性之與氣鶻突無分曉；若不合做一個性説，便認做兩件物事去了。故程子曰：「二之則不是」。予嘗謂性畢竟只是一個性字，無兩個性字。孟子曰性善是就那善一邊教人擴充，荀子曰性惡是就那不善一邊教人克治，其意一也。若性本無惡則孔門何以教人許多省察克治工夫，堯舜禹何以尚有人心道心之辨，《尚書》何以曰節性曰不虞天性，《中庸》何以曰率性，周子何以曰定性。其實人性本有善惡，雖至善人亦有一念惡時，雖至惡人亦有一念善時，此非其性本有，何從發來？故楊子曰人之性善惡混，修其善者爲善人，修其惡者爲惡人，是兼孟荀二子之説而取之矣。至於韓子三品之説，是又兼三子之説而取之矣。上品性善者也，下品性惡者也，中品性善惡混者也。至於周子五品之説則又兼三品而細分之矣。其説皆是，皆與孔門性相近之言不悖。惟是晚儒註説者曰人性皆善而無惡，則大謬矣，所謂差之毫釐謬以千里者也。何如何如？草率漫往，有不是處，更煩不惜明辨。勿措，甚幸。

又

昨備閱執事所著，論内統一散殊之義甚好，有若默契予心者，予解「率性」之説大約如此。昔年曾與執事論及，尚記憶否？僕一部《中庸原》皆本程子舊訓，惟率性解乃僕所自得，自謂破千百年之誤。「率」與「帥」同，此字書正訓，作「皆」、作「循」乃旁訓，後人所加也。古文將帥皆用此率字，與《孟子》「夫志，氣之帥也」「帥」字義同。帥氣者，志也；率性者，道也。天以理氣俱賦於人而道爲主，道即天理也。率字有統領主宰之義。《記》曰：「領惡而全好者，其必由於學乎。」領字亦是此義。道爲太極，故率性者道也，道在性先。若謂循性爲道，則道反在性後矣，然則性反爲道之太極乎？若循理爲道矣，循氣徑情者亦得爲道乎？循字解甚無義，此乃漢儒鹵莽强解處，宋儒偶不究而因仍之耳。自此訓不正而後世自然無爲之禪説浸入人心而不覺矣。其爲害千百餘年，雖宋儒之傑者皆坐其弊而不自知也。予深以爲自信自得而不可易，乃敢特著之《中庸原》。今執事所謂統一者似予所謂道也，所謂散殊者似予所謂性也，故曰有若默契予心者如此。若性無善惡之説，終未瑩然。且如《孟子》曰「存心養性」，又曰「動心忍性」，所養者善性矣，所忍者又何性耶？請再思之。理氣二字亦説得鶻突，請將孟子「浩然之氣」一段細玩，明於「配義」與「道，集義所生」之説，則理氣一物二物，其義自見，難以言説也。其餘牽制文義者尚多，未見涣然解脱、周遍旁通之意，請如明道所謂存久自明，且勿區區言語之争也。何如何如？僕所望於高明者不淺，故敢喋喋。

又

昨再玩執事統一散殊之義而繼之成之之説益明。僕前解「繼之者善」一句猶未當，觀「之者」二字已就生人説。一陰一陽之謂道，天也。人，繼天者也，如子繼父也。父與子而生生不絶，天與人而生生不絶也，故曰繼之者，天以斯道與人而人得之以資始。斯時也，乾元一氣本純粹至善者也，故曰「元者善之長也」，此程子所謂「萬物皆有春意」時也，所謂「大哉乾元，萬物資始」，所謂「乾元者，始而亨者也」。及其得此生理而胎養變化，成形成質，便怠於血氣軀殼中，則有清濁美惡各不同矣，故曰「成之者性也」。程子謂「成却待萬物自成其性須得」是也，此所謂「乾道變化，各正性命」，所謂「利貞者，性情也」。是人之生元初只有善來，及到成性便有善惡，程子曰「纔説性便已不是性也」。孟子曰「性善」是本上一截説，張子所謂「天地之性」是也，是得之天底。孔子曰「性相近」是就後一截説，張子所謂「氣質之性」是也，是成於人底。孟子是説源頭，孔子是説見在，并行而不悖者也。又因是而細論之：一陰一陽之謂道，天道也。成之者性，性也。繼之者善，是性與天道之間者也。天道有善而無惡，《易》曰「大哉乾乎，剛健中正，純粹精也」，曰「復其見天地之心乎」，程子曰「仁者，人之生道也」。天初賦予時，此乾元一氣即粹精之物，即天地之心，即人之生道，何嘗不善？佛氏所謂靈光一點，道家所謂元始祖氣，吾儒所謂率性之道，所謂天之明命，皆是物也。人人共得，物物皆有者也。是得之於天者未嘗不善也。及其成形成質，如成耳目則有耳目之欲，成口鼻則有口鼻之欲，此皆所謂性也。此時元善雖未嘗不在，而混淆於血氣者多矣，故有清濁美惡萬各不齊，不得純曰善也。胡氏所謂「纔説善便與惡對」是也。此軀殼子煞是不好的物，萬孔千瘡皆從此軀殼子生。荀子説性惡亦有味，然非中正大全之論，意當時必是要補孟子之説那一邊耳。是孟子與荀子之説皆通，但所指地頭不同耳。必如張子所謂「天地之性」、「氣質之性」而後其義益明備，如此看則楊、韓、周子之説皆無不通。若此，執事謂性無善惡則諸説皆不通矣。諸子皆絶代豪傑，豈全無所見而妄言之？聖人所聞皆通，只是自家無滯礙，若自家有滯礙處則於人之説皆病矣。何如何如？孔子曰：「博學之，審問之，慎思之，明辯之。」孟子曰：「博學而詳説之。」學之不可不講如此。僕平居嘗歎世無談道考德之士、遺世遠俗之人而與語於斯也。今執事其人也，此僕所以惓惓也。請共勉之。

與陳元誠

連旬不得一過何也？僕足瘡作惡，二日稍緩而猶未平。執事豈以往來之迹介意乎？近在静中，殊有慎思之功，恍然若有大悟者，覺得平日所行有多少間斷處，元來只是此心此理充養無道，光明不繼耳。日就月將，學有緝熙于光明，人只是這光明不繼，若得這光明接續，日用動静何處不是道理？何如何如？便乞一過。有欲相切磋者，不可言盡也。

復鄧順之

承相叙之期，且慰且企。樓中秋景自别，殊助人清明之氣，所得蓋不在詩文也。今之學者文煩，其學至於飭虚言以滋僞習，僕方欲正救此弊，新作豈所問於區區哉！恃知敢此布露，計不以爲非。察之。

與侍御聞人提學

二《原》刻工甚精且速，執事之惠大矣，感謝何涯。此二書僕留心三十年矣，而得於山中静功尤多，非敢苟作，然亦未敢必以爲是也，謹用請教。大抵《大學》復舊本，全在致知、誠意二章，此僕初意也。二章若不如此解，則復舊本無謂。今如僕説，似甚坦然，平易明白，不費氣力，不費詞説。《中庸》則多本程門之説，非敢自立異義，然亦理之所必然而不可易者，非故欲宗程門而廢朱説也。惟率性之説乃僕所自得，自以爲千百餘年之誤一旦撼破。蓋性説惟主孔門，而後儒一切支離之説皆不可據也。此二《原》大旨，正欲就高明而質諸。請静中紬繹數番，有所當辯者，便風不惜往復。千萬千萬。

説

洪範九疇説

五行者，天地自然之用也，故五行不言用而其用無不在也。五行之德在人則爲五事，敬用之所以正德也。五行之利在地則爲八政，農用之所以厚生也。五行之氣在天則爲五紀，協用之所以布政也。三者皆所以用五行也。三者既舉則人君何爲哉？居中守正以爲民極而已。皇極不言數，極一也。由是而人有順逆則三德以治之，所以御世也。事有可否則稽疑以明之，所以成務也。政有得失則庶徵以驗之，所以省躬也。三者又所以維持五事、八政、五紀之行也。

五事、八政、五紀三者，其體實也。三德、稽疑、庶徵，其用虚也。其本則建極也，然要之皆所以與民趨福而已，故以福極終焉。八者皆得則民福，八者皆失則民極。福曰嚮慕而趍之也，極曰威畏而避之也。故九疇之道五行爲始，皇極爲統，福極爲終。五行不言用乃衆用之所自出，皇極不言數乃衆數之所以該。五福兼言極者，所以明衆疇之得失，感應之不同，以歆戒人君也。大抵五行是本原，五事、皇極是體要，八政〔一〕、五紀是事目，三德、稽疑是行事，庶徵、福極是效驗，九疇相爲經緯，故庶徵有五事而皇極有五福也。五行用無不在，故稽疑、庶徵皆有五行也。五事，皇極之體；三德，皇極之用。非五事修則皇極不立，非三德備則皇極不行，又皆所以成就皇極也。五行因諸地也，五紀本諸天也，稽疑質諸鬼神也，而天地鬼神之道無不具矣。大哉九疇之道也！誠萬世人君治天下經常之法也。以其爲治法之大則曰洪範，以其爲人理之常則曰彝倫，其實一也。《周官》八政之事也，《周易》稽疑之事也，《曲禮》五事之事也，皇極即《大學》正心之事也，五事即修身之事也，八政、五紀、三德、稽疑即治國平天下之事也。極即中也。彝即庸也。大哉九疇之道乎！其五經之源乎！

〔一〕「政」，原作「極」，今據上下文意改。

洪範皇極大義説

《洪範》九疇五位居中，數亦居中，其象在天下則君居中，在人則心居中，故言人君正心之事。極者，中正之的也。曰「皇建其有極」云者，即《書》所謂「建中于民」，《易》所謂「中正以觀天下」，《禮》所謂「王中心無爲以守至正」是也。曰「斂時五福，用敷錫厥庶民。惟時厥庶民于汝極，錫汝保極」云者，即《書》所謂「民協于中」，《易》所謂「下觀而化」，《孟子》所謂「君正莫不正」是也。君臣上下咸爲中正之德，則和氣充塞天地，而人無夭札，物無疵癘矣。先儒真德秀所謂「堯舜之民莫不仁且壽者」是也，是斂福錫民之義也。曰「凡厥庶民，無有淫朋，人無有比德，惟皇作極」云者，是覆言臣下之化於中正者實由在上者之作則也，即《書》所謂「民心罔中，惟爾之中」也。無朋無比，即下文無偏無黨之義也。夫人之心莫大於好惡二者，而人君之職只是用人一事，故於用人言之曰「凡厥庶民，有猷有爲有守，汝則念之。不協于極，不罹于咎，皇則受之，而康而色」，曰「予好德，汝則錫之福」云者，是即所謂「嘉善而矜不能，尊賢而容衆」，無所偏黨於其間也。曰「無虐煢獨而畏高明，人之有能有爲，使羞其行，而邦其昌。凡厥正人，既富方穀，汝弗能有好于而家，時人斯其辜。于其無好德，汝雖錫之福，其作汝用咎」云者，是善善惡惡，進賢退不肖。無虐煢獨，不之其所敖惰賤惡而辟焉也。無畏高明，不之其所畏敬親愛而辟焉也。箕子反覆言之不已，又自敷衍其義，曰「無偏無陂，遵王之義；無有作好，遵王之道；無有作惡，遵王之路。無偏無黨，王道蕩蕩；無黨無偏，王道平平；無反無側，王道正直」，是皇極之義，皆正心之事也。《大學》一書只是要人正心修身，而治國平天下章亦只是言好惡用人之事，其道如此。蓋千古帝王之心學在此一疇而訓釋者不得其旨，漫爲孝極、孝弟、極弟之説而反略皇極中正之義，可慨也。善乎先儒胡宏曰「明君以務學爲急，聖學以正心爲要」，蓋得之矣。予嘗謂《洪範》、《大學》相表裏，其義蓋如此。

論孟説

孔子出而人知有道，孟子出而人知有心。孔子之言在《魯論》，孟子之言在七篇。六經之言極其博，《論》、《孟》之言要其約，故曰「博學而詳説之，將以反説約也」。夫聖賢之言簡易明白，炳如日星，不待繁辭復説而義旨瞭然。如孔子曰：「賜也，汝以予爲多學而識之者與？」曰：「非也，予一以貫之。」又曰：「《詩》三百，一言以蔽之，曰思無邪。」曰：「參乎！吾道一以貫之。」曾子唯曰：「夫子之道，忠恕而已矣。」又子貢問：「有一言可以終身行之者？」曰：「其恕乎！」其言互相發明，豈待註釋而後知之。孟子曰：「仁，人心也。學問之道無他，求其放心而已矣。」求其放心便是求仁。曰：「其爲氣也，配義與道；無是，餒也。是集義所生者，非襲義而取之也。行有不慊於心，則餒矣。」是氣配道義而後浩然，無是道義則餒矣。氣本集義而生，行有不義則不慊於心，所以餒也。餒即浩然之反也，豈待詞説而後喻乎？予怪夫世之説者愈繁愈蔽，愈析愈離，淺者鑿之使深，顯者推之使晦，非徒無益而又害之也。嘗欲删定其説略著于篇而力未能，姑述其大者如此，善學者必有興焉。

道德性命説

孔子曰「朝聞道，夕死可矣」，未嘗言道之所以爲道也。曰「由，知德者鮮矣」，未嘗言德之所以爲德也。曰「性相近也，習相遠也」，未嘗言性之所以爲性也。曰「不知命，無以爲君子也」，未嘗言命之所以爲命也。聖人之不言者非不言也，引而不發，將使學者深造而自得之也。後儒之言道德性命者異於是，見之而言之易，辭愈多而愈蔽，使知者厭，不知者惑焉。豈惟是，將使學者無復深造而自得矣。夫何益！豈惟是，或即其末而遺其端，或指其偏而遺其全，則失之遠矣。

皇帝王伯説

皇帝王伯者何也？世也。世者，時也。邵子以春夏秋冬言之是也。有巢、燧人，三皇之世也。羲、農、堯、舜，五帝之世也。湯、武，三王之世也。春秋，五伯之世也。一元之有四世，猶一年之有四時也。孔、孟之取五伯，時不得不有之也；其不取五伯，卑其道也。然則其論著不及三皇者，非不得而言之也，亦高其道也已。故帝王者，道之中也。上乎此者不能爲，下乎此者不足爲，而況於皇之上、伯之下者乎？故權謀術數之説非也，而自然無爲之説亦非也。

樵雲出岫説

樵者何？雲之居也。雲者何？山之行也。出岫者何？有未出岫者矣。夫雲未有不出於山者也，山未有不出雲者也，而有出岫、未出岫者，時也。是故樵也者言乎其體也，雲也者言乎其用也，出岫也者言乎其時也。夫居樵者皆雲也。柏山張子，雲之始出者也。夫出者，其未出者之試矣。子其慎之。

刻遺稿跋

嘗聞父没而不忍讀父之書，手澤存也；母没而不忍飲母之桮棬，口澤存也。以故羊棗觸曾參之嗜，蓼莪廢王裒之章。嗟乎！不肖孤尚忍言哉！憶惟先大人早逝，孤方繈褓，伯也在疚。且家難遹仍，煢煢岌岌，諸兒先遺，僉委勿托。恫哉藻翰，言之刺心。先大人少自卓勵，於凡玄黄之岌，魚鳥之幾，民彝物則之秘，靡不究思。故其攄而成章，泉湧珠麗，或迎扣流聲，凌雲吐氣，或矚景霞生，乘風鳳翥。壯游制科，涉中秘，際雲龍之嘉遇，荷衡鼎之洪庥。譬或應制，譬或陳謨，譬或宣情，譬或交際。生平著述，厥惟茂哉。顧乃散佚幾微，千百十一，誰之辠歟？孤昔弱冠，就獵文園，每一念及則淚淫淫下，唏嘘酸腸，盤結不能自遣，交親聞而相憐，或有所什，咸舉而歸之。既而鼓篋辟雍，朋游京洛，則又旁求之京洛。爾乃宦蹟四隅，則又旁求之四隅，人士大夫又感而歸之。寖寖乎成帙矣，則又捧帙而思曰：恫哉惜哉！失今弗圖。後之慨今，不啻今之慨昔也。乃於簿書之間莊誦而涴録之，恫惟譾劣，不免金根之譌。時更謀諸博識，掄其關世教、闡皇彝、陶風雅、貞紀律者梓之，其散帙未獲者姑有俟焉。嗟乎！趙璧雖還，竟爽其完；龍劍雖合，竟鋩其缺。不肖孤尚忍言哉！雖然，不忍不言者，痛十一於千百，聊以表不肖之辠，蓋由於家難而繼成於襁褓云。

隆慶三年孟秋吉旦，方蕖謹識。

先太保在嘉靖初年晉陟鼎鼐，予告回籍，辛卯還朝，輔相三載，三疏辭歸。前後疏稿俱密緘于宸翰樓，蓋倣古人焚諫草之意。公没，諸稿散失。鶴曾祖武定太守龍井公於隆慶己巳搜求遺篇，彙刻文集五卷，尚多闕略，故後跋有云：「恫哉藻翰，言之刺心。」正謂此也。鶴從兄雲從，於崇禎癸酉購得□□御筆密諭七札并奏稿一帙，中有銀章鈐記，什襲至今，珍踰拱璧，用是另編一卷附入集中，以無忘先人手澤。至於公生平著作，或序記，或詩文，見之□集者亦以次編入，其餘尚有俟于採訪云。

康熙丙子孟冬元孫林鶴識。

【附】四庫全書總目·西樵遺稿八卷

明方獻夫撰。獻夫有《周易傳義約説》，已著録。是集名曰西樵，以早年讀書西樵山也。獻夫緣議禮驟貴，故開卷即冠所上大禮疏。《明史》本傳謂其雖執大政，氣厭厭不振。入閣之初，攻者四起。故集中多引疾求退之章，無所謂嘉言碩畫云。

【附】方文襄公遺稿序〔一〕

范欽

嘉靖壬辰，余釋褐從朝紳後，獲睹方文襄公以太宰徵至自嶺南，陛見，稱辭琅琅。而中丞苑洛韓公，亦在徵中。衆相顧動色曰：「主上寤寐中興，延進儁異，蓋烝烝焉鋭也。」二公以道學名，乃今應召并臻，宜茂有顯樹邁前聞。已而公晉殿學，司佐理焉。初，公解銓務，養痾西樵山中，潛心大道，垂十年所，寧復幾不可必之遇哉！會奉詔起，尊崇議方興，公稱引古昔傳、經、義疏，剔群疑，大典迄蒙成，公遂駸駸嚮用矣。當是時，故老罷去，柄政者或黨同伐異，覬修故憾，擅能名。公第休（休）營護〔二〕，略去牽比，與余鄉宗伯致齋黄先生同指。迨典大獄，以去就諍，善類免於齒劍，天下共壯之。居嘗擯棄俗學，誦法皇王，期以翼主德，裨至治，即鼎司所效，密謨顯畫，靡不當上心。衆方延頸，而公復謝病南歸，溘焉長逝矣。嗟乎！豈天未欲康乂斯世邪，何奪公之遽也！

〔一〕本文《西樵遺稿》未收，因與是書關係較深，轉録於此。原文見《天一閣集》卷二十。
〔二〕「休」，疑衍。

余嘗考求文藝，稍獲公《禮儀》、《皇極》諸疏，心彌嚮往之。乃今令子郡丞君蒐檢括遺篇，問序於余，因得卒業焉。

夫搆名馬者，市駿骨不恡千金。惝怳而適莽蒼之野，得似人者喜。何者？神理融，則曠世合軌；情境睽，雖覿面不相能，其道固爾矣。公用醇儒起家，致位崇顯，德誼勳業，爍乎光明。所著《易説》、《學解》諸編，精詣天人，藉令罕□，□衡海内，規治方來。況復根心成章，恢弘至道，若斯之盛焉。嶺南故稱多賢，陳白沙先生以道學鳴，丘文莊公勳伐表見熙代，若公者，謂兼之非邪？

第聞時方病學士徒售口耳，獵世資，不且虚恢無當。其媢當世之務，又以違遠道術蒙譏。即奇文奥義，殆同虚車，公固嘗以爲慮也。讀公編者，尚以此意求之。衆所稱儁異邁前聞，茲益諗云。

古文周易傳義約說

古文周易傳義約説序

周易者何？文王之易也，故曰周易。古文周易者何？上下經、十翼各自爲篇，古文也。何貴乎古文？循古文則伏羲、文王、孔子之易秩然矣[一]。孰爲伏羲之易？八卦是也。孰爲文王之易？六十四卦與卦爻辭是也。孰爲孔子之易？彖、象、繫辭、文言、説卦、序卦、雜卦是也。故循古文則三聖之易秩然矣。傳者何？程子傳也。義者何？朱子本義也。約説者何？孟子曰：「博學而詳説之[二]，將以反説約也。」博二子之説而約之，故名約説。於傳義有去取乎？曰：安得無去取也。然則傳義有得失乎？噫！易道之難言也。未至於聖人者，難乎其免矣。本義之失，如謂伏羲作六十四卦、周公繫爻辭，與夫象占卦變之説之類是也。若夫傳，一詞一義之失則有之，其大者無有也。然則傳足矣，何取於本義？曰：自本義而通之傳則無遺矣。豈惟本義，雖諸家之説有可取者亦弗遺也。然則約説多取邵子之説何也？噫！邵子其

[一]「易」，原漫漶不清，今據《西樵遺稿・刻周易約説序》補。

[二]「博」，原作「愽」，此引《孟子・離婁下》，當作「博」，另《西樵遺稿・刻周易約説序》作「博」，據改。

深於易矣乎。夫象數者，易之本也。故曰：「易者象也，象也者像也。」象數得則辭與意得矣。邵子之説，於象數精矣。所謂約者，其在是乎，其在是乎！嘉靖庚子初夏，後學南海方獻夫謹識。

古文周易傳義約説圖

伏羲始作八卦圖 并説
文王八卦應天圖 并説
文王八卦應地圖 并説
文王十二月卦氣圖 并説
文王八卦父母六子圖 并説
文王則河圖圖 并説
文王則洛書圖 并説

伏羲始作八卦圖

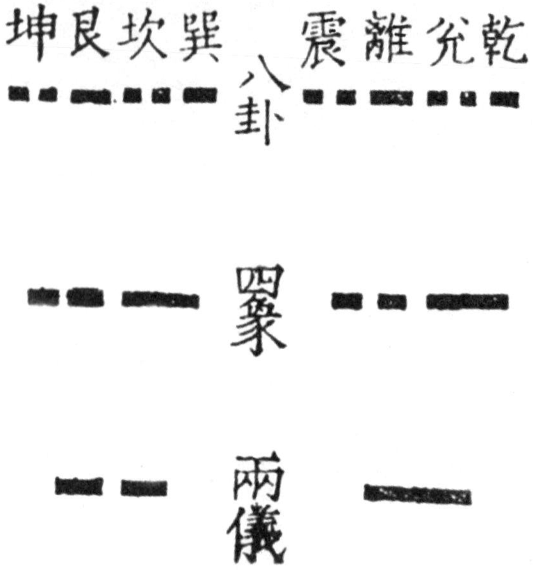

乾兌離震巽坎艮坤

八卦

四象

兩儀

《繫辭傳》曰：「昔者包羲氏之王天下也，仰則觀象於天，俯則觀法於地[一]，觀鳥獸之文與地之宜，近取諸身，遠取諸物，於是始作八卦，以通神明之德，以類萬物之情。」按此言則伏羲只有八卦也明矣。又曰：「易有太極，是生兩儀，兩儀生四象，四象生八卦。」按此言則伏羲畫卦之法明矣。《説卦傳》曰：「易，逆數也。」邵子曰：「乾一，兑二，離三，震四，巽五，坎六，艮七，坤八。自乾至坤[二]，皆得未生之卦[三]，若逆推四時之比也。」得之矣。

[一]「俯則觀」，此三字原漫漶不清，今據《易·繫辭傳》補。
[二]「至坤」，此二字原漫漶不清，今據《周易本義》（以下簡稱「《本義》」）補。
[三]「皆」，原漫漶不清，今據《本義》補。

文王八卦應天圖

乾

巽

坎

艮

坤

震

離

兑

《說卦傳》曰：「天地定位，山澤通氣，雷風相薄，水火不相射，八卦相錯。數往者順，知來者逆。」邵子曰：「乾南，坤北，離東，坎西，震東北，兑東南，巽西南，艮西北。自震至乾爲順，皆已生之卦也〔一〕，故云數往〔二〕。自巽至坤爲逆，皆未生之卦也，故云知來。」按：八卦相錯，即謂八卦順逆相錯而成此圖也。朱子所謂「須如此方見陰陽消長次第。雖似稍涉安排，然亦莫非自然之理」，是也。邵子曰：「乾坤定上下之位，離坎列左右之門，天地之所闔闢〔三〕，日月之所出入。春夏秋冬，晦朔弦望，晝夜長短，行度盈縮，莫不由乎此矣〔四〕。」

〔一〕「之卦也」，此三字原漫漶不清，今據《易學啓蒙》補。
〔二〕「故」，原漫漶不清，今據《易學啓蒙》補。
〔三〕「闔闢」，此二字原漫漶不清，今據《易學啓蒙》補。
〔四〕「莫」，原漫漶不清，今據《易學啓蒙》補。

文王八卦應地圖

離

坤

兑

乾

坎

艮

震

巽

《説卦傳》曰：「帝出乎震，齊乎巽。相見乎離，致役乎坤。説言乎兑，戰乎乾，勞乎坎，成言乎艮。」邵子曰：「易者，一陰一陽之謂也。震〔一〕、兑，始交者也，故當朝夕之位。坎、離，交之極者也，故當子午之位。巽、艮，不交而陰陽猶雜也〔二〕，故當用中之偏。乾、坤，純陽、純陰也，故當不用之位。」是也。又按邵子曰：「至哉，文王之作易也，其得天地之用乎！〔三〕故乾、坤交而爲泰，坎、離交而爲既濟也。乾生於子，坤生於午，坎終於寅，離終於申，以應天之時也。置乾於西北，退坤於西南，長子用事而長女代母，坎、離得位而兑、艮爲耦，以應地之方也。王者之法，其盡於是矣。」所謂應天者即前圖也。所謂應地者即此圖也。則二圖皆文王所定也明矣。

〔一〕「震」，原漫漶不清，今據《易學啓蒙》補。
〔二〕「而」，原漫漶不清，今據《易學啓蒙》補。
〔三〕「其」，原漫漶不清，今據《易學啓蒙》補。

文王十二月卦氣圖

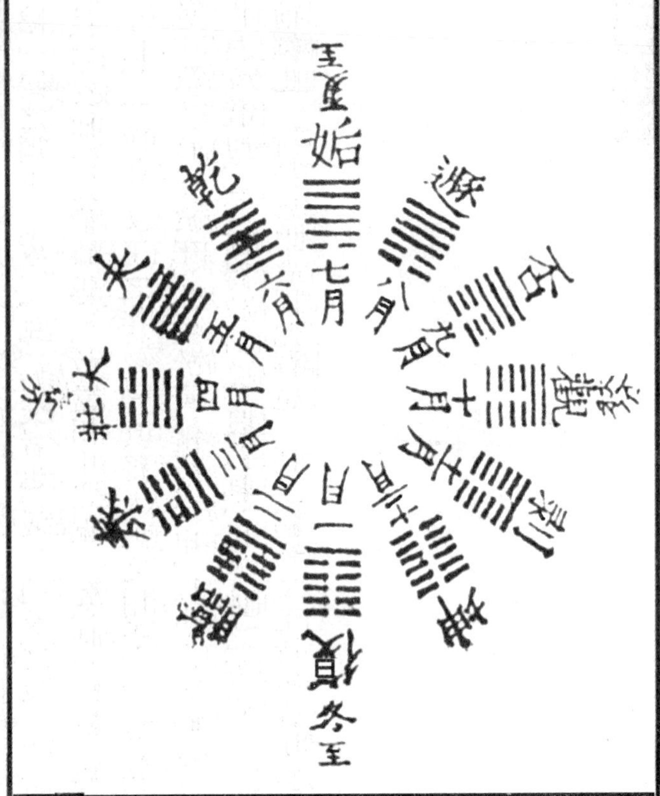

按臨卦辭曰：「至于八月有凶。」蓋臨二陽月之卦也。至于八月則爲遯而全體變矣[一]，故凶。又按復卦象曰：「先王以至日閉關，商旅不行，后不省方。」是冬至爲復也，故圖以著之。

[一] 「月」，原漫漶不清，今據上下文意補。

文王八卦父母六子圖

乾父 ☰ 艮坎震

坤母 ☷ 兑離巽

震長男 ☳ 得乾初爻

坎中男 ☵ 得乾中爻

艮少男 ☶ 得乾上爻

巽長女 ☴ 得坤初爻

離中女 ☲ 得坤中爻

兑少女 ☱ 得坤上爻

《説卦傳》曰：「乾，天也，故稱乎父。坤，地也，故稱乎母。震，一索而得男，故謂之長男。巽，一索而得女，故謂之長女。坎，再索而得男，故謂之中男。離，再索而得女，故謂之中女。艮，三索而得男，故謂之少男。兑，三索而得女，故謂之少女。」朱子曰：「初畫卦時不是恁地，只是畫卦後便見有此象耳。」是也。又《繫辭傳》曰：「乾坤其易之門邪。乾，陽物也。坤，陰物也。陰陽合德而剛柔有體。」按此言是乾坤變爲六子明矣。程子卦變之説蓋本於此。

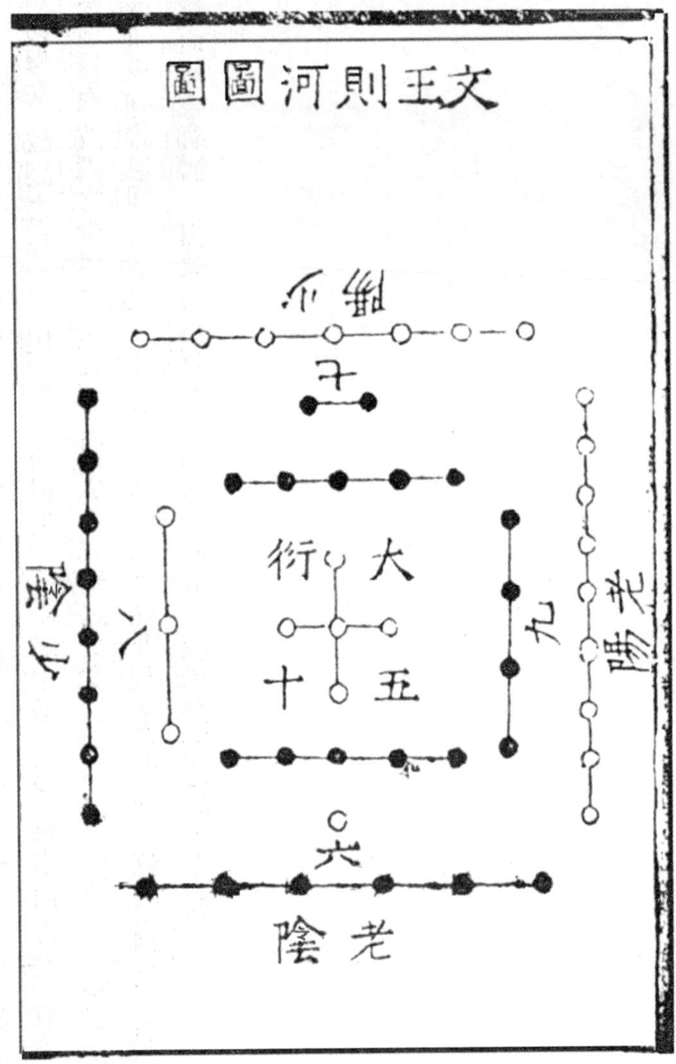
文王則河圖圖
少陽
七
大衍
五
十
九
老陽
八
少陰
六
老陰

《繫辭傳》曰：「河出圖，洛出書，聖人則之。」又曰：「天一，地二，天三，地四[一]，天五，地六，天七，地八，天九，地十。天數五，地數五，五位相得而各有合。天數二十有五，地數三十，凡天地之數五十有五，此所以成變化而行鬼神也。」此河圖之數也。又曰：「大衍之數五十，其用四十有九。」又曰：「易有四象，所以示也。」按：大衍之數用中宮[二]，四象之數用四方，即所謂則河圖者也。獻夫曰：「則河圖洛書皆文王作易事。則河圖以起數，則洛書以定位，如此而已矣。」

[一]「地」，原漫漶不清，今據《易·繫辭傳》補。
[二]「數」，原漫漶不清，今據上下文意補。

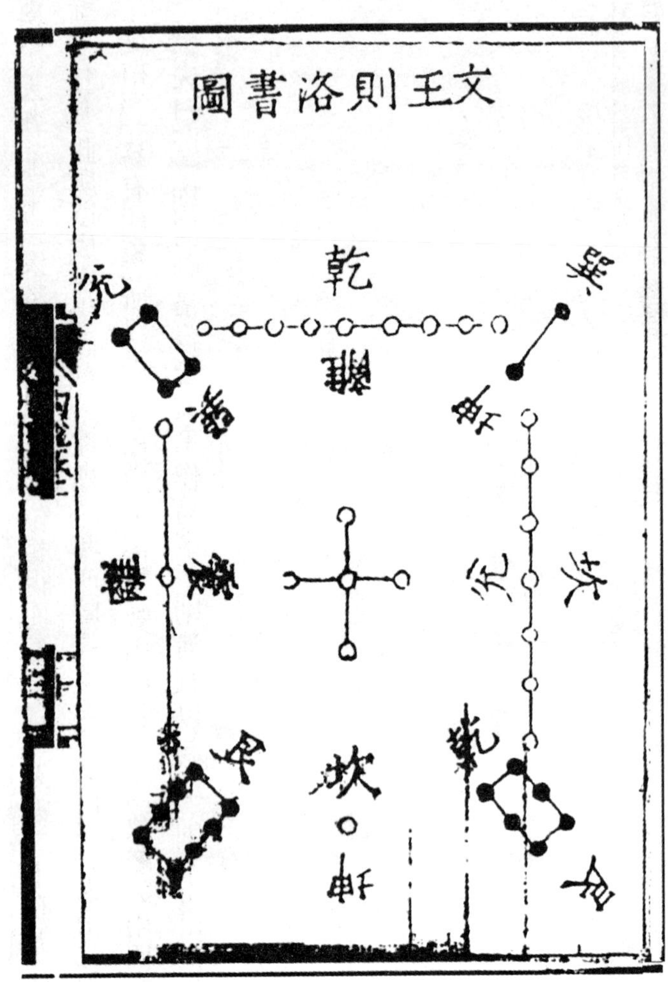
文王則洛書圖
乾
坤

洛書之數戴九履一，左三右七，二、四爲肩，六、八爲足，蓋取龜象[一]。按：「天地定位」一圖以應天，「帝出乎震」一圖以應地，即所謂則洛書者也[二]。獻夫曰：「河圖者[三]，數之原也。洛書者，象之宗也。實相爲體用者也。」又曰：「伏羲畫卦而天應以河圖洛書，所謂先天而天弗違也[四]。文王則河圖洛書以作易，所謂後天而奉天時也。」

[一]「蓋取龜」，此三字原漫漶不清，今據《本義》補。
[二]「謂」，原漫漶不清，今據上下文意補。
[三]「者」，原漫漶不清，今據上下文意補。
[四]「先」，原漫漶不清，今據上下文意補。

古文周易傳義約説卷目

古文周易傳義約說卷第一

上經

邵子曰：「上世聖人皆有易，但作用不同。今之易經，文王之易也，故謂之曰周易。」又曰：「自乾、坤至坎、離，以天道也。自咸、恒至既濟、未濟，以人事也。」

䷀乾下乾上○三畫者，伏羲之卦也。六畫者，文王之卦也。一者，奇也，陽之畫也。乾者，健也，天之性也。下者，內卦也。上者，外卦也。上古伏羲仰觀俯察，見天地萬物之始，一陽一陰而已。於是畫一奇以象陽，畫一偶以象陰。見一陽一陰之合德而相生也，然後物之性情具焉。形體□□□是一奇一偶之上[一]，再倍而三，以成八卦。見陽體之純者爲天[二]，其性健，故三奇之卦以象天[三]，而名之曰乾。八卦成列，天地□□□理在其中矣。至於中古聖人，有以見□□之變無窮也。於是因而重之，以盡其變□。三畫各倍而成六畫，八卦之上各加八卦，而成六十四卦。自夏歷商，其易作用不同，今不可考。今之六十四卦，文王之所作也。此卦六畫皆奇，上下皆乾，則陽純之極而健之至也。天下之健者莫如天，故文王不易其名與象焉。《大傳》

[一]「□□□」，原漫漶不清，下同。被塗黑字另出注。

[二]「見」，原漫漶不清，今據《本義》補。

[三]「卦以」，此二字原漫漶不清，今據《本義》補。

曰：「君子居則觀其象而玩其辭，動則觀其變而玩其占。」按：此☰，所謂象也。筮者視某爻動則爲變。餘倣此。

乾，元亨，利貞。文王既設卦，遂觀其象而繫之辭焉，以斷吉凶。按此以下皆所謂辭也。筮者值之則爲占。此觀一卦之象而繫者，以斷一卦之吉凶，謂之彖辭〔一〕。初九潛龍勿用以下，是觀一爻之象而繫者，以斷一爻之吉凶〔二〕，謂之爻辭。皆文王所作。餘倣此。乾，天道也，君道也。人君體天之道，故元亨利貞。與天同也，聖人之事也。元，大也，在天爲始物，在君爲首物之德也。亨，通也，在天爲長物，在君爲澤物之德也。利，順也，在天爲遂物，在君爲宜民之德也。貞，正也，固也，在天爲成物，在君爲□□之德也〔三〕。程子曰：「元亨利貞謂之四德，惟乾坤有之〔四〕，在他卦則隨事而變焉。故元專爲善大，利主於正固。亨貞之體，各稱其事。四德之義，廣矣大矣。」邵子曰：「天變而人效之，故元亨利貞，易之變也。人行而天應之，故吉凶悔吝，易之應也。」又曰：「元亨利貞之德，各包吉凶悔吝之事。雖行乎德，若違于時，亦或凶矣。」

初九，潛龍勿用。初九者，卦下陽爻之名。凡畫卦者，自下而上，故以下爻爲初。陽數九爲老，七爲少，老變而少不變，易道尚變，故謂陽爻爲九。龍者，行天之物，人君之象。乾，六爻皆有君德者，故以龍象焉。初九在一卦之下，無位之地，有君德而隱者，若龍之潛隱地下，未可施用，當晦養以俟時。六爻皆聖人事。

九二，見龍在田，利見大人。二謂自下而上第二爻也〔五〕。在田，此田地上也。大人，有德有位者之稱。大人雖

〔一〕「彖辭」，此二字原漫漶不清，今據《本義》補。
〔二〕「而繫」，此二字原漫漶不清，今據上下文意補。
〔三〕「爲□□之德」，此五字原漫漶不清，今據上下文意補其中三字。
〔四〕「惟乾坤有」，此四字原漫漶不清，今據《周易程氏傳》（以下簡稱「《程傳》」）補。
〔五〕「而上」，此二字原漫漶不清，今據《本義》補。

未得君位而已有君德，又在下位。程子曰：大人有君德而得下位，若龍之出見於地上〔一〕，其德已著，則爲天下所利見。□□□如舜在陶漁時，而□□□之事。○見龍之見，賢遍反。

九三，君子終日乾乾，夕惕若，厲无咎。君子，有德與有位者之通稱。三雖在下體，然□□□之中，居下之上，乃危地也。日夕不懈而兢惕〔二〕，則雖危而无咎。在下之人而君德已著，天下將歸之，其危懼可知。雖言聖人事而猶設戒者，時當然也。此爻如舜歷試諸難，而業業敬懼之事。

九四，或躍在淵，无咎。或者，疑而未定之辭。躍者，无所緣而絶於地，特未飛爾。淵者，上空下洞，深昧不測之所。龍之在是，若下於田，或躍而起，則向乎天矣。四居上之下，改革之際，進退未定之時，能隨時進退，不必於進，則无咎也。聖人之動，惟時而已。此爻如舜避丹朱之事。

九五，飛龍在天，利見大人。五，天位也，□□進得乎天位也〔三〕，天下无不利見矣。故曰聖人作而萬物覩。此爻即舜之即帝位事也。

上九，亢龍有悔。上者，最上一爻之名。亢者，過於上而不能下之意。九五者，位之極中正者。得時之極，過此則

〔一〕「出見於」，此三字原漫漶不清，今據《程傳》補。
〔二〕「懈而兢」，此三字原漫漶不清，今據《程傳》補。
〔三〕「位也」，此二字原漫漶不清，今據《程傳》補。

亢矣。上九至於亢極，故有悔也。有過則有悔〔一〕。惟聖人知進退存亡而无過，則不至於悔也〔二〕。若堯舜之禪位，是不至於亢者也。

用九，見群龍无首，吉。 用九，言凡陽爻皆用九而不用七〔三〕，蓋諸卦百九十二陽爻之通例也〔四〕。以此卦純陽而居首，故於此發之而因繫之辭，使筮得此卦而六爻皆變者，即此占之。蓋六陽皆變，剛而能柔，吉之道也。龍之剛在首，故曰見群龍无首。《春秋傳》曰「乾之坤」，曰「見群龍无首，吉」。蓋即純坤卦辭「牝馬之貞」、「先迷後得」、「東北喪朋」之意。

䷁坤下坤上〇⚋者，偶也，陰之畫也。坤者，順也，地之性也。地，陰體之純者也。故三偶之卦以象地，而名之曰坤。重之又得坤焉，則是陰純之極而順之至也。天下之至順者莫如地，故其名與象皆不易焉。

坤，元亨，利牝馬之貞。君子有攸往，先迷後得主。利西南得朋，東北喪朋，安貞吉。 坤，人道也，臣道也，人臣承君行道者也，故亦有是四德。四德同，而貞體則異。乾以剛固爲貞〔五〕，坤以柔順爲貞也。馬行地之□□□□而性柔，故以取象。蓋柔順而能行□□□馬之貞也。陽先陰後，西南陰方，東北陽方，又坤位西南，故君子有所行，先

〔一〕「過則有悔」，此四字原漫漶不清，今據《程傳》補。
〔二〕「不至於」，此三字原漫漶不清，今據《程傳》補。
〔三〕「皆用」，此二字原漫漶不清，今據《本義》補。
〔四〕「諸卦」，此二字原漫漶不清，今據《本義》補。
〔五〕「以剛固爲」，此四字原漫漶不清，今據《程傳》補。

則迷其道，後則得所主。往西南則得其類，往東北則喪其類，蓋宜後而不宜先，利西南而不利東北，陰道之正也。君子安於此道則吉。得主猶云得朋。獻夫曰：「龍，行天之物，故以象君。馬，行地之物，故以象臣。君，行天道者也。臣，行地道者也。」

○喪，息浪反。

初六，履霜，堅冰至。六，陰爻之名。陰數六老而八少，故謂陰爻爲六也。陰氣始凝而爲霜，盛則水凍而爲冰。此爻陰始生於下，至微也。以其將長則必盛，如履霜則知堅冰之將至也。蓋小人始雖甚微，不可使長，長則至於盛也。此爻□□在下，小人之象。朱子曰：「陰陽者，造化之本，不能相无，而消長有常，亦非人所能損益也[一]。然陽主生，陰主殺，則其類有淑慝之分焉。故聖人作易，於其不能相无者，既以健順、仁義之屬明之而无所偏主，至其消長之際，淑慝之分[二]，則未嘗不致其扶陽抑陰之意焉。蓋所以贊化育而參天地者，其旨深矣。」獻夫曰：「此爻不特在此卦爲陰長之初，在六十四卦亦爲陰長之初，故聖人致謹焉。」

六二，直、方、大，不習无不利。二，陰柔□□□在下，蓋君子□得臣位之正者也。故其道内直外方，而又盛大。由直、方、大，故不習而无所不利。不習謂其自然。《傳》曰：「坤至柔而動也剛，至靜而德方。」此爻蓋得坤道之全者，故曰地道光也。程子曰：「直、方、大，足以盡地道，在人識之耳。」獻夫曰：「直、方者，臣道之正也。括囊則不足於直，黃裳則不足於方，時位不同也。」

六三，含章可貞，或從王事，无成有終。三居下之上，得君者也。爲臣而在人上，又得乎君，當含晦其章美，

[一]「能損益」，此三字原漫漶不清，今據《本義》補。

[二]「淑慝之分」，此四字原漫漶不清，今據《本義》補。

有善則歸之君，是爲臣之道。三可以正固而守之也。六陰，三陽，有含章之象。以其不正，故戒之曰「可貞」。若或有□從於王事，則義所當爲者，固不可不盡其忠〔一〕，然不敢當其成功，惟奉職以終其□□。守職以終其事，亦臣道之常也。

六四，括囊，无咎无譽。六四重陰又居近五之位〔二〕，而无相得之義，乃上下閉隔之時。其自處以正，危疑之地也〔三〕。若斂藏其知，慎密而不露，如結括囊口〔四〕，然則可得无咎，不然則有害也。既晦藏，則无譽矣。

六五，黄裳，元吉。坤雖臣道，五實君位，故爲之戒云「黄裳，元吉」。黄，中色。裳，下服。元，大善也。五，尊位也。在他卦，六居五，或爲柔順，或爲文明，或爲暗弱。在坤，則爲臣居尊位，非常之事。有時位不得不然者，故必能守中安分而又有大善之德，則吉。苟或不然，則凶可知。此爻如周公踐位之事。赤舄几几，其所謂「黄裳，元吉」者與。《春秋傳》：南蒯將叛，筮得此爻，以爲大吉。子服惠伯曰：「忠信之事則可，不然，必敗。外强内温，忠也。和以率貞，信也。故曰『黄裳，元吉』。黄，中之色也。裳，下之飾也。元，善之長也。中不忠，不得其色。下不共，不得其飾。事不善，不得其極。且夫易不可以占險。三者有闕，筮雖當，未也。」後蒯果敗。朱子曰：「此可以見占法矣。」

上六，龍戰于野，其血玄黄。陰，從陽者也，然盛極則抗而争。上六過中而極上，故不能從，而有龍戰之象〔五〕。

〔一〕「盡其」，此二字原漫漶不清，今據《程傳》補。
〔二〕「居近五」，此三字原漫漶不清，今據《程傳》補。
〔三〕「疑之地」，此三字原漫漶不清，今據《程傳》補。
〔四〕「囊口」，此二字原漫漶不清，今據《程傳》補。
〔五〕「龍戰」，此二字原漫漶不清，今據上下文意補。

陰盡則陽當來復於外，故曰于野。既敵矣〔一〕，必皆傷，故其血玄黃。此如羿、莽之事，然其凶可知。

用六，利永貞。用六，言凡陰爻皆用六而不用八〔二〕，亦通例也。以此卦純陰而居首，故發之。蓋陰變爲陽，變而得正者也，故宜永守其道焉。

䷂震下坎上○震、坎，皆三畫卦名。震一陽動於二陰之下，故其德爲動，其象爲雷。坎一陽陷于二陰之中，故其德爲陷，其象爲雲、爲雨、爲水。此卦震下坎上，剛柔始交於下，而上遇坎險，艱難而不能進，屯之義也，故爲屯。陰陽不交則爲否，始交而未暢則爲屯。在時，則天下屯難，未亨泰之時也。獻夫曰：「乾坤之後即繼以坎者，天地之用莫大於水，亦莫先於水焉。屯之水起於雷，天水也。蒙之水出於山，地水也。故屯、蒙之後即有需、訟、師、比，序卦之義深矣。」

屯，元亨利貞，勿用有攸往。利建侯。屯，難也，物始生而未通之義，故其爲字，象中穿地始出而未申也。天下屯難之時，非有大德通道正固之守何以濟之〔三〕？又卦才震剛，動乎險中，故能有是三德。然以其猶在險中，不能无所不利，故未可遽有所往。天下之屯，豈獨力所能濟？故又宜衆建諸侯以共濟也。如周之既有天下，大封同姓，蓋得此道。又震體有建侯之象。

初九，盤桓，利居貞，利建侯。初以剛陽在下，又居動體，有濟難之才者也。然方屯難之初而未能進，故有盤桓

〔一〕「既敵」，此二字原漫漶不清，今據《程傳》補。
〔二〕「八」，原漫漶不清，今據《本義》補。
〔三〕「道正」，此二字原漫漶不清，今據《程傳》補。

之象。盤桓，難進之貌。若遽進則犯難矣。又初位得正，故宜居守其正而固其志。凡人處屯難，則鮮能守正。苟无貞固之守，則將失義，安能濟屯乎？既有陽剛之才而又能居正守義，則其德足以服人。又初以陽下陰，始能以貴下賤，爲民所歸，故宜建以爲侯，則可以濟屯矣。

六二，屯如邅如，乘馬班如。匪寇婚媾。女子貞不字，十年乃字。二以陰柔中正居屯之世〔一〕，雖正應在上而下逼初剛〔二〕。初當□時而有賢明剛正之□□□在濟屯者，二亦中正之賢而又□□□□，故初來結好以相輔助。然二以□□□□□而不之許，欲進而□□□□□□而邅回，有乘馬班如之象。然初非爲寇也〔三〕，乃求與己結好以濟屯耳。但二貞固不□，揆時度理，至于十年，數窮理極，然後許之，蓋時義當然也。此爻見君子難合之道，亦見君子時中之義。字，許嫁也。《禮》曰：「女子許嫁，笄而字。」婚媾、女子、十年皆取象。

六三，即鹿无虞，惟入于林中。君子幾，不如舍。往吝。陰柔不中不正，居下之上，不安於下而動於欲。當屯之時又无應與，將安之乎？妄行取困而已，故爲逐鹿无虞，陷入林中之象。虞，虞人也。入山林者，必有虞人以導之。无導之者，其陷于林莽必矣。君子見幾，不如舍去。若往逐而不舍，必致羞吝，故曰往吝。○幾音機。舍音捨。

六四，乘馬班如。求婚媾。往吉，无不利。六四陰柔居屯〔四〕。初九正應，已與二合。上承九五剛陽之君，

〔一〕「屯之世」，此三字原漫漶不清，今據《程傳》補。

〔二〕「逼」，原漫漶不清，今據《程傳》補。

〔三〕「也」，原漫漶不清，今據《本義》補。

〔四〕「陰柔」，此二字原漫漶不清，今據《本義》補。

欲往從之而非正應，故欲進而復止〔一〕，有乘馬班如之象。然當屯之時，義班□□若五求與己結合爲婚媾，雖非正應，則吉而无不利也。或曰：二與初，四與五□□□應之合，何二言之難，而四辭之□□□。五〔二〕，君位也。四，臣位也。君无不可臣之人，臣无不可事之君。況四之時，初已與二合，非若二之應與未定也。又曰：二爻何不取正應而取所比，得无害於義乎？曰：易之道，乘、承、比、應皆可取義，正不如事之拘也。且當屯之時，義取相濟，又爻有此象，故聖人隨時立義以從道也。此所謂「反經合道爲權」，故孔子於二曰「十年乃字，反常也」，此曰「求而往，明也」，非達權明變之士何以能之，故曰「可與立，未可與權」。權者，易之道也。

九五，屯其膏，小貞吉，大貞凶。九五雖以陽剛中正居尊位，然當屯之時，陷於險中，雖有六四相輔而才弱不足以濟。初九得民於下，衆皆歸之。又九五坎體，有膏澤而不得施，是屯其膏之象。如是則德澤不下於民，威權又不在己〔三〕，施爲有所不行矣。斯時也，行小正事，猶或可濟，故吉。行大正事，其將能乎，故凶。然亦非恬然不爲也，不爲則常屯以至於亡矣。

上六，乘馬班如，泣血漣如。陰柔居屯之終，在險之極，而無應援，居則不安，動無所之，乘馬欲往，復班如不進，憂慮之甚，至於泣血漣如，屯之極也。（後缺《約説》卷一第二十四頁下半部分與第二十五頁上半部分即蒙卦之開首部分，今從缺。）

〔一〕「復止」，此二字原漫漶不清，今據《程傳》補。

〔二〕「五」，原漫漶不清，今據上下文意補。

〔三〕「威權」，此二字原漫漶不清，今據《程傳》補。

初六，發蒙。利用刑人，用説桎梏。以往吝。初六陰柔，蒙者也。當蒙之初，蒙而未發者也〔一〕，故爻言發〔之〕之道〔二〕。《禮》曰「禁於未發之謂豫〔三〕，發而後禁則扞格而難勝」，故發蒙之初利用刑人之道。刑人之道，必用桎梏。桎梏，所以禁械人手足者。若説去桎梏而不用，則人无所禁而惡不懲。教人之道亦然，必有以禁制其昏蒙之欲，使不得肆，然後可使惡日消而漸進於善道，否則惡无所制而善无由入。然必於初者，禁於未發，易爲力也。若於斯時而不禁，則欲既發而難制矣，故吝。刑人、桎梏是取象，非真用刑也。故曰利用刑人，用其道也。理无形也，故假象以顯義。邵子曰：「易有意象，立意皆所以明象。有言象，不擬物而直言以明事。有像象，指一物以明意。有數象，七日、八月、三年、十年之類是也。」○説，吐活反。

九二，包蒙，吉。納婦，吉。子克家。二居蒙之世，有剛明之才而應於五，當時之任者也。□□□□□□群蒙所受既廣，物性不齊，不可一概取必，當含容養育之。又□□□□□□□□□□之□。又以陽□□□□□□□□□也。養蒙，人君之事也。居下位而能任事，又爲子克家之象。屯主初，蒙主二。

六三，勿用取女，見金夫，不有躬，无攸利。此爻又别取義。陰柔處蒙暗，不中不正，女之妄動者也。正應在上，不能遠從，近見九二爲群蒙所歸，得時之盛，舍其正應而從之，是女之見金夫而不有其身者也。女之從人，當由正禮。乃見人之多金，説而從之，則其行邪僻不順甚矣，何所利乎！○取，七具反。

〔一〕「發者」，此二字原漫漶不清，今據上下文意補。
〔二〕「之」，原脱，今據《程傳》、《本義》補。
〔三〕「謂豫」，此二字原漫漶不清，今據《禮記》補。

六四，困蒙，吝。六四重陰，既无剛明之應，又遠於九二之陽，是愚蒙之人而不能親賢以求明者，爲困於蒙之象，可羞之道也。程子曰：「吝，不足也，謂可少也。」

六五，童蒙，吉。五位與二正應。二爲發蒙者，故五爲童蒙之象。以其柔中、順體、純一以聽於二，而二又有剛明之德，足以發之，故吉。

上九，擊蒙。不利爲寇，利禦寇。群陰皆□□二上□□□處蒙之極，亢而不下，是終不率教□□□之而不從，養之而不化，則□□□□□之者，不得已也，非害之也。□□□□□上害教者也。加□□□□□□□禦寇耳。若舜之征有苗，周公之誅三監，禦寇也。秦皇、漢武窮兵誅伐，爲寇也。故擊蒙之道用之以禦寇則可，用之以爲寇則不可，戒辭也。此爻與初爻取象義同，蓋刑之不從則兵之矣。

䷄乾下坎上○乾健之性，必進者也，乃處坎險之下，險爲之阻，須待而後進也，故爲需。

需，有孚，光亨，貞吉。利涉大川。需，待也。孚，信之在中者也。需之道必有孚信之心，光明亨通之德，正固之守，然後能安於需。又卦九二陽剛中正，而居乾體爲有孚。又能光亨而貞，故吉。又以乾健臨於坎水，有利涉大川之象。健固无所不利，而涉川尤貴於能待故也。

初九，需于郊，利用恒，无咎。需者，以遇險，故需而後進。初最遠於險〔一〕，故爲需於郊。郊，曠遠之地也。□處

〔一〕「最」，原漫漶不清，今據《程傳》補。

於曠遠，利在安守其常，則无咎也。不能安常〔一〕，則躁動犯難，不能需於遠而有咎矣。以其陽剛而志動，故戒之。

九二，需于沙，小有言，終吉。坎爲水，水近則有沙。二去險漸近，故爲需于沙。需道貴遠，二居柔在中，能需者也。然不需于遠而需于沙，已有欲速之心，不如初之恒矣，故少有可議。然以其在中，終能寬裕自處而不犯於難，故吉。

九三，需于泥，致寇至。泥，逼於水也。既進逼於險，當致寇害之至也。三，剛而不中，又居健體之上，有進動之象，故致寇也。苟非敬慎，則必喪敗矣。

六四，需于血，出自穴。血者，殺傷之地。穴者，坑陷之所。四交坎體，入乎險矣，故爲需于血之象。然以柔得其正，需而不進，故又爲出自穴之象。蓋雖在傷地，而終得出也。

九五，需于酒食，貞吉。五以陽剛居中得正，盡需之道者也。酒食，宴樂之具。飲食宴樂，需之道也。安以待之〔二〕，固以守之，以此而需，何需不獲？〔三〕可謂吉矣。

上六，入于穴，有不速之客三人來，敬之終吉。陰居險極，无復有需，爲陷入于穴之象。穴，陷之深也。既深入于險□□□□□以需之既極，又下應九三，三與下二陽需極并進，爲忽然有援之象，故曰不速之客三人來。不速，謂不促之而自來□出於意外者也。能敬待之以求其援，則終可出險，故曰終吉。聖人開物之意至矣，亦事窮則變，需極必得之理。

〔一〕「能安」，此二字原漫漶不清，今據《程傳》補。
〔二〕「之」，原漫漶不清，今據《本義》補。
〔三〕「獲」，原漫漶不清，今據《程傳》補。

䷅坎下乾上○爲卦上剛下險，剛險相接，能无訟乎？又人内險而外强，所以訟也，故爲訟。

訟，有孚，窒惕，中吉，終凶。利見大人，不利涉大川。訟，争辯也。與人争辯必有其孚實。中无其實，乃是誣妄，凶之道也。又卦九二成訟之主，而剛得中，爲中實有孚之象。與人争訟，雖有孚，亦必懲忿忍性而又恐懼，得中而不過極，乃可得吉。若終極其訟則凶也。窒者，窒慾之窒。惕者，夕惕若之惕〔一〕。訟者，求辨其曲直也，故利見大人。又九五剛健中正〔二〕，居尊位，大人之象。見之則□□其中正決所訟也。以剛乘險，有不利涉大川之象〔三〕，且訟非美事，涉險以訟□□□□。

初六，不永所事，小有言，終吉。初六以柔弱居下〔四〕，不能終極其訟者也〔五〕。故於訟之初，因六之才，爲之戒曰：若不長永其事，則雖小有言，終得吉也〔六〕。蓋訟非可長之事，以陰柔之才而訟於下，難以勝矣。又四正應而能義克，不與之終訟，故爲不永所事之象。然既訟矣，不免爲人所議，故小有言。以上既義克，其辯終明，故終吉。程子曰：「在訟之義：同位而相應，相與者也，故初於四爲辯明也。同位而不相得，相訟者也，故二與五爲對敵也。」

九二，不克訟，歸而逋，其邑人三百户，无眚。二五相應之地，而兩剛不相與，相訟者也。二陽剛爲險之主，

〔一〕「惕」，原漫漶不清，今據上下文意補。
〔二〕「九五」，此二字原漫漶不清，今據《本義》補。
〔三〕「涉大」，此二字原漫漶不清，今據《本義》補。
〔四〕「柔弱居」，此三字原漫漶不清，今據《程傳》補。
〔五〕「不能終」，此三字原漫漶不清，今據《程傳》補。
〔六〕「吉」，原漫漶不清，今據《程傳》補。

本欲訟者也。然以其得中又與五爲敵，五剛健中正居尊位，其可敵乎？是爲訟而不克也。能知其勢之不可，退歸而逋逃，以寡約自處，則得无眚也。必逋者，避爲敵之地也。三百户，邑之至小者。若處强大，是競也，能无眚乎？眚，禍患也。自下訟上，不能无過，以其不克，故免禍耳。程子曰：「據卦辭，二乃善也，而爻中不見其善〔一〕。蓋卦辭取其有孚得中而言，乃善也。爻則以自下訟上爲義〔二〕，所取不同也。」

六三，食舊德，貞，厲，終吉。或從王事，无成。三陰柔而應上，非爲訟者也。居下之上，本有位者也。爲能安其素分而不訟，又能堅固自守，故雖危而終吉。食，猶食邑之食，言所享也。禄者稱德而受，故謂所食者爲德。食舊德，安其素分也。又非但不争而已，或有時從於王事，亦不敢居其成功。三蓋得爲臣之道者，與二之訟上異矣。程子曰：「訟者健之事，故初則不永，三則從上，皆非能訟者也。二爻皆以陰柔不終而得吉，四亦以不克而渝得吉，訟以能止爲善也。」

九四，不克訟，復即命，渝，安貞，吉。四陽剛而不中正，本爲訟者也。初柔正應而順從之，非與訟者也。人不與訟則義不可訟矣。義不可訟而不訟，爲不克訟之象。即，就也。命，天命也。乾爲天，反訟爲不訟曰復，反就乾體爲復即命之象。變其欲訟之心而不訟曰渝，變不正而處於正，爲渝安貞之象，皆吉道也。二、四皆不克訟。二之不克，勢也。四之不克□義不克也。故二僅得无眚而四得吉也。

〔一〕「其善」，此二字原漫漶不清，今據《程傳》補。
〔二〕「爻則」，此二字原漫漶不清，今據《程傳》補。

九五，訟元吉。五剛健中正而居尊位，聽訟之主也〔一〕。訟者遇之，以其中正之道決所訟〔二〕，則大吉也。

上九，或錫之鞶帶，終朝三褫之。或，疑辭。錫，與也。鞶帶，命服之飾，非訟所當得者也。褫，奪也。爻以陽居上，剛健之極，又處訟之終，極其訟者也。陰居不正，訟而无理者也。訟而无理未必能勝，以其健訟之極或者能勝，而得命服之錫。然以訟得之，又不當得而得者，豈能安久，故一朝而三見奪也，凶可知矣。

䷆坎下坤上○爲卦一陽而爲衆陰之主，統衆之象也，故爲師。比以一陽爲衆陰之主而在上，君之象也。師以一陽爲衆陰之主而在下，將帥之象也。

師，貞，丈人吉，无咎。師，衆也。師之道，以正爲本。興師動衆以毒天下，而不以正，民弗從也，故曰貞。丈人，長老之稱。其動雖正，帥之者必得老成之人乃可得吉而无咎。

初六，師出以律，否臧凶。初，師之始也。律〔三〕，紀律也，謂號令節制。行師之始必有號令節制，然後可以齊乎衆，否則雖師出以義亦凶。臧，善也。法古制，師无法而不敗者鮮矣。

九二，在師中，吉无咎，王三錫命。卦惟九二一陽，爲衆陰所歸，而又有剛中之德。五居君位，乃其正應而爲

〔一〕「聽訟」，此二字原漫漶不清，今據《本義》補。
〔二〕「中正」，此二字原漫漶不清，今據《程傳》補。
〔三〕「律」，原漫漶不清，今據《程傳》及上下文意補。

所寵任，故有此象。師之道以中爲貴。人臣之義於事无所敢專，惟閫外之事得專制之者，貴隨時得中也。二得專制之任，在師而又得中道，故能吉又无咎。王者錫之寵命至于三也。凡事至于三者，極也。既專其倚任，復極其寵數。蓋禮不稱，則威不重而下不信也。他卦九二爲六五所任者有矣，惟師爲衆主而事得專制，故其義最大。

六三，師或輿尸，凶。三居下之上，亦當師之任者也。以其才柔不中而與諸陰同德，不能專制其事，故或使衆人主之，不得專任。如九二凶之道也。輿尸，衆主也。軍旅之事，權不專一，覆敗必矣。

六四，師左次，无咎。師之進，以强勇也。四以柔居陰，非能進而克捷者也〔一〕。以其得正。知不能進而退，故左次。左次，退舍也。量宜進退，乃所當也，故无咎。見可而進，知難而退，師之常也。唯取其退之得宜，不論其才之能否也。度不能勝而完師以退，愈於覆敗遠矣。可進而退，乃爲咎也。易之發此義以示後世，其仁深矣。

六五，田有禽，利執言，无咎。長子帥師，弟子輿尸，貞凶。五，君位，興師之主也，故言興師任將之道。師之興，必以蠻夷猾夏、寇賊姦宄爲生民之害，然後奉辭以誅之。若禽獸入于田中，侵害稼穡，於義宜獵取，則獵取之也。如此而動，乃得无咎。若輕動以毒天下，其咎大矣。執言，奉辭也，明其罪而討之也。若秦皇、漢武皆窮山林以索禽獸者也，非田有禽也。任將授師之道，當以長子帥師。如九二者，長子也，其道貴專。若既以長子帥之，而又以弟子衆主之，則所舉雖正，亦凶也。弟子，凡非長者也。自古任將不專而致覆敗者，如晉荀林父邲之戰，唐郭子儀相州之敗是也。〇長，丁丈反。

〔一〕「捷」，原漫漶不清，今據《程傳》補。

上六，大君有命，開國承家。小人勿用。上，師之終也[一]，功之成也。大君，以爵命賞有功也。開國[二]，封之爲諸侯也。承家，以爲卿大夫也。承，受也。小人者，雖有功不可用也，故戒使勿用。師旅之興，成功非一道，不必皆君子也。小人有功，賞之以金帛禄位可也，不可使有國家而爲政也。小人平時易致驕盈[三]，况挾其功乎？漢之英、彭，所以亡也。聖人之深慮遠戒也。

䷇坤下坎上○爲卦一陽而居尊位，上下五陰比而從之，故爲比。

比，吉。原筮元永貞，无咎。不寧方來，後夫凶。比，親輔也。人相親輔，自爲吉道，故云「比樂師憂」。人相親比，必有其道，苟非其道，則有悔咎，故必詳審占決其可比者而比之。所比得元永貞則无咎。元謂有君長之德，永謂可以常久，貞謂得正道。上之比下，必有此三者。下之從上，必求此三者。此言比之道不可苟也。人之相親固有道，然而欲比之志不可緩也。蓋人情相求則合，相待則睽，必不自寧處而來求比。若遲而後至，身則凶矣，此言比之道不可後也。○比，毗志反。

初六，有孚比之，无咎。有孚盈缶，終來有他吉。比以相親者爲義。初，比二者也，又比之始。相比之道，以誠爲本。中心不信而親人，人誰親之？故必誠信比之，乃无咎也。有孚盈缶謂誠信克實於内，若物之盈滿於缶中。缶，質

[一]「師之終」，此三字原漫漶不清，今據《程傳》補。
[二]「開國」，此二字原漫漶不清，今據《程傳》補。
[三]「驕盈」，此二字原漫漶不清，今據《程傳》補。

實之器。言又能誠實克於內，則至誠動物，物无不信。他人皆當感而來從，不但所比者而已，故曰終來有他吉。比之道始終在乎一誠也。

六二，比之自內，貞吉。二與初比，故曰自內。比之道，自近及遠，由親及疏。比之自內，道之正也。又二柔順中正，故能貞吉之道也。

六三，比之匪人。二比初者也，四比五者也，則三比无人矣。匪，猶无也。

六四，外比之，貞吉。四與五比，故曰外比。內比，親親也。外比，賢賢也。皆道之正也，故吉。四柔正亦有貞義，五又爲君位，君臣相比，亦是正道。

九五，顯比，王用三驅，失前禽，邑人不誡，吉。九五一陽居尊，爲衆陰所比，處正得中，盡比道之善者也[一]。故言人君比天下之道□王者大公之道，顯明其比而无私，天下自然來比[二]。來者弗拒，去者弗追，固不切切然。家喻户説，求比於物，如天子之畋，圍合其三面，開其一面，使之可去，取其不用命者，不出而反入者也。禽之前去者皆免矣，故曰失前禽。如是則雖私屬，亦喻上意，不相警備以求必得也，故曰邑人不誡。此王道之大，所以其民皥皥，而莫知为之者也，吉之道也。獻夫曰：「比親之道，貴乎誠。比下之道，貴乎公。比之道於初五見之矣。」

上六，比之无首，凶。比无首领之人，如三之匪人也。蓋上之上无人矣，是无首之象，凶道也。

[一]「盡」，原漫漶不清，今據《程傳》補。
[二]「自」，原漫漶不清，今據《程傳》補。

䷈乾下巽上○巽亦三畫卦名，一陰伏於二陽之下，故其德爲巽、爲入，其象爲風、爲木。此卦惟一陰得位，上下五陽皆應之，以小畜大者也，故爲小畜。又以一陰而畜五陽，能係而不能固，亦小畜之義。

小畜，亨。密雲不雨，自我西郊。畜，止也。陽爲陰畜，君子爲小人所畜，必有亨道，然後可通。又卦德内健而外巽，二、五剛中而志行，亨道也，故曰亨。然以其時，方見畜而施未行，故爲密云不雨，自我西郊之象。雲者，陰陽之氣。二氣交則爲雲〔一〕，和則雨，以陽畜陰，順也，故和。以陰畜陽，不順也，故不和。西郊，陰方也。陽氣起於陰方，故爲陰所畜也。陽爲陰所畜，故氣雖聚而不和，雲雖密而不雨也。我者，文王自我也。文王演易於羑里，視岐周爲西方，故云「自我西郊」。

初九，復自道，何其咎？吉。卦唯一陰得位，五陽皆説而應之，故爲所畜。初本乾體，志欲上進，又與四正應者也。然以當畜之時，居位得正而能自反於義，不妄進以説於陰。復由其道也，何咎之有？既不上進，則不爲所畜矣，故吉。

九二，牽復，吉。二亦乾體而志進，以其得中能與初牽連，同返於義，亦吉道也，故曰亦不自失也。三則愧其道矣。

九三，輿説輻。夫妻反目。三以居不得中，而又密比於四，陰陽相説而爲陰畜制者也〔二〕。不復能行其道，有輿説輻之象〔三〕。陰制於陽者也，今反制陽，勢必不相順而相逆〔四〕，爲夫妻反目之象。婦人爲夫寵惑，既而遂反制其夫，未有夫不

〔一〕「二氣」，此二字原漫漶不清，今據《程傳》補。
〔二〕「陽」，原漫漶不清，今據《本義》補。
〔三〕「有」，原漫漶不清，今據《本義》補。
〔四〕「勢」，原漫漶不清，今據《本義》補。

失道而妻能制之者也〔一〕。故説輻反目，三自爲也。○説輻之説，吐活反。

六四，有孚，血去惕出，无咎。四於畜時處近君之位，畜君者也。若内有孚誠，則五志信之，從其畜也。以臣畜君，本有傷害憂懼者也。惟有孚誠以感之，則可以免矣，故无咎。不然，則不免乎害矣。此以臣畜君之道也。畜君者，畜止其欲也。以人君之威嚴，而臣下有能畜止其欲者，蓋有孚誠以感之也。孟子曰：「畜君者，好君也。」果有好君之誠，則无不格者矣。六四一陰畜五陽，在初二上則爲小人畜君子，在三則爲妻畜夫，在五則爲臣畜君，而爻義各有得失也。○去，上聲。

九五，有孚攣如，富以其鄰。臣有好君之誠，君亦必有好臣之誠，而後能受其畜也。不但自受畜於四，而又以上九同受畜於四，故曰以其鄰。九五中實居尊，亦能至誠而又有財力者也，故有此象。攣如，極誠之貌。鄰，指上九。

上九，既雨既處，尚德載。婦貞厲。月幾望，君子征凶。上居畜之終，陽爲陰畜，極而□之者也。從則和，和則止矣。既雨，和也〔二〕。既處，止也，言陽不復尚往也。陰之畜陽，不和則不能止，既和而止，畜之道成矣。大畜畜之大，故極而散。小畜畜之小，故極而成〔三〕。尚德載，言猶未已也。畜道成，則尚積其陰德至於滿盈也。載，積滿也。《詩》云：「厥聲載路。」婦貞厲，言婦人固守此道則厲也。豈有婦制其夫，臣制其君，而能安者乎？月幾望，言陰之將敵也。月望，則與日敵矣。陰盛則與陽敵矣。斯時也，君子有所征行則凶。陰敵陽則必消陽，小人抗君子則必害君子，安得不凶乎？深戒之也。○處，上聲。幾，音機。

〔一〕「夫不失」，此三字原漫漶不清，今據《程傳》補。
〔二〕「和也」，此二字原漫漶不清，今據《程傳》補。
〔三〕「成」，原漫漶不清，今據《程傳》補。

䷉兑下乾上○兑亦三畫卦名，一陰見於二陽之上，故其德爲説，其象爲澤。此卦一陰而履於衆陽之間，故曰履。小畜以一陰在上而下止之，故爲畜。履以一陰在下而上踐之，故爲履。

履虎尾，不咥人，亨。履，有所踐而行之義。以一柔履衆剛，故爲危道。以卦德兑説而應乎乾，和説以躡剛强，則雖危而不見傷，故爲履虎尾而不咥人之象。亨道也，其道可行，故曰亨。

初九，素履，往无咎。初、上言人所履之道。以陽在下〔一〕，居履之初，未爲物遷〔二〕，履其素者也，故曰素履。率是而行，何咎之有？

九二，履道坦坦，幽人貞吉。二當柔履剛之時，居下得中，安分守常，自行其安平之道，坦坦然无所危懼者也，故曰履道坦坦。此非素有幽静安恬之德，確乎有守而中不自亂者，能之乎？故曰幽人貞。如是乃吉道也。

六三，眇能視，跛能履，履虎尾，咥人，凶。武人爲于大君。三以陰居陽，在下之上，以一柔而履於衆剛之間，志欲行於天下而才本柔弱。又以臣道而欲行人君之事，其位不當，不能大有所爲，如眇目者之視，其能明乎？跛足者之行，其能遠乎？以是道而行危事，鮮有不見傷者矣，故曰「履虎尾，咥人，凶」。然以其才弱而志剛，德不足而力有餘，當履之時，衆陽所共推，承以爲天下主，故有武人爲于大君之象。武人，尚力而不尚德者也。邵子以此爻當五伯之事，是矣。此爻爲成卦之主，故辭獨詳。

〔一〕「以」，原漫漶不清，今據《本義》補。

〔二〕「未爲」，此二字原漫漶不清，今據《本義》補。

九四，履虎尾，愬愬，終吉。四當柔履剛之時而居近君之位，亦行危道者也。以其志柔，故能畏懼而得終吉。愬愬，畏懼之貌。

九五，夬履，貞厲。五當武人爲于大君之時，而正當君位，不能有所施行。斯時也，從容和裕，正己以格之，積誠以動之，修德以來之，可也。若夬決其履，果於有行，則雖得正亦危矣，如周王之於五伯是也。

上九，視履考祥，其旋元吉。上處履之終，故言人所履之道。當於其成視之，以考其善惡禍福，若其旋，則大善而吉也。旋謂周旋完備，无不至也。人之所履，若終始周全无虧，善之大者也。善大則其吉亦大矣。人之吉凶，係其所履善惡之多寡，吉凶之大小也。《大傳》曰「吉事有祥」，是此祥字。

䷊乾下坤上〇爲卦坤上乾下，天下交於地，地上交於天，天地之氣通則傳功成而萬物遂也，故爲泰。在人則爲君下交於臣，臣上交於君。君臣之志通，則□道行而百姓安也，亦爲泰。

泰，小往大來，吉亨。泰之爲卦，三陰皆在外，三陽皆在內，□小往大來之象[一]。小謂陰，小人也。大謂陽[二]，君子也。是小人往居於外，君子來居於內也。君子在內，小人在外，則君子道長而小人道消矣。是君子之吉而且亨也。身吉而道亨。

[一]「往大」，此二字原漫漶不清，今據上下文意補。

[二]「陽」，原漫漶不清，今據《程傳》補。

初九，拔茅茹，以其彙，征吉。初以陽居下，是賢而在下者也。時之否，則君子退而窮處。時既泰，則志在上進也。又初與四應而志交，君子之進必與其朋類相牽引。又初與二陽同類而志合者，初進則連二三而起矣，故爲拔茅茹而連其彙之象。茹，茅根也。初在下爲茅茹之象。彙，類也，根之相牽連者。賢者以其類進，同志協力以行其道，是以吉也。君子之進必以其類，不唯志在相先樂於與善，實乃相賴以濟，故君子小人未有能獨立不賴朋友之助者也。自古君子得位，則天下之賢萃於朝廷，同志協力以成天下之泰。小人在位，則不肖者并進，然後其黨勝而天下否矣。蓋各從其類也。

九二，包荒，用馮河，不遐遺，朋亡，得尚于中行。二以陽剛得中，上應於五；五以柔順得中〔一〕，以下應之。君臣同德而相信任，故二雖居臣位，主治泰者也。爻言治泰之道。當泰之時，民物既蕃，政事既廣，則荒穢不治者固多有之。若一切取必而无包含之量，則非有忿疾之心，必有暴擾之患，故在包荒也。然自古泰治之世，必漸至於衰替，蓋由狃習安逸，因循而然。若一切寬緩廢弛，則不可也。故又當用馮河之勇，然後能挺特奮發以革其弊也。馮河，謂其剛果足以濟深越險也。如時既泰，則人情多泄邇而忘遠。凡事之微隱，賢才之在僻陋，皆遐遠者也。時泰則固遺之矣，則在弗遺。若夫自古立法制事，牽於人情，卒不能行者多矣。禁奢侈則害於近戚，限田産則妨於貴家，如此之類，不能斷以大公而必行，則是牽於朋比也。治泰不能朋亡，則爲之難矣，故在朋亡。此皆非有馮河之勇者不能也。能盡此道則得无过不及而合乎中行之義矣。尚，配合之義。○馮音憑。

九三，无平不陂，无往不復。艱貞，无咎。勿恤其孚，于食有福。三居泰之中，泰之盛也。物理如循

〔一〕「順」，原漫漶不清，今據《程傳》補。

環，未有盛而不衰〔一〕。又三當天地之際，故聖人爲之戒曰：無有常平而不陂陷者〔二〕，謂无常泰也。无有常往而不復來者，謂否當復也。當知天命之必然，方泰之時，不敢安逸，艱危其思慮，正固其施爲，則可以无咎。勿用憂其否泰之期，于以享有福祉之應也，謂可常保其泰也。不失其期爲孚，蓋德善日積則福禄日臻，人爲既臧則天命可回，亦必然之理也。

六四，翩翩，不富以其鄰，不戒以孚。當上下交泰之時，六四居大臣之位，柔順虚己，下應於初，又與六五柔中之君同志，下賢者也，故爲「翩翩，不富以其鄰，不戒以孚」之象。翩翩，兩物連飛之狀。陽實陰虚，故凡陽爻言富，陰爻言不富〔三〕。鄰指五。夫人富而其類從者，爲利也〔四〕。不富而從者，其志同也。四五當泰之時，其志皆在下賢，故不用財力而相從，不待戒告而誠意相合也。故《傳》於四曰「中心願」，而五曰「中以行願也」。獻夫曰：「初之上進必以其彙，四之下交必以其鄰，此泰之道也。所謂上下交泰，其志同者也。」

六五，帝乙歸妹，以祉，元吉。六五當泰之時，雖居尊位，而以柔德下交於二，以陰下陽，降尊從卑，故爲帝乙歸妹之象。帝乙，商賢君，制王姬下嫁之禮者也〔五〕。自古帝女雖皆下嫁，至帝乙然後制爲禮法，使降其尊貴，以順從其夫也。六五陰柔能降其尊，而順從於九二陽剛之賢，則以之受祉，且得大善之道而吉，謂成治泰之功也。以祉，猶于食有福之義。

上六，城復于隍，勿用師。自邑告命，貞吝。掘土積累以成城，如治道積累以成泰。及泰之終，復反於否，如城

〔一〕「衰」，原漫漶不清，今據上下文意補。
〔二〕「有」，原漫漶不清，今據上下文意補。
〔三〕「爻」，原漫漶不清，今據《本義》補。
〔四〕「爲利」，此二字原漫漶不清，今據《程傳》補。
〔五〕「嫁」，原漫漶不清，今據《程傳》補。

土圮壞，復反于隍也。上泰極而否之時，故爲城復于隍之象。泰之既終，時之當否，不可力爭，惟宜自治。如城之既壞，豈可用師罪衆？止可戒命其邑人以自保守也，故爲勿用師，自邑告命之象。然將否而方告命，雖得其正亦可羞吝也，言不可復救矣。

䷋坤下乾上○爲卦天上地下而不相交，則天地之氣閉塞而萬物不生。君上臣下而不相交，則君臣之志隔絶而治不行，所以爲否也。

否之匪人，不利君子貞，大往小來。天下否塞之時，君臣上下皆失其道，則无君无臣而亦无民矣，所謂天下无邦也。故曰匪人，謂无人也，故不利君子貞。君子正道否塞不行也。爲卦三陽皆在外，三陰皆在内，爲大往小來之象。君子往居於外，小人來居於内，是小人道長，君子道消之時，故利於小人之邪道而不利於君子之正道也。○否，備鄙反，爻并同。

初六，拔茅茹，以其彙，貞吉，亨。初陰在下而與二三同類，當否之時，小人連彙而進之象。而初之惡則未形也，故戒其貞則吉而亨。蓋上下不交之時，能志在於君而引類并進，聖人則亦與之。但進而行正道則可，進而行邪道則不可〔一〕。正則爲善而吉且亨，否則爲邪爲惡而凶矣，安能亨乎？

六二，包承，小人吉，大人否，亨。六二，其質則陰柔，其居則中正。以陰柔小人而言，則方否於下，志所包畜者，在順承乎上，以求濟其否，爲身之利，小人之吉也。大人當否，則以道自處，豈肯枉己屈道，承順於上，唯自守其否而已。身

〔一〕「則」，原漫漶不清，今據上下文意補。

之否，乃其道之亨也。

六三，包羞。三以陰柔，不中不正而居否，非能守道安命〔一〕，窮斯濫矣，極小人之情狀者也〔二〕。其所包畜謀慮，邪濫无所不至，皆可恥之事也，故曰包羞。

九四，有命无咎，疇離祉。否過中矣，將濟之時也。天運循環无有否而不泰者，是天命當然也。九四陽剛居大臣之位，志在濟否者，既有天命，則其志可行而无咎矣。非但九四爲然，同類三陽皆當其運，將必獲泰之福，爲疇離祉之象。疇，類也。離猶罹也。

九五，休否，大人吉。其亡其亡，繫于苞桑。五以陽剛中正之德居尊位，主治否者也。當否之將濟而又有大人之德位，能休息天下之否而漸反於泰，故曰休否，大人吉之道也。然否之將極之時，得其道則泰，失其道則亡。不可以否之既已，便爲安肆，當深自戒懼，曰「其亡矣，其亡矣」。而又繫于苞桑，謂爲安固其國家之道，如維繫于苞桑也。桑之爲物，其根深固。苞謂叢生也，其固尤甚，聖人之戒深矣。漢王允、唐李德裕，不知此戒，所以致禍敗也。獻夫曰：「泰方盛則當衰〔三〕，否必極乃可已，故泰於九二，否於九五言其道。」

上九，傾否，先否後喜。上九，否之終也。物極必反，否終則傾。先極〔四〕，否也。後傾，喜也。否傾則泰矣〔五〕，後

〔一〕「非」，原漫漶不清，今據《程傳》補。
〔二〕「人」，原漫漶不清，今據《程傳》補。
〔三〕「衰」，原漫漶不清，今據上下文意補。
〔四〕「先極」，此二字原漫漶不清，今據《程傳》補。
〔五〕「傾則」，此二字原漫漶不清，今據《程傳》補。

喜也。程子曰：「否終必傾，理之常也。然反危爲安，易亂爲治，必有剛陽之才而後能。故否之上九則能傾否，屯之上六則不能變屯也。」

☲☰離下乾上○離亦三畫卦名，一陰麗於二陽之間，故其德爲麗，爲文明，其象爲火、爲日、爲電。此卦一陰而同乎五陽，以一人之德而同乎衆人，故曰同人。蓋中正者，通天下之道也。

同人于野，亨，利涉大川，利君子貞。同人，與人同也。野謂曠野，取遠與外之義。同人之道，當以至公无私之心與天下人同，不以私意偏合。又卦德内文明而外剛健，六二中正而應乎天，爲能大公而无私。如同人于郊野曠遠之地〔一〕，而不暱於比近之人者也。既不繫所私，乃至公大同之道，无遠不同，是亨道也。能與天下人同，是天下皆同之也。天下皆同，何□不可□□，何艱危之不可亨？〔二〕故利涉大川□□□□□□□□□□□君子之□□□□□□□人□□公至正者也。故雖居千里之遠，生千歲之後，若合符節，推而行之，四海之廣，兆民之衆，莫不同。小人則唯用其私意〔三〕，所比者雖非亦同〔四〕，所惡者雖是亦異，故其所同者則爲阿黨，蓋其心不正也。故同人之道利於君子而不利於小人。

初九，同人于門，无咎。初在屋爲門象。同人之初，未有所私係，爲同人于門之象。同人于門外，是其所同者廣。

〔一〕「郊野」，此二字原漫漶不清，今據《程傳》補。

〔二〕「何艱危」，此三字原漫漶不清，今據《程傳》補。

〔三〕「則唯」，此二字原漫漶不清，今據《程傳》補。

〔四〕「比者雖」，此三字原漫漶不清，今據《程傳》補。

同人之公者，何咎之有？

六二，同人于宗，吝。門内爲宗，宗爲家人族黨也。唯同其家人族黨而不同乎衆，是暱於親比之情，而不知有大公之義者也。其爲道私且狹矣，故可吝。

九三，伏戎于莽，升其高陵，三歲不興。九三以陽居剛而不得中。在同人之時，志在於同。卦唯一陰，諸陽之志皆欲同之。三又與之比，然二與五正應，已非其正，徒以剛强居其間，欲奪而同之。其理不直，義不勝，故不敢顯發，伏藏兵戎于林莽之中，懷惡而内負不直〔一〕，故又畏懼，時升高陵以顧望〔二〕，如此至於三歲之久，終不敢興〔三〕。□□□□□□□也，爲象如此。□□□□□□□□□□□〔四〕

九四，乘其墉，弗克攻，吉。九四剛而不中，其志亦欲同二而仇五者也。墉垣所以限隔也。四切近於五，如隔墉耳。乘其墉，欲攻之，既而知義不直而不克也，吉道也。若肆其邪欲，不能反思義理，妄行攻奪，則其凶大矣。三以剛居剛，故終其强而不能反。四以剛居柔，故有困而能反之義。畏義而能改，其吉宜矣。

九五，同人，先號咷而後笑。大師克相遇。五與二正應，志同於二而爲三四所隔。五自以理直，不勝憤抑，至於號咷。然邪不勝正，終必得合，故後笑。又二陽之强，非理争奪，必用大師克勝之，乃得相遇也。獻夫曰：「三四之兵曰

〔一〕「惡而内負」，此四字原漫漶不清，今據《程傳》補。

〔二〕「時升高陵」，此四字原漫漶不清，今據《程傳》補。

〔三〕「終不敢興」，此四字原漫漶不清，今據《程傳》補。

〔四〕原漫漶不清，至多缺十一字。

戎、曰伏、曰乘，其義不正也。五之兵曰大師、曰克，其義正也。」○號，户羔反。

上九，同人于郊，无悔。郭外曰郊。上九居外而无應，无與同者也。人有同則或有睽悔，故上雖无同亦无悔也。雖同人之志不遂，而其終无所悔也。二者衆陽所欲也。獨三四有争奪之義者，居二五之間也。初終遠，故取義别。

䷍乾下離上○卦唯一陰居尊，而上下五陽皆應之。天下之人皆爲□□，故曰大有。同人一陰在下而无位，以其德同乎人而已。大有一陰在上而得位，故足以有乎人也。

大有，元亨。所有既大，當有大善之德，可亨之道，然後足以當之。又卦德剛健而文明，大善也。六五應乎天而時行，亨道也。故曰元亨。程子曰：「凡卦德，有卦名自有其義者，如比吉、謙亨是也。有因其卦義便爲訓戒者，如師貞丈人吉、同人于野亨是也。有以卦才而言者，大有元亨是也。」又曰王弼云：「不大通，何由得大有乎？大有則必元亨矣。」此不識卦義離乾成大有之義。非大有之義便有元亨，由其才故得元亨。大有而不善者，與不能亨者，有矣。諸卦具元亨利貞，則《彖》皆釋爲大亨，恐疑與乾坤同也。不兼利貞，則釋爲元亨，盡元義也，元有大善之義。有元亨者四卦：大有、蠱、升、鼎也。唯升之彖，誤隨他卦作大亨。曰：諸卦之元與乾不同，何也？曰：元之在乾，爲元始之義，爲首出庶物之義，他卦則不能有此義，爲善爲大而已。曰：元之爲大可矣，爲善何也？曰：元者物之先也，物之先豈有不善者乎？[一]事成而後有敗，敗非先成者也。興而後有衰[二]，衰故後於興也。得而後有失，非得則何以有失也？至於善惡治亂是非，天下之事莫不皆然，必善爲先。故曰：「元者善

[一] 「善」，原漫漶不清，今據《程傳》補。
[二] 「而」，原漫漶不清，今據《程傳》補。

之長也。」

初九，无交害，匪咎，艱則无咎。爻居大有之初，未至於盛，未有驕盈之失，是未涉乎害者也。大凡人之富有，鮮不有害，以子貢之賢未能盡免，況其下者乎？既无交害，何咎之有？然亦必艱以處之則可无咎。處富有而不兢畏，則驕侈之心生矣，終能无咎乎？戒辭也。

九二，大車以載，有攸往，无咎。二陽剛健體而又得中，上應於五，爲所倚任，其才其德能勝大有之任者也。如壯大之車，以之載物，无不勝矣。以是而行，可以任重致遠，故有攸往而无咎。

九三，公用亨于天子，小人弗克。亨，《春秋傳》作「享」，謂貢獻也。古者亨通之「亨」，享獻之「享」，烹飪之「烹」皆作「亨」字。九三居下之上，公侯之象。公侯上承天子，天子居天下之尊，尺地莫非其有，一民莫非其臣，在下者何敢專之。三當富盛之時[一]，居公侯之位，當用其所有享于天子，乃人臣之常義也。若小人處之，則專其富有以爲私[二]，不知公以奉上之道，故曰小人弗克。

九四，匪其彭，无咎。四居大有之時，已過中矣，是大有之盛者也。又處近君之位，有僭逼之嫌。故處之之道，能自抑損，不處其太盛，則得无咎也。苟處太盛，必致凶咎。彭，盛多貌。《詩》云「行人彭彭」，又云「駟騵彭彭」，皆言盛多也。○彭，步郎反。

[一]「當」，原漫漶不清，今據《程傳》補。

[二]「專」，原漫漶不清，今據《程傳》補。

六五，厥孚交如，威如，吉。六五以一陰居尊位而上下歸之，虚中，爲孚信之象。人君執柔守中，而以孚信接於下[二]，則下亦盡其誠信以事於上，上下孚信相交也，故曰厥孚交如。然君道貴剛，五以其德柔，若專尚和易，則陵慢生矣，故必威如則吉。威如，有威嚴之謂也。蓋大有之時，歸者既衆，非有孚信則无以結其心，非有威嚴則无以畏其志，此剛柔相濟之道也[三]。能盡其道，故吉。

上九，自天祐之，吉无不利。爻以陽剛居上而能下從六五，質本陽實，是其所履者，信也。以剛從柔，是其所思者，順也。五，賢者也，能屈己降志以下之。又爲尚賢之義，有是衆善合道之至，故居大有之極而无滿盈之災，蓋天祐之也。有極必變，天之道也。今乃獲福而无災，是天之助，非人力之所能爲也，故曰「自天祐之，吉无不利」。在易此義爲難，故聖人於《繫辭》特著之。

䷎艮下坤上○卦唯一陽而五陰皆歸之，能止乎内而順乎外，謙之象也。故爲謙。

謙，亨，君子有終。謙者，有而不居之義。人而能謙，无行不可，是亨道也。凡人有功有德而不能保有其終者，不能謙故也。君子能謙，故有功而不伐，其功愈光。有德而不矜，其德益盛。或長保禄位，或永有令名，皆以其謙故也。是謙者，君子有終之道也。程子曰：「他卦皆有悔凶咎，唯謙卦未嘗有，他卦有待而亨，唯謙則便亨。」

[二]「接」，原漫漶不清，今據《程傳》補。
[三]「濟」，原漫漶不清，今據上下文意補。

初六，謙謙君子，用涉大川，吉。當謙之時以陰柔之質，又居一卦之下，謙而又謙者也，故曰謙謙。謙之至也，君子之行也。是道也，雖用涉險難[一]，亦无患害，故用涉大川，吉。

六二，鳴謙，貞吉。二陰柔中虛，能謙之德，又居九三之下，是中心欲謙而得之者也，故樂得其謙而至於鳴。以謙鳴於人可乎？凡人有得於中，則必發於聲音笑貌，蓋出於中心之誠，有不得不然者，非眩耀也。二又得正，故曰貞吉。

九三，勞謙，君子有終，吉。三以一陽爲衆陰所歸而居下體，有功勞而能謙者也。有勞而能謙，則爲萬民所服，所謂「致恭以存其位者也」。是君子之所以有終也，故吉。程子曰：「君子履謙，乃其常行，非爲保其位而爲之也[二]。而言存其位者，言謙之道如此。如言爲善有令名，君子豈爲令名而爲善哉？亦言其令名者，爲善之故也。」

六四，无不利。撝謙。四以陰柔順體居上之下，能謙者也，故无不利。然以其處九三功臣之上，必撝布其謙，以示不敢自安之意，乃爲宜也，故曰撝謙。撝，施布之象，如人手之撝也。動息進退，必施其謙，謂之撝謙。

六五，不富以其鄰，利用侵伐，无不利。六五陰柔居尊能謙[三]，四上二陰皆從之，爲不富以其鄰之象。以其謙虛之德感人，故不用財富之力也。又居坤體，得其順道者也。人君居尊而能謙，其德光於鄰國。鄰國之人歸心焉，故可用行師。又以其順道，故利用侵伐，无不利。潛師入境曰侵，聲罪致討曰伐，二者皆行師之法。无不利，言无征不可也。又坤爲衆，有行師之象。

[一]「難」，原漫漶不清，今據《程傳》補。
[二]「保」，原漫漶不清，今據《程傳》補。
[三]「五」，原漫漶不清，今據上下文意補。

上六，鳴謙，利用行師、征邑國。上以柔處順之極，又處謙之極，極乎謙者也。以謙極而反居高，未得遂其謙之志，志欲謙而不得，故不勝其切而至於鳴。二得而鳴，上不得而亦鳴，何也？人之志有所不得，則必激於中而發於外。蓋亦出於本心之誠，有不得不然者，所謂不平之鳴也。人不可无事自鳴，唯行師之道，執詞伐敵，則不得不鳴者，以號令於人也，故利用行師。然亦自治而已，故其所征者，己之邑國則可也。事有欲謙而不得者，用師之道也。蓋亦有不必謙者，時義當然也。獻夫曰：「上之人以用師爲難，下之人以涉險爲難，唯謙者皆利，謙道之善如此。」

䷏坤下震上○卦唯一陽而五陰皆應之，動於上而順於下，其志得行，爲和樂之義，故曰豫。

豫，利建侯、行師。上下和樂之時，又卦德爲順以動，故其道利於建侯、行師也。建侯立君，興師動衆，皆事之大者，非人心和悦又順理而動，能使之服從乎？故曰「豫之時義大矣哉」，順動之義大矣。又曰：屯有震无坤，則建侯而不言行師。謙有坤无震，則言行師而不言建侯。豫合震坤成體，故兼言之。

初六，鳴豫，凶。當豫之時，窮居在下，其志不行，又陰柔不能自守，不得於豫而鳴者也，故曰志窮，猶曰志未得也。若曰滿極，爻居豫初，何滿極之有？不得於謙而鳴，其志善也，故不曰凶。不得於豫而鳴，其志卑也，故曰凶。

六二，介于石，不終日，貞吉。豫樂之道，易以溺人，溺則失其正矣，故豫之諸爻皆不得吉。唯六二一爻處中正，當豫之時，獨能以中正自守者也。其自守之節，過于石之堅，故曰介于石。其於豫樂，不俟終日而即去之，故曰不終日。如是則得貞正而吉也。處豫不可安且久也，久則溺矣。如二，可謂見幾而作者也，故《繫辭》極贊其知幾之美。

六三，盱豫，悔，遲有悔。盱，上視也。六三陰柔无應，上近於四，四爲卦主，不能自有其樂而瞻望於四以爲樂者也。三本有位者，不能自致其樂而望人以爲樂，悔之道也，故其樂可暫而不可久。遲遲則有悔矣。遲即不終日之反也。

九四，由豫，大有得。勿疑，朋盍簪。九四一陽爲豫之主，上下五陰皆應之，是上下之人所由以爲豫者也。居大臣之位能致天下之豫，其志大行，故曰大有得，言大得其志也。然居大臣之位，承柔弱之君而當天下之任，危疑之地也，又无同德之助，所以疑也。唯當盡其至誠，勿有疑慮，則天下之朋自當盍聚而助之矣。簪，所以簪冠者，士之首服也。盍簪猶云聚首。夫欲上下之信，唯至誠而已。苟盡其至誠，則何患乎其无助也？邵子曰：「剛健主豫，動而有應，群疑乃亡，能自强故也[一]。周公以之。」

六五，貞疾，恒不死。六五陰柔昏庸之君，又乘九四之剛[二]，當豫之時，自耽於豫，天下之衆皆歸於四[三]。徒擁虛位，不能有行，如痼疾之人也，故曰貞疾。然猶賴九四能任天下之事，致時於豫，又能中心任之而不至於亡，故曰恒不死。程子曰：「常疾而不死，如漢、魏末世之君。」是也。

上六，冥豫，成有渝，无咎。陰柔居豫之極，沈冥於豫者也。然在豫之終，有變之義。人之失，苟能自變，則无不善也，故冥豫雖已成，能變則可以无咎。聖人發此義，所以勸遷善也。

䷐震下兑上○此卦以卦變觀之，乾之上爻來居坤之下，剛來下於柔也。以卦德觀之，震動而兑説也。以上下下，以貴下

[一]「强故」，此二字原漫漶不清，今據《邵雍集》補。
[二]「乘」，原漫漶不清，今據《本義》補。
[三]「衆」，原漫漶不清，今據《程傳》補。

賤，如是而動，物之所説隨也，故爲隨。

隨，元亨，利貞，无咎。爲人所隨者必有大德，亨道而又宜於正固，然後可以當衆之隨而无咎也。《春秋傳》穆姜曰：「有四德者，隨而无咎。我皆无之，豈隨也哉！」深得大易之旨者矣。

初九，官有渝，貞吉，出門交有功。卦取衆隨初爲義，爻取陰隨陽爲義。官，主守也。初比於二，爲二所隨，是已有所主守者也。有所偏主則非正，故能變則得正而吉。又能出門以交，所隨者廣，則有功也。以其陽爻動體，故有變義。初又門象。

六二，係小子，失丈夫。隨與比義相似，取其近者所以爲隨也，故曰遠近相取而悔吝生。二遠四而比初，故有「係小子，失丈夫」之象。初陽在下而无位，小子也。四陽在上而當任，丈夫也。

六三，係丈夫，失小子。隨有求得，利居貞。丈夫亦謂四，小子亦謂初。三近係四而失於初，其象與六二正相反。四陽當任而己隨之，有求必得，然不可非理妄説以遂其求，故戒之曰利居貞，當自處以正也。

九四，隨有獲，貞凶。有孚在道以明，何咎？四以陽剛之才，處大臣之位，當隨之時而得人心之隨者也。爲臣之道，當使恩威一出於上，衆心皆隨於君。若人心從己，危疑之道也，雖正亦凶，故曰其義凶也。然則居此地奈何？唯孚誠積於中，施爲合於道，而又處之以明哲，則上安而下從之，何咎之有？程子曰：「古之人有行之者，伊尹、周公、孔明是也。是以下信而上不疑，位極而无逼上之嫌，勢重而无專權之失。非聖人大賢，則不能也。其次如唐之郭子儀，威震主而主不疑，亦由中有孚誠而行无過失也，非明哲能如是乎？」

九五，孚于嘉，吉。嘉指九四陽剛任事，爲衆所隨，有嘉美之功者也。九五陽剛與之同德，而又中正无偏，是能中誠信任與之相孚，而无所疑忌之心者也。《诗》曰「嘉樂君子」，是有功德，可嘉尚者也，非九四其孰能當之？大臣有功德之美而人君能信從之，其吉可知，此隨之至善者也。

上六，拘係之，乃從維之。王用亨于西山。上，隨五者也，以柔居隨之極，極乎隨者也。隨之極，固結而不可解，有「拘係之」又「從維之」之象。係義與二、三同。以此爻隨上无王之用，又誠意之極，可交神明，故王者用此當祭享于山也。居兑爲西方，故宜享于西山。「亨」亦當作祭享之「享」。此爻與大有九三「公用亨于天子」，益六二「王用亨于帝」，升六四「王用亨于岐山」，四爻句法皆同。○亨讀作享。

☶☴巽下艮上○此卦乾之初往居於上，坤之上來居於初，剛上而柔下，剛柔不交。又巽於下而止於上，下卑巽而上苟止，不事其事而至於壞者也，故爲蠱。

蠱，元亨。利涉大川。先甲三日，後甲三日。蠱，壞也。在文爲蟲皿，皿之有蟲，蠱壞之義。事壞則當治，故曰蠱有事也。治蠱必有大善可亨之道，然後能濟，故曰元亨。蠱之時當勇往，有所事，勿畏艱險，若巽懦而止，則終於蠱而已，故利涉大川。甲，日之始，事之端也。事既壞，則更端也。先甲三日，辛也。後甲三日，丁也。舊事既壞，固當圖其新，新事既治，又當圖其久，故必作新於先而又丁寧於後也。聖人垂教之意至矣。

初六，幹父之蠱，有子，考无咎，厲，終吉。幹如木之幹，枝葉之所附而立者也。蠱者，前人已壞之事，故諸爻皆有父母之象。子能幹之，則飭治而振起矣。初六蠱未深而事易濟，故爲有子則能治蠱，不至於大壞，父得无咎也〔二〕，然亦危

〔二〕「咎」，原漫漶不清，今據《本義》補。

矣。以其終治，故終吉。

九二，幹母之蠱，不可貞。九二陽剛在下而應於六五在上之陰，爲子幹母蠱之象。夫子之於母，當以順道入之。若固守其剛直之道，有所矯拂則傷恩，所害大矣，亦安能入乎？故戒以不可貞。

九三，幹父之蠱，小有悔，无大咎。凡子處父母之事，貴於剛柔相濟。蓋子事父母之道，以順爲本也。三過剛不中，故小有悔。然以陽剛之才克幹父事，雖有小悔，終无大咎也。

六四，裕父之蠱，往見吝。六四以陰居陰，過於柔而不中者也。故爲裕父之蠱之象。寬裕以治蠱，則蠱將日深，故往見吝。

六五，幹父之蠱，用譽。六五柔中居尊，下應九二，承之以剛中之德，以此幹蠱，可致聞譽也。

上九，不事王侯，高尚其事。陽爻居蠱之極，又處无位之地，賢而在事之外者也。蠱既極則不可爲，在事外則非其責，故有此象。蓋時位當然也。然非剛介絕俗之士，高明達道之賢，超然不累於世務者，能之乎？六爻皆取父母之象，此爻復言王侯之事者。以家事言則上爲父，五爲母，衆爻爲子。以國事言則五爲君，下四爻爲用事之臣，上一爻爲不事之臣。觀下五爻以幹父言，則父之位存矣。觀上一爻以王侯言，則君之位存矣。此易之道屢遷而不可爲典要者也。

䷒兑下坤上○爲卦二陽浸長而進逼於陰，故爲臨。

臨，元亨，利貞。至于八月有凶。臨者，進逼之義。二陽方長於下，君子道盛之時，固有大亨之道，而必宜於以正。又卦德和説而順，則可亨。九二剛中則能正，故曰「元亨，利貞」。夫以大臨小，以正逼邪，以君子凌小人，固有亨道。然苟恃其方盛之勢，而處之不以其正，則自失其道矣，何以臨人乎？故戒之曰利貞。又以陽雖方長，然有長必有消，至于八月，則其道消矣[一]，是有凶也。八月，謂陽生之八月。陽始生於復[二]，自復至遯凡八月，正臨之反對[三]。在陰陽之氣言之，則消長如循環[四]，不可易也[五]。以人事言之，則陽爲君子，陰爲小人。有盛必有衰，理亦宜然。故方君子道盛之時，聖人爲之戒，使知極則有凶之理而虞備之，常不至於滿極，則无凶也。所謂易爲君子謀者如此。八月即周之八月。

初九，咸臨，貞吉。卦臨取逼陰之義，爻臨取相與之義。《雜卦》云「臨、觀之義，或與或求」，是臨有與義也。咸，皆也，普徧之義。卦唯二陽徧臨四陰，是四陰皆爲所與，故初、二有咸臨之象。其道廣大，公溥无所偏，比道之正也，故曰貞吉。

九二，咸臨，吉，无不利。二又得中，故吉而无不利。既得其勢，而又以道與人，何不利之有？

六三，甘临，无攸利。既憂之，无咎。四陰臨二陽者也。各隨其位而得失不同，故曰情僞相感而利害生。三陰柔不中正而近於二陽，非其正應，但見其勢盛而與之，又居兑體，是以甘説相與者也，故曰甘臨。人以邪媚與人，失德之甚，

〔一〕「其」，原漫漶不清，今據《程傳》補。
〔二〕「陽」，原漫漶不清，今據《程傳》補。
〔三〕「臨」，原漫漶不清，今據上下文意補。
〔四〕「循環」，此二字原漫漶不清，今據《程傳》補。
〔五〕「可易」，此二字原漫漶不清，今據《程傳》補。

无所利也。然兑性既説，又乘二陽之上〔二〕，陽方長而上進也。又正當其盛，故憂之而益甘也〔三〕。既知危懼而憂之，則何咎之有？

六四，至臨，无咎。當臨之時，四正應於初，相與之至者也，故曰至臨。以正相與，故无咎。

六五，知臨，大君之宜，吉。五以柔中居尊，正應於二剛中之臣，以上與下，降尊臨卑，是人君樂善而忘其勢，不自用而用人之象。乃知之事也，故曰知臨，又曰大君之宜。夫人君以一人之身，治天下之廣，若區區自任，豈能周於萬事？故自任其知者，適足爲不知。唯能取天下之善，任天下之聰明，則无所不周。雖不自任其知，其知大矣，乃大君之所宜也，其吉可知。

上六，敦臨，吉，无咎。上六，坤之極，順之至也，而居臨之終。尊而應卑，高而從下，尊賢取善，敦厚之至也，故曰敦臨，吉而无咎之道也。

䷓坤下巽上○爲卦二陽至高在上，而爲衆陰所瞻仰，如樓觀然，故爲觀。此卦四陰長而二陽消，聖人名卦繫辭更取他義，亦扶陽抑陰之意。

觀，盥而不薦，有孚顒若。凡觀視於物則爲觀，觀示於下則爲觀。二陽在上，四陰在下，陽剛居尊，爲群下所觀

〔二〕「又乘」，此二字原漫漶不清，今據《程傳》補。

〔三〕「故憂」，此二字原漫漶不清，今據《程傳》與上下文意補。

仰，觀示之義也。在諸爻，則唯取觀見爲義也。君子在上，爲下所觀，則當有至誠之德，恭敬之容。如宗廟之祭，始盥而未薦之時，然後可觀也。盥，謂祭祀之始，盥手酌鬱鬯於地，求神之時也。薦，謂獻腥獻熟之時也。盥者事之始，人心方盡其精誠。至既薦之後，禮數繁縟，則人心少散，誠意或懈，而精一不若始盥之時矣。顒然，恭敬之貌。爲觀者極其恭敬，則誠意在中，而顒然可仰也。此君子篤恭，而天下平之道與。○觀，官喚反。

初六，童觀，小人无咎，君子吝。四陰皆取觀見二陽爲義。初柔最下，去陽最遠而不能見，如童子之觀，昏昧未明，不能遠見之象。小人，細民也，所見淺近，不能識君子之大道，乃其常分也，不足謂之過咎。若君子而如是，則可羞矣。○以下觀并如字。

六二，闚觀，利女貞。二柔居内之中而觀乎外，亦遠而所見不明，爲闚觀之象。闚，門中視也。雖少見而不能甚明，女子之道也，故利女貞。丈夫如是，則非所利矣。

六三，觀我生，進退。我生，我之所行也，謂動作施爲皆出於己者，故曰我生。三居下之上，可進可退之際，又去二陽漸近，觀見二陽爲不難矣，但當觀我所行之通塞，以爲進退也。能隨時進退，故无咎吝。

六四，觀國之光，利用賓于王。觀莫明於近。五以陽剛中正，居尊位，聖賢之君也，四切近之，故曰觀國之光，觀見五之盛德光輝也。不指君之身而云國者，在人君而言，豈止觀其行於一身乎？當觀一國之政化，則人君之道德可見矣。夫聖明在上，則懷抱才德之人，皆願進于朝，輔戴之以康濟天下。四既觀見九五之光，則宜賓于王朝，效其智力，上輔於君也，故曰利用賓于王。古者有賢德之人，則人君賓禮之，故士之仕進於王朝則謂之賓。

九五，觀我生，君子无咎。九五居大觀之位，爲衆陰所觀，必觀己之所行，皆君子之道，然後可以无咎。陽剛中正，君子之道也。我生，謂凡政教號令出於己者，非止一身之行也。不曰吉而止曰无咎，難辭也。

上九，觀其生，君子无咎。上九以陽剛之德處於上，亦爲衆陰所觀，而不當位，是賢人君子不在於位，而道德爲天下所觀仰者也。既爲天下所觀仰，故自觀其所生，若皆君子矣，則无过咎。苟未君子，則何以使人觀仰矜式，是其咎也。其生，謂出於己者，德業行義也。上无位，故曰其生，以別於五。

䷔震下離上○爲卦上下二剛而中虛，人頤口之象，一剛間於其中，必齧之而後合，故爲噬嗑。

噬嗑，亨，利用獄。噬，齧也。嗑，合也。聖人觀噬嗑之象，推之於天下之事。在口則爲有物隔而不得合，在天下則爲有强梗或邪讒間隔於其間，故天下之事不得合也。當用刑法，小則懲戒，大則誅戮以除去之〔二〕，然後天下之治得成矣。天下之事所以不得亨者，以有間也，噬而合之，則可亨矣，故《傳》曰「噬嗑而亨」。又卦體威動而明照，有用刑之象，故利用獄也。程子曰：「凡天下至於一國一家至於萬事，所以不和合者，皆由有間也，无間則合矣。以至天地之生，萬物之成，皆合而後能遂。凡未合者皆爲間也。若君臣父子親戚朋友之間，有離貳怨隙者，蓋讒邪間於其間也，除去之則和合矣。故間隔者，天下之大害也。噬嗑者，治天下之大用也。」

初九，屨校滅趾，无咎。卦取用刑爲義。初、上无位，爲受刑之人。中四爻爲用刑之人。校，足械也，亦曰桎。《周官》掌囚，下罪桎。初在卦始，罪薄過小，又在卦下，故爲屨校滅趾之象。人有小罪而懲之，則不進於惡矣，故得无咎。

〔二〕「戮」，原漫漶不清，今據《程傳》補。

六二，噬膚滅鼻，无咎。二、三皆治初者也。初惡小而易治，如噬膚然。然以其柔而治剛，雖甚易而亦不免於有傷也，爲滅鼻之象，猶以中正，故无咎。祭有膚鼎，蓋肉之柔脆而易噬者。

六三，噬腊肉，遇毒，小吝，无咎。小物全乾爲腊肉，比膚爲難噬。初惡漸長，三比二治爲難也，又柔而不中正，治人而人不服，反見傷害，故爲噬腊肉，遇毒之象，是可吝也。然當噬嗑之時，惡者於義爲宜治而終服，故吝小而无咎。

九四，噬乾胏，得金矢，利艱貞，吉。四、五皆治上者也。獄之大者，則君相聽之也。惡之大者，治之難，故爲噬乾胏之象。胏，肉之有聯骨者。乾肉而兼骨，至堅難噬者也。然四陽德剛直，以剛直之道而治之，則无不得者，故爲得金矢之象。《周官》獄訟，入鈞金，束矢而後聽之。金取其剛，矢取其直也。然其過剛而失於中正，故戒以宜艱難守正則吉也。卦獨此爻得吉者，治獄之道，貴剛也，柔豈去間之道哉？故二雖噬膚而猶滅鼻者，以其柔故也。○乾音干。後同。

六五，噬乾肉，得黄金，貞厲，无咎。噬乾肉，難於腊膚而易於胏者也。五，宜難於四而反易者。聽獄，臣先而後君，故先難而後易也。又以其得中居剛，以是治人，人无不服，故有得黄金之象。黄，中色。金亦謂鈞金。然亦危矣，故又戒以正固，則雖危而无咎也。

上九，何校滅耳，凶。何，負也。校謂械頸者。過極之剛，又在卦上，故爲此象[一]。惡極罪大，凶之道也。○何，何可反。

[一]「此」，原作「比」，今據《本義》改。

䷕離下艮上○此卦下體本乾，柔來文其中而爲離。上體本坤，剛往文其上而爲艮。剛柔相交爲文飾也，故爲賁。噬嗑、賁皆一剛在中而取義不同者，噬嗑下動故也。

賁，亨，小利有攸往。賁者，文飾之義。物有飾而後能亨，故曰无本不立，无文不行。然徒以文而不以實，則亦小小可行而已。又卦柔來文剛，而離明於內，故亨。剛上文柔，而艮止於外，故小利有攸往也。○賁，彼僞反。後并同。

初九，賁其趾，舍車而徒。爻取陰陽相比而爲賁，二與三賁，五與上賁者也。初四无所賁，則取相應之義。初應四而疑於三，爲守義，在下而不進之象，故曰賁其趾，舍車不進也。徒行自安，其爲下之分也，亦不事文飾之義。

六二，賁其須。陽者，陰之所須而立者也。故女子謂其夫爲胥，須與胥義同。歸妹以須是也。六二以柔文九三之剛，依三而立者也，爲賁其須之象。

九三，賁如濡如，永貞吉。三與二相比而相賁者也。陽得陰賁而潤澤，故爲賁如濡如之象。濡如，潤澤貌。以陽易溺於陰，故戒之以永貞，則不爲所陵侮而吉。二、三爲成賁之主，故於二爻言賁之義。

六四，賁如皤如，白馬翰如。匪寇，婚媾。四與初正應，相賁者也，而隔於三，初疑之而不至，故不得所賁而皤如。皤如，白貌。馬，人所乘，人白則馬亦白矣，故云白馬。其從正應之志如飛，故云翰如，言求賁之志切也。然初之舍我而不至者，疑之也。非我之寇讎也，實我之婚媾也，終必疑釋而賁合矣。

六五，賁于丘園，束帛戔戔，吝。終吉。五與上，相賁者也。丘園謂在外而高者，指上九之所居也。頤六二「于丘頤」，丘亦指上爻。上九陽剛，賢者也。束帛求賢之禮，六五以柔中居尊，當賁之時，往親于上九之賢，爲賁于丘園之象。又艮體篤實，禮尚簡薄，爲束帛戔戔之象。戔戔，薄小貌。當賁之時，禮薄如此，是可羞也。然尊賢之道在誠而不在物，六五能以人君之尊親于丘園之賢，則誠意相感必得賢者之心，共成天下文明之治，故終吉。

上九，白賁，无咎。上九陽剛之賢，當賁之時而居无位之地，又在艮體卦終，篤實之極者也，故尚德而不尚飾，貴實而不貴華，以質素爲賁也，故曰白賁，无咎之道也。上與五賁而曰白者，君臣皆尚誠故也。

䷖坤下艮上○爲卦五陰長盛而消陽，一陽在上而將落也，故爲剥。

剥，不利有攸往。剥，落也。群陰消剥於一陽，爲小人長盛而君子將盡之時，故君子不可有所往也。言當順時而止，則可以免禍也。

初六，剥牀以足，蔑貞凶。陰之剥陽，自下而上。以牀爲象者，取身之所處也。自下而剥，漸至於身也。初六剥始自下，故爲剥牀之足。蔑，滅也。陰自下進，漸消滅於正道也，故凶。陰剥陽，柔變剛，是邪侵正，小人消君子，其凶可知。

六二，剥牀以辨，蔑貞凶。辨，分隔上下者，牀之幹也。陰漸進而上，凶益甚矣。

六三，剥之，无咎。衆陰剥陽之時，而三獨應剛，與上下之陰異矣。志從於正，在剥之時，爲无咎者也。三之爲，可謂善矣，不言吉，何也？曰：方群陰剥陽，衆小人害君子，三雖從正，其勢孤弱，所應又在无位之地，於斯時也，難乎免矣，安得吉也？其義无咎耳。言其无咎，所以勸也。剥之无咎，猶比之匪人句。

六四，剥牀以膚，凶。膚，身之表也。陰禍將切身矣，故不復言蔑貞，而直言凶也。

六五，貫魚以宫人寵，无不利。五，君位，群陰之主，爲后妃之象。魚，陰物。宫人指群陰。言五能使群陰順序如貫魚。然以進御於在上之陽，受其寵愛，則无不利。以一陽在上，衆陰有順從之道也。聖人於剥之將終，復發此義，所以勸遷善之意，深切之至也。

上九，碩果不食。君子得輿，小人剥廬。諸陽消剥已盡，獨有上九一陽尚存，如碩大之果，不見食，將有復生之理。上九亦變，則生意絶矣。聖人發明此理，以見陽與君子之道不可亡也。取象既明，又分别陰陽利害而言，自上九而視衆陰則爲輿，自衆陰而視上九則爲廬。君子者，小人之所乘也。小人者，君子之所庇也。使此爻陽居之，則爲君子得所承載之象。陰居之，則爲小人自剥其廬之象。甚言衆陰之不可剥陽也。聖人之情，益可見矣。

☷震下坤上〇爲卦一陽生於五陰之下，陽消極而復反□，故爲復。

復，亨。出入无疾，朋來无咎。反復其道，七日來復，利有攸往。陽，君子之道。陽消極而復反，君子之道消極而復長也。剛既反，則有亨道。一陽既生，則衆陽必至。又卦德陽動於下而以順上行，故一陽之出入既得无疾，而衆陽之來亦得无咎。陽之消長往來，其道反復，自姤卦一陽始消，至此七爻而來復，乃天運之自然，非人力之所能爲也，故曰「反復其道，七日來復」。陽進則陰退，君子道長則小人道消，故利有所往也。鄭氏曰：「七者陽數，日者陽物，故復言陽長曰七日。八者陰數，月者陰物，故臨言陰長曰八月。」〇反復之復，芳福反。

初九，不遠復，无祇悔，元吉。卦復取剛反之義，爻復取反善之義。初九居卦之初，動之始，爲人一念方萌，有不善而未遠也，即能自反而復於善，故曰不遠復。人有過失則有悔，惟失之不遠而復，則不至於悔，故曰无祇悔。祇，抵也。能復則吉，不遠而復則惡未形而善復存，大善而吉也，故曰元吉。孔子曰：「顏氏之子，其殆庶幾乎？有不善未嘗不知，知之未嘗復行也。」周子曰：「誠心復其不善之動而已矣。」此顏子之學也。不遠復之義大矣哉！

六二，休復，吉。二雖陰爻而處中正，切比於初而能下之，以陰從陽，復之休美者也，故吉。

六三，頻復，厲，无咎。以陰居陽，不中不正，又處動極，復而不固，屢失屢復之象。屢失故危，復則无咎。

六四，中行獨復。四處群陰之中，而獨與初應，爲與衆俱行而獨能從善之象。四有從道之善而不言吉者，與剥之六三義同。

六五，敦復，无悔。柔中居尊，又處順體，能敦篤於復者也。未復則貴復，既復則貴敦，故曰「復，德之本也」。恒德之固也，此无悔之道也。視頻復者，得失遠矣。

上六，迷復，凶，有災眚。用行師，終有大敗，以其國君凶，至于十年不克征。以陰柔居復之終，終不復者也。迷而不復，其凶可知。災，天災，自外來。眚，人禍，由己作。既迷不復，非止於凶亦有災禍也。用以行師，又有師亡不復之象。不但喪師，且及其國君，凶之甚也。以，猶及也。十者，數之終。至于十年不克征，謂終不能行。既迷於道，何時而可行也？張氏曰：「易之爻辭鮮有如是之詳，其凶鮮有如是之極者，而獨於復之上六言之，蓋自古亡家覆國反道敗德无所不至，其源起於一念之微，不能制遏之耳。夫以陰柔之才，去本之遠，所謂人欲肆而天理成者，故有大敗終凶之戒也。」

☰☳震下乾上○爲卦一剛自外來而爲主，於内本无所期望而得焉者，故爲无望。又卦德動而聽命於天，无望之義也。卦體一陽自天而降，不期而得之義也。兼此二説，而无望之義益備。

无妄，元亨，利貞，其匪正有眚。不利有攸往。无妄，猶无望也。不曰望而曰妄者，有所望則妄矣，无所望乃无妄矣，其義一也。君子所爲，唯盡其所當然，得失禍福一聽於天，而不可有一毫期望之心，有所期望則邪心也、妄念也，故无望爲无妄也。董子曰：「仁人者，正其義，不謀其利。明其道，不計其功。」是也。无妄者，大亨之道也。然其所爲必宜於以正，則无望而得福，其有不正，則无望而得災也，故「利貞，其匪正有眚」。程子云「動以天爲无妄」，既動以天，何不正之有？既无所期望，則不可有所動作也。有所動作則妄矣，故不利有攸往。

初九，无妄，往吉。爻居事初，又動之始，未有所期望之心者也，故无妄。如是而往，其吉可知。

六二，不耕獲，不菑畬，則利有攸往。六二中正，得无妄之道者也，故言无妄之義。田一歲曰菑，三歲曰畬。耕而後有獲，耕所以期獲也。菑而後有畬，菑所以望畬也。六二處得中正，因時順理，而无私意期望之心，故有「不耕獲，不菑畬」之象。言其无所爲於前，无所異於後也。以是道而行，則无往而不利矣。

六三，无妄之災，或繫之牛，行人之得，邑人之災。卦之六爻皆无妄者也。三處不得中正，故有无妄之災。如行人牽牛以去，而居者適遭詰捕之擾。其災出於意料之外者，此即无妄之災之象。六三得位而有无妄之福，時也。六三失位而有无妄之禍，亦時也，故曰无妄災也，言非由己致也。

九四，可貞，无咎。四處不中正，故戒之曰可貞則无咎，不正則有咎也。

九五，无妄之疾，勿藥有喜。九五剛健中正，本不當有疾者也。无妄之時，皆不期而有之事，故爲无妄之疾。无望而得疾，則勿藥而自愈矣。

上九，无妄，行有眚，无攸利。居卦之終，在事之極，不可更有所望矣，故行有災而无所利也。

䷙乾下艮上○爲卦乾之三陽在下而艮止於上，艮體二陰得位同力畜陽，其畜也大，故爲大畜。小畜、大畜皆畜乾。小畜據巽之一陰言其勢小，故曰小。大畜據艮之二陰言其勢大，故曰大。

大畜，利貞。不家食，吉。利涉大川。畜爲畜止，又爲畜聚。卦德乾體剛健，艮體篤實。人之才剛健篤實，則能克實而有光輝，爲所畜之大也。人之藴畜宜得正道，故利貞。若異端偏學，所畜至多，而不正者固有矣。既道德克積於内〔一〕，宜施其所畜以澤天下，故「不家食，吉」，謂食禄於朝，不食於家也。所畜既大，宜以濟天下之艱險，故利涉大川。懷其寶而迷其邦，則非大畜之用矣。此只據大畜之義而言，《彖傳》更以卦之才而言，諸爻則唯有止畜之義。蓋易體道隨宜，取明且近者。

初九，有厲，利已。初以陽剛，又能健體而居下，以上進者也。六四在上而畜止之，四據在上之勢，豈可犯也？若犯之而進，則有危厲，故利在止而不進也。在他卦，則四與初爲正應相援者也。在大畜，則相應乃爲相畜止。上與三皆陽，則爲合志，蓋陽皆上進之物，故有同志之象，而无相止之義。又卦主二陰畜陽爲義，故初、二受畜而三否也。〇已，夷止反。

九二，輿説輹。二爲六五所畜者，五據至尊之勢，猶不可犯。二雖剛健之體而志進，然其處得中，能度其勢之不可，則止而不行，如車輿脱去輪輹，謂不行也。程子曰：「初與二乾體剛健而不足以進，四與五陰柔而能止〔二〕。時之盛衰，勢之强弱，學易者所宜深識也〔三〕。」〇説，吐活反。

九三，良馬逐，利艱貞。曰當作「日」閑輿衛，利有攸往。三陽剛居健之極，而上九之陽亦上進之物，又處畜之極而思變也，與三乃不相畜，而志同相應以進者也。三以剛健之才，而在上者與合志而進，其進如良馬之馳逐，不可禦也。

〔一〕「内」，原漫漶不清，今據《程傳》補。
〔二〕「柔」，原漫漶不清，今據《程傳》補。
〔三〕「宜」，原漫漶不清，今據《程傳》補。

然大畜之時，二陰方在上而得勢，三不可恃其才之健與上之應而忘戒備也，故宜知難而愼，不失其正。日常閑習其輿衛，則利有攸往矣。輿者用行之物，衛者所以自防。

六四，童牛之牿，元吉。四下應於初，畜初者也。初居最下，陽之微者，微而畜之則易制，猶童牛而加牿。然童者，未角之稱。牿，施横木於牛角，以防其觸，《詩》所謂「楅衡」者也。止之於未角之時，爲力則易，故大善而吉也。天下之惡已發而止於未發之前，則不勞而无傷，大善之吉也。

六五，豶豕之牙，吉。五，畜二者也。二陽已進，不若初之易矣。然二在中，止惡於中者也，是得其機會而可制，故有「豶豕之牙」之象，吉之道也。豕，剛躁之物，而牙爲猛利，若强制其牙，則用力勞而不能止其躁猛，雖縶之維之[一]，不能使之變也。若豶去其勢，則牙雖存而剛躁自止。豶者，治其中也。六五君位，人君止畜天下之邪惡，欲力以制之，雖峻法嚴刑不能勝也，唯察其機，持其要，塞絶其本源，則不假刑法而惡自止。且如止盜，民有欲心，見利則動，苟不知教而迫於飢寒，雖刑法日施，其能勝億兆利欲之心乎？聖人則知所以止之之道，不尚威刑而修政教，使之有農桑之務，知廉耻之道，雖賞之不竊矣。故止惡之道，在治其心而已。豶豕之義大矣哉！

上九，何天之衢，亨。上九畜極而通之時，故有天衢之象。天衢，天路也，謂虚空之中，雲氣飛鳥往來，豁達无疑者也。何者，設爲問辭，言上九之時何所似乎？似天之衢也，言其通達之甚也，故亨。

[一]「縶」，原漫漶不清，今據《程傳》補。

䷚震下艮上○爲卦上下二陽，中含四陰，外實而中虛，上止而下動，人頤頷之象也，故爲頤。

頤，貞吉。觀頤，自求口實。頤，口旁也，口飲食以養人者，故爲養義。人之所養，得正則吉，故曰貞吉。觀頤，觀其所以養人者也。自求口實，觀其所以自養者也。養人與自養之道，皆當得正則吉也。口實謂凡飲食言語皆是。

初九，舍爾靈龜，觀我朵頤，凶。爾謂初。我者，假上九之辭。初九，陽德足以自養而可以不求於外者也。靈龜能咽息不食，故以爲喻，然以其居動體而在頤之時，人皆求養於上九，苟不能自守而動於欲，舍己所有而柔頤於上，則自失其貴者矣，是凶道也。朵，垂也。朵頤，垂涎欲食之貌。○舍音捨。

六二，顛頤，拂經。于丘頤，征凶。陽實陰虛。實者養人，虛者待人之養，是陰求養於陽者也。卦唯初、上二陽皆養人者，中四陰皆求養於人者。夫在上者當養人，在下者當自養，此常理也。二中正在下，當自養者也。以其比初，不能自養而反求養於初，是爲「顛頤，拂經」。上九在外而高者爲丘象，求初固爲顛矣，若求養於上則又非其正應，失道愈甚，如登壟斷者然，其凶可知，故曰征凶。

六三，拂頤，貞凶。十年勿用，无攸利。三亦在下者，不能自養，而亦求養於初者也。又陰柔不中正，以居動極，動於欲者也，是拂於頤道之甚矣。如此雖正亦凶，況不正乎？故曰貞凶。十年勿用，謂終不可用也，故无攸利。

六四，顛頤，吉。虎視眈眈，其欲逐逐，无咎。四居大臣之位，有養人之任者也。以其才柔不能而上有剛陽之賢，當任者不能養人而反求養於上九之賢，是爲顛頤。己既不能養人而能求賢，賴其養以施於下，使人不失其養，亦吉道也。然必求之之誠，而後可以无咎。虎視眈眈，下賢之專也。其欲逐逐，求賢之切也。有是求賢之誠，則賢者亦盡其誠以相濟，无咎之道也。求自養者，非道也，故二三皆凶。求養人者，道也，故四五皆吉。聖人垂教之意至矣。

六五，拂經，居貞，吉。不可涉大川。五君位，養人者也，而反求養於上九，是爲拂經。是道也，无事之時，居常守正則吉，若有事之際，以之弘濟艱難則不可矣。弘濟艱難，則非由己之才不能也，故不可涉大川。程子曰：「聖人發此義，所以深戒於爲君者也。」

上九，由頤，厲，吉。利涉大川。上九以陽剛之德，居師傅之任，六五之君，柔順而從於己，賴己之養以養人，是當天下之任，天下由己以養也，故曰由頤。以一人而係天下之養，可謂危矣。然以其有是德而當是任，故雖危而吉。夫以天下之人，由己以養，則宜不避艱險而竭力以濟也，故利涉大川。得君如此之專，受任如此之重，苟不濟天下艱危，何足稱委遇而謂之賢乎？當盡誠竭力而不顧慮，然惕厲則不可忘也。

䷛巽下兌上○爲卦四陽居中而過盛。大者，過也，故爲大過。

大過，棟橈。利有攸往，亨。大過者，陽過也，故曰「大者，過也」。在事爲大事過，與過之大也。小過，陰過於上下。大過，陽過於中。四陽過甚於中，而上下柔弱不勝其重，故爲棟橈，此大過之象，非常之變也。必有非常之才行非常之事以濟之，故利有攸往。如朱均之不肖，堯舜必有禪讓之事；桀紂之不君，湯武必有放伐之舉是也。然當此大過之時，行此大過之事，非有亨道，何以能行？故曰亨。又卦二五皆剛而得中，爲剛雖過而合乎中道，事雖過而適乎時宜，是當過而過，過而不過。又以巽説之德行之，乃亨道也。程子曰：「聖賢道德功業，大過於人，凡事之大過於常者皆是也。夫聖人盡人道，非過於理也。所謂大過者，常事之大者耳。」

初六，藉用白茅，无咎。初以柔而居最下，又在巽體，過於畏懼者也。如錯物於地，而猶藉之以白茅，慎之至也。

慎雖過而无失，何咎之有。

九二，枯楊生稊，老夫得其女妻，无不利。楊者，陽氣易感之物，陽過則枯矣。楊枯槁而復生稊，陽過而未至於極也。稊，根也。根榮則復生矣。夫雖老而得女妻，猶能成生育之功也。九二陽過之始，過而未極者也，故有此象。无不利，言猶利於有爲也。

九三，棟橈，凶。三、四二爻居卦之中，棟之象也。九三以剛居剛，過而又過者也，故棟橈而凶，所謂太剛則折也。

九四，棟隆，吉。有它吝。四以剛居柔，過而不過，故爲棟隆而吉。然下應初六，以柔濟之，則又過於柔矣，故戒以有它則吝也。

九五，枯楊生華，老婦得其士夫，无咎无譽。陽過已極，則无復生意。楊枯已極，雖華生於上，无益於枯也。稊，榮於下者也。榮於下，則生於上矣。楊根已枯，雖華生於上，安能久乎？人之過極而不能生育者，老婦也。雖得壯夫，无益也。九五陽過之極，故其象如此，正與二反也。无所作爲，故无咎亦无譽。

上六，過涉滅頂，凶，无咎。爻處過極之地，知進而不知退，而才弱不足以濟，又在兑體，故有此象，蓋殺身成仁之事也。初六慎之過者也，上六勇之過者也，然不失爲仁義之事也，故皆无咎。大過六爻初上以位言，二五以時言，三四以才言，各隨其義而觀之，則得失見矣。

䷜坎下坎上○爲卦上下皆坎，故爲習坎。

習坎，有孚，維心亨，行有尚。六子皆重卦，坎獨居先，故加習字以例其後也。習坎，重險之義，處險之道，貴有孚信，又卦二體皆陽實在中，爲有孚之象。又爲中剛，雖陷而心則亨，故曰維心亨。蓋人之處險，身可陷而心不可陷，心不亨則失處險之道矣。以是至誠亨道而行，則能出險而有功也，故曰行有尚。邵子曰：「中正行險，往且有功，雖危无咎，能自信故也。伊尹以之。」

初六，習坎，入於坎窞，凶。初以陰柔居重險之下，非能出乎險者，唯益深陷耳。窞，坎中之陷處。既在習坎，又入于窞，其凶可知。

九二，坎有險，求小得。二處重險之中，未能出，故爲有險之象。然以其剛中之才，雖未能出乎險中，亦可小自濟，不至如初之深陷，是所求小得也。君子處險難而能自保者，剛中而已。

六三，來之坎坎，阻且枕，入于坎窞。勿用。三以陰柔不中正而履重險之間，進退與居，皆不可者也，故曰來之坎坎。之，往也，謂進退皆險也。險且枕，謂居亦險也。枕謂支倚。居險而支倚以處，不安之甚也。處既不安，則益陷入于深險耳，故曰入于坎窞。如三所處之道，不可用也，故曰勿用。○枕，針甚反。

六四，樽酒，簋貳，用缶，納約自牖，无咎。六四在險之時，居近君之位，柔而得正，又與九五剛柔相際，已離下體，有欲出險之意，故言大臣進結於君之道。當險之時，期於濟難，不尚浮飾，唯以至誠。但用一尊之酒，二簋之食，復用瓦缶爲樂，質之至也。缶所鼓以爲樂者，其質實如此，又須納約自牖。牖，非所由之正，而室之所以通明也。自牖，言自通明之處，以況君心所明處。《詩》云：「天之牖民，如壎如篪。」人臣以忠信善道結於君心，必自其所明處乃能入也。如是，則事雖艱阻亦得无咎也。程子曰：「人心有所蔽，有所通。所蔽者暗處也，所通者明處也。自古人臣能諫其君者，未有不因其所明者也。如漢高祖愛戚姬，將易太子，是其所蔽也。群臣争之者衆矣。嫡庶之義，長幼之序，非不明也。如其蔽而不察何？四老者，高祖素知其賢而重之，此其不蔽之明心也，故因其所明而及其事，則悟之如反手。且四老人之力，孰與張良群公卿及天下之士？其言之切，孰與周昌、叔孫通？然而不從彼而從此者，由攻其蔽與就其明之異耳。又如趙王太后愛其少子長安君，不肯使質於齊，此其蔽於私愛也。大臣諫之雖强，既曰蔽矣，其能聽乎？愛其子而欲使之長久富貴者，其心之所明也。故左師觸龍因其明而導之以長久之計，故其聽也如響。非唯告於君者如此，爲教者亦然。夫教必就人之所長，所長者心之所明也，從其心之所明而入，然後推及其餘，孟子所謂成德達才是也。」

九五，坎不盈，祇既平，无咎。盈，溢也，溢則出矣。不盈，猶未出於險也。然既至於平矣，平則將盈而出也。九五雖在坎中，而時則將出矣。又以其有剛中之德，可以出也，故其象如此，无咎之道也。

上六，係用徽纆，置于叢棘，三歲不得，凶。以陰柔居險極，終无可出之道，故其象如此，凶可知矣。

䷝離下離上○爲卦上下皆離，故曰離。

離，利貞，亨。畜牝牛，吉。離，麗也，明也。取其陰麗於二陽之間，則爲附麗之義。取其中虚，則爲明麗，爲所依之位。明爲日，君象。重離爲兩明，繼位之象，故言人君繼體之道，宜以至正，又宜以至順，故曰利貞。亨謂得其正道則可亨也。又曰「畜牝牛，吉」，謂畜至順之德則吉也。則不正不順者，其不亨而凶可知。牛之性順而又牝焉，順之至也，故以爲象。○畜，許六反。

初九，履錯然，敬之，无咎。履，在下之象。错然，雜亂貌。居離之始，才剛而妄動，識淺而未明，所履乖錯，未得其當，烏能无咎，唯能敬慎則其咎可免矣。

六二，黄離，元吉。二離得中，文明中正，美之盛也，大善之吉也，故曰「黄離，元吉」。黄，中之色，文之美也。

九三，日昃之離，不鼓缶而歌，則大耋之嗟，凶。八純卦皆有二體之義。乾内外皆健，坤上下皆順，震威震相繼，巽上下順隨，坎重險相習，離二明繼照，艮内外皆止，兑彼己相説。而離之義，在人事爲最大。九三居下體之終，是前明將盡，後明當繼之時，人之始終，時之革易也。故爲日昃之離，日昃則將没矣。以理言之，盛必有衰，始必有終，常道也。達者順理爲樂，鼓缶而歌，樂其常也〔一〕。不能如是，則以大耋爲嗟，是有將盡之悲，乃爲凶也。程子曰：「此處死生之道也。」

九四，突如其來如，焚如，死如，棄如。九四當繼明之初，以陽剛躁體而不中正，有侵迫五位之象。突如而來，非善繼者也。夫善繼者，必有巽讓之誠〔二〕。順承之道，若舜、啓然。今突如其來，失繼紹之義、承上之道，皆逆德也。如此則不爲衆所容，故有焚死之禍。在重離爲焚象，衆所棄絶，故又曰「棄如」。禍之極矣，故不假言凶也，此所謂不正不順者也。

六五，出涕沱若，戚嗟若，吉。五柔得中，蓋得涕沱，然至於戚嗟，傷前明之既盡，有惻隱之至誠，而不急於得位，樂於代亡，是善繼者也。所謂亡人无以爲寶，仁親以爲寶是也，與四異矣。如是，則得位而能安吉道也。故《象》曰「離王公也」，言麗得王公之位也。若四之无所容，則身且不保而況於得位乎？聖人垂教之義至矣。

上九，王用出征，有嘉，折首，獲匪其醜，无咎。上九繼體已定之時，又有剛明之德，故宜用出師以征不服，則有嘉美之功也。「折首，獲匪其醜」，猶《書》云「殲厥渠魁，脅從罔治」，此行師之道也，故无咎。此爻为繼世者張皇六師之事，故《象》曰「以正邦也」。

〔一〕「也」，原漫漶不清，今據《程傳》補。

〔二〕「巽」，原漫漶不清，今據《程傳》補。

古文周易傳義約説卷第二

下經

邵子曰:「乾坤坎離爲上篇之用,兑艮巽震爲下篇之用也。」

☱☶艮下兑上〇爲卦上六之柔自坤上交於剛而成兑,九三之剛自乾下交於柔而成艮,爲陰陽交感之義。又艮少男而下交於女,兑少女而上交於男,爲男女交感之象,故爲咸。先儒謂「上經首乾坤以二老對立,下經首咸以二少合體」,得之。

咸,亨,利貞,取女吉。咸,感也。凡君臣上下以至萬物,皆有相感之道。物之相感,則有亨通之理。君臣相感,則君臣之道通。上下相感,則上下之志通。以至父子、夫婦、親戚、朋友,皆情意相感,則和順而亨通。事物皆然,故咸有亨之理也。利貞,相感之道利在於正也。不以正,則入於惡矣,如夫婦之以淫姣,君臣之以媚説,上下之以邪僻,皆相感之不以正也。以男下女,義之正也,如是取女則吉。〇取,七具反。

初六,咸其拇。感者,人之動也,故以人身取象。拇,足大指。咸六爻皆相應,故有相感之義。初,應四者也,咸者應四之故。拇者,在下之象,其感尚微,未足以進,故不言吉凶。此卦雖主於感,然六爻皆宜静而不宜動也,艮亦然。此聖人主静之道也。

六二,咸其腓,凶,居吉。腓,足肚。欲行則先自動,躁妄而不能固守者也。二當其處,故有此象,凶道也。聖人戒之云,若能居以自守則吉。二,應五者也,輕動則凶,守道則吉。

九三,咸其股,執其隨,往吝。股,足之上,身之下。三當其處,股隨足而動,不能自專者也。下二爻皆欲動者,三亦不能自守而隨之。其所執守者，在於隨人也。如是而往，則可吝矣。咸，應上也。隨，隨二、三也。

九四，貞吉，悔亡。憧憧往來，朋從爾思。四在中而居上，當心之位，故爲咸之主。而言感之道，不言咸其心，感乃心也。心之感物，當以正則吉而悔亡，感不以正則有悔也。四居不正，有説體而應初，故戒於貞感之道，无所不通，有所私係，則害於感通，乃有悔也。聖人感天下之心，如寒暑雨暘，无不通，无不應者，亦貞而已矣。貞者，虛中无我之謂也。往來者，感應自然之理，若憧憧然容私於其間，則思之所及者能感而動，所不及者不能感也，是但其朋類從之而已，以有係之私心，豈能廓然无所不通乎？故曰无心之感爲咸。

九五，咸其脢，无悔。脢，背肉，與心相背而不能感物者也。五適當其處，故取其象。如是則雖不能感物，而亦可以无悔也。既无所感，則无所私係，何悔之有？五雖應二而剛中，无私故也。

上六，咸其輔、頰、舌。輔、頰、舌皆所用以言者，而在身之上。上六陰柔説體，處咸之極，感人以言而无其實，又兑爲口舌，故其象如此。不直云口，而云輔、頰、舌，亦猶今人謂口過曰唇吻，曰頰舌也，凶咎可知。上以口舌感三以隨應，不誠甚矣。

䷟巽下震下○爲卦乾之初上居於四而成震，坤之四下居於初而成巽。剛處上而柔居下，常道也。又男在女上，亦人理之常，故爲恒。程子曰：「咸，少男在少女之下，以男下女，是男女交感之義。恒，長男在長女之上，男尊女卑，夫婦居室之常道也。論交感之情，則少爲深切。論尊卑之序，則長當謹正。故兑艮爲感[一]，而震巽爲恒也。」

[一]「感」，《程傳》作「咸」。

恒，亨，无咎。利貞，利有攸往。恒，常久也。所恒者，必亨道然後可久，乃无咎也。恒而不可以亨，非可恒之道也，爲有咎矣。所恒者，又必正道然後可行，恒而不正，則不可以有往矣。恒而可行，然後爲常久之道也。可常而不可變，可守而不可行，豈常久之道哉？

初六，浚恒，貞凶，无攸利。浚者，深求之義。爻與四相應，固理之常。時方初也，而深以常理求之，雖正亦凶，而无所利矣。程子曰：「凡卦之初終，淺與深、微與盛之地也。在下而求深，亦不知時矣。」

九二，悔亡。在恒之義，居得其正，則常道。九，陽爻，居陰位，非常理也。處非其常，本當有悔，然以居二得中，是能恒久於中也。能恒於中，則不失正矣。中重於正，中則正矣，正不必中也。不失於正，則足以亡其悔矣。

九三，不恒其德，或承之羞，貞吝。三以陽居陽位，雖得正而在變革之地，不能久於其所爲，不恒其德之象。其德不恒，羞辱之道。或承之羞，謂有時而至也。雖正而不能恒，是可吝也。

九四，田无禽。以陽居陰，久非其位，故爲此象。亦知常而不知變者。

六五，恒其德，貞。婦人吉，夫子凶。二恒於剛中，五恒於柔中，皆能恒者，中則无不正矣，故曰「恒其德，貞」。然以柔順爲常者，婦人之道，非丈夫之宜，故婦人吉，夫子凶。五君位而不以君道言者，如六五之義在丈夫猶凶，況君道乎？在他卦，六居君位而應剛，未爲失也。在恒，故不可耳。君道豈可以柔順爲恒也？

上六，振恒，凶。上六居恒之極，在震之終。恒極則不常，震終則過動。以陰居上，非其所安，又陰柔不能堅固其守，皆不常之義也，故爲振恒。振者，動之速也，如振衣、振書之「振」。躁動而不能常，其凶甚矣。

䷠艮下乾上○爲卦二陰生於下，陰長將盛，陽消而退。小人漸盛，君子退而避之也，故爲遯。

遯，亨，小利貞。遯者，避而去之之義。陰長陽消之時，在君子則當遯而亨，在小人則當守正而不可妄進以迫於陽也。聖人教君子戒小人之道著矣。小謂陰柔小人也。

初六，遯尾，厲，勿用有攸往。他卦以下爲初。遯者，往遯也，在前者先進，故初乃爲尾。尾，在後之物也，遯而在後，不及者也，是以危也。初以柔處微，既已後矣，不可往也，往則危矣。微者易欲晦藏，往既有危，不若不往之无災也。

六二，執之用黄牛之革，莫之勝説。當遯之時，二以柔得中，獨能自守其中順之德，安固而不事乎遯者也。爲執係之以黄牛之革而人莫能解脱之象。黄，中色。牛，順物。革，堅固之物。説猶脱也。○勝音升。説，吐活反。

九三，係遯，有疾，厲。畜臣妾，吉。陽志説陰，三與二切比，係乎二者也。遯貴速而遠，有所係累，則安能速且遠也？害於遯矣，故爲有疾也。遯而不速，是以危也。臣妾，小人女子，懷恩而不知義，親愛之則忠其上。係戀之私恩，懷小人女子之道也，故以畜養臣妾，則得其心爲吉也，豈可大事乎？○畜，許六反。

九四，好遯，君子吉，小人否。四與初爲正應，是所好愛者也。陽剛健體而能絶之以遯，是道也，惟君子能之，小人則不能也。君子雖有所好愛，義苟當遯則去而不疑，所謂克己復禮，以道制欲，是以吉也。小人則不知義，暱於所好，牽於所私，故不能也。○好，呼報反。否，方有反。

九五，嘉遯，貞吉。九五剛健中正，遯之嘉美者也。處得中正之道，時止時行，乃所謂嘉美也，故爲貞正而吉。遯非人君之事，故不主君位言。

上九，肥遯，无不利。肥，充大寬裕之意。遯者，唯飄然遠逝，无所係累之爲善。上以陽剛健體居卦外，又下无係遯者也。

應，是遯之遠而處之裕者也，故无不利。遯之六爻：初，遯而後者也；二，不遯而能守者也；三，不能遯者也；四、五、上，皆能遯者也。

䷡乾下震上○爲卦四陽盛長。大者，壯也。其德乾剛震動，所以壯也，故爲大壯。

大壯，利貞。大謂陽也。陽道壯盛之時，則吉亨不假言，但利在貞正而已。大壯而不得其正，强猛之爲耳，非君子之道也。

初九，壯于趾，征凶有孚。初在下而用壯，爲壯于趾之象。壯于趾則躁進妄動，用是道而行，其凶信矣。孚，信也，謂得凶可必也。

九二，貞吉。二當大壯之時，而處得中，是能不過於壯而得其正者，吉之道也。或曰：貞非以九居二爲戒乎？曰：易取所勝爲義。二以陽剛健體，當大壯之時，處得中道，无不正也。在四，則有不正之戒。人能識時義之輕重，則可以學易矣。

九三，小人用壯，君子用罔，貞厲。羝羊觸藩，羸其角。九三重剛而不中，又當乾體之極，壯之極者也。在小人則爲用壯，在君子則爲用罔。小人尚力，故用壯。君子志剛，故用罔。罔，无也。視有如无，君子之過於勇者也，如此則雖正亦危矣。羝羊，用壯喜觸之物。藩，籬也。羸，困也。危厲之象如此。

九四，貞吉，悔亡。藩決不羸，壯于大輿之輹。四，陽正當壯盛之時，然居陰爲不正，方君子道長之時，豈可有不正也？故戒以貞則吉而悔亡。又上承二陰爲藩開，下乘三陽爲輹壯之象。進无不利，所貴者正而已。決，開也。

六五，喪羊于易，无悔。大壯，羊象，猶小過有飛鳥之象焉。六柔，失其壯矣，故云「喪羊」。五處非其位，故云「于易」。雖失其壯，然亦无所悔矣。易，疆埸也。《漢・食貨志》「埸」作「易」。○喪去聲。易音亦。旅卦同。

上六，羝羊觸藩，不能退，不能遂，无攸利，艱則吉。羝羊但取其用壯，故陰爻亦稱之。壯終動極而過於上，故觸藩而不能退。然其質本柔，故又不能遂其進也。其象如此，无所利矣。然猶幸其不剛，故能艱以處之，則可以得吉也，亦以壯終有變之義。

䷢坤下離上○爲卦離在坤上，明出地上也。日出於地，進而益明，故爲晉。

晉，康侯用錫馬蕃庶，晝日三接。晉爲進盛之時，大明在上，而下體順附，諸侯承王之象也，故爲康侯。康侯者，治安之候也。上之大明，而能同德，以順附治安之侯也，故受其寵數，錫之馬衆多也。車馬，重賜也。蕃庶，衆多也。不唯錫與之厚，又見親禮，晝日之中，至於三接，言寵遇之至也。進盛之時，上明下順，君臣相得，故有此象。《左傳・僖公二十八年》：「晉文公朝王，王錫之車輅弓矢，命之曰敬服王命，以綏四國，受策而出，出入三覲。」是也。

初六，晉如摧如，貞吉。罔孚，裕无咎。當晉之時，初居最下，上應不中而反爲所抑，有欲進而摧之象。進而未能，則當自守其正則吉。如是而上猶未見信，亦當寬裕以處之，无急於求上之信也。苟欲信之心切，非汲汲以失其守，則悻悻以傷於義矣，皆有咎也。故裕則无咎，君子處進退之道也。

六二，晉如愁如，貞吉。受兹介福于其王母。二柔順中正而在下，上无正應又間於四，故欲進而愁，謂其進之難也。能以中正之道自守則吉。是道也，以之順事于王母，則當受大福也。王母，祖母也，謂陰之至尊者，六五之象也。介，大也。

六三，衆允，悔亡。三居非其位，宜有悔者，以其順極而明近，有順上向明之志，而二陰信從之，與之俱進，故得悔亡。坤有衆象。

九四，晉如鼫鼠，貞厲。不中不正，竊據高位，既非所安，三陰皆在己下，勢必上進，故其心畏忌之。貪而畏人者，鼫鼠也，故云晉如鼫鼠。貪於非據而畏人，則非可久之道，故處其地則危也，故云「貞厲」。

六五，悔亡。失得勿恤，往吉，无不利。五爲□之主，□中而治盛之時也。柔而居尊，本當有悔，以有明德，故能亡之。明盛之時，唯宜果於前進，不必恤其失得，自然吉无不利也。五爻柔疑於進，故勉之失得勿恤，明道也。

上九，晉其角，維用伐邑，厲，吉，无咎，貞吝。角，剛而居上之物。上九以剛居晉之極，爲晉其角之象。以其剛道，止可用之征伐。然可用之於小，而不可用之於大，故「維用伐邑」，如此則雖危而吉且无咎。然非中和之道固守之則吝也。

䷣離下坤上○爲卦離在坤下，明入地中也。日入於地中，明傷而昏暗也，故爲明夷。義與晉正相反。晉者明盛之卦，明君在上，賢者寵進之時也。明夷昏暗之卦，暗君在上，明者見傷之時也。

明夷，利艱貞。夷，傷也。君子當明夷之時，利於艱難以守正，而自晦其明也。不知其難則被禍患，不守其正則非賢明，故曰利艱貞。文王、箕子處紂之事是也。

初九，明夷于飛，垂其翼。君子于行，三日不食，有攸往，主人有言。初九，明體在下而見傷，欲上而不能，故有飛而垂翼之象。初，見傷之始，猶可避而去之，故「君子于行，三日不食」，去之亟也，義有去而已。若有所進以求免，則君子非之矣，故「有攸往，主人有言」。此爻之義與六二正相發。二有位而已爲所傷，不可不求救者也。初无位而且遠，去之可也。易之道唯其時義而已，非君子孰能識之？此爻即伯夷、太公避紂之事。

六二，明夷，夷于左股，用拯馬壯吉。六二以至明之才中正之德見傷者也。夷于左股，傷切身矣。拯謂救也。馬壯，救之速也。救之速則可免矣，故吉。不曰右股而曰左股者，猶可行也。此爻即文王囚于羑里而臣虎等以寶馬脱之之事。

九三，明夷于南狩，得其大首，不可疾貞。九三，離之上，明之極也。上六，坤之上，暗之極也。至明居下而爲下之上，至暗在上而處位之極，正相敵應，將以明去暗者也。其即武王伐紂之事乎！南，進而在前之方也。狩〔二〕，畋而去害之事也〔三〕。南狩謂前進而除害也。當克獲其大首，大首謂暗之魁首上六也。上六雖非君位，以其居上而暗之極，故爲暗之主，謂之大首。「疾貞」猶云「貞疾」，言不可病於固守其正，知常而不知變，是爲「疾貞」。如湯武之事可謂知權達變者矣。

六四，入于左腹，獲明夷之心，于出門庭。坤爲腹。左者，隱僻之所。四入于坤體之下，故曰入于左腹。傷人之明者，上也。四深入其腹而得其傷明之心，故曰獲明夷之心。四與上同體，幸而得其密意。知上之闇主不可輔，乃舍而去之，以就九三之明，故有于出門庭之象。此微子於紂爲同姓肺腑之親，知其義之不可諫，遂去歸周，即其事也。曰門庭者，蓋家庭之難也，所謂内難是也。

六五，箕子之明夷，利貞。五爲君位，乃常也。然易之取義，變動隨時。上六處坤之上而明夷之極，陰暗傷明之極者也，故以爲明夷之主。五切近之，爲切近傷明之主，故言王子處暗君之義，箕子之象也。箕子，商之舊臣而同姓之親，可謂

〔二〕「狩」，原漫漶不清，今據《程傳》補。

〔三〕「畋」，原漫漶不清，今據《程傳》補。

切近於紂矣，若不自晦其明，則被禍必矣，故佯狂爲奴，以免於害，是爲明夷。雖晦藏其明而内守其正〔一〕，所謂内難而能正其志，是爲利貞。免於難則利，不失其正則貞。或疑箕子爲文王後事，遂謂爻辭爲周公所作。非也！箕子之事正與文王同時，文王之稱箕子猶孔子之稱左丘明也，安得爲文王後事乎？

上六，不明，晦。初登于天，後入于地。上六明夷之主，以陰居坤之極，不明而晦暗之極者也。始則處高位以傷人之明，終必至於自傷而墜厥命，故其象如此，即紂之事也。

䷤離下巽上○爲卦上下二陽外實中虚，有家門之象。卦中四爻以二、三言爲夫婦，正位乎下。以四、五言爲父母，正位乎上。父子之分，夫婦之義，尊卑長幼之序，男女内外之辨，秩然不紊，家人之象也。故爲家人。

家人，利女貞。家人之道，内正爲本。又卦巽上離下，巽長女而位四，離中女而位二，以柔居柔，各得其正，女之貞也，故「利女貞」。

初九，閑有家，悔亡。初，有家之始也。閑謂防閑也〔二〕。人之有家之始，苟不以法度爲之防閑，則人情流放，必至於有悔，失長幼之序，亂男女之別，傷恩義，害倫理，无所不至，能以法度閑之於始，則无是矣，故悔亡也。

六二，无攸遂，在中饋，貞吉。六二以陰柔居内卦之中，巽順而得其正，婦之道也。遂，專成也。婦人无所專成，

〔一〕「雖」，原漫漶不清，今據《程傳》補。

〔二〕「防」，原漫漶不清，今據《程傳》補。

唯居中主饋而已。所謂惟酒食是議者也。此婦道之正也，故曰貞吉。

九三，家人嗃嗃，悔厲，吉。婦子嘻嘻，終吝。九三在內卦之上，主治乎內者也，夫之道也。以陽居剛而不中，雖得正而過乎剛者也。嗃嗃，嚴急之意。治內過剛，則傷於嚴急，故家人嗃嗃然。如是，則雖有悔厲而吉。若婦子嘻嘻，則終至羞吝矣。在卦非有嘻嘻之象，蓋對嗃嗃而言，謂與其失於放，寧過於嚴也。嘻嘻，笑樂无節也。蓋嚴謹之過，雖於人情不能无傷，然苟法度立，倫理正，乃恩義之所存也。若嘻嘻无節，乃法度之所由廢，倫理之所由亂，安能齊其家乎？但云吝而不言凶者，吝則至於凶矣。

六四，富家，大吉。六四以巽順之德而在尊體，又得其正位，其母道與。陰性好嗇，巽體善入，能富其家者也，吉孰大焉。

九五，王假有家，勿恤，吉。九五陽剛居尊而得其正位，主治乎外者也，其父之道與。五君位，故以王言。假者，感格之義。五剛而得中，威而能愛，盡治家之道者也。故人无不化，所謂「刑于寡妻，至于兄弟，以御于家邦」者，王者之事也。如此則可以勿憂恤而吉矣，異乎三之悔吝也。〇假，更白反，萃、渙卦同。

上九，有孚，威如，終吉。上，卦之終，家道之成也。家化而人信之，故曰有孚。然不可以人信而或弛，故必有威嚴則能終吉。蓋治家者，在妻孥情愛之間，慈過則无嚴，恩勝則掩義，故家之患，常在禮法不足而瀆慢生也。長失尊嚴，少忘恭順，而家不亂者，未之有也。是以保家之道在於威如，故於卦終言之。

䷥兌下離上〇爲卦火上澤下，性相違異，中女少女，志不同歸，皆睽之義也，故爲睽。

睽，小事吉。睽者，乖離之義，非吉道也。以卦才之善，故小事猶可獲吉耳。當人心乖異之時，豈可行大事乎？

初九，悔亡，喪馬，勿逐自復。見惡人，无咎。當睽之時，上獨无應，有悔也。剛正自守，故悔亡。无應則失其所以行也，爲喪馬之象。能以剛正之道自守則終可行，故勿逐自復。然亦必見惡人，然後其睽可合而无咎也。惡人指九四，不正而有位者也。當睽之時，初九雖正，不可以彼之不正而絶之也。以正而見不正，則可以化惡爲善，而初四之睽合矣。

○喪，息浪反。

九二，遇主于巷，无咎。二與五雖正應，而當睽之時，情意乖離，四又間之於中，必委曲相求然後得合也，故爲遇主于巷之象。巷者，委曲之途也。君臣睽離，其咎大矣，得合然後无咎。遇主于巷，猶坎六四「納約自牖」之義。處險難睽離之時，其道則然。

六三，見輿曳。其牛掣。其人天且劓。无初有終。三與上九爲正應，而以不正之陰當睽疑之時，四又間於其中，故其所見如此。見，見上也。輿曳，自不行也。牛掣，若四掣之於前也。天，髡首也。劓，割鼻也。見上之若有傷也，然初疑而睽終正必合，故无初有終。以柔遇剛，正也。此一「見」字與上見豕「見」字相應。程子曰：「不正而合，未有久而不離者也。合以正道，自无終睽之理，故賢者順理而安行，智者知幾而固守。」

九四，睽孤，遇元夫，交孚，厲、无咎。四當睽時而无應，孤立无與者也。又處不當位，非其所安，然初雖非正應，實爲剛陽之賢，必下與之遇合，至誠相孚則雖危而无咎也。夫，陽稱。元，善也。初以四爲惡人，四以初爲善士，各從其義也。在賢者則貴於容衆而矜不能，在惡人則責其下賢而信善。在下者又欲其往見，在上者則欲其下交。聖人處睽之情見矣。蓋相求則合，相待則離，君臣朋友之道，莫不皆然。故二之于巷，五之噬膚，皆期於得合而已，不然則睽何時而濟乎？

六五，悔亡。厥宗噬膚。往何咎？五與二爲正應而四間之，本有睽離之悔者也。以其終合，故悔亡。厥宗，其黨也，如同人于宗之「宗」謂九四也。四與五同體而非正應，乃其私黨耳，必噬而去之如噬膚然，然後正應者得合也。往者，自此以往也，謂往與二合而无咎。君臣會合則有慶矣，何咎之有？

上九，睽孤，見豕負塗，載鬼一車。先張之弧，後説之弧。匪寇婚媾。往遇雨則吉。上有三之正應，本不孤者。以三間於九四之陽，上又睽極過疑，故不合而孤。見，見三也。見豕負塗，疑其污也。載鬼一車，疑其亂也。鬼本无形，而見載之一車，以无爲有，妄之極也。物理極而必反，故始疑而終必釋，始妄而終必復於正。先張之弧，疑惡而欲射之也。後脱之弧，疑釋而弗射也。匪寇婚媾，知其非寇而實親也。往遇雨則吉，陰陽合而和也。三見上，疑也。上見三，疑之甚也。凡物之情，信然後合，合則愈信。疑然後睽，睽則愈疑。然疑極必解，睽極自有復合之理，故三有終而上遇雨吉也。○説，吐活反。

䷦艮下坎上○爲卦艮下坎上，險在前而止不能進也，故爲蹇。

蹇，利西南，不利東北。利見大人，貞吉。蹇，難也，足不能進之義。西南坤方，東北艮方，以卦變而言，上體本坤，由五往而成坎，往而得中，故利西南。下體亦坤，三來成艮而窮於上，故不利東北。當蹇之時，必見大德得位之人，然後可以濟難，故利見大人。又必守正，然後得吉。凡處難者，必在乎守正。設使難不解，不失正德，是以吉也。若遇難而不能固其守，入於邪濫，雖使苟免亦惡德也，知義命者不爲也。

初六，往蹇，來譽。蹇者，行有不得之義。行有不得者，皆反求諸己，故諸爻皆蹇往而善來。來者，對往之辭，不往則爲來。陰柔居蹇之初，進則益蹇。往，蹇也。止而不進，則有見幾知時之美來譽也。

六二，王臣蹇蹇，匪躬之故。二與五正應，五君位，方在蹇中而二爲之臣，故謂之王臣。人臣之義，當濟君之難。二陰柔中正，力雖不足，能蹇蹇而進以求濟之蹇。蹇，足難行之貌。志在濟君，不復顧其身也，故曰匪躬之故。不言吉凶者，孔明所謂鞠躬盡瘁，成敗利鈍，非所計矣。諸爻聖人皆不許其往，唯二五不言者，二爲王者之大臣，五履大君之正位，復不往以濟而誰當其任乎？

九三，往蹇，來反。方蹇之時，陰柔難於自立，陽剛可以自安。九三以陽剛當正位，上近坎體，故進則入於蹇中，來則反得其所也。

六四，往蹇，來連。四方入坎體，故往則益入於蹇，來則連於九三之陽，可以相濟也。

九五，大蹇，朋來。九五尊位而正在坎中，人君之蹇，蹇之大者也。非得才賢來助之，則何以濟？五應二而比上，二、上中正之賢而皆來濟之，爲朋來之象，非止一人，故曰朋。程子曰：「得朋來而无吉，何也？曰：未足以濟蹇也。以剛陽中正之君，而方在大蹇之中，非得剛陽中正之臣相輔之，不能濟天下之蹇也。二之中正，固有助矣，欲以陰柔之才，濟天下之難，非所能也。自古聖王濟天下之蹇，未有不由賢聖之臣爲之助者，湯、武得伊、吕是也。中常之君〔二〕，得剛明之臣而能濟大難者則有矣，劉禪之孔明〔三〕，唐肅宗之郭子儀，德宗之李晟是也。雖賢明之君，苟无其臣，則不能濟也。故凡六居五、九居二者，則多由助而有功，蒙、泰之類是也。九居五、六居二，則其功多不足，屯、否之類是也。蓋臣賢於君則輔君以君所不能，臣不及

〔二〕「君」，原漫漶不清，今據《程傳》補。
〔三〕「禪」，原漫漶不清，今據《程傳》補。

君則贊助之而已，故不能成大功也。」

上六，往蹇，來碩，吉。利見大人。上无所之，故往蹇。不往而來，則得寬裕。碩，大也，寬裕之義。蹇極而得寬裕，其蹇紓矣，是以吉也。又九五陽剛中正，居尊位，爲大德之君，故利見之則又能濟蹇也，蹇極有變之義，故其象如此。程子曰：「在五不言其濟蹇之功，而上六利見之，何也？曰：在五不言，以其居坎險之中，无剛陽之助，故无能濟蹇之義。在上六蹇極而見大德之人，則能濟其蹇，故爲利也。」

䷧坎下震上○爲卦坎險在內，震動在外，是動而出乎險之外，爲患難解散之象，故曰解。

解，利西南。无所往，其來復，吉。有攸往，夙吉。難之既解，宜以順靜，不可復爲苛擾。西南坤方，坤之道，至順至靜者也。又卦變九四上往而得坤體，故利西南。无所往，謂天下之難已解散，无所爲也。有攸往，謂尚有所當解之事也。若无所往，則宜來復其所而安靜爲吉。若尚有所往，則宜早爲之乃吉也。又卦變九二來而得中，故有此象。言當解而未盡者，不早去則將復盛；事之復生者，不早爲則將漸大，故夙則吉也。大抵處時方平者易緩，除惡不盡者易滋。聖人於患難方平之際，既不欲人以多事自疲，又不欲人以无事自怠也。○解音蟹。

初六，无咎。卦以難散爲義，爻以除難爲義，以陽除陰，以君子而解小人也。卦惟二、四陽爻，四陰皆爲所解。初陰柔在下而應四，四本解初者也。以初本无位，无害於事，而四又與剛柔相際，故无咎。

九二，田獲三狐。得黄失。貞吉。九二陽剛而居下之中，是君子而得侯伯之位者，故當解之任。田者，去害之事。狐者，邪媚之獸。三狐指三、五、上，皆陰柔不正，小人而竊據高位者也。狐鼠之譬，皆以時之在位者言。田中之狐是其所居之地，足以爲害於人者也。獲謂除去之，如田之獲狐也。獲之則得中直之道，乃貞正而吉也。黄，中色。失，直物。獻夫曰：「田者，外事。三陰皆在二外，二上進而三陰皆爲所解，故曰田獲三狐。初在下，四下應而解初，故曰解而拇。拇者，下物也。或曰：五君位而二可以解之乎？曰：五雖君位而六以陰柔居之，是小人而竊尊位者也，如羿、莽然。二之田，猶明夷九三之狩也。」

六三，負且乘，致寇至，貞吝。六居三，爲負且乘之象。六，陰柔小人，宜在下而反處下之上，猶小人宜負而反乘，當致寇奪也。貞吝，謂固守之則吝也，唯避而去之爲可免耳。○乘，石證反。

九四，解而拇，朋至斯孚。九四以陽剛居大臣之位，而下與初六之陰爲應。拇，在下而微者，謂初也。居上位而親小人，則賢人正士遠退矣。必解而去之，然後君子之黨至而誠相得也。自初言則以剛際柔而无咎，自四言則宜解初而求朋，義各有當也。○解，佳買反。下同。

六五，君子維有解吉，有孚于小人。六五居君位，與三上同類者也。君子指九二，當解之任者。聖人爲五設教云，使五能用九二陽剛之君子，則必解去同類之小人而得吉。小人情狀最爲不一，狐以言其蠱惑，隼以言其鷙害，拇以言其附麗，負且乘以言其僭竊也。聖人於諸陰已極其形容矣，至此復明以小人斥之。斥之以小人者，所以顯其罪而去之也。夫生天下之難者，小人也。解去小人，所以解天下之難也。君子至誠在於解難，此小人所以心服而退聽也。

上六，公用射隼于高墉之上，獲之，无不利。六居上，爲隼在高墉之象。隼，鷙害之物，象爲害之小人。墉，墻内外之限也。害若在内則是未解之時也，若在墉外則是无害矣，復何所解？故在墉上，離乎内而未去也。除惡不可不盡，解難不可不至，上解之極也，故用射而獲之。既獲之，則天下之惡盡而患已矣，何所不利？公亦指九二。○射，食亦反。

䷨兑下艮上○爲卦下體本乾，三變而成兑；上體本坤，上變而成艮。三本剛而成柔，上本柔而成剛，爲損下益上之象。程子曰：「損上而益於下則爲益，取下而益於上則爲損。爲人上者，施其澤以及下則益也，取其下以自厚則損也。譬諸壘土，損於上以培厚其基本，則上下安固矣，豈非益乎？取於下以增上之高，則危墜至矣，豈非損乎？故損者損下益上之義，益則反是。」

損，有孚，元吉，无咎，可貞，利有攸往。曷之用？二簋可用享。損所當損，出於至誠，適於時義而下信之，謂之有孚。其道可守，故曰可貞。其道可行，故曰利有攸往。此卦之辭，繁而不殺，自坤象外未有如此反覆詳悉者，蓋損本拂人情之事也。損下未必大善而吉，未必无過，未必可固守，未必可有往，唯損其所當損，於理可行而下信之，則其應可如此爾。又損者，減省之義，當損時則凡事皆宜減省，雖於享禮，至薄无害，故曰「曷之用？二簋可用享」。古者享禮，陳饋八簋爲盛，四簋爲中，二簋爲簡。君子不以天下儉其親，禹菲飲食而致孝乎鬼神。享祀之禮，豈可減省者乎？然時當損則无害也。享禮可損則无不可損者矣。易之所貴者時焉而已，故曰二簋應有時。

初九，已事遄往，无咎，酌損之。損之義，損剛益柔，損實益虚，損下益上也。初九當損下益上之時，上應六四之陰，初剛實而當損，四柔虚而賴初之益者也，故必輟已所爲之事而速往以益之，乃爲下之義當然，故无咎。然損下以益上者，或失其節則後難繼，故必酌損之，量其所出，隨器而止，酌之義也。

九二，利貞，征凶。弗損，益之。當損剛之時，九二以剛居柔而得中，不當損者也。道以中爲至，若再損之則失中矣，故利在固守而勿往，行則凶也。然不變其所守，乃所以益上也，故曰「弗損，益之」。若自損其德而妄進以應於上者，非所以益上矣。

六三，三人行則損一人，一人行則得其友。下體之乾三陽并進，三人行也。九三一爻損而上之，三人行則損一人也。九三上而爲上，則上六下而爲三，剛柔偶合，一人行則得其友也。此爻爲損之主，故言損之□。程子曰：「天下无不二者，一與二相對待，生之本也，三則餘而當損矣。」朱子曰：「兩相與則專，三則雜而亂[一]。」此致一之道也。

六四，損其疾。使遄有喜，无咎。四以陰柔在損時而應初剛，能損其陰柔之疾而以初之陽剛益己，損其不善以從善也，故曰損其疾。疾謂疾病，不善也。損於不善，唯速則有喜而无咎。所謂不善者，忿慾是也。人之損欲唯患不速，速則不至於深害，爲可喜也。

六五，或益之十朋之龜，弗克違，元吉。五當損下益上之時，而以柔順虛中之德居尊位，宜受天下之益者也。雖不求益而益必至，故或益之以大寶之多而不能違，可謂大善之吉矣。或者，不期而得之辭。十朋之龜，元龜大貝也。兩貝爲朋，十朋之龜直二千一百六十，言益之多也。

上九，弗損益之，无咎，貞吉，利有攸往，得臣无家。凡損之義有三：損己從人也，自損以益於人也，行損道以損於人也。損己從人，徙於義也。自損益人，及於物也。行損道以損於人，行其義也。各因其時，取大者言之。四五二爻，取損己從人。下體三爻，取自損以益人。損時之用，行損道以損天下之當損者也。上九則取不行其損爲義。上居損之終，損極而當變者也。不損於民，乃所以益民也，故曰弗損益之，无咎之道也。又必得其貞正，道當不損而不損，非違道以干譽者也，則得吉而利有所往矣。在上能不損其下而益之，天下孰不服從？服從之衆，无有内外也，故曰得臣无家。獻夫曰：「損不

[一]「三」，《本義》作「參」。

難於正而難於信，故《象》曰有孚而後可貞。不損不難於孚而難於正，故此曰貞而後得臣无家。」

䷩震下巽上○爲卦巽震二體皆由下變而成，損上卦初畫之剛，益下卦初畫之柔，損上益下，故爲益。

益，利有攸往，利涉大川。益者，益於天下之道也。又卦之二、五皆得中正，其道可行，故利有攸往。益者，□民之事，宜於不避艱險。又卦下震上巽，□木之用，故利涉大川。

初九，利用爲大作，元吉，无咎。當損上益下之時，初爲受益之主。初，下民也，而受上之益，不可徒然无所報效，故利用爲大作。民，食力者也，所以報上者，工作之事而已，无厚事也，故爲之大作，則元吉而无咎矣。

六二，或益之十朋之龜，弗克違，永貞吉。王用享于帝，吉。六二當益下之時，虛中處下，故其象與損六五同。十朋之龜，公龜壯貝也。十朋直五百。然爻位皆陰，故以永貞爲戒。以其居下而受上之益，故王者用之則當享于上帝而獲吉也。程子曰：「如二之虛中，用以享上帝，猶當獲吉，況與人接物，其意有不通乎？求益於人，有不應乎？」

六三，益之用凶事，无咎。有孚中行，告公用圭。三居下體之上，在民上者也。居下之上而長民，奉君命以益民者也。凶荒札瘥，凶事也。凶荒之年，宜發倉廪以賑民，乃非常之舉，爲下爲民如此，故可无咎。非有凶荒之事，安得損上而益之，然亦必有其誠心，行之得中，又告于公上而得命焉，然後可也。圭，所以致王命者，《周官》「珍圭以徵守，以恤凶荒」是也。

六四，中行告公從。利用爲依遷國。當損上益下之時，則以益下爲中。四之所行合於中道，則告諸公而見從，利爲遷國利民之事。遷國大事，非誠可以利民而合於時義，不可也。古者遷國必有所依，然後能立。《傳》曰「周之東遷，晉、鄭焉依」是也，故利用爲依遷國。互體有國象，四有依二、三而益初之象。

九五，有孚惠心，勿問元吉，有孚惠我德。九五陽實在中，有孚之象也。爲人上者，中心至誠在於益下，則天下莫不受其益。其至善大吉，不問可知。人君至誠，益於天下，則天下至誠懷吾德以爲惠矣，吉孰大焉。

上九，莫益之，或擊之。立心勿恒，凶。上居无位之地，非行益於人者也。以剛處益之極，求益之甚者也。利者，衆人所同欲也。專欲益己，其害大矣。欲之甚，則昏蔽而忘義理。求之極，則侵奪而致仇怨。故孔子曰「放於利而行，多怨」，孟子謂「先利則不奪不饜」，聖賢之深戒也[一]。上九求益之極，衆人所共惡，故无益之者，而或擊奪之矣。立心勿恒，戒之也。恒謂求益不已也，凶之道也。獻夫曰：「損極則當不損，不損則爲益；益極則當不益，不益則爲損，此易之義也。」

䷪乾下兑上○爲卦五陽在下，長而將極；一陰在上，消而將盡；衆陽上進，決去一陰，所以夬也。

夬，揚于王庭，孚號有厲，告自邑，不利即戎，利有攸往。夬，決也。以五陽去一陰，決之而已。然決之之道必正名其罪，而盡誠以呼號我衆相與合力，然亦尚有危厲，不可安肆。又當先治其私，而不可專尚威武，則利有所往也。雖以此之甚盛，決彼之甚衰，而聖人猶不忘戒備之辭，所以教君子決小人之道至矣。○號，户羔反。爻并同。

初九，壯于前趾，往不勝，爲咎。初，趾象，而夬時主於前進，故云前趾。九，陽爻而健體，故壯也。居下任壯，不勝宜矣，故爲吝。夬之時而往，往決也，故以勝負言。陰雖將盡，而己之躁動，自宜有不勝之咎，不計彼也。

[一]「深」，原漫漶不清，今據《程傳》補。

九二，惕號，莫夜有戎，勿恤。九二當決之時，剛而居柔，又得中道，故能憂懼兢惕呼號我衆，至於暮夜猶不忘戒備，如是則可无患矣。○莫音暮。

九三，壯于頄，有凶。君子夬夬，獨行遇雨，若濡有愠，无咎。當衆陽決陰之時，九三在衆陽之中，獨於上六爲應。三重剛而過乎中，過于壯則有凶矣，決而和則无咎。頄，顴也。壯于頄，是欲決小人而剛壯見于面目也。如是則有凶道矣。君子之志，若能果決其決，不係私愛，則雖獨行而與之和，若見濡污而可愠怒，然終能決去，亦无咎也，何必壯于頄哉？聖人示九三以決上之道也。温嶠之於王敦，其事類此。

九四，臀无膚，其行次且，牽羊悔亡。聞言不信。九四以陽居陰，剛決不足，又内懷不正之心，不能夬者也。欲止則衆陽并進於下，勢不能安，猶臀傷而居不安也。欲行則次且，進不果也。羊者，群行之物。牽者，挽拽之義。四在衆陽之中，必牽挽以從群行，然後能進而悔亡。然既居柔不正，必不能也。雖聞人言而不信用，言終不能從衆也。夫過而能改，聞善而能用，克己以從義，唯剛正者能之。在他卦，九居四，其失未至如此之甚，在夬而居柔，其害大矣。獻夫曰：「三能進而欲其和，四不能進而欲其果，於二爻見夬之道。」○次，七私反。且，七余反。

九五，莧陸，夬夬中行，无咎。莧，今所謂馬齒莧，曝之難乾，感陰多之物也。上象五切近之陽比於陰，則爲陰氣所浸淫，如莧之陸地然。然以其陽剛得中，若能果決其決，去之不疑而合於中行，則无咎矣。當決之時，以決爲中也，故曰中行。夬五陽爻而三、五皆稱夬夬者，何也？蓋三應上，五比上，皆當決柔之任，又嫌於私暱之累，故特勉之也。又皆以剛居剛，亦有夬夬之義。

上六，无號，終有凶。陰柔小人居窮極之時，黨類已盡，无所號呼，終必消滅而有凶也。獻夫曰：「聖人於剥上九則曰碩果不食，望之也。於夬上六則曰无號終有凶，絶之也。扶陽抑陰之情見矣。」

䷫巽下乾上〇爲卦一陰始生於下，陰與陽遇也，故爲姤。

姤，女壯，勿用取女。姤，遇也。遇已非正，又一陰而遇五陽，則女德不貞而壯之甚也。陰盛則害陽，女壯則敵男，故勿用取之也。李氏曰：「女下於男，有女不正之象。咸所以取女吉者，以男下女也。若蒙之六三，以陰而先求陽，其行不順，故亦曰勿用取女。」〇取，七喻反。

初六，繫于金柅，貞吉，有攸往，見凶。羸豕孚蹢躅。柅所以止車。金爲之，堅之至也。繫于金柅，止之固也。一陰始生，其勢方長，固止而不進則得正而吉。往而不止，則必害於陽而凶。故以二義戒小人，使不害於君子，則有吉而无凶。然其勢不可止也，故又以羸豕蹢躅曉君子，使深爲之備焉。豕，陰躁物。陰微而在下，羸豕之象。陰雖微弱，終必强盛，猶羸豕終必蹢躅也，孚信必也。

九二，包有魚，无咎，不利賓。此以上爻取遇義。二與初密比，相遇者也。在他卦則初正應於四，在姤則以遇爲重。相遇之道，主於專一。二之剛中，遇固以誠，然初之陰柔，群陽在上，而又有所應者，其志所求也，陰柔之質，鮮克貞固，二之於初，難得其誠心矣。包者，苴裹也。魚，陰物之美者。陽之於陰，其所悦美，故取魚象。二於初若能固畜之如包苴之有魚，則无咎矣。賓，外來者也。不利賓：包苴之魚，豈可及賓？謂不可更及外人也。遇道當專一，二則雜矣。賓即指群陽。

九三，臀无膚，其行次且，厲，无大咎。二與初既相遇，三説初而密比於二，非所安也。又爲二所忌惡，其居不安，若臀之无膚也。處既不安，則當去之，而當姤之時，志求乎遇，一陰在下，是所欲也，不能遽舍。又上衆陽皆欲下遇初，而无牽引以行者，故欲行而又次且也。如是者，危道也。然既无所遇，則亦无所失也，雖危而无大咎。若得非正之遇，則其咎反大矣。

九四，包无魚，起凶。 四與初爲正應，當相遇者也，而初已遇於二矣，失其所遇，猶包之无魚，亡其所有也。四當姤遇之時，居上位而失其下，下之離，由己之失德也。曰：初之從二以比近也，豈四之罪乎？曰：在四而言，義當有咎。豈有上不失道而下離者乎？遇之道，君臣、民主、夫婦、朋友皆在焉。四以下睽，故主民而言。爲上而下離，必有凶變。起者，將生之謂。民心既離，難將作矣。

九五，以杞包瓜。含章，有隕自天。 杞，高木而葉大。瓜，陰物而小美。九五陽剛，尊居君位，至大而在上；初陰至微而在下，不得相遇，猶杞樹之下有瓜，杞體高葉大而瓜小，包藏而不能見也。瓜雖美而小，下士小賢之象也。九五蘊中正之德，有求賢之志。含晦章美，內積至誠，則必有他遇者，不得於下必得於上，不得於小必得於大，不得於人必得於天，故曰有隕自天，猶云自天而降也。自古人君至誠求天下之賢，未有不遇者也。高宗感於夢寐，文王遇於漁釣，皆由是道也。

上九，姤其角，吝，无咎。 窮於上而无所遇，爲姤其角之象。當遇之時而无所遇，是可吝也。然既无所遇，則亦无所失也，故无咎。

䷬坤下兑上〇爲卦二陽得位，四陰聚而歸之，故爲萃。又下順從於上，而上説於下，所以萃也。

萃，亨。王假有廟。利見大人，亨，利貞。用大牲，吉。利有攸往。 萃，聚也。聚之道有四：神聚也，人聚也，物聚也，事聚也。神聚則當享廟，故王者用是道感格宗廟之神而來享也。蓋聚己之精神，然後可以聚祖考之精神，廟所以聚祖考之精神也。人聚則當有主，无主則亂，故利見大人，所以治之，故亨。然又必利於正，則不爲苟合也。物聚則當施用，《曲禮》曰「積而能散」，故宜用大牲，凡祭祀燕饗皆然，則獲福而吉也。事聚則當往幹，故利有攸往。○萃亨之「亨」字衍。

初六，有孚不終，乃亂乃萃。若號，一握爲笑，勿恤，往，无咎。初與四爲正應，本有孚以相從有也。然當萃時，三陰聚處柔，无守正之節，舍正應而從其類，乃有孚而不終也。乃亂，惑亂其心志也。乃萃，與其同類聚也。初若守正不亂，號呼以求其正應，則一握笑之矣。一握，俗語一團也，謂衆以爲笑也。若能勿恤而往從剛陽之正應，則无過咎。不然，則爲不正之聚而有咎矣。○號，户羔反。

六二，引吉，无咎。孚乃利用禴。引猶牽也，謂與初牽引而進也。萃之道，宜聚於上而不宜聚於下。聚於上則正，聚於下則私。二雖中正而陰柔與初同類，欲與聚者也，以其中未變而上與九五正應，心誠從之，故不與初私聚，且能牽引而進，以各從正應於上，故吉而无咎。既不惑於其類，而且能牽引以進，非有至誠在中，能之乎？是其孚也，可用禴矣。禴，祭之簡薄者也。菲薄而祭，不尚備物，直以誠意交於神明也。蓋孚信者，萃之本也。不獨君臣之聚，凡天下之聚，在誠而已。

六三，萃如嗟如，无攸利，往无咎，小吝。下體三陰同類而相聚者也。初爲二所引，二與初同進，而三不得其所聚，又无正應，故欲萃而嗟如，无所利也。往而從於九四，則无咎。以非其正應，故小吝。既非正應，何爲小吝？以萃之道，當聚於上，故雖吝而小也。《象》曰「上巽」是也，言巽順於上也。

九四，大吉，无咎。四居大臣之位，當萃之時，而得天下之萃者也。位逼勢疑，故必大吉然後得无咎。

九五，萃有位，无咎。匪孚，元永貞，悔亡。五當萃之時而有人君之位，當天下之萃者也，故无咎。其有不信而未歸者，則當自反以脩其元永貞之德，則无思不服而悔亡。元永貞者，君之德，民所歸也，故比天下之道與萃天下之道皆在此三者。時九四得民，故有匪孚。九五陽剛中正，故有元永貞之德。

上六，齎咨涕洟，无咎。窮於上而无所萃也。三嗟而已，猶得萃於四也，上則至於涕泣矣。蓋處過高而不得萃於五也。齎咨，咨嗟也。咨嗟而又涕泣也。然既无所萃，則亦无所失也，故无咎。

䷭巽下坤上○爲卦三陰升於上，故爲升。剛而在上者，常也。柔升於上，時也。故主柔而取升義。

升，元亨。用見大人，勿恤，南征吉。升，進而上也。人之升必有大善可通之道然後可。又卦德巽而順，剛中而應，大善可通之道也。用是道以見大人則无憂，而但前進則吉矣。

初六，允升，大吉。允者，信從也，如晉六三衆允之「允」。初柔巽體，當升之時，上承於二、三二陽，剛而能升者也。初信於二陽而從之同升，乃大吉也。

九二，孚乃利用禴，无咎。二剛中而應五，當升時而進結於君，以至誠事君者也。是道也，可以交於神明而无咎。

九三，升虛邑。陽實陰虛，而坤有國邑之象，三以陽剛當升時，進臨於坤體，如入无人之邑，其進无疑阻也。

六四，王用亨于岐山，吉，无咎。王指占者而言，王者之升，爲登祭于山之象。岐山在西南，四升于坤位，爲升于岐山之象，義與隨同。或以隨上六「王用亨于西山」，王爲太王，此爲文王，亨爲亨王業之義，遂疑爲文王後事，而謂爻辭爲周公所作。誤矣！不知此句法與「王用亨于帝吉」、「公用亨于天子」句法同。王、公，泛指占者而言，若謂太王、文王則當如帝乙、箕子、高宗之類明指氏號，安得泛曰王乎？一言之疑遂貽百世之誤，吁可怪哉！○亨讀作享。

六五，貞吉，升階。五居尊位而下有剛中之應，然質本陰柔，故戒之以貞。貞固任賢，則得賢而易升，猶有所階而升然。賢，所階也；升，人君之德業升也。升階易也，所以吉也。

上六，冥升，利于不息之貞。六以陰居升之極，昏冥於升，知進而不知止者也。何所利乎？唯君子於貞正之德，終日乾乾，自强不息，如上六不已之心，用之於此則利也。以小人貪求无已之心，移於進德，則何善如之。

䷮坎下兑上○爲卦九二爲二陰所揜，四、五爲上六所揜，皆爲柔揜，君子爲小人所揜蔽，窮厄之象也，故爲困。

困，亨，貞，大人吉，无咎。有言不信。困者，窮厄而不能自振之義。處困之道，貴於亨貞。又卦坎險兑說，處險而説，其道可亨也。二、五剛中，又能固守其正者也，此吉而无咎之道也。亨，故吉。貞，故无咎。非大人君子樂天安義者，其孰能之！故曰「大人吉，无咎」，明小人不能也。有言不信，當困而言，人誰信之？君子宜自信耳，不可尚口，益取困窮也。

初六，臀困于株木，入于幽谷，三歲不覿。臀，物之底也。困于株木，傷而不能安也。初六以陰柔處困之底，居暗之甚，故其象如此。不覿，无所見也。

九二，困于酒食，朱紱方來，利用亨祀。征凶，无咎。酒食，宴樂之具。九二有剛中之德，處困而能樂者也，而反困於得其所樂之多。如酒食，人之所樂，然醉飽過宜，則是反爲所困矣。又坎體有酒食之象。二以剛中之德困於下，上有九五剛中之君，道同德合，當來相求，故云朱紱方來。紱，蔽膝也，與韍通用，亦作芾。朱紱，天子之服。《詩》曰「朱芾斯皇」，以行來爲義，故以紱言之。方來，將來而未必之辭。然當困之時，有是中誠，唯可用以亨祀神明耳。若有所往而必求於上，則凶也。然於義終亦何咎之有？但非其時爲凶耳。○亨讀作享。

六三，困于石，據于蒺蔾，入于其宮，不見其妻，凶。六三陰柔而處困之中，又承乘皆剛，故進則有困于石之象，下則爲據于蒺蔾之象。宮指其所居，上六爲妻，无應故爲无妻，凶之甚也。

九四，來徐徐，困于金車，吝，有終。四與初正應，志在下求而方困於上，不能行來，故來徐徐。四陽剛而有位，本能行者，是金車之象。當困時，困而不能行，是困于金車也。欲行不能，可羞之道。然以其剛，終必能行，故有終。

九五，劓刖，困于赤紱，乃徐有説，利用祭祀。截鼻曰劓，傷于上也。去足爲刖，傷于下也。九五當困之時，上爲陰揜，下則乘剛，故有此象。赤紱，臣下之服，指九二。《詩》曰：「赤韍在股。」二同德相應，當困而不能來，爲困于赤紱之象。以其剛中，故能紓徐以處之，則終合而有説樂也。以其中直至誠，故利用祭祀。當困之時，中誠不能通於人，惟可通於神明耳。祭與祀享，泛言之則可通，分而言之，祀天神，祭地祇，享人鬼。五君位言祭，二在下言享，各以其所當用也。獻夫曰：「乃徐有説，是王者處困之道。如周桓王之忿鄭不朝，而自行伐鄭，鄭伯射王中肩，諸侯皆不朝，是不能徐而有説者也。」〇説音悦。

上六，困于葛藟，于臲卼，曰動悔。有悔，征吉。葛藟，纏束之物。臲卼，高危之狀。上六陰柔處困極，爲困所纏束而又居最高危之地，故爲困于葛藟與臲卼也。如是而動，則有悔也，故曰動悔。然物極則反，事窮則變，若能悔其前失而行去之，則出于困矣，故「有悔，征吉」。程子曰：「三以陰在下卦之上而凶，上居一卦之上而无凶，何也？曰：三居剛而處險，困而用剛險，故凶。上以柔居説體，唯爲困極耳，困極則有變困之道也。困與屯之上，皆以无應居卦終，屯則泣血漣如，困則有悔征吉，屯險極而困説體故也，以説順進，可以離乎困也。」鄭氏曰：「困有不可動，九二是也，故征凶。有不可不動，上六是也，故征吉。」

䷯巽下坎上○爲卦坎上巽下。坎，水也。巽之象則木也，巽之義則入也。木，器之象。木入於水下而上出其水，汲井之象也，故爲井。

井，改邑不改井。无喪无得，往來井井。汔至亦未繘井，羸其瓶，凶。井之爲物，常而不可改也。邑可改而之他，井不可遷也，故曰改邑不改井。汲之而不竭，存之而不盈，无喪无得也。往者來者，皆得其用，往來井井也。无喪无得，其德也常。往來井井，其用也周。常也，周也，井之道也。汔，幾也。繘，綆也。羸，敗也。汲井幾至未盡綆而敗其瓶，則凶也。井以上出爲用，汲井幾至而不及上，猶爲无功也。此用井之道也。

初六，井泥不食，舊井无禽。井以陽剛爲泉，上出爲功，初六以陰居下，故爲此象。蓋井不泉而泥，則人所不食，必至舊廢而禽鳥亦莫之顧也。

九二，井谷射鮒，甕敝漏。二雖陽剛而居下不正，上无應與，爲井雖泉而谷人所不用，唯於焉射鮒而已。谷，沙石也。初柔爲泥，二剛爲谷。鮒，蝦蟇之屬，潦谷所生也。又下比初六而井底開，爲甕敝漏之象。○射，食亦反。

九三，井渫不食，爲我心惻，可用汲。王明，并受其福。渫，不停汙也。井渫不食而使人心惻，可用汲矣。王明則汲井以及□，而施者受者并受其福也。九三陽剛得正，在下之上，才之可用者也，而猶居下，未爲時用，故其象如此。我自行者而言，故《傳》曰「行惻」也。

六四，井甃，无咎。四雖在近君之位，而陰柔才弱，不足以濟物，以其德正，亦可自守者也。故但能修治其事，不至於廢而已，爲井甃之象。甃，砌累也，謂修治也。能自修治，則雖无及物之功，而亦可以无咎矣。

九五，井洌寒泉，食。九五陽剛中正而居尊位，其德至善而功及於物者也，故爲此象。洌，甘潔也。井泉以寒爲美。食，爲人食矣。

上六，井收勿幕，有孚，元吉。井以上出爲功，而坎口不揜，故上六雖非陽剛，而其象如此。收，汲取也。幕，蔽覆也。取而不蔽，其利无窮，井之施廣矣，大矣。有孚，有常而不變也。博施而有常，大善之吉也。夫體井之用，博施而有常，非大人孰能？他卦之終，爲極爲變，唯井與鼎終乃爲成功，是以吉也。

䷰離下兑上〇爲卦澤上火下，火燃則水乾，水決則火滅，相變革者也。火之性上，水之性下，若相違行，則睽而已。乃火在下，水在上，相就而相尅，相滅息者也，所以爲革也。

革，巳日乃孚，元亨，利貞，悔亡。革者，變其故也。變其故，則人未能遽信，故必巳日，然後人心信從。變革，大事也，故必有大善而亨之德，而又利於得其正道，則所革乃當而悔亡也。不然，安能无悔乎？聖人所以重變革如此。

初九，鞏用黄牛之革。變革，事之大也，必有其時，有其位，有其德。審慮而慎動，而後可以无悔。爻以時則初也，以位則下也，以德則剛也。時未當革則以不革爲中，位不當革則以不革爲順，而爻剛則不足於中順，故戒之言：當以中順自固，而不可以有爲也。鞏，固也。黄，中色。牛，順物。革，所以包束物者，亦取卦名而義不同也。又離體有牛象。

六二，巳日乃革之，征吉，无咎。六二柔順中正，又文明之主而有應於上，其德具矣，其位得矣。然時之未至，未可遽革也。故必巳日，然後革之，則其行有嘉美之功，而吉且无咎也。

九三，征凶，貞厲，革言三就，有孚。九三居下之上，當革之時，然重剛而不中，革而過剛，凶道也，故雖正亦危。然時既當革矣，必於其所革者，詳告申令，至於三就，則人亦信從而可以革也。就，成也。言至於三成，謂詳審也。

九四，悔亡，有孚，改命吉。九四陽剛而不正，本有悔也。然卦已過中，乃革之時也，有不得不革者，其志可信也，故人皆信從之，是以悔亡而改命吉。改命猶言革命，即湯武之事。蓋革之道以信於人爲本，人苟不信，雖有德位，難矣。

九五，大人虎變，未占有孚。虎，大人之象。變謂希革而毛毨也。九五以陽剛中正居尊位，既革而受命者也。其德化一新，炳然有文，如虎變焉。如是則不待占決，而天下之人信之矣。虎變，如武王監於二代，郁郁乎文之事。堯舜如龍，湯武如虎，龍主德而无迹，虎主威而有文。

上六，君子豹變，小人革面。征凶，居貞吉。革之終，革道之成也。君子謂凡在位者，則已从革而變。小人謂下民，雖未能心化，亦革其面以順從矣。龍虎，人君之象，故大人云虎，君子云豹也。革道已成，不可復有所往。變革之事，非得已者，不可以過，故革既終而又征，則凶也。天下之事，始則患乎難革，已革則患乎不能守也，故戒以居貞則吉也。

☲☴巽下離上○卦體下植爲足，中實爲腹，對峙於上者耳也，横亘於上者鉉也，鼎之象也，故爲鼎。

鼎，元吉亨。鼎之名正也，古文訓方，方實正也。鼎者，法象之器也，其用至大，可以享帝，可以養賢，其道无不通也，故曰元亨。「吉」字衍。

初六，鼎顛趾，利出否，得妾以其子，无咎。初與二比而非其正，初在鼎下，趾之象也。上向於二，又非其正，顛之象也。趾顛則鼎覆矣，非順道也。然有當顛之時，謂傾出敗惡以致潔取新，則可也。否，惡也。初舍陰而從陽，是利出否之象。妾雖非正，而從二則貴，又陰陽合而成生育之功，是得妾以其子之象，故雖顛而无咎也。○否音鄙。

九二，鼎有實。我仇有疾，不我能即，吉。二以剛實居中，鼎中有實之象。下比於初，陰陽相求者也。我仇，匹己者，謂初也。初陰柔而非正，是有惡疾也。二能剛實自守，雖與初匹而不爲彼所染着，不我能即也。既不爲惡所變，則將化惡爲善，吉之道也。鼎之用在鉉，故上得於五而二失之，不必取應義。

九三，鼎耳革，其行塞，雉膏不食，方雨，虧悔終吉。五爲三耳而非正應，其耳革矣。革爲變革，爲異也。鼎之舉在耳，鼎耳革則不舉我矣。鼎既不舉，則雖有美實在中，而不爲人所食矣。雉膏，美味也。九三以剛正之德在鼎腹之中，本有美實者也，而不得於五，賢者不得於君，則其道何由而行也？然君子蘊其德久，而必彰守其道，其終必亨。五有聰明之象，而三終上進之物。陰陽交暢則雨。方雨，且將雨也，言五與三方將和合也。君臣合，則美德爲時用矣，是失其悔而終吉也。此爻之義與井九三同。

九四，鼎折足，覆公餗，其形渥，凶。初爲四足，才柔而又從於二，其足折矣。鼎之承在足，鼎折足則傾覆公上之餗。餗，鼎食也。四亦居鼎腹，故有實渥覆餗，淋漓之貌，凶之甚也。四，大臣之位，任天下之事者也。天下之事，豈一人所能獨任？必承之以天下之賢智，得其人則天下之治可不勞而致也。不得其人則敗國家之事，貽天下之患必矣。

六五，鼎黄耳，金鉉，利貞。五於象爲耳，而有中德，故云黄耳。鉉，貫耳以舉鼎者也，上九之象。五比於上而得其助，爲得金鉉之象。上陽剛，故爲金鉉。五，君位。君道无为，所賴以行，其治於天下者，賢才也。利貞，利在貞固，任賢而已。

上九，鼎玉鉉，大吉，无不利。上本陽爻而居柔，剛而能温者也，故又以玉鉉象之。金取其剛，玉取其剛而能温，備舉其德也。鼎之用在鉉，人之致用之道，能剛柔中節，則大吉而无所不利矣。鼎之上爲鉉，雖居无位之地，實當用也，與他卦異矣。井亦然。

䷲震下震上○震之爲卦，一陽生於二陰之下，動而起也，故爲震。

震，亨。震來虩虩，笑言啞啞，震驚百里，不喪匕鬯。震，動也，不曰動者，震有動而奮發震驚之義。其象爲雷，其屬爲長子。震有亨道。震來，當震之來時也。虩虩，恐懼驚顧之貌。當震來而恐懼不敢自寧，則能保其安裕，故笑言啞啞。啞啞，言笑和適之貌。震驚百里，以雷言震之大者，莫若雷，百里言驚及遠也。匕所以載鼎實。鬯以秬黍酒和鬱金，所以灌地降神者也。不喪匕鬯，言不失其所守也。以長子言主祀者，長子也。人之致其誠敬者，莫若祭祀。臨大震懼，能安而不自失者，唯誠敬而已，此處震之道也。○喪，息浪反。爻并同。

初九，震來虩虩，後笑言啞啞，吉。初九，成震之主者也，故言處震之道，與卦同。

六二，震來厲，億喪貝，躋于九陵，勿逐，七日得。二乘初九之剛，柔而不能中者也。震初而剛，其勢方盛，來則犯之，故厲。億，度也。度其勢不可禦，則必喪其所有，往升于至高以避之。貝〔一〕，所有之資也。九陵謂高處。九，重之多也，如九天九地也。勿逐，七日得，過則復其常矣。卦位有六，七乃更始，事既終，時既易也。時過事已，則復其常，不求而自獲也。

六三，震蘇蘇，震行无眚。蘇蘇，紓散休息之貌。三遠於初剛，故有此象。震雖行而不當之，故无災也。

九四，震遂泥。上卦四爲震主，雖剛而處柔，陷於二陰互坎之間，莫能自奮者也，爲震遂泥之象。遂者，无反之意。互坎體爲泥。

六五，震往來厲，億无喪有事。五往則居動之極，來則犯四之剛，是往來皆危也。度其往來皆不可，則唯自守其

〔一〕「貝」，原作「具」，今據《本義》、《程傳》及上下文意改。

所有事而勿失焉可也。有事，如孟子必有事焉之義，謂守中也。五居得中，故《象》曰「其事在中，大无喪也」。

上六，震索索，視矍矍，征凶。震不于其躬，于其鄰，无咎。婚媾有言。索索，消索不存之狀，謂其志氣如是。上以陰柔處震極，其驚懼之甚，志氣消索也。矍矍，不安定貌。志氣消索，則視瞻徊徨，矍矍然也。處震如是，其征則凶，言无剛用也。上雖恐懼之過，然震終不及其身，止及其鄰，故无咎。鄰，五也，婚媾所親也，謂同動者。有言，怨詈之言也。始與同動，而終與之異，故婚媾有言。〇索，桑落反。

䷳艮下艮上〇艮之爲卦，一陽居二陰之上，陽動而上進之物，既至於上則止矣，故爲艮。

艮其背，不獲其身，行其庭，不見其人，无咎。艮，止也。身，動物唯背爲止。又不見身，亦不見人處。周子曰：「背所不見也，人能止於所當止，則唯義是從，内不顧己，外不顧人，不獲其身，无我也。行其庭不見其人，无物也。物我既忘，則止矣。不能忘物我，无可止之道。」程子曰：「止於所不見，則无欲以亂其心，而止乃安。」是也，故无咎。獲，得也。庭除，有人之處。獻夫曰：「无心之感爲咸，反身而立爲艮，故咸言心法，艮言身法。」鄭氏云：「象言輔不言口，言身不言腹，言夤限不言臍，有背面而立之象。」郭氏云：「人之耳目口鼻皆有欲也，至於背則无欲矣。」故曰艮其背，得之。

初六，艮其趾，无咎，利永貞。艮以人身取象，與咸同。六在最下，趾之象。趾，動物。艮其趾則不妄動，故无咎。以其陰柔，患其不能常也，不能固也，故戒以利永貞，則不失止之道。

六二，艮其腓，不拯其隨，其心不快。二當腓之處，居中得正，能止者也，爲艮其腓之象。无應於上而承乎三，三爲限則腓所隨也。三，下艮之主也，乃過剛失中，不得止之道。又止於上，不能降而下求，二既從之，則雖有中正之德而不能拯救其惡，是以其心不快也。

九三，艮其限，列其夤，厲薰心。限，身上下之際，即腰胯也。夤，膂也。九三以過剛不中，當限之處，爲艮其限，止于腓則不進而已，止于限則不得屈伸，而上下判隔如列其夤矣。厲薰心，謂不安之勢，薰爍其中也。人之固止一隅，而舉世莫與宜者，則艱蹇忿畏，焚撓其中，豈有安裕之理？

六四，艮其身，无咎。咸四，取心象，此不言心而言身者，咸心法也，艮身法也。心之寂，感身之動，静其道一也。以陰居陰，時止而止，爲艮其身之象，无咎之道也。

六五，艮其輔，言有序，悔亡。六五當輔之處而有中德，爲能艮其輔者也。人之所當慎而止者，唯言行也。輔，言之所由出也。艮於輔，則言不妄出而有序也。言輕發而无序，則有悔。言有序，則悔亡也。有序，中節有次第也。

上九，敦艮。吉。九以剛實在上，而又成艮之主，居止之極，止之至堅篤者也。敦，篤厚也。人之止，難於久終，上九能敦厚於終，止道之至善，所以吉也。六爻之德，唯此爲吉。

䷴艮下巽上○爲卦二體皆陽，進於陰上，又其德止於下而巽於上，爲不遽進之義，故爲漸。

漸，女歸吉，利貞。漸，漸進也。天下之事，進必以漸者，莫如女歸。臣之進於朝，人之進於事，固當有序，不以其序，則陵節犯義，凶咎隨之。然以義之輕重，廉恥之道，女之從人，最爲大也，故以女歸爲義。且男女，萬事之先也。又卦艮以少男而下於巽之長女，男先於女，女待於男，爲女歸有漸之象，吉道也。女行有漸，其歸以禮。又卦自二至五，位皆得正，故其道利而且貞也。又曰：咸，取女之吉占；漸，嫁女之吉占。

初六，鴻漸于干，小子厲，有言，无咎。漸諸爻皆取鴻象。鴻之爲物，至有時而群有序，不失其時序，乃爲漸也。六居初，至下也；陰之才，至弱也；而又上无應援，始進於下而未能上，故爲鴻漸于干之象。干，水涯也。鴻雖水鳥而性雲飛，干非其所安也。知下而不知上，小子之道也。又不得其所安，故曰小子厲。當進之時而不能進，必爲人所非笑，故有言。然不失爲自守，而於義爲无咎也。

六二，鴻漸于磐，飲食衎衎，吉。二居中得正，上應於五，進之安裕者也。磐，石之大而安平者，江濱所有。鴻進於磐，則漸得其所安矣。衎衎，和樂意。二與九五之君，以中正之道相應，則不徒身安而且志得，故其飲食和樂衎衎然，吉可知也。

九三，鴻漸于陸，夫征不復，婦孕不育，凶。利禦寇。陸，人馬所由之道，非鴻之所止也。鴻進而止於是，則離其群類而所與失其道矣。九三過剛不中，處非其位，又在艮體而无應，上比於六四非正之陰，故其象如此，是凶道也。凡皆不利，唯利禦寇，謂情好相比，可濟患難也。

六四，鴻漸于木，或得其桷，无咎。當漸之時，四以陰柔進據剛陽之上，陽剛而上進，豈能安處陰柔之下？故四之處非安地，如鴻之進于木也。木漸高矣，而有不安之象。鴻趾連，不能握枝，故不木棲。桷，横平之柯。唯平柯之上乃能安處，謂四之處本危，或能自得安寧之道，則无咎也。如鴻之於木，本不安，或得平柯而處之，則安也。四性順而體巽，或能順於陽而巽以處之，爲得安寧之道。

九五，鴻漸于陵，婦三歲不孕，終莫之勝，吉。陵，高阜也，象君之位。五居尊位，下與二正應，而爲三四所隔，未能即合，故三歲不孕。然不正終不能奪其正也，故「終莫之勝，吉」。

上九，鴻漸于陸當作逵，其羽可用爲儀。吉。逵，雲路也。《爾雅》九達謂之逵，謂虛空之中，通達而无阻蔽之義。上九陽剛有德，進處乎至高之位，出乎人表，而不亂於俗者也。如鴻之離塵而飛于雲空，得其性矣。其賢德之高致，足以爲人表率。如鴻之羽毛可用以爲儀，吉道也。儀，羽旄旌纛之飾。朱子曰：「位雖極高而不爲无用之象。」

䷵兑下震上○爲卦兑以少女而從震之長男，爲歸妹之象。程子曰：「卦有男女配合之義者四：咸，恒，漸，歸妹也。咸，男女之相感也，男下女，二氣感應，止而説，男女之情相感之象。恒，常也，男上女下，巽順而動，陰陽皆相應，是男女居室夫唱婦隨之常道。漸，女歸之得其正也，男下女而各得其正位，止静而巽順，其進有漸，男女配合得其道也。歸妹，女之嫁，歸也，男上女下，女從男也，而有説少之義。以説而動，動以説則不得其正矣，故位皆不當。初與上雖當陰陽之位，而陽在下，陰在上，亦不當位也，與漸正相對。咸、恒夫婦之道，漸、歸妹女歸之義。咸與歸妹，男女之情也，咸止而説，歸妹動於説，皆以説也。恒與漸，夫婦之義也，恒巽而動，漸止而巽，皆以巽順也。男女之道，夫婦之義，備於是矣。」

歸妹，征凶，无攸利。婦人謂嫁曰歸。妹者，少女之稱。以少女而從長男，其情又爲以説而動，皆非正也。其歸不以道，則必有不終之蔽，故征凶，无攸利。

初九，歸妹以娣，跛能履，征吉。女之歸，居下而无正應，娣之象也。陽剛在女子爲賢貞之德，娣之賢正者也。娣之卑下，雖賢，何所能爲？不過自善其身，以承助其君而已。如跛之能履，言不能及遠也。然在其分爲善，故其行吉也。

九二，眇能視，利幽人之貞。九二陽剛而得中，女之賢正者也。上有正應，而反陰柔之質，乃女賢而配不良，不能大成内助之功，適可以善其身而小施之，如眇者之能視而已，亦不能及遠之象。幽人，抱道守正而不偶者也，可宜於此道，而不宜於大人在位者之道也。

六三，歸妹以須，反歸以娣。 六三陰柔而不中正，又爲説之主[一]，女之不正，輕於從夫而不終者也，故爲女既適人而反歸爲娣之象。須義與賁六二「賁其須」義同[二]。

九四，歸妹愆期，遲歸有時。 九四以陽君上體而无正應，賢女不輕從人而愆期以待所歸之象，正與六三相反。

六五，帝乙歸妹，其君之袂不如其娣之袂良，月幾望，吉。 六五以柔居尊位，女之貴高者也，下應九二，爲王姬下嫁之象，而有中德，尚德而不尚飾，故爲其服不盛之象。女主曰君，娣媵者也，衣袂所以爲容飾者也。女德之盛无以加此，故又爲月幾望之象，乃吉道也。

上六，女承筐无實，士刲羊无血，无攸利。 上六爻位皆虚，男女假合而不以實者也，故爲此象。

䷶ 離下震上○爲卦離明震動，以明而動，明足以照，動足以亨，則能致盛大也，故爲豐。

豐，亨。王假之，勿憂，宜日中。 豐爲盛大，其義自亨。然王者至此，盛極當衰，則又有憂道焉。聖人以爲徒憂无益，但能守常執中，不至於過盛，則可矣，故戒以勿憂，宜日中也。○假，庚白反。

初九，遇其配主，雖旬无咎，往有尚。 當豐已盛而主暗之時，九四當大臣之位，有剛陽之德而君暗不明，不能

[一]「説之」，此二字原被塗黑，今據《本義》補。

[二]「六」，原被塗黑，今據《本義》補。

用其道。初，應四者也，是爲配主，必與之遇合以咨謀致君之術，以其皆陽，无相得之義，可遇而不可久，然時義當然也，故雖旬日會合而亦无咎。又以其陽剛之才爲四之助，則往必有功。十日曰旬，旬日爲久矣，故曰過旬災也。

六二，豐其蔀，日中見斗，往得疑疾，有孚發若，吉。六二離體有明德而上應六五，陰柔暗主爲之障蔽，其明而至於昏，故爲豐蔀而日中見斗之象。蔀，障蔽之物。大其障蔽，故日中而昏也。如是則往而從之，必得猜疑忌疾，唯在積其誠意以感發之則吉。程子曰：「古人之事庸君常主，而克行其道者，己之誠意上達，而君見信之篤耳。管仲之相桓公，孔明之輔後主是也。若能以誠信發其志意，則得行其道，乃爲吉也。」

九三，豐其沛，日中見沬，折其右肱，无咎。「沛」作「旆」，謂幢幔也。其蔽甚於蔀矣。沬，星之微小无名數者。見沬則暗之甚也。三應上六，柔暗之極，故其象如此，其无能爲可知。右肱，人之所用。折其右肱，則終无可用矣，然非三之咎也。

九四，豐其蔀，日中見斗，遇其夷主，吉。四，陽剛動體，而上承於五，故其象與二同。然四在大臣之位，不得不致其委曲納約之道，如坎之四也，則與二之不往異矣。夷，如匪夷所思之夷。夷主謂常主，指五也。四本大臣之位，君臣相與，正也，而亦曰遇者，其時然也。如是則得行其道，故吉。

六五，來章有慶譽，吉。五以陰柔之才爲豐之主，而下應六二，文明中正，章美之才也。能來致之，則得其開導之益，可以保豐而有慶，有譽矣，故吉。然六五无虚己下賢之義，聖人設此義以爲教耳。

上六，豐其屋，蔀其家，闚其户，闃其无人，三歲不覿，凶。上以陰柔居豐極，在无位之地，處極高，居極暗，而人莫之與，至於三歲之久而不見人，言障蔽之深如此，其凶甚矣。程子曰：「豐其屋，處太高也。蔀其家，居不明也。以陰柔居豐大，而在无位之地，乃高亢昏暗，自絶於人，人誰與之？故闃其户，闃其无人也。至於三歲之久尚不見人，蓋不變也。六居卦終，有變之義，而不能遷，是其才不能也。」

䷷艮下離上○爲卦艮下離上，以卦變觀之，下體本坤也，上體本乾也。今三往居五而麗於外，猶人去其所居而客於外，乃旅之象也。入而麗乎内，所以爲家人；出而麗乎外，所以爲旅。

旅，小亨，旅貞吉。旅，羇旅也。凡人處旅，本无大通之理。卦才六五以柔得中於外，而順乎上下之剛，艮止而麗於明，故其道雖亨而小也，唯其能守乎旅之正則吉。旅非常居，若可苟者，然道无不在，故自有其正，不可須臾離也。

初六，旅瑣瑣，斯其所取災。六以陰柔，初志卑處下，蓋旅之賤者。瑣瑣，猥細之狀。處旅而鄙猥瑣細，不知大道，此其所以自取災悔也。《詩》云「瑣兮尾兮，流離之子」，初六是也。

六二，旅即次，懷其資，得童僕，貞。二有柔順中正之德，柔順則衆與之，中正則處不失當，旅之至善者也。次舍，旅所安也。財貨，旅所資也。童僕，旅所賴也。就其所安，保其所有，而又得所賴以服役之人，此二得旅道之貞者也，故曰貞。

九三，旅焚其次，喪其童僕，貞厲。三過剛不中，故其象與二反。處旅如此，所守雖正，亦危厲之道也。處旅之道，以柔順謙下爲先，過剛豈處旅之道哉！

九四，旅于處，得其資斧，我心不快。四雖在上體，以處于羇旅之中而未得位，雖有剛斷之才，而不得行其志。資斧，所用以斷者也。才剛，得其資斧之象，與巽上九「喪其資斧」義可互見。不得行其志，故我心不快。「資」，一作「齊」。

《漢書》王莽遣王尋屯洛陽，將發，亡其黄鉞，其士房楊曰：「此經所謂喪其齊斧者也。」應邵云：「齊，利也。讀如齊衰之齊。」

六五，射雉一矢亡，終以譽命。五君位，人君无旅，旅則失位，故此爻不取君義而取以旅得君之義。六五有柔順中正之德，處商旅而有聞譽，以逮於上者也。雉，文明之物。離爲雉，故取射雉之象。爵命，光顯文明之物也，以商旅得之，故不无亡矢之費，然所喪者少，而所得者大也。譽，令聞也。命，爵命也。

上九，鳥焚其巢，旅人先笑後號咷，喪牛于易，凶。上九，剛不中而處最高，上下无所與。在旅之時，謙降柔和，乃可自保，而過剛自高，上失其所安，下失其所乘，故其象如此，凶之道也。巢，鳥所安止。焚其巢，失其所安，无所止也。在離上爲焚象。陽剛自處於至高，始快其意，故先笑。既而失安莫與，故號咷。牛，旅所賴以乘載者。喪牛，失其所乘也。上處野外，爲于易之象。

☴巽下巽上○爲卦一陰伏於二陽之下，其性能巽以入也，故爲巽。其象爲風，亦取入義。

巽，小亨，利有攸往，利見大人。巽，入也。二體皆以一陰而入於二陽，能巽則亨。陰爲主，故小亨。以陰從陽，剛得中正，故利有所往，又利見大人也。巽與兑皆剛，中正巽説，義亦相類，而兑則亨，巽乃小亨者，兑陽之爲也，巽陰之爲也，兑柔在外用柔也，巽柔在内性柔也，巽之亨所以小也。

初六，進退，利武人之貞。初以陰柔居最下，卑巽之過者也。陰柔之人，卑巽太過，則志意恐畏而多疑，爲進退不果之象，其所利在武人之貞。若能用武人剛貞之志濟之，則无過卑恐畏之失矣，勉之也。

九二，巽在牀下，用史巫紛若，吉，无咎。二居巽時，以陽處陰，而又在下之中，有不安之義。牀，人所安。二卑巽不安於其所處，爲巽在牀下之象。然當巽之時，不厭其卑，而二又得中，爲有中誠。史巫者，通誠意於神明者也。紛若，多也。能多用通其誠意者，以道達於人，則吉而无咎也。人不察其誠意，則以卑巽爲過矣。朱子曰：「亦竭誠意以祭祀之吉占。」

九三，頻巽，吝。過剛不中，居下之上，非能巽者，勉爲屢失，吝之道也。

六四，悔亡，田獲三品。陰柔无應，承乘皆剛，宜有悔也。而四以陰居陰，得巽之正，居上之下，上而能下也，故得悔亡，而爲蒐田有獲之象。蒐田，巽伏入禽以獲禽者也。三品者，一爲乾豆，一爲賓客，一以充庖，亦爲巽而有功之義。朱子曰：「又爲卜田之吉占。」或曰：互離爲網罟，有田獵之象。

九五，貞吉，悔亡，无不利，无初有終。先庚三日，後庚三日，吉。巽取命令之象，九三剛健中正，居尊位，出令之主也。夫命出於上，則下无不從。能貞則吉，其悔可亡，且无所往而不利矣。命令之出，有所變更也。无初，始未善也。有終，更之使善也。若已善則何用命也？何用庚也？庚，更也。先庚三日，丁也。後庚三日，癸也。丁所以丁寧於其變之前，癸所以揆度於其變之後。變更之道，當如是則吉也。甲者，事之端也。庚者，事之變也。十干戊己爲中，過中則變，故謂之庚。蠱者從新，以造事言之，故取諸甲。巽者行權，以更事言之，故取諸庚。

上九，巽在牀下，喪其資斧，貞凶。上巽之極而處最高，非其所安，故象與九二同。上卑巽之極，失其所以，斷喪其資斧也。九有陽剛之德，以巽之極而失之也。人卑巽之過，至於自失，雖正亦凶矣。

䷹兑下兑上〇爲卦一陰進乎二陽之上，喜之見乎外也，故爲說。其象爲澤，取其說萬物，又取坎水而塞其下流之象。

兑，亨，利貞。兑，說也。說，致亨之道也。能說於物，物莫不說而與之，足以致亨。然爲說之道，利於貞正。非道求説，則爲邪諂而有悔吝，故戒利貞也。

初九，和兑，吉。 初陽剛得正，居説體而无所係應，是説之正而无所偏私者也。説之正則和，是以和爲説也，故吉。

九二，孚兑，吉，悔亡。 二以陽居陰，不正則當有悔，以其中實之德，誠於接物，信而不妄，故吉而悔亡。説道貴和，又貴誠，君子之德，忠和而已矣，故首於二爻言之。

六三，來兑，凶。 六三陰柔不中正之小人，説不以道者也。下乘初二之中正，无所施其邪説，而上比於九四不正之陽，招來九四以爲説者也。四非同體，而非道求説，凶可知矣。

九四，商兑未寧，介疾有喜。 四上承中正之五，而下比柔邪之三，雖陽剛而處非正。三，陰柔，陽所説也，故不能決而商度。未寧，謂擬議所從而未決，未能有定也。然以其質本陽剛，若能介然守正而疾遠邪惡，則有喜矣，勉之也。

九五，孚于剥，有厲。 九五得尊位而處中正，盡説道之善矣，而聖人復設有厲之戒，蓋堯、舜之盛，未嘗无戒也，戒所當戒而已。雖聖賢在上，天下未嘗无小人，然不敢肆其惡也，聖人亦説其能勉而革面也。彼小人者，未嘗不知聖賢之可説也。如四凶處堯朝，隱惡而順命是也。聖人非不知其終惡也，取其畏罪而强仁耳。五若誠心信小人之假善爲實善，而不知其包藏禍心，則危道也。小人者，備之不至則害於善，聖人爲戒之意深矣。剥者，消陽之名。陰，消陽者也，蓋指上六，故孚于剥則危也。以五在説之時，而密比於上六，上六陰柔處説之極，能妄説以剥陽者也，故爲之戒。雖舜之聖，且畏巧言令色，安得不戒也？説之惑人，易入而可懼也如此。

上六，引兑。 上六成説之主，以陰居説之極，下引五陽相與爲説，而不能必其從也，故九五當戒，而此爻不言其吉凶。引與萃六二引義同。萃六二引吉，引下而升也，故吉。兑上六引下，爲説引之者，將以剥之也。五言有厲，上不言凶可知矣。

䷺坎下巽上○爲卦巽上坎下，風行水上，水遇風則涣散，所以爲涣也。

涣，亨。王假有廟，利涉大川，利貞。涣之成涣，由九來居二，六上居四也。剛之來則不窮極於下，而處得其中。柔之往則得正位乎外，而上同於五剛正之主，其道可亨也。當涣之時，在宗廟則爲祖考之精神既散，故王者當有以感格其神而來聚也。時之既涣，則當不避艱險以濟之。又以巽木、坎水舟楫之象，故利涉大川也。利貞，合涣散之道在乎正固也。

初六，用拯馬壯，吉。居卦之初，涣之始也。始涣而拯之，不可不急拯救也。馬，所用以行者，馬壯則行速，言用救涣之急也。涣拯於始，爲力既易，又拯之急，所以吉也。

九二，涣奔其机，悔亡。奔者，來之速也。机，所憑以爲安者也。二剛自外來，有奔之象。得中而安，是其奔其机也。當涣之時，來得其安，故悔亡。

六三，涣其躬，无悔。三在涣時，獨有應與，志在於外，不有其私，涣其躬之象也，故无悔。夫人之所以膠執蔽固，終不能自脱於險者，有我而已。六三雖不中正，而高出坎險之上，於是釋然消散其有我之私而志在於外，自然无悔矣。朱子曰：「大率此上四爻皆因涣以濟涣者也。」

六四，涣其群，元吉。涣有丘，匪夷所思。四柔自二而往，上同於五。四巽順而正，得大臣之位；五剛中而正，居君位。君臣合力，剛柔相濟，以拯天下之涣者也。四離其坤體陰柔之群而上，爲涣其群之象，大善而吉之道也。蘇洵曰：「夫群者，聖人之所欲涣，以混一天下者也。」蓋當人心涣散之時，而各相朋黨，不能混一。唯六四能散小人之私群，成天下之大群，使所散者聚而若丘。然丘聚之大也，方涣散而能致其大聚，其功甚大，其事甚難，其用至妙。夷，平常也。非平常之見所能思及也，非大賢智，孰能如是？二、四皆成涣之主而四爲大，故爻極稱之。

九五，渙汗其大號，渙王居，无咎。九五陽剛中正以居尊位，當渙之時，能散其號令與其居積，則可以濟渙而无咎也。巽體有號令之象。謂之汗者，蓋人君之號令，當出乎人君之中心。由中而外，由近而遠，雖至幽至遠之處无不被而及之，亦猶人身之汗出乎中而浹于四體也。陽實，爲居積象。渙王居，如陸贄所謂散小儲而成大儲之意。人君當渙之時，非散其號令與其居積，无以收天下之心，必如是乃可以免咎耳。

上九，渙其血去逖出，无咎。上以陽剛居渙極，故有出渙之象。血去逖出，與小畜六四義同。言渙散其傷害憂懼之事也，故无咎。「逖」當作「惕」。

䷻兑下坎上○爲卦兑下坎上，澤上有水。澤之容有限，澤上置水，滿則不容，爲有節之象，故爲節。

節，亨。苦節不可貞。節，有限而止也。事既有節，則能致亨通，故節有亨道。節貴適中，過則苦矣。節至於苦，豈能常也？故不可貞。

初九，不出户庭，无咎。户庭，户外之庭也。陽剛得正，居節之初，未可以行，能節而止者也，故其象如此。

九二，不出門庭，凶。門庭，門内之庭也。九二當可行之時，而失剛不正，上无應與，知節而不知通，故其象如此。初在二内，故初象户庭，而二象門庭也。張氏曰：「處節之道，要知時識變，故曰當位以節，中正以通。初九无位之人，雖慎密不出户庭而亦无咎。九二有位，人臣則不出門庭爲凶。蓋處顔子之世，不可爲禹稷之事。當禹稷之位，不可守顔子之節，反是失節矣。」

六三，不節若則嗟若，无咎。陰柔而不中正，處説之極，非能節者。説極則悲，故曰不節若則嗟若。己所自致，无所歸咎，故曰无咎。

六四，安節，亨。柔順德正〔一〕，上承九五，安於節者也。安者，順而无所勉强之謂，其道可亨。强守而不安，則不能常，豈能亨也？

九五，甘節，吉，往有尚。九五剛中正，居尊位，爲節之主，所謂當位以節，中正以通者也。是節之甘美者也，其吉可知。如此而行，其功大矣，故往則有可嘉尚也。五得中故甘，上過中故苦。

上六，苦節，貞凶。悔亡。居節之極，故爲苦節，既處過極，故雖得正而不免於凶。然禮奢寧儉，故雖有悔而終得亡之也。

䷼兑下巽上○卦體二柔在内而中虚，又二五皆剛，得上下體之中而中實，皆爲中孚之象。中虚，信之本。中實，信之質。

中孚，豚魚吉，利涉大川，利貞。孚，信也。孚信能感於豚魚，則无不至矣，所以吉也。豚魚，江豚生大澤中，每作知風之至，是物之有信者，故以取象忠信，可以蹈水火，況涉大川乎？守信之道，貴乎堅正，故利於貞也。又木在澤上，外實内虚，皆舟楫之象，故有利涉大川之義。

初九，虞吉，有它不燕。當中孚之初，故戒在審其所信。虞，度也，度其可信而后從也。雖有至信，若不得其所，則有悔吝，故虞度而後信則吉也。蓋信二可也。有他而從四，則不得其所而不安矣。燕，安也。有他，如大過九四「有它吝」

〔一〕「德」，《本義》作「得」。

之義。

九二，鳴鶴在陰，其子和之。我有好爵，吾與爾靡之。九二剛中之實，而初九亦以剛正與之同德相比，孚誠相感，故有鶴鳴子和、我爵爾靡之象。鶴在陰謂九居二，子謂初，好爵謂中德，爾亦謂初。「靡」與「縻」同，説慕係戀之意。蓋懿德人之所好，故好爵雖我之所獨有，而彼亦係戀之也。鶴鳴於幽隱之處，不聞也，而其子相應和。好爵我有，而彼亦係慕悦好之，孚實於中，物无不應，誠同故也。至誠感通之理，知道者爲能識之。

六三，得敵，或鼓或罷，或泣或歌。六三雖得上九之應爲匹敵，然三陰柔不中正，居説之極，中心莫知所主，故或鼓而前，或罷而止，或泣而悲，或歌而樂。或之者，疑之也。人唯信不足，故言行之間變動不常如此。

六四，月幾望，馬匹亡，无咎。四以柔巽之德居近君之位，處得其正而上信之至，臣道之盛者也。如月之幾望，盛之至也。已望則敵矣，臣不可以敵君，故以幾望爲至盛。馬匹謂初與己爲匹也。四乃絶之而上以信五，爲匹亡也。孚道在一，四既從五，若復下係於初，則不一而害於孚，且有植黨逼君之嫌，爲有吝矣，故馬匹亡則无咎也。

九五，有孚攣如，无咎。九五剛健中正，中孚之實，而與六四柔正之臣相信之心固結如拘攣。然信賢之至，无咎之道也。任賢而貳，則有咎矣。

上九，翰音登于天，貞凶。居信之極而不知變，雖得其正，亦凶道也。雞曰翰音，乃巽之象。上，天位，爲登于天。雞非登天之物而登于天，妄之極也。信非所信而不知變，則反爲妄矣。吴氏曰：「豚魚知風，鶴知夜半，雞知旦，皆物之有信者，故中孚象爻取三物爲象。」

䷽艮下震上○爲卦四陰在外，二陽在內，陰多於陽，小者過也，故爲小過。

小過，亨，利貞。可小事，不可大事。飛鳥遺之音，不宜上，宜下，大吉。小過之義，蓋爲小者過，又爲小事過，又爲過之小。過者，過其常也。若矯枉而過正，過所以就正也。事有時而當，然有待過而後能亨者，故小過自有亨義。利貞者，過之道利於正也。不失時宜之謂正。所過者小事也，事之大者，豈可過也？故可小事，不可大事。又卦體有飛鳥之象焉，飛鳥既過，所遺者音耳，其音下而不上，蓋上逆而下順也，故不宜上，宜下。宜下謂宜順也，順則大吉。獻夫曰：「大壯取羊象者，以全體爲兑，兑爲羊也。小過取飛鳥象者，亦以全體爲坎，如鳥横飛焉。卦有此象，故就飛鳥爲義。」

初六，飛鳥以凶。初六陰柔，上應九四，又居過時，上而不下者也。如鳥之飛必上而不下，是以凶也。

六二，過其祖，遇其妣，不及其君，遇其臣，无咎。陽之在上者，父之象。尊於父者，祖之象。四在三上，故爲祖。二與五居相應之地，若往從之，則過於四而遇五，是過其祖也。五陰而尊，祖妣之象。若不上，則不及於五而遇三。五君也，三臣也。過其祖，遇其妣，上逆也。不及其君，遇其臣〔一〕，下順也。順則无咎〔二〕。過之時，无所不過，故二從五，亦爲過也。

九三，弗過，防之，從或戕之，凶。小過乃陰過之時，故二陽爻皆稱弗過，是言陽弗能過也。防之，防陰也。三

〔一〕「臣」，原作「巳」，今據上下文意改。
〔二〕「咎」，原漫漶不清，今據上下文意補。

一陽既不能過，初二之二陰則當防之。若不防而反從之，則彼或得以戕我而凶矣。二陰在下，有上進之勢，故當防其戕己也。

九四，无咎。弗過，遇之，往厲，必戒。勿用永貞。遇之，前遇乎陰也。四一陽既不能過，五、上之二陰則當順以遇之。二陰在上，以下承上，无戕我之慮，无咎之道也。然當陰盛之時，往必有厲，不可不戒。以陽遇陰，時義適然，可暫而不可常，故勿用永貞，皆戒其過之義。

六五，密雲不雨，自我西郊，公弋取彼在穴。五，君位也，當陰過之時，陰已盛而不能有爲，如密雲而不能雨也，所以不能成雨者。雲自西郊，陰盛故也。我者，文王自我也。五自居陰而上又爲陰掩，爲在穴之象。□□象四居大臣之位而與五遇合者，取而出之以正位，爲公弋取彼在穴之象，如唐狄仁傑取日虞淵之事是也。獻夫曰：「此辭與小畜卦辭同，其皆爲文王所作，明矣。」

上六，弗遇，過之，飛鳥離之，凶，是謂災眚。此爻與四正相反，四曰「弗過，遇之」者，陽微而弗能過乎陰，反遇乎陰也。此曰「弗遇，過之」者，陰上而弗能遇陽，反過乎陽也。小過，陰過而陽弗過之時，故四言弗過而上言過。四前有陰，有相遇之理，上已過陽，无復遇之期，故四言遇而上言弗遇也。既過之極，必罹災眚。如飛鳥之既極，必有所罹也，故凶。災者天災，眚者人爲，既過之極，豈惟人眚？天災亦至，其凶可知，天理人事皆然也。

䷾離下坎上○爲卦水在火上，水火相交而相濟，故爲既濟。

既濟，亨小，利貞，初吉終亂。既濟，事之既成也。功成則止，事定則窮，故既濟雖亨而小也。又六二柔中，小者之亨道也。事之已成，宜正固以守之。又六爻之位，各得其正，故利貞。方濟之時則吉，既濟之終則亂。事窮則變，物極則反，此理之必然也。

初九，曳其輪，濡其尾，无咎。輿以輪而行，曳其輪則不前，不亟行也。獸必揭其尾而後濟，濡其尾則不掉，不速濟也。九，在下之剛，有輪象。初，一卦之後，有尾象。當濟之始，將濟之時，欲濟而謹之，未敢輕也，故其象如此，无咎之道也。

六二，婦喪其茀，勿逐，七日得。二，陰，婦象。茀，所以蔽車者。婦人出門必有茀，自蔽而後行。《詩》云「翟茀以朝」是也。二應在五，溺於二柔，未即應己，故有喪茀之象，言不能行也，亦將濟而未濟之義。然時至則行矣，故勿逐而七日得也。七日義見震六二。

九三，高宗伐鬼方，三年克之。小人勿用。三與四交，正既濟之時，故曰高宗伐鬼方，三年克之，既濟之象也。三年克之，言其久而後濟也。小人勿用，與師上六義同。在離體爲鬼方象。

六四，繻有衣袽，終日戒。既濟之時，以柔居柔，能思患而預備者也〔一〕。「繻」當作「襦」，短衣也。鄉射禮，君袒朱襦以射。袽，絮也，以禦寒者。雖短衣而亦加以袽，謹身之至也。終日戒，不敢肆也。

九五，東鄰殺牛，不如西鄰之禴祭，實受其福。東鄰，陽也，謂五。西鄰，陰也，謂二。殺牛，盛祭也。禴，薄祭也。言九五居尊，富而時已過，不如六二之在下而始得時也。

上六，濡其首，厲。既濟之極，而以陰柔處之，知濟而不知變者也。涉水而至於濡尾，不害其爲濟也。首亦濡，則溺矣，故厲。

〔一〕「備」，原漫漶不清，今據《本義》及上下文意補。

䷿坎下離上○爲卦火在水上，水火不交，故爲未濟。

未濟，亨。小狐汔濟，濡其尾，无攸利。未濟，事之未成也。未濟則何亨之有。以六五柔中，亨道也。汔，幾也。幾濟而濡尾也，未濟也，當濟而不能濟，无所利矣。

初六，濡其尾，吝。以陰居下，當未濟之時，欲進而濡其尾，吝之道也。

九二，曳其輪，貞吉。九二剛中，當未濟之時，能自守以正而不妄進，吉之道也。

六三，未濟，征凶，利涉大川。三以陰柔不中正之才，不足以濟。未有可濟之道而征，則凶也。然當可濟之時矣，又將出險，故利涉大川。

九四，貞吉，悔亡。震用伐鬼方，三年，有賞于大國。九四，陽剛居大臣之位，上有虚中明順之主，任之之專，未濟已過中矣，正濟之時也。又入離體，故有震用威武，伐鬼方而成功受賞之象。以九居四，不正而有悔，故戒其貞則吉而悔亡也。三年，言用力之久也。

六五，貞吉，无悔。君子之光，有孚，吉。五有中順文明之德，能知未濟之正理而守之者，故吉而无所悔吝，其德愈光。又知命樂天，中誠孚信之至，故又言「有孚，吉」。處未濟之至善者也，非君子其孰能之？故曰君子之光。

上九，有孚于飲酒，无咎。濡其首，有孚失是。居未濟之極，非得濟之位，无可濟之理，則當樂天順命而已。若否終則有傾，時之變也。未濟則无極而復濟之理，人之窮也，故止爲未濟之極。至誠安於義命而自樂，則可无咎。飲酒，自樂也。不樂其處，則忿躁隕穫，入于凶咎矣。蓋飲酒可也，若耽肆過節至濡其首亦非也。有孚，自信于中也。失是，失其宜也。人之處患難，知其无可奈何，而放意不反者，豈安於義命者哉？《雜卦》曰「未濟，男之窮也」，於此爻見其義。

古文周易傳義約説卷第三

上彖傳

卦下之辭爲彖，孔子從而釋之謂之彖傳。彖言一卦之義，故知者觀其彖辭則思過半矣。又曰彖者，斷也。卦之辭，卦之斷也。上者，本上下經之稱。傳者，凡釋經之文也。

大哉乾元！萬物資始，乃統天。雲行雨施，品物流形。此以天道釋乾之「元亨」。大哉乾元，贊乾元始萬物之道大也。乾元者，天陽一元之氣，亦如人之有元氣也。人知萬物之生於地，而不知天以乾元之氣爲之始。亦如人之生於母，而不知資始於父之元氣也。始之於未生之前，生之於有始之後，故乾言資始，而坤言資生也。以四德言，雖有元亨利貞之分，而其所以无間斷者，亦惟一元之氣運行統貫之也，故曰乃統天。程子曰：「四德之元，猶五常之仁，偏言則一事，專言則包四者。」又曰：雲行雨施，是乾之亨處。

大明終始，六位時成，時乘六龍以御天。聖人大明乾道之終始，皆一元之氣運行无間。又見卦之六位，潛見飛躍，各以時成。乃乘此六陽之時，位乎天位，以行天道，是乃聖人之元亨也。

乾道變化，各正性命，保合大和，乃利貞。此以天道釋乾之「利貞」。變者，化之漸。化者，變之成。物所受爲性，天所賦爲命。大和，陰陽會合，冲和之氣也。各正者，得於有生之初。保合者，全於已生之後。保合大和，即是保合此生理也。天地絪緼乃天地聚合，此生物之理，造化不息，及其萬物化生之後，則萬物各自保合其生理，不保合則无物矣。張子曰：「大和所謂道，中涵浮沉、升降、動静、相感之性，是生絪緼、相盪、勝負、屈伸之始。其來也幾微易簡，其究也廣大堅固。起知於易者乾乎！效法於簡者坤乎！散殊而可象爲氣，清通而不可象爲神。不如野馬、絪緼，不足謂之大和。語道者知此，謂之知道；學易者見此，謂之見易。不如是，雖周公才美，其智不足稱也已。」

首出庶物，萬國咸寧。聖人得位行道，建極于上，猶乾道之變化也。萬國各歸其極而咸寧，猶萬物之各正性命而保合大和也，此聖人之利貞也。

至哉坤元！萬物資生，乃順承天。此以地道釋坤之「元」也。資生之道可謂大矣。乾既稱大，故坤稱至。至，義差緩於大也。始者氣之始，生者形之始。順承天施氣至而生地之道也。

坤厚載物，德合无疆，含弘光大，品物咸亨。言「亨」也。德合无疆，謂配乾也。含无所不容，弘无所不有，光无所不著，大无所不被，此所以德合无疆而品物咸遂其生也。疆，止也。

牝馬地類，行地无疆，柔順利貞，君子攸行。言「利貞」也。馬，乾之象，而以爲地類者，牝陰物而馬又行地之物也。行地无疆，則柔順而健行，是牝馬之貞也。故曰柔順利貞乃坤之德，而君子之所行也，臣道也。

先迷失道，後順得常。西南得朋，乃與類行。東北喪朋，乃終有慶。安貞之吉，應地无疆。言陰道也。陽大陰小，陽得兼陰，陰不得兼陽，故坤之德常減於乾之半也。君子安於陰道之正則得吉，而合乎坤德之无疆也。東北喪朋，乃終有慶，所以發文王言外之意。地之交乎天，臣之事乎君，婦之從乎夫，皆喪朋之慶也。獻夫曰：「地之道所以常久而不已者，以其和而不唱，順而不逆。君子之所以法地者，亦曰至順而已矣。」

屯，剛柔始交而難生。此釋屯卦義。剛柔始交謂震，難生謂坎。

動乎險中，大亨貞。動，震之爲也。險，坎之地也。遇險而能動，乃大亨而正固之道也。

雷雨之動滿盈，天造草昧，宜建侯而不寧。雷，震象。雨，坎象。天造，猶言天運。草，雜亂。昧，晦冥也。陰陽交而雷雨作，雜亂晦冥，塞乎兩間。天下未定，政教未明之時，宜衆建諸侯以共治，而未可寧處也。

蒙，山下有險，險而止，蒙。此釋蒙卦義。

蒙亨，以亨行，時中也。匪我求童蒙，童蒙求我，志應也。初筮告，以剛中也。再三瀆，瀆則不告，瀆蒙也。蒙以養正，聖功也。張子曰：「蒙卦主者，全在九二，《彖》之所論，皆二之義。教者但只看蒙者時之所及則導之，是以亨行時中也。」謂以可亨之道，發人之蒙，而又得其時之中也。《學記》云「當其可之謂時」，如下文所指之事皆以亨行，當其可也。志應者，二剛明，五柔暗，故二不求五，而五求二，其志自相應也。以剛中者，剛即可亨之道，中即時中，以剛而中，故能告而有節也。瀆筮者二、三，則問者固瀆，而告者亦瀆矣。蒙以養正，乃作聖之功，所以釋「利貞」之義也。孟子曰：「大人者，不失其赤子之心者也。」蓋童穉之時，純一未發，故養正於蒙，實聖功也。發而後禁，則扞格而難勝矣。

需，須也，險在前也。剛健而不陷，其義不困窮矣。此釋需卦義。以坎險在前，未可遽進，故需待而行也。以乾之剛健，而能需待不輕動，故不陷於險，其義不至於困窮也。

需有孚，光亨，貞吉，位乎天位，以正中也。利涉大川，往有功也。乾爲天位，正中謂九二，如乾九二龍德而正中之義。以乾剛而能需，何所不利？故往則有功也。

訟，上剛下險，險而健，訟。此釋訟卦義。上以剛陵下，下不險則未必訟。下以險陷上，上不剛則未必訟。外健而内不險，未必生訟。内險而外不健，未必能訟。上剛而下險，内險而外健，是以訟也。

訟，有孚，窒惕，中吉，剛來而得中也。訟之道固如是。又據卦才而言，下體本坤變而爲坎，九二以陽剛來而得中，爲中實，又爲訟而不過之義也。此言卦變，《程傳》得之，《本義》非是。終凶，訟不可成也。利見大人，尚中正也。不利涉大川，入于淵也。中正大人指九五，言訟尚中正，故利見大人。淵者，險陷之象。以剛履坎，是入于淵也。

師，衆也。貞，正也。能以衆正，可以王矣。此釋「師貞」之義。坤爲衆。《周官》自五人爲伍，積之至於二千五百人爲師，衆之義也。王者之師行一不義，殺一不辜，而得天下不爲，故曰「能以衆正，可以王矣」。剛中而應，行險而順，以此毒天下而民從之，吉，又何咎矣。此釋「丈人吉無咎」之義。剛中謂九二，應謂六五應之，行險謂行危道，順謂順人心。此非有老成之德者不能也。毒，害也。師旅之興，不無害於天下，然以其有是才德，是以民悦而從之也。

比，吉也。比，輔也，下順從也。此釋「比吉」之義。上爲下所順從，吉道也。凡物孤則危，群則强，父子、夫婦、朋友未有孤危而不凶者，人君爲甚，故比而吉。原筮元永貞，无咎，以剛中也。不寧方來，上下應也。後夫凶，其道窮也。剛中謂九五，以陽剛當尊位爲君德〔一〕，元也。居中得正，能永而貞也。上下謂五陰當比之時，上下皆應，豈可寧處而不來也。

小畜，柔得位而上下應之，曰小畜。此釋小畜卦義。柔得位指六居四，上下謂五陽。

〔一〕「爲」，原漫漶不清，今據《程傳》補。

健而巽，剛中而志行，乃亨。剛中指二、五剛居中，爲剛而得中，又爲中剛。言畜陽則以柔巽，言能亨則由剛中。以成卦之義言，則爲陰畜陽。以卦才言，則陽爲剛中。才如是，故畜雖小而能亨也。

密雲不雨，尚往也。自我西郊，施未行也。陰畜未極，陽氣不和，尚往而上，故不能雨而陰施未行也。

履，柔履剛也。此釋履卦義。

説而應乎乾，是以履虎尾，不咥人，亨。下順乎上，陰承乎陽，天下之至理也。所履如此，其亨可知。

剛中正，履帝位而不疚，光明也。此又以九五重明履道，猶乾坤文言也。以剛中正履帝位，履道之至善者也，何疚之有？光明德盛而輝光也。

泰，小往大來，吉亨，則是天地交而萬物通也，上下交而其志同也。内陽而外陰，内健而外順，内君子而外小人，君子道長，小人道消也。此釋泰卦辭。天地交而萬物通，天地之泰也。上下交而其志同，人事之泰也。陰陽以氣言，健順以德言，君子小人以類言。内陽外陰，陽進而陰退也。内健外順，君子之德也。内君子而外小人，皆小往大來之義。君子道長，小人道消，是吉亨之義。馮氏曰：「泰否之彖，歸宿在君子小人之消長，故曰易以天道明人事。」

否之匪人，不利君子貞，大往小來，則是天地不交而萬物不通也，上下不交而天下无邦也。内陰而外陽，内柔而外剛，内小人而外君子，小人道長，君子道消也。此釋否卦辭。否泰反其類，故否之辭皆與泰反。天下无邦，是无人也。君子道消，是不利君子之正道也。剛柔以質言。

同人，柔得位得中而應乎乾，曰同人。此釋同人卦義。柔得位謂二以陰居陰，得其正位也。應乎乾謂二以中正合乎天德也。天人一理也，合乎天則同乎人矣，故爲同人。

同人于野，亨，利涉大川，乾行也。以天德而行，故大公无私，而可以蹈險難也。

文明以健，中正而應，君子正也。唯君子爲能通天下之志。又以二體言内文明而外剛健。二、五以中正之德相應，此君子之正道也，故能通天下之志。天下之道中正而已矣，所以合天德而通人心者，程子所謂大同之道是也。

大有，柔得尊位大中，而上下應之，曰大有。此釋大有卦義。柔謂六五，上下謂五陽。五居尊執柔，固衆之所歸也，而又有大中之德，故上下同志應之，所以爲大有也。

其德剛健而文明，應乎天而時行，是以元亨。應乎天謂應乾，亦指六五。

謙亨，天道下濟而光明，地道卑而上行。此釋謙亨之義。艮以一陽而下交，天道下濟也。艮有光明之象，故艮之象曰其道光明。坤在上，卑而上行也。

天道虧盈而益謙，地道變盈而流謙，鬼神害盈而福謙，人道惡盈而好謙。謙尊而光，卑而不可踰，君子之終也。天道以氣言，地道以形言，鬼神以理言〔一〕，人道以情言。變謂傾壞，流謂聚而歸之。人能謙，則其居尊者，其德愈光，其居卑者，人亦莫能過此，君子所以有終也。謙者，人之至德也，故聖人詳言而極美之。如此或問：謙之爲義，不知天地人鬼何以皆好尚之？朱子曰：「太極中本无物，若事業功勞於我何有？觀天地生萬物而不言所利，可見矣。」

〔一〕「神」，原漫漶不清，今據上下文意補。

豫，剛應而志行，順以動，豫。此釋豫卦義。剛應謂四爲群陰所應，剛得衆應也。志行謂陽動而上下順從，其志得行也。又震動而坤順，爲順理而動，所以豫也。

豫順以動，故天地如之，而況建侯、行師乎？天地之道，萬物之理，唯至順而已。天且弗違，而況建侯、行師，可不順乎？

天地以順動，故日月不過而四時不忒。聖人以順動，則刑罰清而民服。豫之時義大矣哉！又極言順動之道而贊其大。

隨，剛來而下柔，動而説，隨。此釋隨卦義。

大亨，貞，无咎，而天下隨之[一]。隨之時義大矣哉！「隨之」文從王肅本。有大亨而正之道，則天下之所從也。不能大亨而得正，則非可隨之道，豈能使天下隨之乎？故贊其義之大。

蠱，剛上而柔下，巽而止，蠱。此釋蠱卦義。

蠱元亨而天下治也。利涉大川，往有事也。先甲三日，後甲三日，終則有始，天行也。治蠱得大善可亨之道，則天下治也。蠱終則復治，天運然也。

臨，剛浸而長，説而順，剛中而應。大亨以正，天之道也。至于八月有凶，消不久也。此釋臨卦辭。浸，漸也。二陽長於下而漸進也。下兑上坤，和説而順也。二剛得中而應於五，有應助也。當剛長之時，又有此善，是

[一]「之」，《程傳》作「時」。

能大亨而得正，合天之道也。程子曰：「以此臨人，臨事，臨天下，莫不大亨而得正也。陽雖方長，然至于八月，則陽消而凶矣，故云消不久也。」言雖天運之當然，然君子宜知所戒。

大觀在上，順而巽，中正以觀天下。此釋觀卦義。大，陽也。二陽在上而爲衆陰所觀，大觀在上也。下坤上巽，是能順而巽也。九五居中得正，又以中正之德觀天下也。有其位，有其德，足以爲觀矣。

觀盥而不薦，有孚顒若，下觀而化也。觀者至誠〔一〕，顒然可仰，則天下觀感而化也。

觀天之神道而四時不忒，聖人以神道設教而天下服矣。文極言觀之道也。陰陽不測，默運於上，而四時成歲，无有差忒，天之所以示人者也。立卦設蓍，莫知其然，而鼓舞民用，天下服從，聖人之所以示人者也。

頤中有物，曰噬嗑。此釋噬嗑卦義。

噬嗑而亨，剛柔分，動而明，雷電合而章。柔得中而上行，雖不當位，利用獄也。卦三剛三柔，剛柔不過也。震動離明，明動相資也。震雷離電，威照并著也。皆用獄之道。又六五一柔自初而上，爲得中又得尊位，雖以陰居陽爲不當位，亦利用獄也。

賁亨，柔來而文剛，故亨。分剛上而文柔，故小利有攸往。此釋賁卦辭。天下之事无飾不行，故賁則亨也。又以卦才言，柔來文剛，以剛爲質也，故能亨。剛上而文柔，以柔爲質也，故不能大行而小利有攸往。程子曰：「賁之象，取山下有火，又取卦變，柔來文剛，剛上文柔。凡卦有以二體之義及二象而成者：如屯取動乎險中，與雲雷訟取上剛下險

〔一〕「誠」，原漫漶不清，今據《程傳》及上下文意補。

與天水違行是也。有取一爻者成卦之由也：柔得位而上下應之，曰小畜。柔得尊位，大中而上下應之，曰大有是也。有取二體，又取消長之義者：雷在地中復，山附於地剥是也。有取二象兼取二爻交變爲義者：風雷益兼取損上益下，山下有澤損兼取損下益上是也。有既以二象成卦，復取爻之義者：夬之剛決柔，姤之柔遇剛是也。有以用成卦者：巽乎水而上水井，木上有火鼎是也。鼎又以卦形爲象。有以形爲象者：山下有雷頤，頤中有物曰噬嗑是也。此成卦之由也。如剛上柔下，損上益下，謂剛居上，柔在下，損於上，益於下，據成卦而言，非謂就卦中升降也。如訟、无妄云剛來，豈自上體而來也？凡以柔居五者，皆云柔進而上行，柔居下者也，乃居尊位，是進而上也，非謂自下體而上也。卦之變，皆自乾、坤，先儒不達，故謂賁本是泰卦〔二〕，豈有乾坤重而爲泰，又由泰而變之理？〔三〕下離，本乾中爻變而成離。上艮，本坤上爻變而成艮。離在内，故云柔來，非自上體而下也。艮在上，故云剛上，非自下體而上也。乾坤變而爲六子，八卦重而爲六十四，皆由乾坤之變也。」獻夫曰：「卦變之義，有取一體變者，有取二體變者，有二體變而但取一爻爲義者。一體變者：訟、无妄、大畜、晉、睽、鼎是也。二體變者：蠱、賁、咸、恒、蹇、解、損、益、渙是也。二體變而但取一爻爲義者：隨、噬嗑、旅是也。凡十八卦。」

天文也。文明以止，人文也。觀乎天文，以察時變；觀乎人文，以化成天下。又極言賁道。天文也，承上文言，剛柔上下往來交錯者，天之文也。如日月五星之運錯行乎二十八宿。經星之次舍，此天文也，故觀之可以察四時之變。君臣、父子、兄弟、夫婦、朋友粲然有禮以相接者，文之明也。截然有分，以相守者，文之止也。故觀之可以化成天下之俗，乃聖人用賁之道也。

〔二〕「泰」，原漫漶不清，今據《程傳》補。

〔三〕「理」，原漫漶不清，今據《程傳》補。

剥，剥也，柔變剛也。此釋剥卦義。剥，落之也。五陰剥一陽，欲落之以至於盡也，故曰柔變剛。

不利有攸往，小人長也。順而止之，觀象也。君子尚消息盈虛，天行也。小人盛長之時，君子固不可有所往。又卦體坤艮，有順而止之之象也。消息盈虛皆爲陽言，復者陽之息，姤者陽之消，乾者陽之盈，坤者陽之虛。剥五陰而一陽，則陽之消而至於虛者也。其變也大矣，然亦天運然也，故剥曰天行，復亦曰天行。君子順時觀象，體天而已矣。

復亨，剛反。動而以順行，是以出入无疾，朋來无咎。反復其道，七日來復，天行也。利有攸往，剛長也。此釋復卦辭。剛反，言剥之一剛窮上反下而爲復也。剛長，言復之一剛自下進上爲臨，爲泰以至爲乾也。剛反則亨，剛長故利有攸往。

復其見天地之心乎！程子曰：「復其見天地之心，一言以蔽之曰，天地以生物爲心。一陽復於下，乃天地生物之心也。先儒皆以静爲見天地之心，蓋不知動之端乃天地之心也。」張子曰：「復見天地之心。咸、恒、遁、壯見天地之情。心隱於微，情發乎顯。」朱子曰：「積陰之下一陽復生，天地生物之心幾於息滅，而至此乃復可見。在人則爲静極而動，惡極而善，本心幾息而復見之端也。程子論之詳矣，而邵子之詩亦曰：『冬至子之半，天心无改移。一陽初動處，萬物未生時〔一〕。玄酒味方淡，太音聲正希。此言如不信，更請問包羲。』」至哉言也，學者宜盡心焉。

无妄，剛自外來而爲主於内，動而健，剛中而應，大亨以正，天之命也。此釋无妄卦辭。以卦才言也，内體本坤，初爻變而爲震，剛自外來也，爲卦之主，爲主於内也。剛主於内，大德也。下震而上乾，是動而健，亨道也。九五

〔一〕「未」，原作「禾」，今據《本義》改。

剛中而應二之柔中，正善也，故大亨以正，合天之道而得天之命也。若匪正，則天命不祐矣。

其匪正有眚，不利有攸往，无妄之往何之矣？天命不祐，行矣哉？卦下詳矣。

大畜，剛健、篤實、輝光，日新其德。剛上而尚賢，能止健，大正也。此釋大畜卦辭。畜有三義：以蘊畜言之，畜德也。以畜養言之，畜賢也。以畜止言之，畜健也。乾體剛健，艮體篤實、輝光，內剛健而外篤實、輝光，則其德日新也，此蘊畜之大而正者也。上體本坤，上爻變而爲艮，剛上也，爲六五人君所尊尚，尚賢也，此畜養之大而正者也。上艮止而下乾健，又爲止健，是能止强健之人而不縱其惡也，此畜止之大而正者也，故曰大正。皆釋大畜利貞之義〔一〕。

不家食吉，養賢也。利涉大川，應乎天也。養賢本尚賢而言。應乎天，應乾也。

頤貞吉，養正則吉也。觀頤，觀其所養也。自求口實，觀其自養也。此釋頤卦辭。所養如養賢則正，養不賢則不正，養老幼則正，養遊民則不正，此養人之正不正也。自養大體則正，養小體則不正，此自養之正不正也。

天地養萬物，聖人養賢以及萬民，頤之時大矣哉！又極言養道而贊其大。程子曰：「推頤之道，贊天地與聖人之功曰：『頤之時大矣哉！』或云『義』，或云『用』，或止云『時』，以其大者也。萬物之生與養，時爲大，故云時。」

大過，大者過也。此釋大過卦義。

棟橈，本末弱也。剛過而中，巽而説行，利有攸往，乃亨。本謂初，末謂上，陰柔故弱，故曰大過顛也。剛過而中，以二五言，剛雖過而合乎中道，事雖過而適乎時宜，是當過而過，過而不過。又以巽説之德行之，乃亨道也。故有是

〔一〕「義」，原漫漶不清，今據上下文意補。

德，則有所往乃亨。不如是，則有所往而不亨也。或曰：事既過矣，可以謂之中乎？曰：過者，過於正也，正有不中者矣。正也者，常也。中也者，時也。雖過於常而得時中，聖人之所貴也，故曰周公之過，不亦宜乎？

大過之時大矣哉！程子曰：「大過之時，其事甚大。故贊之曰『大矣哉』。如立非常之大事，與不世之大功，成絶俗之大德〔一〕，皆大過之事也。」獻夫曰：「謂之大過之時〔二〕，自是時節當如此。」朱子嘗云：「處大過之時，則當爲大過之事；處小過之時，則當爲小過之事。」是也。

習坎，重險也。此釋坎卦義。

水流而不盈，行險而不失其信。此釋有孚之義。盈，溢也。水常流行而不至於溢，歷險阻而不失其信，所謂「逝者如斯，不舍晝夜」，盈科而後進也，是内實而行有常也。

維心亨，乃以剛中也。行有尚，往有功也。中實爲有孚，中剛爲心亨。以是至誠剛德而行，則何險不濟也。

天險不可升也，地險山川丘陵也，王公設險以守其國，險之時用大矣哉！又極言險之用而贊其太高。不可升者，天之險也。山川丘陵，地之險也。王公法天地之險，設爲城郭溝池以守其國，保其民人，是有用險之時，其用甚大也。

離，麗也。日月麗乎天，百穀草木麗乎土。重明以麗乎正，乃化成天下。此釋離卦義。麗，附麗

〔一〕「俗」，原漫漶不清，今據《程傳》補。
〔二〕「過」，原漫漶不清，今據上下文意補。

也。火无常形，麗物而有形，故「離，麗也」。日月麗乎天，上離也。百穀草木麗乎土，下離也。重明，兩離相繼也。爲明君繼作而麗乎正位，則天下之化可成也。

柔麗乎中正，故亨，是以畜牝牛吉也。以二五言。

古文周易傳義約說卷第四

下彖傳

咸，感也。柔上而剛下，二氣感應以相與，止而説，男下女，是以亨，利貞，取女吉也。此釋咸卦辭。剛柔以三、上二爻言卦變也。二氣，陰陽也。以二體言，陽感而陰應，陰感而陽應，六畫皆相與也。艮止則感之專，兑説則應之至。又艮以少男下於兑之少女，男先於女，得男女之正也。相感之道如此，是以能亨通而利於正，取女則吉也。

天地感而萬物化生，聖人感人心而天下和平。觀其所感，而天地萬物之情可見矣。又極言感通之道。天地二氣相感以生萬物，而萬物化生。聖人以心之和感人心之和，而天下和平。感則必通，此天地萬物之情也。知道者，默而觀之可也。

恒，久也。剛上而柔下，雷風相與，巽而動，剛柔皆應，恒。此釋恒卦義。恒者，常久之義。卦變剛爻上而柔爻下，陽上陰下，男上女下，常道也。震雷巽風，雷震則風發，二者相須，交助其勢，故云相與，乃其常也。巽順而震動，天地造化恒久不已者，順動而已。巽而動，常久之道也。動而不順，豈能常也？一卦剛柔之爻皆相應，剛柔相應，理之常也。此四者，恒之道也，卦所以爲恒也。程子曰：「咸恒，體用也。體用无先後。」

恒亨，无咎，利貞，久於其道也。天地之道，恒久而不已也。利有攸往，終則有始也。恒固能亨且无咎矣，然必利於正乃爲久於其道，不正則久非其道矣。天地之道所以長久，亦以正而已矣。久於其道，終也利有攸往，始也終則有始。動静相生，循環之理也。徐氏曰：「恒有二義，有不易之恒，有不已之恒。利貞者，不易之恒也。利有攸往者，不已之恒也。合而言之乃常道也，倚於一偏則非道矣。」

日月得天而能久照，四時變化而能久成，聖人久于其道，而天下化成。觀其所恒，而天地萬物之情可見矣。又極言恒久之道。日月得天，四時變化，本終則有始之義，而言得天，謂往來盈縮，順乎天也。程子曰：「恒非一定之謂也，一定則不能恒矣。惟隨時變易，乃常道也。」又曰：「天地常久之道，天下常久之理，非知道者，孰能識之？」

遯亨，遯而亨也。剛當位而應，與時行也。小利貞，浸而長也。此釋遯卦辭。小人道長之時，君子遁退則亨也。又卦九五剛得正位，而應乎二，所以能知時而遁，乃亨道也。小者則利於貞，以其浸而長，以消陽也，故戒之。

遯之時義大矣哉！陰陽寒暑之運各有時。方陰道浸長，乃小人得勢之時，君子須隱忍遜避以待天定，終以必勝。不然不勝其忿，盡力以抗之，是不知天時，必取凶敗。如漢蕭望之、劉向之徒當元成時，李膺、陳蕃之徒當桓靈之際，不能遜避，終以及禍，是不知此義者也，故遁之時義爲大。

大壯，大者壯也。剛以動，故壯。此釋大壯卦義。

大壯利貞，大者正也。正大而天地之情可見矣。大者既壯而利於貞，所以大者以其正也。正而大者，道也。天地之情正大而已矣。

晉，進也。此釋晉卦義。

明出地上，順而麗乎大明，柔進而上行，是以康侯用錫馬蕃庶，晝日三接也。日出地上，明盛之時也。坤麗於離，順德之臣，上附於大明之君也。上體本乾，變而爲離。六五以柔進而得乎君位，是君德亦順也。大明之君，安天下者也。順德之臣，安國者也。當明盛之時，君臣同德，故有此象。不曰公卿而曰侯，天子治於上者也，諸侯治於下者也，在下而順附於大明之君，諸侯之象也。

明入地中，明夷。内文明而外柔順，以蒙大難，文王以之。此釋明夷卦義。文王爲紂所囚，内文明而不失己，外柔順以免禍，是明夷之道也。以二體言。

利艱貞，晦其明也。内難而能正其志，箕子以之。此以六五一爻言，内難謂箕子爲紂近親，在其國内，如六五之近於上六也。五體本陽，以六居之，明雖晦而志則正也，是箕子用艱貞之道也。

家人，女正位乎内，男正位乎外。男女正，天地之大義也。此釋家人卦辭。以二、三言，皆在下位，男女之象也。二以柔居柔，三以剛居剛，男女各得其正位也。三在二外，爲正位乎外也。不曰夫婦而曰男女者，存父母之位也。

家人有嚴君焉，父母之謂也。此以五、四言，皆在上位，父母之象也。父母者，家之統也，尊嚴之主，故稱嚴君。

父父、子子、兄兄、弟弟、夫夫、婦婦而家道正，正家而天下定矣。又以父子、兄弟、夫婦之象推之，則五父三子，五兄三弟，五、三夫，四、二婦，各得其道，則家道正矣。一家正而天下平矣。經止言女正，而孔子推明一家之人皆利於正也。

睽，火動而上，澤動而下，二女同居，其志不同行。此釋睽卦義。

説而麗乎明，柔進而上行，得中而應乎剛，是以小事吉。睽非吉道，以其卦才之善如此，而小事猶可致吉也。卦德内説而外明。卦變六五以柔進居尊位，又得中道，而應乎九二之剛也。有如是之善，而不能致大吉者，睽之時也。

凡離在上，而《彖》欲見柔居尊者，則曰柔進而上行，晉、鼎是也。

天地睽而其事同也，男女睽而其志通也，萬物睽而其事類也。睽之時用大矣哉！又推言始異終同之理。天高地下，其體睽也。然陽降陰升，相合而成化育之事則同也。男女異質，睽也，而相求之志則通也。生物萬殊，睽也，然而群分類聚則其事類也。三才之道，不違乎睽，其用豈不大哉？夫子恐人以言止小事，故推時用之大者以明之。

蹇，難也，險在前也。見險而能止，知矣哉！此釋蹇卦義而贊其德之美。上坎而下艮，見險而能止也。程子曰：「蹇便是處蹇之道，困便是處困之道，道无時不可行。」

蹇，利西南，往得中也；不利東北，其道窮也。此卦變也，上卦以本體言，坤，西南也，五往而得中位，故利。下卦以成體言，艮，東北也，三來而止於上，止而不進，其道窮矣，故不利。

利見大人，往有功也。當位貞吉，以正邦也。大人當位，皆指九五陽剛大德也。五，尊位也，以剛居剛，當位而正也。蹇難之時，非大德得位之人不能濟，故利於見大人，則有濟蹇之功也。又以其大正之道，非但能濟天下之蹇，而可以正邦矣。

蹇之時用大矣哉！此本上文而贊其用心之大。處蹇之時，濟蹇之道，其用至大也。

解，險以動。動而免乎險，解。此釋解卦義。

解利西南，往得衆也。其來復吉，乃得中也。有攸往，夙吉，往有功也。此以卦變言，坤爲衆，得衆謂九四入坤體。得中有功，皆指九二剛來得中也。以是中德而行，則有功也。上下皆坤，變四取衆義，二取中義者，各據所重而言也。

天地解而雷雨作，雷雨作而百果草木皆甲坼[一]。解之時大矣哉！又推言天地之解，而贊其時之大也。雷雨亦以二卦之象言。

損，損下益上，其道上行。此釋損卦義。以下奉上，當然而然，故曰其道上行。

損而有孚，元吉，无咎，可貞，利有攸往。卦下詳矣。

曷之用？二簋可用享。二簋應有時，損剛益柔有時。損益盈虛，與時偕行。當其可之謂時。當損而損，時也。不當損，則非時矣。當損之時，然後二簋可用享。二簋之用，當有時也。若當萃之時，則大牲矣。非特二簋之用有時，以卦畫推之，損剛益柔有時。以天下之理推之，凡損益盈虛皆有時也。適時之宜，與之偕行，雖聖人亦不能違乎時也。

益，損上益下，民説无疆，自上下下，其道大光。此釋益卦義。以上益下，其道无私，故曰大光。

利有攸往，中正有慶，利涉大川，木道乃行。五以陽剛中正居尊位，二復以中正應之。君臣同德而往，以益天下，天下受其福慶也。震巽皆木，故曰木道乃行，利涉大川。言木者三：益、涣、中孚也。

益動而巽，日進无疆。天施地生，其益无方。凡益之道，與時偕行。此極言益道。動、巽，二卦之德也。人動而巽順於理，則其德日進无已也。乾下施，坤上行，是天施地升之象。天施地生，化育萬物，其益廣大无際也。凡

〔一〕「坼」，原作「拆」，今據《本義》改。

益之道，又廣言之，當益而益，皆有時也。

夬，決也，剛決柔也。健而説，決而和。此釋夬卦義。以五剛決一柔，宜无難者。又卦德健而能説，是決而能和，決之至善也。

揚于王庭，柔乘五剛也。孚號有厲，其危乃光也。告自邑，不利即戎，所尚乃窮也。利有攸往，剛長乃終也。柔乘五剛，以一小人加于衆君子之上，是其罪也。所尚乃窮，尚武則窮也。剛長乃終，一變則爲純乾也。

姤，遇也，柔遇剛也。此釋姤卦義。

勿用取女，不可與長也。以一陰遇五陽，方生而得勢，女之壯也。不可與之長也，與進則消陽矣，故戒勿用取如是之女。

天地相遇，品物咸章也。剛遇中正，天下大行也。姤之時義大矣哉！又推言姤遇之道。陰始生於下，與陽相遇，天地相遇也。五、二皆以剛中正相遇，君臣相遇也。天地不相遇則萬物不生，君臣不相遇則政治不興，聖賢不相遇則道德不亨，事物不相遇則功用不成，姤之時與義皆甚大也。

萃，聚也，順以説，剛中而應，故聚也。此釋萃卦義。下坤順而上兑説，九五剛中而六二應之，爲上下君臣相聚之象。

王假有廟，致孝享也。利見大人，亨，聚以正也。用大牲吉，利有攸往，順天命也。王假有廟與王假有家之義同。王者致孝享於宗廟，故能感格宗廟之神而來享也。聚以正，即利貞之義。物聚事聚而衆多之時，祭者宜盛，居者宜往，此皆順天道之自然也。

觀其所聚，而天地萬物之情可見矣。又極言之觀萃之理，可以見天地萬物之情也。天地萬物，高下散殊，咸則見其情之通，恒則見其情之久，萃則見其情之同。不于其聚而觀之，情之一者，不可得而見矣。

柔以時升。此釋升卦義。柔指坤之三陰，柔本下物而升於上者，時也，故曰柔以時升。

巽而順，剛中而應，是以大亨。卦有巽順之德，又以二剛中之德應於五，以是道而升，是以大亨也。

用見大人，勿恤，有慶也。南征吉，志行也。當升進之時，則用見大人而有福慶也。南征，前進也。當升進之時，則其志得行也，時焉而已。識時者，方可與言易。

困，剛揜也。此釋困卦義。

險以說，困而不失其所亨，其唯君子乎！下坎險而上兑説，爲處險而能説。雖在困窮艱險之中，樂天安義，自得其説樂也。是身雖困，而道則亨也，唯君子能之。

貞，大人吉，以剛中也。有言不信，尚口乃窮也。又卦二、五皆以剛中之道處困，而不失其正者也，爲大人之象。

巽乎水而上水，井。井，養而不窮也。此釋井卦義。巽木入於水下，而上其水者，井也。井所以養人者，其用不窮也。

改邑不改井，乃以剛中也。汔至亦未繘井，未有功也。羸其瓶，是以凶也。剛中以二、五言，其德可常，故不遷也。井以上乎水爲功，未有功而敗其瓶，所以凶也。「无喪无得」、「往來井井」兩句，意與「不改井」同，故不復出。

革，水火相息，二女同居，其志不相得，曰革。此釋革卦義。水火相逮，山澤通氣，而火澤无相用之理，故相遇則革，不相遇則睽。息，滅息也。睽曰「二女同居，其志不同行」，此曰「其志不相得」。不同行不過有相離之意，故止於睽。不相得則不免有相克之事，故至於革。

巳日乃孚，革而信之。文明以説，大亨以正，革而當，其悔乃亡。事之變革，人心豈能遽信，必革之巳日而後信也。内文明則盡乎事理，外和説則順乎人情，大亨而正之道也。如是而革，則得其至當，故悔亡也。

天地革而四時成，湯、武革命，順乎天而應乎人。革之時大矣哉！又極言革道而贊其大。陰陽二氣，推遷改易而成四時，天地之革也。時運既終，必有革而新之者，上順天命，下應人心，湯武之革也。王者之興，受命於天，故易世謂之革命。時之當革，雖天地聖人亦不能違乎時也，故曰革之時大矣哉！

鼎，象也。以木巽火，亨飪也。聖人亨以享上帝，而大亨以養聖賢。此釋鼎卦義。《子夏傳》云：「初分趾也，次實腹也，中虚耳也，上剛鉉也，故曰鼎象也。」以木巽火，鼎之用也。烹飪之用，生人所賴至切者也。極其用之大，則聖人亯以享上帝，大亯以養聖賢。享帝貴誠，用犢而已，養賢則饔飧牢禮當極其盛，故曰大亨。

巽而耳目聰明，柔進而上行，得中而應乎剛，是以元亨。此以卦才言，下體巽爲巽順於理，上體離爲目，五爲鼎耳，中虚而明爲耳目聰明之象。又六五變乾爲離，柔進而上，得尊位又得中道，而應乎九二之剛，皆大善而亨之道也。

震亨。震來虩虩，恐致福也。笑言啞啞，後有則也。此釋震卦辭。震亨，震自有亨道也。恐致福，恐懼以致福也。則，法也。由能恐懼而後笑言，有法則也。

震驚百里，驚遠而懼邇也。出可以守宗廟社稷，以爲祭主也。「邇也」下脱「不喪匕鬯」一句。出謂繼世而主祭也。《序卦》曰「主器者莫若長子」，故乾爲人君之象，震爲太子之象。

艮，止也。時止則止，時行則行，動静不失其時，其道光明。此釋艮卦義。艮取身象，止義。行止動静以身言，動静亦行止也。動静不失其時，則動静皆止也。動静皆止，則誠精而明，宇定而光，故曰其道光明。艮體篤實，有光明之義。

艮其止，止其所也。上下敵應，不相與也，是以不獲其身，行其庭不見其人，无咎也。易背爲止，以明背即止也。背者，止之所也。人之一身皆動，惟背不動也。又卦上下二體，陰陽皆相敵應而不相與也，是以艮其背則内不見己，外不見人，而无咎矣。朱子云「動静各止其所，而皆主夫静焉」是也。

漸之進也，女歸吉也。此釋漸卦辭。

進得位，往有功也。進以正，可以正邦也。其位，剛得中也。止而巽，動不窮也。此下皆明「利貞」之義。以卦體言，當漸進之時，而九五進得正位，又剛而得中，是可以正邦而有功也。以卦德言，内艮止而外巽順，進而不暴則不窮也，故其道利而且貞也。

歸妹，天地之大義也。天地不交而萬物不興，歸妹，人之終始也。此釋歸妹卦義。兑之少女歸於震之長男，而震上兑下，男女不交，是乃天上地下之大義，而不相交合，則无生育之功也。女歸，始也，不交則終矣，故曰人之終始也。

説以動，所歸妹也。又以卦德言，女説以動而從男，其道不正，所以成歸妹之義也。動而説則爲隨，男先女也。説以動則爲歸妹，女先男也。此吉凶之所以異也。

征凶，位不當也。无攸利，柔乘剛也。以卦體言，諸爻自二至五，位皆不得其正。三五又皆以柔乘剛，是以征凶而无攸利也。

豐，大也，明以動故豐。此釋豐卦義。明以動，以明心應事物，非明則動无所之，非動則明无所用，明動相資，所以能成盛大之業也。豐有亨道，故不假言。

王假之，尚大也。勿憂，宜日中，宜照天下也。豐之大道，唯王者致之。所致既大，其保之之道亦當大也。豐有亨道，亦有憂道焉。勿用憂恤，宜常如日中之盛明，普照天下，无所不至，則可矣。如是然後能保其豐大，豈小才小知之所能也？

日中則昃，月盈則食，天地盈虛，與時消息，而況於人乎？況於鬼神乎？既言豐盛之極，復言其難，常以爲戒也。盛極必衰，進極必退，此盈虛消息之理也。雖天地如之，人與鬼神安得而違乎？君子守中，不至過盛，處豐之道也。

旅小亨，柔得中乎外而順乎剛，止而麗乎明，是以小亨、旅貞吉也。此釋旅卦辭。卦變六上居五，柔得中乎外也。麗乎上下之剛，順乎剛也。卦德艮止而麗乎離明也，處旅之道如是，是以小亨得旅之正而吉也。不能致大亨而曰小亨者，旅之時也。

旅之時義大矣哉！旅非商賈之謂，凡客於外者皆是也。天子有天子之旅，天王出居于鄭是也。諸侯有諸侯之旅，公在楚是也。大夫有大夫之旅，崔子之去他邦是也。聖賢有聖賢之旅，孔子之轍環，孟子之歷聘是也。處旅之道爲難，故其時義爲大也。

重巽以申命。此釋巽卦義。重巽，上下皆巽也。巽之德，順而善入，於象爲風。風者，天之號令，故有命令之象。君子於命令重復而丁寧之，則柔順而入人也易，故曰重巽以申命。

剛巽乎中正而志行，柔皆順乎剛，是以小亨，利有攸往，利見大人。以卦才言也，剛指二、五，柔謂初、四。巽雖主於柔而二、五之剛得中，故論成卦則以初、四之柔爲主，論卦才則以二、五之剛爲貴。惟二、五之剛能巽乎中正，則剛不過而志得行矣。初、四之柔皆順乎二、五之剛，則柔得剛助而後可行矣，皆亨道也。以卦主陰，故不能致大亨，而曰小亨也。又利有所往而見大人。陽剛中正，大人也。

兑，説也。此釋兑卦義。

剛中而柔外，説以利貞，是以順乎天而應乎人。説以先民，民忘其勞；説以犯難，民忘其死。兑之大，民勸矣哉！以卦才釋「亨、利貞」之義而極言之。二、五陽剛居中，中心誠實之象；三、上柔順在外，接物和柔之象，故爲説而能貞也。利貞，説之道宜正也。卦有剛中之德，能貞者也。是以上順天理，下應人心，説道之至善者也，亨道也。若夫違道以干百姓之譽者，苟説之道。違道不順天，干譽非應人，苟取一時之説耳，非君子之正道也。君子之道，其説於民，如天地之感於其心而説服无斁。故以之先民，則民皆説隨而忘其勞，率之以犯難，則民説於義而不恤其死。此説道之大，故民莫不勸也。勸謂信之而勉力順從也。張氏曰：「禹之隨山濬川，非説而忘勞者乎？湯之東征西怨，非説而忘死者乎？」

涣亨，剛來而不窮，柔得位乎外而上同。此釋涣「亨」之義。

王假有廟，王乃在中也。利涉大川，乘木有功也。「王乃在中」指九五言。五，君位，王者也。在上卦之中，剛實在中也，爲中心誠實之象。以至誠享廟，故神來格也。木在水上，乘木之象。

節亨，剛柔分而剛得中。此釋節「亨」之義。節自有亨道，又卦之才三剛三柔，剛柔不過而二五皆剛得中，節而不過，亨道也。

苦節不可貞，其道窮也。又以理言。

說以行險，當位以節，中正以通。又以卦德、卦體言之。當位、中正指五。節者，艱難之事，故有險義，說以行之，則不苦矣。五以剛居剛，得正位也，如是以節，節得中正，其道通也則不窮矣。當位與蹇卦「當位貞吉」義同。

天地節而四時成，節以制度，不傷財，不害民。又極言節道。天地陰陽寒暑有節，故能成四時。聖人立制度以爲節，故能不傷財害民。人欲之无窮也，苟非節以制度，則侈肆至於傷財害民矣。

中孚，柔在內而剛得中。此釋中孚卦義。

說而巽，孚乃化邦也。豚魚吉，信及豚魚也。利涉大川，乘木舟虛也。中孚以利貞，乃應乎天也。下說則民以信通於君，上巽則君以信入於民，所以爲化也。信及豚魚，其化深矣。然信必合乎正，乃天理也，唯天有自然之化。木在澤上，爲乘木之象。外實中虛，爲舟虛之象。

小過，小者過而亨也。此釋小過「亨」義。

過以利貞，與時行也。柔得中，是以小事吉也。剛失位而不中，是以不可大事也。時當過而過，乃非過也，時之宜也，乃所謂正也。小過之道，於小事有過則吉者，而《傳》以卦才言吉義。柔得中，二、五居中也。陰柔得中，能致小事吉耳，不能濟大事也。大事非陽剛之才不能濟，三、四剛失位而不中，是以不可大事。小過之時，自不可大事，而卦才又不堪大事也。失位謂四失正位，以此見凡言得位者，皆得正位也，易道貴中正如此。

有飛鳥之象焉。飛鳥遺之音，不宜上，宜下，大吉，上逆而下順也。卦下詳矣。陸氏曰：「中孚卦柔在内而剛在外，有鳥孵實之象。今變爲小過則剛在内而柔在外，有飛鳥之象。」

既濟亨，小者亨也。此釋既濟「亨」義。亦取二柔得中之義，故曰小者也。

利貞，剛柔正而位當也。初吉，柔得中也。終止則亂，其道窮也。剛柔正，以六爻言。柔得中，指六二。終止，即《雜卦》「既濟定也」之義。天下之事不進則退，无一定之理。濟之終，不進而止矣，无常止也，衰亂至矣，蓋其道已窮極也。九五之才，非不善也，時極道窮，理當必變也。聖人至此奈何？曰：唯聖人爲能通其變於未窮，不使至於極也，堯、舜是也，故有終而无亂。

未濟亨，柔得中也。此釋未濟「亨」義。柔得中，指六五。既濟主二，未濟主五也。

小狐汔濟，未出中也。濡其尾，无攸利，不續終也。雖不當位，剛柔應也。未出中，據二而言未出險中也。不續終也，是首濟而尾濡，不能濟，不相接續之義。狐尾大，濡其尾則不能濟矣。狐，下坎象。又以六爻言，雖陰陽不當位，然剛柔皆相應。當未濟而有與，若能協力以濟，則有可濟之理，未濟者終濟矣。此又夫子之意，文王言外之旨也。

古文周易傳義約説卷第五

上象傳

象者，卦有一卦之象，爻有一爻之象，孔子從而釋之謂之象傳。

天行健，君子以自强不息。天，乾卦之象也。凡重卦皆取重義，此獨不然者，天一而已。但言天行，則見其一日一周，而明日又一周，若重複之象，非至健不能也。諸卦皆取象以爲法，君子以自强不息法天行之健也，終日乾乾是也。游氏曰：「至誠无息，天行健也，若文王之德之純是也。未能无息而不息者，君子之自强也，若顔子三月不違仁是也。」胡氏曰：「六十四卦《大象》皆夫子所自取，與卦爻之辭絶不相關。六十四卦皆着一『以』字，以者，所以體易而用之也。即一『以』字示萬世學者，用易之方不可不察也。」

潛龍勿用，陽在下也。陽氣在下，君子處微，未可用也。夫子於乾坤初爻揭陰陽二字，以明易之大義。乾初曰陽在下，坤初曰陰始凝，陰陽之名一立，而剛柔奇耦、動静健順、大小尊卑、進退往來之稱由是而著矣。蓋六十四卦之通例也。

見龍在田，德施普也。九二君德已著，至九五然後得其位耳，故德化及物，其施已普也。

終日乾乾，反復道也。反復，重複踐行之意。

或躍在淵，進无咎也。量可而進，適其時則无咎也。

飛龍在天，大人造也。造猶作也。大人造者，聖人作也。二主德言，五主位言，皆大人之象。

亢龍有悔，盈不可久也。陽長之極爲盈，陰消之極爲虛。乾上九陽之盈，盈則必消，故不可久也。初、上二爻言陽之消長，天道也。中四爻言聖人之隱顯，君道也。凡諸卦初、上二爻多言時，中四爻多言位，各隨其所重者爲義，亦通例也。

用九天德，不可爲首也。用九，天德也。陽極而變，剛而能柔，故曰天德。君子體之則當謙恭卑順，不敢爲天下先也。經言无首，傳言不可爲首，爲人之用九者言也，非謂天德不可爲首也。吕氏曰：「乾者萬物之首，非有心於首萬物也。雖爲首而實未嘗爲首也。老子竊窺『无首』之義而曰『後其身而身先』，居其後乃所以致其先。跡雖不爲首，心實爲首也。觀此可知易老公私之辨。」天行以下先儒謂之大象，潛龍以下先儒謂之小象。後倣此。

地勢坤，君子以厚德載物。地，坤之象，亦一而已，故不言重，而言其勢之順，則見其高下相因之无窮，至順極厚而无所不載也，故君子法之以厚德載物。或問：「坤者，臣道也，在君亦有用乎？」程子曰：「厚德載物，豈非人君之用？」

履霜堅冰，陰始凝也，馴致其道，至堅冰也。按《魏志》作「初六履霜」，今當從之。馴，漸習也。陰始凝而爲霜，漸盛則至於堅冰。小人雖微，漸長則必致於盛也，故戒於初。朱子曰：「陰陽有以動静言者，有以善惡言者，如乾元資始，坤元資生，則獨陽不生，獨陰不成。造化周流，須是并用。如履霜堅冰至，則一陰之生便如一賊，這道理在人如何看。直看是一般道理，横看是一般道理，所以謂之易。」

六二之動，直以方也。不習无不利，地道光也。直方者，人之德，地之道也。欲知其直方，當於動處觀之，故曰「六二之動，直以方也」。人得地道，自然光顯，故曰「地道光也」。乾六爻莫盛於五，坤六爻莫盛於二，中正故也。

含章可貞，以時發也。或從王事，知光大也。唯其知之光大，故能含晦。淺暗之人，有善唯恐人之不知，豈能含章也。

括囊无咎，慎不害也。黄裳元吉，文在中也。黄，中之文也。五在上體之中，有中德也，故爲黄裳。乾象衣，坤象裳。

龍戰于野，其道窮也。初、上二爻言陰陽之消長，中四爻言臣道之顯晦。

用六永貞，以大終也。陰極變陽，故曰大終。

雲雷屯，君子以經綸。坎不言水而言雲者，未通之意。經綸，治絲之事，經引之，綸理之也。屯難之世，君子有爲之時也。

雖磐桓，志行正也。以貴下賤，大得民也。陽爲貴，陰爲賤。

六二之難，乘剛也。十年乃字，反常也。初比於二而非正應，以時義而終許之，故曰反常，所謂反經合道也。

即鹿无虞，以從禽也。君子舍之，往吝窮也。事不可而妄動以從欲也，故往則窮矣。

求而往，明也。爻下詳矣。

屯其膏，施未光也。泣血漣如，何可長也！

山下出泉，蒙，君子以果行育德。水必行之物，始出未有所之，故爲蒙。君子觀象，必果行以育其德，充而達之也。育者，養成之義。

利用刑人，以正法也。發蒙之初，法不可不正，用刑所以正法也。

子克家，剛柔接也。指二、五之應。

勿用取女，行不順也。困蒙之吝，獨遠實也。實謂陽剛。

童蒙之吉，順以巽也。順以爻柔言，巽以志應言。

利用禦寇，上下順也。用擊蒙之道以禦寇，則上下順矣。

雲上於天，需，君子以飲食宴樂。雲上於天，无所復爲，待其陰陽之和而自雨耳。事之當需者，亦不容更有所爲，但飲食宴樂，俟其自至而已。一有所爲則非需也。

需于郊，不犯難行也。利用恒，无咎，未失常也。需于沙，衍在中也。雖小有言，以吉終也。衍，寬意。

需於泥，災在外也。自我致寇，敬慎不敗也。災在外謂坎在外，險難在外，三自進而迫之，故曰自我致寇。敬慎不敗，發明占外之占，聖人示人之意切矣。

需於血，順以聽也。四居柔得正，能不與時競，順以聽之者也，故終得出險而不至於凶。

酒食貞吉，以中正也。五以中正，故得需道之至善者也。

不速之客來，敬之終吉，雖不當位，未大失也。上所處之位在於險極，爲不當，然以其時，則當出矣，故終吉而无大失也。

天與水違行，訟，君子以作事謀始。天上水下，相違而行，二體違戾，訟之由也。若上下相順，訟何由興？君子觀象，知人情有争訟之道，故凡所作事，必謀其始。絶訟端於事之始，則訟无由生矣。謀始之義廣矣，若慎交結、明契券之類是也。

不永所事，訟不可長也。雖小有言，其辯明也。爻下詳矣。

不克訟，歸逋竄也。自下訟上，患至掇也。掇，自取也。

食舊德，從上吉也。柔從剛者也，下從上者也。三不爲訟而從上九，所爲故吉也。

復即命，渝安貞，不失也。訟元吉，以中正也。以訟受服，亦不足敬也。

地中有水，師，君子以容民畜衆。地中有水，猶民中有兵也，水不外於地，兵不外於民，故能養民則可以得衆矣。

師出以律，失律凶也。在師中吉，承天寵也。王三錫命，懷萬邦也。天謂王也。上承天子之寵任，錫命至三，使之得專閫外之事者，欲其懷綏萬邦而已，故曰其義最大。

師或輿尸，大无功也。左次无咎，未失常也。

長子帥師，以中行也。弟子輿尸，使不當也。長子帥師是委任之得中也，弟子輿尸是任使之不當也。

大君有命，以正功也。小人勿用，必亂邦也。聖人之戒深矣。

地上有水，比，先王以建萬國，親諸侯。地上有水，水比於地，不容有間。衆建諸侯而親之，使之親民，亦先王所以比於天下而无間者也。李氏曰：「於師得古人井田之法，於比得古人封建之法。」

比之初六，有他吉也。比之自内，不自失也。親親相比，道之正也，故云不自失。

比之匪人，不亦傷乎！外比於賢，以從上也。外比謂從五。

顯比之吉，位正中也。舍逆取順，失前禽也。

邑人不誡，上使中也。邑人不誡，由上之德使不偏也。

比之无首，无所終也。以上下之象言之則爲无首，以終始之象言之則爲无終，无首則无終矣。

風行天上，小畜，君子以懿文德。風有氣而无質，能畜而不能久，故爲小畜之象。畜聚爲藴畜之義，君子所藴畜者，大則道德經綸之業，小則威儀文辭之美，故君子法小畜以懿美其文德而已，言未能厚積而遠施也。

復自道，其義吉也。牽復在中，亦不自失也。亦者，承上爻義。

夫妻反目，不能正室也。程子曰：「説輻、反目，三自爲也。」

有孚惕出，上合志也。上謂五，以臣畜君，非上與之合志其能乎？

有孚攣如，不獨富也。既雨既處〔一〕，德積載也。君子征凶，有所疑也。

上天下澤，履，君子以辯上下，定民志。天在上，澤居下，上下之正理也。人之所履當如是，故取其象爲履。君子體之以辯別上下之分，以定其民志。夫上下之分明，然後民志有定。民志定，然後可以言治。民志不定，天下不可得而治

〔一〕「雨」，原作「與」，據小畜上九爻辭改。

也。古之時，公卿大夫而下，位各稱其德，終身居之，得其分也。位未稱德，則君舉而進之。士脩其學，學至而君求之，皆非有預於己也。農工商賈勤其事，而所享有限，故皆有定志而天下之心可一。後世自庶士至于公卿，日志于尊榮，農工商賈日志于富侈，億兆之心，交騖於利，天下紛然，如之何其可一也？欲其不亂，難矣。此由上下无定志也。君子觀履之象，而分辯上下，使各當其分，以定民之心志也。獻夫曰：「辯上下即是制禮，禮達而分定，故民志定。」

素履之往，獨行願也。程子曰：「素履者，雅素之履也。初九剛陽，素履已定，但行其志耳，故曰獨行願也。」

幽人貞吉，中不自亂也。張子曰：「中正不累，无援于上，故中不自亂，得幽人之貞也。」

眇能視，不足以有明也。跛能履，不足以與行也。咥人之凶，位不當也。武人爲于大君，志剛也。伯者之事，區區功利之間，豈能明且遠也？亦以其志剛，而能小有所爲耳。志剛，以其處陽也。

愬愬終吉，志行也。夬履貞厲，位正當也。

元吉在上，大有慶也。視履之終，若得元吉，則大有福慶也。

天地交，泰，后以財成天地之道，輔相天地之宜，以左右民。天地交則陰陽和暢，品物生遂，所以爲泰也。人君體其象而爲之法制，以裁成輔相之。如氣化流行，籠統相續則制以春夏秋冬之節。地形廣邈，經緯交錯則制以東西南北之限。此裁成天地之道也。春生秋殺，此時運之自然，高黍下稻，亦地勢之所宜，則爲之法，使當春而耕，當秋而斂，高者種黍，下者種稻，此輔相天地之宜也。裁成天地之道，輔相天地之宜，皆以左右生民也。民之生，必賴君上爲之法制以教率輔翼之，乃得遂其生養，是左右之也。程子曰：「古之盛時，未嘗不教民，故立之君師，設官以治之。周公師保萬民，與此言左右民是也。後世未嘗教民，任其自生自育，只治其鬪而已。」

拔茅征吉，志在外也。君子之志天下，不在一身，故曰志在外。

包荒，得尚于中行，以光大也。君子治泰有包荒之量，而又能用馮河之勇，不忘遠，不泄邇，然後合于中道，此非其知之光明正大者，孰能之？故曰以光大也。

无往不復，天地際也。三居天地之際，故言屈伸往來之常理也。

翩翩不富，皆失實也。不戒以孚，中心願也。陽實陰虛，三陰在上，故云皆失實。中心願，四、五之志願，同在下賢也，故五亦曰中以行願。

以祉元吉，中以行願也。由其有中德，以行下賢之願也。

城復于隍，其命亂也。命亂故復否，告命所以治之也。

天地不交，否，君子以儉德避難〔一〕，不可榮以禄。否者，小人得志之時，君子居顯榮之地，禍患必及其身，故宜晦處窮約也。張子曰：「天地閉則賢人隱，君子於此時，期於无咎无譽足矣。」

拔茅貞吉，志在君也。小人而能反於正，則其進也，志在事君，而不爲私矣。朱子曰：「能如是，則變而爲君子矣。」

大人否亨，不亂群也。言不亂於小人之群。

〔一〕「儉」，原作「險」，今據《程傳》、《本義》改。

包羞，位不當也。有命无咎，志行也。鄭氏曰「君子不可榮以禄」，蓋爲不在位者設也。若四之志行以居近君之位，而任濟否之責者也，而欲儉德避難，可乎？

大人之吉，位正當也。否終則傾，何可長也！

天與火，同人，君子以類族辨物。天在上而火炎上，其性同也。類族辨物，所以審異而致同也。如士大夫之族爲士大夫，農之族爲農，工商之族爲工商，此類族也。裸生爲裸物，羽生爲羽物，毛生爲毛物，鱗介之生爲鱗介之物，此辨物也。

出門同人，又誰咎也？出門同人，是其所同者廣，无所偏私，既无所偏黨，誰其咎之？

同人于宗，吝道也。伏戎于莽，敵剛也。三歲不興，安行也？敵剛謂敵五，既剛且正，其可奪乎？故畏憚伏藏也，至於三歲不興矣，終安能行乎？

乘其墉，義弗克也。其吉，則困而反則也。乘其墉矣，則非其力之不足也[一]，特以義之弗克而不攻耳。能以義斷[二]，困而反於法則[三]，故吉也。

同人之先，以中直也。大師相遇，言相克也。直謂理直。相克謂能勝，見二陽之强也。

同人于郊，志未得也。

[一]「則非其力之不」，此六字原漫漶不清，今據《本義》補。

[二]「斷」，原漫漶不清，今據《本義》補。

[三]「困」，原漫漶不清，今據《本義》補。

火在天上，大有，君子以遏惡揚善，順天休命。火在天上，所照者廣，爲大有之象。楊氏云：「因天之明，物无遁形矣。君子觀火天之象，以遏惡揚善。休命者，正命也。善惡不當其實，非順休命者也。」

大有初九，无交害也。大車以載，積中不敗也。車大則能勝重載，故雖多積於中，而車行不至於敗，所以往而无咎也。伊尹任天下之重，此爻足以當之。

公用亨于天子，小人害也。謂小人不利也。

匪其彭，无咎，明辨晢也。晢，明貌。當大有之時而不處其盛，非明者不能也。

厥孚交如，信以發志也。威如之吉，易而无備也。下之志從乎上者也。上以孚信接於下，則下亦以誠信事其上，故厥孚交如。由上有孚信以發其下孚信之志也。李氏曰：「太平之世，禍亂皆起於无虞，故必威如而後吉。纔上下玩易則无畏備也，故詰爾戎兵，董正治官皆守成之世所當講者也。」

大有上吉，自天祐也。

地中有山，謙，君子以裒多益寡，稱物平施。地體卑下，山之高大而在地中，以卑蘊高，謙之象也。君子觀謙之象，山而在地下，是高者下之，卑者上之，見仰高舉下、損過益不及之義。以施於事，則裒取多者，增益寡者，稱物之多寡以均其施與〔一〕，使得其平也。獻夫曰：「君子於謙之象而得平物之道焉。」

謙謙君子，卑以自牧也。張氏曰：「謙謙君子，卑以自牧，如牧牛羊，然使之馴服方可以言謙。今人往往反以驕

〔一〕「以均其」，此三字原漫漶不清，今據《程傳》補。

矜爲養氣，此特客氣，非浩然之氣也。」

鳴謙貞吉，中心得也。六二以謙德而居下之正位，則得其所欲矣，故發於聲音也，无非中心之誠然者，故曰中心得也。

勞謙君子，萬民服也。萬民服者，非服其勞也，服其勞而能謙也。舜之稱禹曰「汝惟不矜，天下莫與汝爭能。汝惟不伐，天下莫與汝爭功」，此服其勞而能謙也。夫功，吾功也。能，吾能也。天下何與焉？矜伐之心一不克去，則天下群起而與之爭矣，何以致萬民之服哉？

无不利，撝謙，不違則也。言不爲過。

利用侵伐，征不服也。朱氏曰：「征者，上伐下也，以正而行。」司馬法曰：「負固不服則侵之，聖人慮後世觀此爻有干戈妄動者，故發之曰征不服也。」

鳴謙，志未得也。可用行師，征邑國也。謙極而居上，欲謙之志未得，故不勝其切，至於鳴也。二中心得而鳴，上志未得而亦鳴者，二樂而鳴者也，上不平而鳴者也，爲其志未得，所以行師征邑國，蓋以未盡信從故也，然亦自治其私邑而已。

雷出地奮，豫，先王以作樂崇德，殷薦之上帝，以配祖考。雷者，陽氣奮發，陰陽相薄而成聲也。陽始潛閉地中，及其動，則出地奮震也。奮發則通暢和豫，故爲豫。先王作樂，既象其聲又取其義，所以褒崇功德，其盛至於薦之上帝，推配之以祖考。殷，盛也。禮有殷奠，謂盛也。薦上帝，配祖考，盛之至也。潘氏曰：「樂之爲用，朝覲、聘享、祭祀各有所主，惟郊祀上帝則大合古今衆樂而奏之，大司樂圜丘之奏樂極九變是也，故曰『殷薦之上帝，以配祖考』。郊祀后稷以配天，配以祖也。宗祀文王於明堂，以配上帝，配以考也。」

初六鳴豫，志窮凶也。不終日，貞吉，以中正也。盱豫有悔，位不當也。六三與六二相反者，二中正而三不中正也。

由豫，大有得，志大行也。楊氏曰：「神禹集治水之大勳，伊尹任伐桀之大事，周公決東征之大議，此皆大有得之事。故曰志大行也。」

六五貞疾，乘剛也。恒不死，中未亡也。剛指九四，中謂在中，以其中誠任四，猶得苟存而未亡也。人君致危亡之道非一，而以豫爲多。在四不言失正，而於五乃見其强逼者，四本无失，故於四言大臣任天下之事之義，於五則言柔弱居尊，不能自立，威權去己之義，各據爻以取義，故不同也。若五不失君道，而四主於豫，乃是任得其人，安享其功。如太甲、成王也，何貞疾之云？

冥豫在上，何可長也！徐氏曰：「豫有三義：曰和豫，曰逸豫，曰備豫。《大象》所言，和豫也。六爻所言，逸豫也。豫備不虞，卦爻无此義。《大傳》曰『重門擊柝，以待暴客，蓋取諸豫』，此備豫也。」

澤中有雷，隨，君子以嚮晦入宴息。澤中有雷，雷藏澤中，隨時休息之象，故君子法之以嚮晦入宴息。禮：君子晝不居内，夜不居外，隨時之道也。丘氏曰：「雷，陽聲也。發聲於春夏其動也，收聲於秋冬其静也。澤中有雷，其秋冬之時乎？君子體天行事，故動與雷俱出，而静與雷俱入。如雷出地奮，豫以之作樂崇德；雷在天上，大壯以之非禮弗履；天下雷行，无妄以之對時育物，皆法雷之動也。如雷在地中，復以之閉關息旅，后不省方；澤中有雷，隨以之嚮晦宴息，皆法雷之静也〔二〕。」或曰：

〔二〕「静」，原漫漶不清，今據四庫本《本義集成》及四庫本《田間易學》所引丘可行之語補。

周公坐以待旦，孔子終夜不寢，果嚮晦入宴息之義哉？曰：嚮晦入宴息者，君子隨時之義；待旦不寢者，聖人救時拯世之心也。

官有渝，從正吉也。出門交有功，不失也。係小子，弗兼與也。二係初則失四矣〔一〕，弗能兼與也。

係丈夫，志舍下也。下謂初。

隨有獲，其義凶也。有孚在道，明功也。其義凶者，有凶之理而未必凶也，處得其道，如下所云，則无咎矣，蓋明哲之功也。

孚于嘉吉，位正中也。拘係之，上窮也。窮，極也。

山下有風，蠱，君子以振民育德。山下有風則物皆摧落，蠱壞之象也。君子觀蠱之象，當民德既壞之時，必振起作新，以養育其德也。獻夫曰：「果行育德，養己之德也。振民育德，養民之德也。己德蒙，非果行无以養之。民德壞，非振作无以養之。果行育德，明明德之事。振民育德，新民之事。果行取泉象，振民取風象。」

幹父之蠱，意承考也。子改父道，始雖厲而終則吉，事若不順而意則順也。

幹母之蠱，得中道也。幹父之蠱，終无咎也。裕父之蠱，往未得也。强以立事爲幹，怠而委事爲裕，事弊而裕之，弊益甚矣。持寬裕之道以往，安能治蠱耶？故曰往未得也。毛氏曰：「九三之亟，失之過，故悔。六四之緩，失之不及，故吝。必不得已焉，寧爲三之悔，不可爲四之吝，此治亂興亡之幾也。」

〔一〕「四」，《程傳》作「五」。

幹父用譽，承以德也。謂九二承之以剛中之德也。

不事王侯，志可則也。士之自高尚，非一道：有懷抱道德，不偶於時，而高潔自守者；有知止足之道，退而自保者；有量能度分，安於不求知者；有清介自守，不屑天下之事，獨潔其身者。所處雖有得失小大之殊，皆自高尚其事者也。《象》所謂志可則者，進退合道者也。胡氏曰：「初六言意，上九言志，意柔而志剛也。」

澤上有地，臨，君子以教思无窮，容保民无疆。澤上有地，地澤相臨也。教思无窮，澤潤地之象也。容保民无疆，地容澤之象也。二者皆君子臨民之事也。

咸臨貞吉，志行正也。咸臨吉，无不利，未順命也。當陽長逼陰之時，天之命也。而二咸與之相應與，雖未爲順命，而道則公也，故初曰志行正，初、二之志同也。

甘臨，位不當也。既憂之，咎不長也。至臨无咎，位當也。三不當位，不正也。四當位，正也。相與之道，貴以正也。

大君之宜，行中之謂也。六五不自用而用人，不任一己之知而任天下之知，所以行其中道也。舜好問而好察邇言，用其中於民，行中之謂也，此其所以爲大知與。

敦臨之吉，志在内也。謂在内二陽。

風行地上，觀，先王以省方，觀民設教。風行地上，周及庶物，爲遊歷周覽之象，故先王體之爲省方之禮，以觀民俗而設政教也，如奢則示之以儉，儉則示之以禮是也。省方觀民也，設教爲民觀也，亦取風以動之，教以化之之象。

初六童觀，小人道也。闚觀女貞，亦可醜也。在丈夫則爲醜也。

觀我生進退，未失道也。觀國之光，尚賓也。君子懷負才業，志在乎兼善天下，然有卷懷自守者，蓋時无明君，莫能用其道，不得已也，豈君子之志哉？故《孟子》曰：「中天下而立定四海之民，君子樂之。」既觀見國之盛德光華，古人所謂非常之遇也，所以志願登進王朝，以行其道，故曰尚賓也。尚謂志尚，其志意願慕賓于王朝也。

觀我生，觀民也。此夫子以義言之，明人君觀己所行，不但一身之得失，又當觀民德之善否，以自省察也。

觀其生，志未平也。上九以剛陽之德居无位之地，是賢人君子抱道德而不居其位，爲衆人仰觀法式者也。雖不當位，然爲衆人所觀，固不得安然放意，謂己无與於天下也，必觀其所生，君子矣，乃得无咎。聖人又從而贊之，謂志當在此，固未得安然平定无所慮也。觀聖人教示後賢如是之深，賢者存心如是之仁，與夫索隱行怪、獨善其身者異矣。

電雷，噬嗑，先王以明罰勑法。雷電，相須并見之物，亦有嗑象，電明而雷威。先王法之以明其刑罰，飭其法令。法者，明事理而爲之防者也。明罰，電象。勑法，雷象。明罰者，所以示民而使之知所避；勑法者，所以防民而使之知所畏，此先王忠厚之意也。未至折獄致刑處，故與豐象異。然罰之當避，人猶有冒罰而爲之，法之可畏猶有犯法不顧者，先王不得已而後用刑焉。

屨校滅趾，不行也。噬膚滅鼻，乘剛也。遇毒，位不當也。利艱貞吉，未光也。凡言未光，其道未光大也。戒於利艱貞，蓋其所不足也，不得中正故也。

貞厲无咎，得當也。五處剛而得中，所爲得其當也。

何校滅耳，聰不明也。初滅趾，戒其足之妄行也。上滅耳，罪其聽之不聽也。易之取象如此。

山下有火，賁，君子以明庶政，无敢折獄。山下有火，明不及遠。明庶政，事之小者；折獄，事之大者，故君子以明庶政而无敢折獄也。若旅火在山上，明无不照，則宜用刑，聖人之慎於刑獄者如此。

舍車而徒，義弗乘也。初九以徒爲義，不以乘爲義，即《孟子》所謂「往役義也，往見不義也」。

賁其須，與上興也。上謂九三。陰不能以自明也，得陽而後明。柔不能以自立也，得剛而後立。下不能以自興也，得上而後興。故女子謂夫爲須也。

永貞之吉，終莫之陵也。陵，侮也。三能永貞，則二柔雖比己而濡如，然終莫之陵侮，而不至陷溺也。

六四當位，疑也。匪寇婚媾，終无尤也。四與初相遠，而三介於其間，是所當之位可疑也。終以初婚媾之正而得合，故无尤也。

六五之吉，有喜也。得賢以成賁之功，是有喜也。

白賁无咎，上得志也。賢者之志，反華於質，反僞於真，故白賁爲得志也。

山附於地，剥，上以厚下安宅。山附於地，惟其地厚，則山可安，否則剥矣。下者，上之本，未有基本固而能剥者也。爲人上者觀此象，故厚養下民，以固其本，乃所以安其居也。《書》曰：「民惟邦本，本固邦寧。」

剥牀以足，以滅下也。剥牀以辨，未有與也。言未大盛。

剥之无咎，失上下也。三獨應剛，而不與上下之陰同志者也，故曰失上下。

剥牀以膚，切近災也。剥牀以足，以辨剥其所安而已。四則剥及膚矣，其爲災也，不已切乎。

以宫人寵，終无尤也。以群陰順承於陽，則反獲寵愛，何尤之有？

君子得輿，民所載也。小人剥廬，終不可用也。君子在上，則衆陰皆載於下，爲得輿之象。小人自剥其廬，則小人之窮耳，何可用也？

雷在地中，復，先王以至日閉關，商旅不行，后不省方。程子曰：「聖人无一事不順天時，故至日閉關。」朱子曰：「安静以養微陽也。《月令》：是月齋戒掩身，以待陰陽之所定。」

不遠之復，以脩身也。不遠而復者，君子所以脩身之道也。學問之道无他也，唯其知不善則速改以從善而已。

休復之吉，以下仁也。初陽復禮而爲仁者也。二能下之，學莫便於近乎仁，既得仁者而親之，資其善以自益，則力不勞而事美矣，故曰休復。

頻復之厲，義无咎也。中行獨復，以從道也。敦復无悔，中以自考也。考，成也。五以中道自成也。二、四待初而復，故曰下仁，曰從道。五不待初而復，故曰自考。二、四其學力之功，五其天資之美歟。

迷復之凶，反君道也。人君居上而治衆，當從天下之善，乃迷於復，反君之道也。非止人君，凡人遠於復者，皆反道而凶也。

天下雷行，物與无妄，先王以茂對時，育萬物。天下雷行，震動發生，萬物各正其性命，是物與之以无妄也。先王法此以茂對天時，養育萬物，使各遂其生生之理，此聖人至誠贊化之事也。茂，盛也。此取无妄之義，夫子之意也，與卦爻取義不同。

无妄之往，得志也。以无所期望之心而往，則何行而不得也？

不耕獲，未富也。富如「非富天下」之富，言不計其利而爲之也。

行人得牛，邑人災也。可貞无咎，固有之也。有猶守也。

无妄之藥，不可試也。既已无妄而復，藥之則反爲妄而生疾矣，故曰不可試。

无妄之行，窮之災也。

天在山中，大畜，君子以多識前言往行，以畜其德。天爲至大而在山之中，所畜至大之象。君子觀象以大其蘊畜，人之蘊蓄由學而大，在多聞前古聖賢之言與行，考跡以觀其用，察言以求其心，誠而得之，以畜成其德業。朱子曰：「天在山中，不必實有是事，但以其象言之耳〔一〕。」

有厲利已，不犯災也。輿説輹，中无尤也。二處得中，故能知時識勢而不進也，不進則无尤矣。

利有攸往，上合志也。六四元吉，有喜也。六五之吉，有慶也。六四止惡於微而大吉者，大臣之喜也。六五止惡於要而吉者，人君之慶，天下之福也。

何天之衢，道大行也。上九之時，畜極而施，蘊極而發，故曰道大行也。蓋别取蘊畜之義。

山下有雷，頤，君子以慎言語，節飲食。山下有雷，上止而下動，頤頷之象。頤，口也，亦取養義。言語，出於口者也，不慎則妄出而招禍，慎言語所以養口德也。飲食，入於口者也，不節則妄入而致疾，節飲食所以養口體也。二者皆養口之道。

〔一〕「但」，原作「伹」，今據《本義》改。

觀我朵頤，亦不足貴也。初本陽德可貴，以其動於欲而自失之，亦不足貴也。

六二征凶，行失類也。初、上皆非其類也。

十年勿用，道大悖也。二猶比初，而三則遠於初者也。无比應之義而求其養，可謂大非其道矣。

顛頤之吉，上施光也。上謂上九，雖顛頤而吉者，謂從上九之賢以養人，其德施光被於天下也，吉孰大焉？

居貞之吉，順以從上也。上亦指上九，謂能柔順委信從於上九之賢，以養天下也。

由頤厲吉，大有慶也。若上九之當大任如是，能兢畏如是，天下被其德澤，是大有福慶也。豫九四曰由豫者，即由頤之謂也，故彼亦曰大有得，志大行也。豈尋常之才德，尋常之作爲者，足以當之哉？是道也，周公以之。

澤滅木，大過，君子以獨立不懼，遯世无悶。澤本下於木者，今反在木上而滅没於木，大過之象也。君子法之，而爲大過之行焉。出處大事也，獨立不懼，遁世无悶，大事過也。君子中道，只是中立不倚，未嘗要獨立；只是和而不流，未嘗要遁世，故獨立、遁世爲過也，是大事過與過之大也。然有時而當然者，是過而不過也，如伯夷、叔齊、泰伯之事是也。夷齊之餓于首陽，一國非之而不顧，天下非之而不顧，是獨立不懼也。泰伯之逃于荆蠻，民无得而稱，舉世不見知而不悔，是遁世无悶也。然必如此而後心安而理得，故謂之仁，謂之至德，是大過之行也。

藉用白茅，柔在下也。以柔在下，上承四剛，爲白茅藉物之象。

老夫女妻，過以相與也。言陰陽老少相與之情過於常也。

棟橈之凶，不可以有輔也。剛强之過則不能取於人，人亦不能親輔之，故无助而橈也。司馬氏曰：「大過，剛已過矣，止可濟之以柔，不可濟之以剛也。故大過之陽皆以居陰爲吉，不以得位爲美。」

棟隆之吉，不橈乎下也。謂不下繫於初也，故有它則吝矣。

枯楊生華，何可久也！老婦士夫，亦可醜也。過涉之凶，不可咎也。朱子曰：「如東漢諸人不量深淺，至於殺身亡家，此雖是凶，然而其心何罪？故不可咎也。」

水洊至，習坎，君子以常德行習教事。洊，再也。習，重也。水之流也，習而不已，以成大川；人之學也，習而不止，以成大賢，故君子以常德行習教事，以之脩己，以之教人，皆體習坎之道也。

習坎入坎，失道凶也。求小得，未出中也。來之坎坎，終无功也。乾之三處二乾之間，故曰終日乾乾。坎之三處二坎之間，故曰來之坎坎，以陰柔處不中正，進退皆坎，險而又險也。若用此道，當益入于險耳，終豈能有功乎？故戒勿用也。

樽酒簋貳，剛柔際也。居重險之時，以漸出上爲貴。六四離下體進而附五，剛柔相際，有欲出險之意。真情相向，期於濟難，不待繁文縟禮以達誠意也。

坎不盈，中未大也。有中德而未大，尚未出險故也。

上六失道，凶三歲也。初曰失道，上亦曰失道，皆以陰柔處重險之地，是其失道也。

明兩作，離，大人以繼明照于四方。明，日也。作，起也。明兩作爲重離之象。重離，即重明也。大人以德言則聖人，以位言則王者。大人觀兩明相繼之象，以明德繼明德，照臨于四方也。六十四卦唯離稱大人。

履錯之敬，以辟咎也。黄離元吉，得中道也。二所以元吉者，以其得中道也。不云正者，離以中爲重。所以成文明，由中也，正在其中矣。坎五之中，中而未大；離二之中，聖人特以得中道許之。

日昃之離，何可久也！日既傾昃，明能久乎？明者知其然也，故求人以繼其事，退處以休其身，安常處順，何足以爲凶也！

突如其來如，无所容也。无所容，言焚、死、棄也。

六五之吉，離王公也。離，麗也，所麗得王公之正位也。五爲王位而并言公者，公侯亦有繼明之義。

王用出征，以正邦也。繼體之君，自當出征。有扈之戰，啓所以承禹。商奄、淮夷之征，成王所以繼武王。周公作立政，終之曰「其克詰爾戎兵，以陟禹之迹」。召公、畢公命康王无他意，惟曰「張皇六師，無壞我高祖寡命」而已。蓋不如是，不足以正邦也。征之爲言，正也。

古文周易傳義約説卷第六

下象傳

山上有澤，咸，君子以虚受人。山以虚則能受澤，心以虚則能受人。夫人中虚則能受，實則不能入矣。虚中者，无我也。中无私主，則无感不通。以量而容之，擇合而受之，非聖人有感必通之道也。孔子他日又嘗曰：「有鄙夫問於我，空空如也，我叩其兩端而竭焉。」空空者，虚之謂也，聖人所貴於虚空者如此。

咸其拇，志在外也。初與四正應，其志感於四而動者也，故曰志在外。

雖凶居吉，順不害也。二本柔静者也，能順而不動，則不至有私感之害矣。

咸其股，亦不處也。志在隨人，所執下也。下二陰爻皆有感而動，三雖陽爻亦然，故云亦不處也。陽剛不能自主，志反在於隨人，是所操執者，卑下之甚也。

貞吉悔亡，未感害也。憧憧往來，未光大也。貞吉而悔亡者，未有私感之害也。憧憧往來，以私心相感，感之道狹矣，故云未光大也。

咸其脢，志末也。子夏云「在脊曰脢，諸爻象拇、象股、象心，皆戒其感於物而動。五象脢不動矣，而又不能感物。

諸爻動而无静，五静而无動，皆非心之正也。但以其无私係，故曰无悔，非深取之也。初曰志在外，三曰志在隨人，五雖无私係，不能感物，其志如此亦末矣。」

咸其輔、頰、舌，滕口説也。唯至誠爲能感人，乃以柔悦騰於口説，豈能感人乎？蘇秦、張儀之徒，縱横其説，即騰口説也。「滕」、「騰」通用。

雷風，恒，君子以立不易方。雷風相與，乃其常也。方，理之所不可易者。君子立於其所而不變，則所謂有常之德也。

浚恒之凶，始求深也。或問劉蕡。程子曰：「浚恒之凶，始求深也。」曰：「然則宜如何？」曰：「尺蠖之屈，以求伸也。疎逖小臣，一旦欲以新間舊，難矣。」

九二悔亡，能久中也。以陽居陰，用以爲常，不能无悔，以其久中故免。

不恒其德，无所容也。久非其位，安得禽也！位不當，與九二同而休咎異者，中不中之辨也。

婦人貞吉，從一而終也。夫子制義，從婦凶也。婦人以順爲德者也，從夫其常也。夫子以義自制者也，從婦非其常也。

振恒在上，大无功也。初居巽下，以深入爲恒。上居震極，以振動爲恒。在始而求深，在上而好動，皆凶道也。初如未信而諫、未信而勞其民之類；上如秦皇、漢武之類也，故曰大无功也。

天下有山，遯，君子以遠小人，不惡而嚴。天下有山，山自遠於天。君子以嚴守身，小人自遠於君子。不惡而嚴，即不怒而威也。若以惡聲厲色，適足以致其怨忿而已，非遠小人之道也。

遯尾之厲，不往何災也？執用黄牛，固志也。堅固其志以自守，則无事於遯矣，惟中順之君子能之。

係遯之厲，有疾憊也。畜臣妾吉，不可大事也。君子好遯，小人否也。君子雖有好而能遯，不失於義，小人則不能也。

嘉遯貞吉，以正志也。二不當遯而不遯，是其志之固也。五當遯而遯，是其志之正也。

肥遯无不利，无所疑也。在外則已遠，无應則无累，何所疑滯之有？

雷在天上，大壯，君子以非禮弗履。雷震於天上，壯之大者也。非禮弗履，君子壯之大者也。非禮勿履者，復之事也。至大壯則動皆天理，无待於勿，故曰非禮弗履。勿者，禁止之辭。弗者則自不爲矣。

壯於趾，其孚窮也。言必窮困。

九二貞吉，以中也。小人用壯，君子罔也。小人以壯敗，君子以罔困。

藩決不羸，尚往也。陽方壯盛，其進未已也。

喪羊于易，位不當也。以陰居陽，自失其壯也。

不能退，不能遂，不詳也。艱則吉，咎不長也。上六，進退皆不能者，由自處之，不詳審也。苟知其艱難而順守之，終必獲吉。雖有殃咎，亦不長久也。王氏曰：「未有違謙越禮能全其壯者也。」

明出地上，晉，君子以自昭明德。日初出地，進而上行，爲晉之象。然日出地則明，入地則晦，日之明本无增損也，蔽與不蔽之隔耳。亦猶人之德性，得於天者，其體本明，特爲物欲所蔽，不能无少昏昧，而本然之明則未嘗息也。君子觀明出地上之象，悟性分之本明，故以之自明其明德也。昭，明之也。胡氏曰：「至健莫如天，君子以之自强；至明莫如日，君子以之自昭。」

晉如摧如，獨行正也。裕无咎，未受命也。初居下位，未有官守之命。

受兹介福，以中正也。二无應於五，无得君之義，以其有中正之德，可享祀于先妣而受福耳。

衆允之志，上行也。鼫鼠貞厲，位不當也。失得勿恤，往有慶也。五當明盛之時，往則有福慶也。當爲而爲，何用失得之恤乎？

維用伐邑，道未光也。道非中和，故未光大也。

明入地中，明夷，君子以莅衆，用晦而明。明入地中，外晦内明，故君子以之莅衆，不用明而用晦，此其所以明也。

君子于行，義不食也。唯義所在，不食可也。

六二之吉，順以則也。以其順處而有法則也。則謂中正之道，文王之事是已。

南狩之志，乃大得也。以至明伐至暗，其志在去害而已。如湯武之事，豈有意於利天下乎？志苟不然，乃悖亂之道也。

入于左腹，獲心意也。箕子之貞，明不可息也。微子去之，利而不貞。比干諫而死，貞而不利。惟箕子囚奴，利且正也。此其所以爲明不可滅息也。

初登于天，照四國也。後入于地，失則也。照四國以位言。失則，失其道也。失則所以爲紂，順則所以爲文王。

風自火出，家人，君子以言有物而行有恒。火熾則風生，火者，風之母也。君子觀風自火出之象，則知風化之本自家而出，而家之本又自身而出也。夫身之所出，惟言與行。物猶「不誠无物」之物，謂事實也。恒，常度也。言有物則非虚言，行有恒則非僞行。言行信謹則其身脩，身脩則家齊、國治、天下平矣，此知風之自也。

閑有家，志未變也。防閑於始，則人心未變，无傷恩害義之事，故悔亡。「教婦初來，教子嬰孩」是也。

六二之吉，順以巽也。家人嗃嗃，未失也。婦子嘻嘻，失家節也。順巽者，婦人之道也。嚴厲者，夫之道也。

富家大吉，順在位也。二曰順以巽，四曰順在位，玩兩順字，婦道盡矣。二在下之婦也，四之位其在上而主家之婦乎！獻夫曰：「父主教化，母主貨財。儀刑表帥，父道也；收藏謹節，母道也。故五言假家，四言富家，父母之道也。」

王假有家，交相愛也。三五陽剛，皆主治家者也。二剛而不中，失之過嚴，未免有悔厲之失。五剛而得中，威而能愛，盡乎治家之道者，故人无不化，可以勿憂恤而吉也。或曰：治家之道尚嚴，在《象》以嚴正爲吉，五以相愛爲義何也？曰：嚴以分言正家之義也，愛以情言假家之義也，假有感格之義，故象以相愛言之。

威如之吉，反身之謂也。謂非作威也，反身自治則人畏服之矣。《孟子》所謂「身不行道，不行於妻子」也。初、上二爻統言治家之道。

上火下澤，睽，君子以同而異。上火下澤，二物之性違異，所以爲睽。君子觀象於大同之中，而知所當異也。夫聖賢之處世，在人理之常，莫不大同。於世俗所同者，則有時而獨異，蓋於秉彝則同矣，於世俗之失則異也。不能大同者，亂常拂理之人也。不能獨異者，隨俗習非之人也。要在同而能異耳，《中庸》曰「和而不流」是也。

見惡人，以辟咎也。朱子曰：「孔子之於陽貨也。」

遇主于巷，未失道也。當事勢睽離之時，君臣相求，必欲拘堂陛之常分，則賢者无自而進矣。遇主于巷，處睽之時則然，故曰未失道也。

見輿曳，位不當也。无初有終，遇剛也。剛指上九。

交孚无咎，志行也。當睽乖之時，得遇陽剛之君子，與之至誠相交，協力相濟，則其志可行，不止无咎而已。

厥宗噬膚，往有慶也。遇雨之吉，群疑亡也。

山上有水，蹇，君子以反身脩德。《孟子》曰：「行有不得者，皆反求諸己。」故遇艱蹇，必自省於身：有失而致之乎？是反身也。有所未善則改之，无歉於心則加勉，乃自脩其德也。君子脩德以俟時而已。或問：蹇與困之極，事无可爲者，故只得致命遂志。若山上有水，蹇則猶可進步，如山上之泉，曲折多艱阻，然猶可行，故教以反身脩德。

往蹇來譽，宜待也。王臣蹇蹇，終无尤也。事雖不濟，亦无可尤。

往蹇來反，內喜之也。內謂下二陰也。當蹇之時，二陰喜於從陽，故反就之而安也。

往蹇來連，當位實也。四來連三，以三之陽當位實也。四陰虛以連三之陽實，合力以濟。

大蹇朋來，以中節也。五有中德而又陽剛，有節義者也，故朋來從之。君有中德而弗濟者，臣之才不足也。程子曰：「自古守節秉義，而才不足以濟者，豈少乎？漢李固、王允，晉周顗、王導之徒是也。」

往蹇來碩，志在内也。利見大人，以從貴也。内指三，貴指五。

雷雨作，解，君子以赦過宥罪。天地解散而成雷雨，君子體之而行寬釋也。赦，釋之。宥，寬之。過失則赦之可也，罪惡而赦之，則非義也，故寬之而已。赦過如所謂眚災肆赦也。宥罪如所謂流宥五刑也。據《周禮》司刑職過者當宥，罪者當刺。今則過者直赦之，罪者則宥之，所以爲解也。

剛柔之際，義无咎也。九二貞吉，得中道也。爻下詳矣。

負且乘，亦可醜也。自我致戎，又誰咎也！戎，寇之大者。自我取之，將誰咎乎？

解而拇，未當位也。未當位者，居不正而應小人也，故必解拇而後朋孚。

君子有解，小人退也。公用射隼，以解悖也。

山下有澤，損，君子以懲忿窒欲。山下有澤，潤上行而水漸減，損之象也。君子觀損之象以損於己，在脩己之道所當損者，莫大於忿與欲也。

已事遄往，尚合志也。「尚」、「上」通。

九二利貞，中以爲志也。九居二非正也，以其得中，是志存乎中者也。能守中，則有益於上矣。

一人行，三則疑也。一人行而得一人，乃得友也。若三人行，則疑所與矣。理當損去其一人，損其餘也。

損其疾，亦可喜也。六五元吉，自上祐也。雖衆益之，實天祐之也。

弗損，益之，大得志也。居上不損下，而反益之，是君子大得行其志也。君子之志，唯在益於人而已。

風雷，益，君子以見善則遷，有過則改。風烈則雷迅，雷激則風怒，二物相益者也。君子觀益之象，而求益於己，爲益之道，无若遷善改過也。見善能遷則可以盡天下之善，有過能改則无過矣。益於人者，莫大於是。

元吉无咎，下不厚事也。下本不當任厚事，故不如是，不足以塞咎也。

或益之，自外來也。或者，衆无定主之辭。

益用凶事，固有之也。固有謂固任其事也。居下當稟承於上，乃專任其事。唯救民之凶災，拯時之艱急，則可也。汲黯擅發倉稟以救飢民是也，何咎之有？

告公從，以益志也。益志謂益民之志也。志苟在於益民，上必信而從之矣。

有孚惠心，勿問之矣。惠我德，大得志也。人君有至誠惠益天下之心，其元吉不假言也，故云勿問之矣。天下至誠懷吾德以爲惠，是其道大行，人君之志得矣。

莫益之，偏辭也。或擊之，自外來也。理者天下之至公，利者衆人所同欲。苟公其心，不失其正理，則與衆同利，无侵於人，人亦欲與之。若切於好利，蔽於自私，專求自益以損於人，則人亦與之力争，故莫肯益之，而有擊奪之者矣。云莫益之者，是有所偏己之辭也。苟不偏己，合於公道，則人亦益之矣，何爲擊之乎？既有所偏己，則擊之者皆至矣。人爲善，則千里之外應之。六二中正虚己，益之者自外而至是也。苟爲不善，則千里之外違之，上九求益之極，擊之者自外而至是也。

澤上於天，夬，君子以施禄及下，居德則忌。澤上於天則決，澤決於上則注於下，故君子體之，施其禄澤以及於下也。若居其德而不下施，則不宜矣。決，潰決也。居，積聚也，如《書》「化居」之居。

不勝而往，咎也。人之行必度時審勢。居初在下，理不能勝而且往，其咎可知。胡氏曰：「京房欲去恭顯而卒困於恭顯，劉蕡欲去宦官而卒困於宦官，皆不勝而往之咎也。」

有戎勿恤，得中道也。九二以陽剛之才，當夬之時，能處得中道而不過，雖與四陽之盛而決一陰之衰，乃惕然若臨大敵，號呼我衆，不忘警備，如此故可无憂矣。此狄仁傑從容存唐之事也。

君子夬夬，終无咎也。其行次且，位不當也。聞言不信，聰不明也。九四以陽居柔，失其剛決，豈復能聰聽也。

中行无咎，中未光也。爻辭言夬夬，則合於中行，爲无咎矣。《象》復盡其義云：中未光也。夫人心正意誠，乃能極中正之道，而克實光輝。五心有所比，以義之不可而決之，雖行於外，不失中正之義，可以无咎，然於中道，未得爲光大也。蓋人心一有所欲，則離道矣，夫子於此，示人之意深矣。

无號之凶，終不可長也。

天下有風，姤，后以施命誥四方。風行天下，无所不周。爲君后者，法之以施其命令，周誥四方也。風行地上，與天下有風，皆爲周徧庶物之象，而行於地上，徧觸萬物則爲觀，經歷觀省之象也；行於天下，周徧四方則爲姤，施發命令之象也。

繫于金柅，柔道牽也。牽者，引而進也。陰始生而遇群陽，有引之而進者，故繫之于金柅，所以止其進也。

包有魚，義不及賓也。以一陰而遇衆陽，豈義所宜也？

其行次且，行未牽也。无魚之凶，遠民也。民之去己，猶己遠之。

九五含章，中正也。有隕自天，志不舍命也。五含藴中正之德，至誠求賢，志不違於天命者也，故必得之矣。舍，違也。

姤其角，上窮吝也。程子曰：「以剛極居高而求遇，不亦難乎？」

澤上於地，萃，君子以除戎器，戒不虞。澤上於地，爲萃聚之象。除者，脩而聚之之義。又水聚而不防則潰，衆聚而不防則亂，脩聚戎器所以戒備於不虞也。

乃亂乃萃，其志亂也。引吉无咎，中未變也。二以中德，故能不變於群陰而往從乎正應也，與初之志亂異矣。

往无咎，上巽也。上巽順於四也。

大吉无咎，位不當也。非君位而得衆心，非所爲盡善，安得爲大吉而无咎乎？

萃有位，志未光也。五得位矣，而衆心有匪孚者，是其志猶未光也。比以一陽爲主，萃以二陽爲主，一則專，二則分，故比五之道顯，而萃五之志未光也。

齎咨涕洟，未安上也。據五之上，過高而不得所萃，豈能安乎？

地中生木，升，君子以順德，積小以高大。萬物之升，其象皆如地中生木，自毫末至合抱，人莫見其升之迹者，以順積而致之耳。順則不逆於德，積則爲之有漸，故能升而不已。積微小以極高大，不然逆德暴行，不升而困及之矣。

允升大吉，上合志也。與上二陽合志同升也。

九二之孚，有喜也。二與五以誠相感，君臣相得，豈非喜乎？

升虛邑，无所疑也。王用亨于岐山，順事也。以順而升，登祭于山之象。

貞吉升階，大得志也。人君有賢才之助，而治道之升，如升階之易，其志可大得矣。

冥升在上，消不富也。昏冥於升，極上而不知已，唯有消亡，豈復有加益也？不富，无復增益也。升既極，則有退而无進也。

澤无水，困。君子以致命遂志。水下漏則澤上枯，故曰澤无水，困之象也。君子道窮之時，但當委致其命，以成吾之志而已。致命猶言授命，致命遂志所謂殺身以成仁也。

入于幽谷，幽不明也。困于酒食，中有慶也。二守其中德，則有朱紱方來之慶也。朱子曰：「以之事君則君應之，以之事神則神應之。」是也。

據于蒺藜，乘剛也。入于其宮，不見其妻，不祥也。來徐徐，志在下也。雖不當位，有與也。當困之時，而獨四與初正應，故云有與也。

劓刖，志未得也。乃徐有說，以中直也。利用祭祀，受福也。上下皆困，志何能得？惟有中直之德，則能處之徐而有説也。又以其中誠，可以祭祀而受福耳。

困于葛藟，未當也。動悔有悔，吉行也。困極而通之時，能有悔艾之心，思所以行而去之，吉道也。

木上有水，井，君子以勞民勸相。木承水而上之〔一〕，乃器汲水而出井之象。井，所以養人者也。君子觀其象，教民以相養之道，乃勞徠其民而勸勉之，使相助力以相養也，亦取井田之義。

井泥不食，下也。舊井无禽，時舍也。言爲時所棄。

〔一〕「木」，原作「才」，今據上下文意及《程傳》改。

井谷射鮒，无與也。井以上出爲功。二，陽剛之才，本可濟用，以在下而上无應與，故谷而射鮒。若上有與之者，則當汲引而上，成井之功矣。徐氏曰：「嘗謂人才生世，自非果於暴棄、甘爲下流之歸者，皆可與爲善。苟陽剛之稟、資質之美者，皆可以進德。良由上无應與，而爲之誘掖汲引者，故上達之難，下達之易也。」

井渫不食，行惻也。求王明，受福也。行惻者，行道之人皆以爲惻也。可食者，泉也。不食者，人也。井何惻焉？人之行者惻之，非爲井惻也，爲有才德之君子不見用於上者惻也。苟君子見求於王明，則天下受其福矣。仲尼曰：「王明不興，天下孰能宗予？」

井甃无咎，脩井也。泥與甃皆陰也。初六不正在下，故不能自脩而爲泥，六四正而在上，故能自脩而爲甃。

寒泉之食，中正也。井六爻惟五曰泉，蓋九五爲井之主，居中而得正，井德之至善者也，故爲寒泉之象。

元吉在上，大成也。井道之大成也，謂成功也。

澤中有火，革，君子以治曆明時。澤火相息爲革，革，變也。曆謂日月五星之躔次，時謂春夏秋冬之代序，此變革之至大者也。推日月而後可定四時，故治曆所以明時也。

鞏用黄牛，不可以有爲也。以初九時、位、才，皆不可以有爲，故當以中順自固也。

巳日革之，行有嘉也。六二當革之時，上應九五，其才文明，其體柔順，其位中正，備此三者，處革之至善者也。然猶巳日而後革者，示不輕變也，故以之征行則吉而无咎，而有可嘉之功也。

革言三就，又何之矣！言已審。

改命之吉，信志也。謂上下信其志也。

大人虎變，其文炳也。張子曰：「虎變文章大，故炳。豹變文章小，故蔚。」

君子豹變，其文蔚也。小人革面，順以從君也。

木上有火，鼎，君子以正位凝命。木上有火，以木巽火也，烹飪之象，故爲鼎。鼎，重器也。凝猶「至道不凝」之凝。命，天命也。鼎之器正，然後可凝其所受之實；君之位正，然後可凝其所受之命。正者，端莊安重之謂也。丘氏曰：「革，變也。聖人於革九四言改命，而受革以鼎，鼎象又以凝命言之，蓋凝其已改之命也。以鼎繼革，所以示變革之後當端重以守之，其旨微矣。」

鼎顛趾，未悖也。利出否，以從貴也。鼎而顛趾，悖道也；而因可出否以從貴，則未爲悖也。從貴謂從二，亦爲取新之意。若從四正應，何悖之有？

鼎有實，慎所之也。我仇有疾，終无尤也。五、上相得則二不可往矣，故慎所之也。初雖有疾而爲我匹，且不爲所變，故終无尤也。在初喜其從貴，在二戒其遠疾，義各有取也。二之言疾，即初之言否也。

鼎耳革，失其義也。謂與五非正應之義也。

覆公餗，信如何也。言其才不勝任，實奈之何哉？鼎之用在五、上，故下四爻皆不得其用焉。

鼎黄耳，中以爲實也。五以中爲實德也。

玉鉉在上，剛柔節也。上九以剛居柔，剛柔中節，德之美者也。自六五之柔言之，則上爲金之剛。自上九之德言之，則上爲玉之粹。各象其物宜而已。

洊雷，震，君子以恐懼脩省。兩震相仍，爲洊雷之象。雷，天威也。君子畏天之威，不徒恐懼，必修正其身，思省其過咎而改之，所以盡畏天之實也。程子曰：「不唯雷震，凡遇驚懼之事，皆當如是。」

震來虩虩，恐致福也。笑言啞啞，後有則也。震來厲，乘剛也。二柔乘初剛，迫近雷威，故危。

震蘇蘇，位不當也。震遂泥，未光也。四居動體而陷於重陰，其德豈能光也。

震往來厲，危行也。其事在中，大无喪也。往來皆厲，行則有危也。動皆有危，唯在无喪其事而已。其事在中，以守中爲事者也，能不失其中，則危而不危矣，故以无喪爲大。孟子曰「必有事焉」是也。

震索索，中未得也。雖凶无咎，畏鄰戒也。上恐懼自失，以未得於中道也，然能見鄰戒而知畏，故雖凶而无咎也。

兼山，艮，君子以思不出其位。兩雷、兩風、兩火、兩水、兩澤皆有相往來之理。惟兩山并立，不相往來，此止之象也。位者，所處之分也。君子思不出其位，罔敢越思而踰分，此止之意也。

艮其趾，未失正也。以柔居下，非正也。以其止而不行，則未失正也。

不拯其隨，未退聽也。三止乎上，亦不肯退而聽乎二也。

艮其限，危薰心也。艮其身，止諸躬也。止諸躬，不妄動也。張氏曰：「諸卦唯咸與艮以身取象，此近取諸身者也。艮四正當心位，不言心而言身者，蓋心不可見，而身者心之區宇也。觀其身之止，則知其心之止矣。」

艮其輔，以中正也。「正」字羨文，叶韻可見。

敦艮之吉，以厚終也。天下之事，惟終守之爲難。上之吉，以其能敦厚於終也。

山上有木，漸，君子以居賢德善俗。山上有木，本以漸而長者也，非一朝一夕之故也。君子體漸之義而不驟進，惟以居其賢德，則可以善俗也。好進欲速，世俗之常也，故賢者居其德而不遽進，所以善化乎俗也。居，積也。丘氏曰：「夬居德則忌，而漸言居賢德何也？蓋夬以潰決爲義，漸以積累爲義故也。」獻夫曰：「升與晉義同，主於進者也。漸與需義同，主於漸而不主於進者也。」

小子之厲，義无咎也。飲食衎衎，不素飽也。素飽，如《詩》言「素飡」，得之以道則不爲徒飽，而處之安矣。

夫征不復，離群醜也。婦孕不育，失其道也。利用禦寇，順相保也。三離其群類而往從於四之陰，往不以義，爲可醜也。四不以正而從三之陽，孕非其道，故不育也。是凶道也，凡皆不利，惟以其上下和順相保聚，可用禦寇也。

或得其桷，順以巽也。六四柔順而處巽體，爲能順巽於九三之剛，而得所安也。

終莫之勝，吉，得所願也。中正相應，乃二五所願，其合雖遲，終得其所願也。

其羽可用爲儀，吉，不可亂也。漸進愈高而不爲无用，其志卓然，豈可得而亂哉？胡氏曰：「二居有用之位，有益於人之國家而非素飽者。上在无位之地，亦足爲人之儀表而非无用者。二志不在温飽，上志卓然不可亂，士大夫之出處於此當有取焉。」

澤上有雷，歸妹，君子以永終知敝。雷震澤上，水氣隨之而升，女子從人之象也。君子觀其合之不正，知其不能永終之敝也。不能永終，是永終有敝也。女子以不正從人，至於失身敗德，不能永其所終者多矣。

歸妹以娣，以恒也。跛能履，吉，相承也。利幽人之貞，未變常也。丘氏曰：「娣之從嫡，必當如跛者之履，而不足以與行，則无僭上之疑而嫡妾之分明。妻之從夫，必當如眇者之視，而不足以有明，則无反目之嫌而夫婦之倫正。是妾婦之常道也。《象傳》於初曰以恒，於二曰未變常，唯各安其常，此初之所以吉，二之所以利歟。」

歸妹以須，未當也。未當者，其處、其德、其所歸之道皆不當，故不終也。説以動，所以成歸妹者，六三是也，故爻獨明其義。

愆期之志，有待而行也。四剛賢而有守者，其志欲有所待，待得佳配而後行也，正與三相反。

帝乙歸妹，不如其娣之袂良也。其位在中，以貴行也。其位，尊貴者也。在中，有中德也。有中德又以貴行，故不尚飾也。

上六无實，承虛筐也。

雷電皆至，豐，君子以折獄致刑。雷電皆至，明威并行，豐大之象也。折獄者必照其情實，惟明克允；致刑者以威於姦惡，唯斷乃成，明威并用者也。噬嗑言先王飭法，豐言君子折獄。以明在上而麗於威震，王者之事，故爲制刑立法。以明在下而麗於威震，君子之用，故爲折獄致刑。旅，明在上，而云君子者，旅取慎刑與不留獄，君子皆當然也。

雖旬无咎，過旬災也。在初无位，義當自守者也。以時急濟而遇於四，又同位无相得之義，故不可久也。

有孚發若，信以發志也。張氏曰：「臣之事君，不可以君之明暗而異，其心一於孚信，終可以感發六五之志而行其道，顧不吉歟。」

豐其沛，不可大事也。折其右肱，終不可用也。陰暗之極，尚可濟大事乎？

豐其蔀，位不當也。日中見斗，幽不明也。遇其夷主，吉行也。己所居不中正，而又遇暗主，幽蔽不明。然不得不委曲相遇以行其道，蓋時義當然也，故吉。

六五之吉，有慶也。五雖暗主，以其能用賢才，則可以保豐而有福慶也。

豐其屋，天際翔也。闚其户，闃其无人，自藏也。在上之極，處豐之過，爲高大之甚，徒自障蔽耳。藏謂障蔽。

山上有火，旅，君子以明慎用刑，而不留獄。火之在高，明无不照，君子觀明照之象，則以明慎用刑。明不可待，故戒於慎。觀火行不處之象，則不留獄。獄者不得已而設，民有罪而入，豈可留滯淹久也？

旅瑣瑣，志窮災也。柔而居下，志意鄙陋而窮迫，自取災也。

得童僕貞，終无尤也。得童僕之賴，而又不失於正，處旅之至善者也，故終无尤。

旅焚其次，亦以傷矣。以旅與下，其義喪也。親寡，旅也。以旅之時而與下，宜其喪也。二柔中，而三過剛不中，故其辭皆與二反。

旅于處，未得位也。得其資斧，心未快也。四雖在近君之地，而猶處羈旅之中，是未得位也，與五之上逮正相反。

終以譽命，上逮也。謂其聞譽逮於上，而得爵命也。五君位，在上者也，而爻曰上逮者何哉？不以君位處五者，人君无旅故也。

以旅在上，其義焚也。喪牛于易，終莫之聞也。陽剛不中而處上之極，固有高亢躁動之象，而火復炎上則又甚焉。處旅之道，以得中爲善，卑則取辱，高則召禍，初與上是也。

隨風，巽，君子以申命行事。天下有風，姤所以施命。若風相隨而至，則是申命不一之象。古之出命者，必反復申戒之，然後其事可行於天下。

進退，志疑也。利武人之貞，志治也。巽爲進退，爲不果，而初又居最下，疑之甚者也。以其居剛，故以志治勉之。初爲巽之主，故言其道。

紛若之吉，得中也。二當巽而巽，過而不過，得中者也。

頻巽之吝，志窮也。田獲三品，有功也。九五之吉，位正中也。人君之出命，唯得中正爲善，失中不正則悔也。

巽在牀下，上窮也。喪其資斧，正乎凶也。上，窮極於巽者也。居上而過極於巽，至於自失，得爲正乎？乃凶道也。巽本善行，故疑之曰「正乎」，復斷之曰「凶也」。

麗澤，兑，君子以朋友講習。兩澤相麗，交相浸潤，互有滋益之象。朋友講習，互相益也。先儒謂天下之可説，莫若朋友講習，朋友講習固可悦之大者，然當明相益之象。

和兑之吉，行未疑也。居卦之初，其説也正，未有所疑也。

孚兑之吉，信志也。二剛實居中，孚信存於中也，志存誠信，則不妄説也。正則和，中則誠，和與誠皆吉道也。説之道，中正而已矣。

來兑之凶，位不當也。自處不中正，无與而妄招人以求説，所以凶也。

九四之喜，有慶也。九四之喜者，慶其能守正而遠邪也。

孚于剥，位正當也。九五剛中而當位，説而正者也。雖信于上六之柔，終能化惡爲善，化邪爲正，厲而无凶也。

上六引兑，未光也。説既極矣，不能自有其説，而引人以爲説，其道未光也。招上爲來，牽下爲引。

風行水上，涣，先王以享于帝，立廟。風行水上，涣散離披之象也。先王享帝立廟，所以合其散也，此誠敬仁孝之至。幽无不格，散无不聚，則郊焉而天神假，廟焉而人鬼享矣。

初六之吉，順也。始涣之時而速拯之，順而易者也。

涣奔其机，得願也。當涣之時，而來得所安，乃遂其所願也。

涣其躬，志在外也。外指上九，六爻唯三與上應。朱子曰：「是舍己從人意。」

涣其群，元吉，光大也。去柔群而承剛君，是其光明而正大也。

王居无咎，正位也。五以正居尊位，故能涣其居而不私也。

涣其血，遠害也。謂散其患害。

澤上有水，節，君子以制數度，議德行。澤之容水有限，節之象也。古者之制器用宫室衣服，莫不有多寡之數，隆殺之度，使賤不踰貴，下不侵上，所以爲節也。存諸中爲德，發於外爲行，人之德行當義則中節。議謂商度，求中節也。

不出户庭，知通塞也。不出門庭凶，失時極也。初不當出而不出，二當出而不出，故初爲知通塞，而二爲失時極也，節之道時焉而已。初知節者也，二不知節者也。

不節之嗟，又誰咎也！言无所歸咎也。

安節之亨，承上道也。甘節之吉，居位中也。四承九五之中道，以爲節者也。五以其中道，而爲節者也。節以中爲貴，得中則正矣，故四安而五甘也。居位中，既居尊位又得中道也。

苦節貞凶，其道窮也。節道之窮也。

澤上有風，中孚，君子以議獄緩死。風感水受，中孚之象。議獄緩死，中孚之意。君子於天下之事，无所不盡其忠，而議獄緩死，最其大者也。獄之將決則議之，其既決則又緩之，然後盡於人心。王聽之，司寇聽之，三公聽之，議獄也。旬而職聽，二旬而職聽，三月而上之，緩死也。故獄成而孚，輸而孚。在我者盡，故在人者无憾也。

初九虞吉，志未變也。當信之始，其志未變，故言求所信之道也。

其子和之，中心願也。

或鼓或罷，位不當也。馬匹亡，絶類上也。四絶初之匹類，而上從五也。

有孚攣如，位正當也。位正而當，故能誠信任其臣也。若四正而五不正，安能相孚如是？

翰音登于天，何可長也！有孚之名，无孚之實，何能長久也？故聲聞過情，君子恥之。

山上有雷，小過，君子以行過乎恭，喪過乎哀，用過乎儉。山上有雷，其聲小過。三者之過，皆小者之過。可過於小而不可過於大，可以小過而不可甚過。《彖》所謂可小事而宜下者也。石氏曰：「晏子一狐裘三十年，祭豚肩不掩豆，人皆謂之不知禮，獨曾子以爲國奢則示之以儉，蓋齊奢侈之甚，晏子能矯時之弊，是得小過之義。」

飛鳥以凶，不可如何也。當下而上，其凶必矣，是无可奈何也。

不及其君，臣不可過也。臣不可過其君也，君臣之分大矣，所謂不可大事也。

從或戕之，凶如何也！　弗過遇之，位不當也。　往厲必戒，終不可長也。臣陽而君陰，位適遇之非正也。長猶永也。終不可長，即勿用永貞之義。

密雲不雨，已上也。陰已上而過盛也。

弗遇過之，已亢也。

水在火上，既濟，君子以思患而豫防之。水火既交，各得其用，爲既濟。時當既濟，惟思慮其患，而豫爲之防，使不至於患也。既濟雖非有患之時，而患每生於既濟之後，自古天下既濟而致禍亂者，蓋不能思患而豫防也。非特天下之事，君子之養身亦然。

曳其輪，義无咎也。當濟而謹之，无咎之道也。

七日得，以中道也。中正之道，豈可廢也？時至則行矣。

三年克之，憊也。三年而後克之，其力亦已困矣，言難也。

終日戒，有所疑也。終日戒懼，常疑患之將至也。人之於事，惟其有所疑於心，然後能思所以處之，此君子所以必思患而豫防之也。

東鄰殺牛，不如西鄰之時也。實受其福，吉大來也。五之才德非不善，不如二之時也。得時則吉，過時則否。

濡其首，厲，何可久也！

火在水上，未濟，君子以慎辨物居方。水火不交，不相爲用，故爲未濟。水火異物，各居其所者也。故君子觀象而以之辨物居方，審辨物性之異，使異處焉。

濡其尾，亦不知極也。未濟已爲人之極矣，而猶欲濡尾以濟，可謂不知極也。

九二貞吉，中以行正也。二知其不可濟而不進，正也。以其得中，故能行正也。

未濟征凶，位不當也。貞吉悔亡，志行也。三、四皆當可濟之時，三不當其任，而四當任者也。故於四言濟天下之道，能濟則志行也。

君子之光，其暉吉也。暉者，光之散也。

飲酒濡首，亦不知節也。飲酒至於濡首，不知節之甚也。所以至如是，不能安義命也。能安，則不失其常矣。

古文周易傳義約説卷第七

繫辭上傳

繫辭本謂卦爻下所繫之辭，此篇乃孔子爲之傳釋者也。以其通論一經之大體、凡例，故無所附屬，而自分上下。程子曰：「《繫辭》本欲明易，若不先求卦義則看《繫辭》不得。」又曰：「聖人用意深處全在《繫辭》，《詩》、《書》乃格言。」獻夫曰：「《繫辭》一篇，主於贊易，只作贊易看便自明白。」

天尊地卑，乾坤定矣。卑高以陳，貴賤位矣。動静有常，剛柔斷矣。方以類聚，物以群分，吉凶生矣。在天成象，在地成形，變化見矣。易以乾坤爲首。乾坤者，象天地而定者也。卑高者，天地萬物上下之位。貴賤者，六爻上下之位也。動者陽之常，静者陰之常。剛柔者，奇耦二畫之稱也。方謂事情所向，事物善惡各從其類也。象者，形之精華，發於上者也。形者，象之體質，留於下者也。變化者，蓍策、卦爻陰變爲陽，陽化爲陰者也。此言聖人作易，因造化之實體，爲卦爻之法象也。

是故剛柔相摩，八卦相盪。此言易卦之變化。六十四卦之初，剛柔兩畫而已。兩相摩而爲四，四相摩而爲八，八相盪而爲六十四。朱子曰：「易中説卦爻多只説剛柔，不全就陰陽上説。卦爻是有形質了，陰陽全是氣。」

鼓之以雷霆，潤之以風雨。日月運行，一寒一暑。此言變化之在天成象者。

乾道成男，坤道成女。此言變化之在地成形者。此三節是申明變化見諸天地之事也。

乾知大始，坤作成物。乾以易知，坤以簡能。此下推言乾坤易簡之理，而體諸人者也。知猶主也。邵子曰：「陽不能獨立，必得陰而後立，故陽以陰爲基。陰不能自見，必待陽而後見，故陰以陽爲倡。陽知其始而享其成，陰效其法而終其勞也。」陽氣一動，便能始物而无所難，故易。陰氣所成，皆從乎陽而不自作，故簡。

易則易知，簡則易從。易知則有親，易從則有功。有親則可久，有功則可大。可久則賢人之德，可大則賢人之業。易簡而天下之理得矣。天下之理得，而成位乎其中矣。人之存心如乾之易，則明白易知而有鄰，其德可常。行事如坤之簡，則要約易從而□□，其業可廣。蓋天下之理易簡而已，故易簡則天下之理得，非但爲賢人之德業，可以成人之位乎天地之中矣。張子曰「所謂盡人道并立乎天地，以成三才」是也。○右以上爲一章。

聖人設卦觀象，繫辭焉而明吉凶。聖人，文王也。卦，六十四卦也。辭，卦爻辭也。吉凶，所以占而決人之疑者也。朱子曰：「不是占筮，如何明吉凶？」觀象見下文。

剛柔相推而生變化。剛柔二畫，互相推代，而陰或變陽，陽或化陰也。前摩盪言畫卦之變化，此相推言卦爻之變化。朱子所謂「交易，變易之義」是也。

是故吉凶者，失得之象也；悔吝者，憂虞之象也。吉凶悔吝者，易之辭也；得失憂虞者，事之變也。得則吉，失則凶，憂虞雖未至凶，然已足以致悔而取吝矣。蓋吉凶相對而悔吝居其中間，悔自凶而趨吉，吝自吉而向凶也。故聖人觀卦爻之中或有此象，則繫之以此辭也。

變化者，進退之象也；剛柔者，晝夜之象也。六爻之動，三極之道也。柔變而趨於剛者，退極而進也；剛化而趨於柔者，進極而退也。進者息也，退者消也。剛晝陽也，柔夜陰也。六爻初、二爲地，三、四爲人，五、上爲天。動即變化也。極，至也。三極，天、地、人之至理，三才各一太極也。此明剛柔相推而生變化之義，占者得因所值以斷吉凶者也。

是故君子所居而安者，易之序也；所樂而玩者，爻之辭也。此言君子學易之□□謂卦之序，如泰否剥復之類。君子知其序之有常，故隨其身之所處，而无不安也。玩者，觀之詳。爻言一卦之時義甚詳，故玩而樂之也。

是故君子居則觀其象而玩其辭，動則觀其變而玩其占，是以自天祐之，吉，无不利。象、辭、變，見上。凡單言變者，化在其中。占謂其所值吉凶之決也。蔡氏曰：「觀象玩辭，學易也。觀變玩占，用易也。學易則无所不盡其理，用易則唯盡乎一爻之時。居既盡乎天之理，動又合乎天之道，故自天祐之，吉，无不利也。」○右以上爲一章。

彖者，言乎象者也。爻者，言乎變者也。卦辭言一卦之象，爻辭言一爻之變。

吉凶者，言乎其失得也。悔吝者，言乎其小疵也。无咎者，善補過也。此卦爻辭之通例。

是故列貴賤者存乎位，齊小大者存乎卦，辯吉凶者存乎辭。位謂六爻之位。齊猶定也。小謂陰，大謂陽。

憂悔吝者存乎介，震无咎者存乎悔。介，固守也。震，恐懼也。能憂其悔吝而不至於悔吝者，在乎有介然之守也。能恐懼其過咎而得无咎者，在乎有悔過之心也。張氏曰：「易三百八十四爻，憂悔吝而存乎介者多矣，唯豫之六二『介于石，不終日，貞吉』。在豫之時，能介而自守者乎！震无咎而存乎悔者多矣，唯復之初九『不遠復，无祇悔，元吉』。在復之初，能悔而改過者乎！」

是故卦有小大，辭有險易。辭也者，各指其所之。小險大易，各指人以所向之吉凶也。○右以上爲一章。

易與天地準，故能彌綸天地之道。聖人作易以準天地。易之義，天地之道也，故能彌綸天地之道。彌如「彌縫」之彌，有終竟聯合之意。綸有選擇條理之意。彌其渾然者乎！綸其粲然者乎！

仰以觀於天文，俯以察於地理，是故知幽明之故。原始反終，故知死生之說。精氣爲物，游魂爲變，是故知鬼神之情狀。以下皆言易之能事。易者，陰陽而已，幽明、死生、鬼神皆陰陽之變，天地之道也。天文，陽明也，明者易見，故可觀。地理，陰幽也，幽者難知，故當察故其理之所以然者也。原究其所以始，則知生；要考其所以終，則知死。邵子曰：「精氣爲物，鬼也。游魂爲變，神也。」

與天地相似，故不違。知周乎萬物而道濟天下，故不過。旁行而不流，樂天知命，故不憂。安土敦乎仁，故能愛。易之義與天地之道相似，故无差違。相似謂同也。義之所包，知也，其義周盡萬物之理，其道足以濟天下，故无太過，高虛而无用則過矣。天地之道，知、仁而已。知周萬物者，天也；道濟天下者，地也。旁行者，行權之知也；不流者，守正之仁也。既樂天理，而又知天命，故能无憂，知之深也。隨處皆安而无一息之不仁，故能愛物，仁之篤也。

範圍天地之化而不過，曲成萬物而不遺，通乎晝夜之道而知，故神无方而易无體。範如鑄金之有模範。圍，匡郭也。天地陰陽之化，運行不窮，易則範圍之，使不過也。萬物之理，細微委曲，易无不盡，所以曲成之而不遺也。通猶兼也，兼乎晝夜、闔闢、屈伸之道而知其所以然也。所以神之至妙无有方所，而易之變化无有形體，是无在而无乎不在，无爲而无所不爲也。神者，易之體也。易者，神之用也。體一而用兩也。程子曰：「神无方，故易无體。」獻夫曰：「非是易懸空能如此，須是要人體貼起乃如此，然只是易也。」○右以上爲一章。

一陰一陽之謂道。繼之者善也，成之者性也。道，天地之道也。一陰不足謂之道，一陽不足謂之道，一陰一陽而後謂之道也。動静无端，陰陽无始，非知道者孰能識之。程子曰：「生生之謂易，是天之所以爲道也。天只是以生爲道，繼此生理者即是善也，善便有一個元底意思。元者，善之長。萬物皆有春意，便是繼之者善也。成之者性也，成却待萬物自成其性，須得。」又曰：「成之者，各正性命者也。」丘氏曰：「一陰一陽之謂道，是就造化流行上説。成之者性，是就人心稟受上説。繼之者善，是就天所賦、人所受中間過接上説。如《書》帝降之衷，《中庸》天命之性，所謂降，所謂命，即繼之之義也。」此三句正是夫子言性與天道處。

仁者見之謂之仁，知者見之謂之知，百姓日用而不知，故君子之道鮮矣。天之爲道固无不全，而人之成性未免有偏。仁者得其陰之一偏，謂道止於仁；知者得其陽之一偏，謂道止於知。百姓至愚則由之而不知，故君子全體之道鮮矣。君子全體之道，即一陰一陽之道也。

顯諸仁，藏諸用，鼓萬物而不與聖人同憂，盛德大業至矣哉！此言易全仁、知也。道濟天下，易之仁也，其功爲（後缺《約説》卷七第十、十一、十二、十三頁）

爻之義也，故曰爻也者，效天下之動者也。

言天下之至賾而不可惡也，言天下之至動而不可亂也。惡猶厭也。雜而不越，故不可厭也。於至變之中有至常者，故不可亂也。

擬之而後言，議之而後動，擬議以成其變化。學易者尚象以言，尚變以動，必先用擬議之功，而後成其變化之德也。變化成，則與易爲一矣。周子曰：「至誠則動，動則變，變則化，故曰擬之而後言，議之而後動，擬議以成其變化。」蓋動變以前，猶有擬議之功，至於化則神之所爲，而非擬議之所能及矣。

「鳴鶴在陰，其子和之。我有好爵，吾與爾靡之。」子曰：君子居其室，出其言善，則千里之外應之，況其邇者乎？居其室，出其言不善，（後缺《約説》卷七第十五頁）

「初六，藉用白茅，无咎。」子曰：苟錯諸地而可矣。藉之用茅，何咎之有？慎之至也。夫茅之爲物薄，而用可重也。慎斯術也以往，其无所失矣。此釋大過初六爻義。物之置於地也，亦可安矣，而又籍之茅，過於慎也。天下之事，過則有咎，唯過於慎則无咎也。茅雖至薄之物，而用之藉薦，則成敬慎之道，是其用之重也。人能慎守斯道，推而行之，於事其无所失矣。

「勞謙，君子有終，吉。」子曰：勞而不伐，有功而不德，厚之至也。語以其功下人者也。德言盛，禮言恭。謙也者，致恭以存其位者也。」此釋謙九三爻義。勞，自行事言。功，自成功言。厚，言其德之厚也。張氏曰：「風之不厚不能負大翼，水之不厚不能負大舟。君子處心不厚，則恃勞而傲物，耀功而忽人矣。安能以其功而下人乎？」德言盛，禮言恭，言德欲其盛，禮欲其恭也。謙者，致恭之謂也。人能致（後缺《約説》卷七第十七、十八頁）

不利也。此簡本錯在第十二章之首，朱子曰宜在此，今從之。此釋大有上九爻義。有大者不可以盈，上九有極，居剛而能下從六五，信而順之，是履信而思順也。又五，賢者也，而志下之，是下己而尚賢也，是能不處其盈而順天合道者也，故得天之祐而吉无不利也。獻夫曰：「八爻皆明言動不可不謹之意，言行即言動也。君子之道，莫大於言行。君子之言行，莫大於出處語默。中孚以誠信相感通，同人以道德相契合也。藉用白茅，行之至慎也。不出户庭，言之至慎也。暴慢招盜與謙恭存位者正相反，信順尚賢與貴高无輔者正相反。聖人示人擬議，以成其變化之意，明且切矣。然豈特八爻爲然，學易者宜觸類而通其餘也。」○右以上爲一章。

天一，地二，天三，地四，天五，地六，天七，地八，天九，地十。此簡本錯在第十一章之首，程子曰宜在此，今從之。此言天地之數，陽奇陰偶，即所謂《河圖》者也。其位，一、六居下，二、七居上，三、八居左，四、九居右，五、十居中。易之用，則中五爲衍母，次十爲衍子，次一、二、三、四爲四象之位，次六、七、八、九爲四象之數，所謂則《河圖》者也。

天數五，地數五，五位相得而各有合。天數二十有五，地數三十，凡天地之數五十有五，此所以成變化而行鬼神也。天數五者，一、三、五、七、九，皆奇也。地數五者，二、四、六、八、十，皆偶也。五位相得者，一與六、二與七、三與八、四與九、五與十，其位各以陰陽相得也，相得則有合也。張氏曰「生於天者成於地，生於地者成於天」，是有合也。以天之一、三、五、七、九總之則爲二十五，以地之二、四、六、八、十總之則爲三十。又以天之二十五、地之三十總之則爲五十有五，此天地自然之數也。蓍策卦爻變化之道也，由此成之。前知吉凶鬼神之事也，由此行之。具見下文。

大衍之數五十，其用四十有九。分而爲二以象兩，掛一以象三，揲之以四以象四時，歸奇於扐以象閏，五歲再閏，故再扐而後掛。大衍之數五十者，取《河圖》中宫天五地十之數，衍五而各極於十以得之也。至用以筮，則又止用四十有九，虚一以象太極也。一者體也，四十有九者用也。兩謂天地也。掛，懸其一於左手小指之間也。三，三才也。揲，數之也。奇，所揲四數之餘也。扐，勒於左手中三指之兩間也。閏，積月之餘日而成月者也。五歲之間再積日而再成月，故五歲之中凡有再閏，然後別起積分，如一掛之後左右各一揲而一扐，故五者之中凡有再扐，然後別起一掛也。蓋皆出於理勢之自然，而非人之知力所能損益也。都氏曰：「天地之數五十有五，而大衍之數五十者，蓋數備於五，而五十所宗者五也。大衍之數五十，而其用四十有九者，蓋數始於一，而四十九數之所宗者一也。」獻夫曰：「參天兩地而倚數，天三地兩合爲五也。五者，數之祖也，天地大衍之數莫不自五得之，至其用揲之法象一而二，二而三，三而四，四而五，亦成於五而已矣。」

乾之策二百一十有六，坤之策百四十有四，凡三百有六十，當期之日。凡此策數生於四象，蓋河

（後缺）

古文周易傳義約説卷第八

繫辭下傳

八卦成列，象在其中矣。因而重之，爻在其中矣。成列，謂乾一、兑二、離三、震四、巽五、坎六、艮七、坤八之類。因而重之，謂各因一卦而以八卦加之，爲六十四也。象謂六十四卦象，爻謂三百八十四爻。蓋既有八卦而六十四卦之象已具，既有六爻而三百八十四爻之變已具矣。

剛柔相推，變在其中矣。繫辭焉而命之，動在其中矣。剛柔相推，爻之變也。聖人因其變而繫之辭，以命其吉凶，則占者所值當動之爻，不出乎此矣。

吉凶悔吝者，生乎動者也。吉凶悔吝，占也，皆辭之所命者也，然必因爻之動而後見。蓋有象則有變，有辭則有占，易不出乎象、辭、變、占四者，故此篇反覆明之。

剛柔者，立本者也。變通者，趨時者也。一剛一柔各有定體，自此而彼，變以從時。上篇曰剛柔者晝夜之象，即此所謂立本；曰變化者進退之象，即此所謂趨時。

吉凶者，貞勝者也。貞，正也，常也，物以其所正爲常者也。天下之事，非吉則凶，非凶則吉，常相勝而不已也。

天地之道，貞觀者也。日月之道，貞明者也。天下之動，貞夫一者也。觀，示也。天下之動，其變无窮，然順理則吉，逆理則凶，則其所正而常者，亦一理而已矣。

夫乾，確然示人易矣。夫坤，隤然示人簡矣。確然，健貌。隤然，順貌。易而不難，簡而不繁，乾坤之所以示人者，所謂貞觀者也。

爻也者，效此者也。象也者，像此者也。此謂乾、坤所示易簡之理，爻之剛柔，卦之大小，所以效而象之。

爻象動乎内，吉凶見乎外，功業見乎變，聖人之情見乎辭。爻象動乎卦之内，吉凶見乎卦之外，變即動乎内之變，辭即見乎外之辭。蓋動則有吉凶，不動則吉凶无自而生；變則有功業，不變則功業无自而成。聖人憂世之情，則於其吉凶之辭見之也。

天地之大德曰生，聖人之大寶曰位。何以守位？曰人。何以聚人？曰財。理財正辭，禁民爲非，曰義。天地以生物爲德，聖人以得位爲寶。「何以守位？曰人」，從古文。蓋所謂非衆罔與守邦也。聖人憂世之情在於易，而其御世之志在於位，位以行之，人以守之，財以聚之，義以齊之，則聖人之德與天地同也。財，以養民者也。理財謂理民之財，正辭謂正其争訟之辭，如《大學》「无情者不得盡其辭」之辭。禁民爲非，謂憲禁令、致刑罰也。○右以上爲一章。

古者包犧氏之王天下也，仰則觀象於天，俯則觀法於地，觀鳥獸之文與地之宜，近取諸身，遠取諸物，於是始作八卦，以通神明之德，以類萬物之情。俯仰遠近，所取不一，然不過以驗陰陽消息兩端而已。象以氣言屬陽，法以形言屬陰。鳥獸之文謂天産之物，飛陽而走陰也。土地所宜謂地産之物，木陽而草陰也。程子曰：「近取諸身，一身之上，百理具備，甚物是没底？背在上，故爲陽；胸在下，故爲陰，至如男女之生已有此象。天有五行，人有五臟。心，火也，着些天地間熱氣乘之則便須發燥。肝，木也，着些天地間風氣乘之則便須怒。推之五臟亦然。」通神明之德，可以占也；類萬物之情，可以象也，故曰八卦定吉凶，又曰八卦成列，象在其中矣。獻夫曰：「按此章之言，伏羲只是始作八卦，未有六十四卦也明矣。」

作結繩而爲網罟，以佃以漁，蓋取諸離。此下十三卦言聖人制器尚象之事。民以食爲先，自古未有耕種則鮮食乃其先也。伏羲氏非取諸離然後爲網罟，特網罟以佃漁，則鳥獸魚鱉之麗乎網罟，似有取於離麗之象焉耳。蓋之言，疑辭也。程子曰：「聖人制器，不待見卦而後知象，以衆人由之而不能知之，故因卦以示之耳。」

包犧氏没，神農氏作，斲木爲耜，揉木爲耒，耒耨之利以教天下，蓋取諸益。耜，耒首也，斲木之鋭而爲之。耒，耜柄也，揉木使曲而爲之。神農氏始教民耕種以粒食，利益天下莫大於此。

日中爲市，致天下之民，聚天下之貨，交易而退，各得其所，蓋取諸噬嗑。日中者，萬物相見之時也。當萬物相見之時，而致天下之民，聚天下之貨，使遷其有无，是噬而嗑之之義。噬猶市也。嗑，合也。食貨者，生民之本也，故食先而貨次之。

神農氏没，黄帝堯舜氏作，通其變，使民不倦；神而化之，使民宜之。易窮則變，變則通，通則久。是以自天祐之，吉，无不利。程子曰：「識變知化爲難，古今風氣不同，故器用亦異。是以聖人通變，使民不倦，各隨其時而已。」質窮則變之以文，道窮則變之以法，變則不窮，通則能久，此聖人體易之義，故順天合道而天祐之也。「自天祐之，吉，无不利」，此大有上九之辭，而夫子再三舉之，蓋深致意乎！

黃帝、堯、舜垂衣裳而天下治。蓋取諸乾、坤。以下皆黃帝、堯、舜通變神化之事。垂衣裳，即舜云「觀古人之象，五色作服」者是也。蓋始於黃帝，備於堯舜。乾天在上，衣象。坤地在下，裳象。上衣下裳，不可顛倒，使人知尊卑上下不可亂，則民志定，天下治矣。食貨既足，不可无禮，故垂衣裳次之。

刳木爲舟，剡木爲楫，舟楫之利以濟不通，致遠以利天下，蓋取諸渙。木在水上也。

服牛乘馬，引重致遠，以利天下，蓋取諸隨。程子曰：「服牛乘馬，皆因其性而爲之，胡不乘牛而服馬乎，理之所不可也，是隨之義。」

重門擊柝以待暴客，蓋取諸豫。豫，備之意。楊氏曰：「川途既通，則暴客至矣。又不可无禦之之術，故取諸豫。」

斷木爲杵，掘地爲臼，臼杵之利，萬民以濟，蓋取諸小過。民粒食矣，又杵臼以治之，而使精小有所過而利人者也。

弦木爲弧，剡木爲矢，弧矢之利以威天下，蓋取諸睽。睽乖然後威以服之，知門柝而不知弧矢之利，則无以使民畏也。

上古穴居而野處，後世聖人易之以宮室，上棟下宇，以待風雨，蓋取諸大壯。壯，固之意。

古之葬者，厚衣之以薪，葬之中野，不封不樹，喪期无數；後世聖人易之以棺槨，蓋取諸大過。杵臼棺槨，所以使民養生送死无憾，所以利於人者，過厚也。然養生不足以當大事，故取小過之義而已。送死足以當大事，故取大過之義焉。

上古結繩而治，後世聖人易之以書契，百官以治，萬民以察，蓋取諸夬。上古民淳事簡，事之大小唯結繩以識之，亦足以爲治，至後世風俗偷薄，欺詐日生，而書契不容不作矣。書，文字也。契，合約也。言有不能記者書識之，事有不能信者契驗之，是取明決之義也。或以十三卦已取重卦之象，則疑伏羲已重卦，非也。陳氏曰：「上古雖未有易之書，元自有易之理，故所作事暗合易書，即邵子所謂『畫前之易』是也。蓋未作六十四卦之前，而六十四卦之象已具矣。」

是故易者，象也，象也者，像也。此承上文而申言之。像猶似也，朱子所謂「物之似」是也。

彖者，材也。爻也者，效天下之動者也。是故吉凶生而悔吝著也。彖言一卦之材，爻放天下之變。彖爻因象而言吉凶生而悔吝著。又因上章「吉凶悔吝生乎動」之言而申之也。○右以上爲一章。

陽卦多陰，陰卦多陽。震、坎、艮爲陽卦，皆一陽二陰；巽、離、兑爲陰卦，皆一陰二陽。

其故何也？陽卦奇，陰卦耦。凡陽卦皆一陽，其數奇。凡陰卦皆二陽，其數耦。

其德行何也？陽一君而二民，君子之道也；陰二君而一民，小人之道也。君謂陽，民謂陰。君子之道大而公也，小人之道小而私也。陽爲主則君子之道，陰爲主則小人之道。○右以上爲一章。

易曰：「憧憧往來，朋從爾思。」子曰：天下何思何慮？天下同歸而殊塗，一致而百慮，天下何思何慮？此引咸九四爻辭而釋之。言天下之理，雖同歸一致，而事物之感，殊塗百慮，其變不一，何容思慮？得此闕一「思」字。

日往則月來，月往則日來，日月相推而明生焉。寒往則暑來，暑往則寒來，寒暑相推而歲成焉。往者，屈也；來者，信也。屈信相感而利生焉。此闢「憧憧往來」一句。有往必有來，有屈必有伸，有感必有應，此天地自然之理，何容憧憧哉？利謂日月寒暑、生明成歲之功利也。尺蠖之屈，以求信也；龍蛇之蟄，以存身也。推之物理亦然。蓋有屈必有信，不屈則亦不能信也。屈者，感也。信者，應也。未有感而不應者，亦未有不感而應者也。程子曰：「天地間只是一個感與應而已。」精義入神，以致用也；利用安身，以崇德也。過此以往，未之或知也。窮神知化，德之盛也。此又以學言之。張子曰：「精義入神，事豫吾内，求利吾外。利用安身，素利吾外，致養吾内。」又曰：「氣有陰陽，推行有漸，爲化合一，不測爲神。」下學之事，盡力於精義利用而已。自是以上，則亦无所用其力也。至於窮神知化，乃德盛仁熟而自致耳。蓋精義入神，感也，本非爲致用而自有致用之應。利用安身，感也，本非爲崇德而自有崇德之應。精義崇德，感也，本非爲窮神知化而自有窮神知化之應。此皆自然之理也。學者亦惟致力於其所感者而已，他何容心哉？程子曰：「有感必有應，凡動皆爲感，感則必有應，所應復爲感，所感復有應，所以不已也。」

易曰：「困于石，據于蒺藜，入于其宫，不見其妻，凶。」子曰：非所困而困焉，名必辱；非所據而據焉，身必危。既辱且危，死期將至，妻其可得見耶？此釋困六三爻義。張氏曰：「有應於上，將以求名，今困于石，此非所困而困焉，名必辱也。有依於下，將以安身，今據于蒺藜，此非所據而據焉，身必危也。在困之時，名辱身危有死之理，此身不行道，雖妻且不可見，宜乎凶也。」

易曰：「公用射隼于高墉之上，獲之，无不利。」子曰：隼者，禽也。弓矢者，器也。射之者，人也。君子藏器於身，待時而動，何不利之有！動而不括，是以出而有獲，語成器而動者也。此釋解上六爻義。藏可用之器，待可爲之時，動无結礙，出則有獲，以其有成器也。无成器而動者，豈能有獲哉？

子曰：小人不恥不仁，不畏不義，不見利不勸，不威不懲，小懲而大誡，此小人之福也。易曰：「屨校滅趾，无咎。」此之謂也。此釋噬嗑初九爻義。

善不積不足以成名，惡不積不足以滅身。小人以小善爲无益而弗爲也，以小惡爲无傷而弗去也，故惡積而不可掩，罪大而不可解。易曰：「荷校滅耳，凶。」此釋噬嗑上九爻義。懲惡在初，改過在小。惡小而不能懲，則罪大而不可解，猶滅趾不戒而至於滅耳也，焉得而不凶。

子曰：危者，安其位者也；亡者，保其存者也；亂者，有其治者也。是故君子安而不忘危，存而不忘亡，治而不忘亂，是以身安而國家可保也。易曰：「其亡其亡，繫于包桑。」此釋否九五爻義。自處於危者，乃自安其位之道也。凛乎若將亡將亂者，乃所以常保其存，常有其治之道也。九五否將休矣，而不忘戒懼如此，蓋於安存治之時，而能不忘危亡亂之禍，是以身安而國家可保，其久存長治也。

子曰：德薄而位尊，知小而謀大，力小而任重，鮮不及矣。易曰：「鼎折足，覆公餗，其形渥，凶。」言不勝其任也。此釋鼎九四爻義。位欲當德，謀欲量知，任欲稱力。小人志在於得而已，以人之國徼倖萬一，鮮不及禍也。

子曰：知幾其神乎！君子上交不諂，下交不瀆，其知幾乎！幾者，動之微，吉之先見者也。君子見幾而作，不俟終日。易曰：「介于石，不終日，貞吉。」介如石焉，寧用終日？斷可識矣。君子知微知彰，知柔知剛，萬夫之望。此釋豫六二爻義。《漢書》「吉」、「〔之〕」之間有凶字〔一〕。張子曰：「幾者，象見而未形者也。形則涉乎明，不待神而後知也。」上交貴於恭遜，恭則便近於諂。下交貴於和易，和則便近於瀆。君子知幾則不至於過也。周子曰：「幾者，動而未形，有无之間者也。」又曰「幾善惡」，有善惡，則吉凶兆於此矣。君子處豫而見幾，則何待終日而作哉？夫石者，至靜而无欲，至重而不動者也。君子介然如石，天下之可欲者，何物能動之乎？程子曰：「介如石，理素定也。」理素定，則寧用終日而後識之乎？天下之理，微則必彰，柔則必剛，君子識微則知彰矣，識柔則知剛矣。知幾如是，衆所仰也，故贊之曰萬夫之望。

子曰：顏氏之子，其殆庶幾乎！有不善未嘗不知，知之未嘗復行也。易曰：「不遠復，无祇悔，元吉。」此釋復初九爻義。殆庶，近意。幾者，聖人之事。顏子其近於幾者也。顏子无形顯之過，念慮之間，動作之際，一有不善未嘗不知，既知未嘗不遽改。過既未形而改，何悔之有？是復之最善者，大吉之道也。

天地絪縕，萬物化醇；男女構精，萬物化生。易曰：「三人行則損一人，一人行則得其友。」言致一也。此釋損六三爻義。絪縕，交密之狀。醇，醲厚也，言氣化者也。化生，形化者也。一，專一也。朱子曰：「天地男女都是兩個方得專一，若三個便亂了。三人行減了一個則是兩個，便專一。一人行得其友成兩個，便專一。」

子曰：君子安其身而後動，易其心而後語，定其交而後求。君子脩此三者，故全也。危以

〔一〕「之」，原脱，今據《本義》補。

動，則民不與也；懼以語，則民不應也；无交而求，則民不與也。莫之與，則傷之者至矣。易曰：「莫益之，或擊之，立心勿恒，凶。」此釋益上九爻義。身順道則安，悖道則危。心无險陂則易，有險陂則懼。以義相與爲交定，以利相與爲无交。君子言動與求皆以其道，乃完善也，不然則取傷而凶矣，上九之專求自益而不以道者是也。上篇舉八爻明君子言行之法，此篇舉十一爻明天下事物之理，皆《象傳》之文言也。學易者可觸類而通其餘矣。○右以上爲一章。

子曰：乾、坤其易之門邪？乾，陽物也；坤，陰物也。陰陽合德，而剛柔有體，以體天地之撰，以通神明之德。陽畫爲乾，陰畫爲坤。門猶闔户、闢户之義，一闔一闢爲易之門，其變化无窮，皆二物也。剛柔有體，謂成卦爻之體也。自八卦而六十四卦，皆由乾坤二畫交合而成也。撰猶事也。體天地之撰，與類萬物之情同義。天地之撰，萬物之情，只是陰陽二者而已。莊周所謂「易以道陰陽」是也。

其稱名也，雜而不越。於稽其類，其衰世之意邪？名謂卦名。六十四卦所稱之名，雖雜賾而不違越於陰陽之理，此非上古淳質之時思慮所及也，故以爲衰世之意，蓋指文王與紂之時也。

夫易彰往而察來，而微顯闡幽，開而當名辨物，正言斷辭，則備矣。「開」字衍。彰象事之已往，察占事之方來。微人事之至顯，闡天道之至幽。當名謂所稱之卦名无不當也，辨物謂所象之物宜无不辨也。正之以元亨利貞之言，斷之以吉凶悔吝之辭，故云備矣。

其稱名也小，其取類也大。其旨遠，其辭文，其言曲而中，其事肆而隱。因貳以濟民行，以明失得之報。卦之稱名雖小，而取類於陰陽也甚大。象之旨示雖遠，而其辭之條畫則文，其言雖委曲而又皆中於理，其事雖肆陳而其理未嘗不隱。易之道不淺近，不高遠，皆因民之疑而決之，以濟其所行，明著其吉凶之應也。肆，陳也。貳，疑也。報猶應也。○右以上爲一章。

易之興也，其於中古乎？作易者，其有憂患乎？程子曰：「如言仁者不憂，又却言作易者其有憂患，須要知用處各別也。天下只有一個憂字，一個患字，既有此二字，聖人安得无之。」獻夫曰：「鼓萬物而不與聖人同憂，吉凶與民同患，是此憂患字。中古謂文王時，文王其有所憂患於世人之失德乎？故其名卦教人脩德之意至備也，於履等九卦見之，若上古淳質之時則安用此！」

是故履，德之基也。謙，德之柄也。復，德之本也。恒，德之固也。損，德之脩也。益，德之裕也。困，德之辨也。井，德之地也。巽，德之制也。履，禮也。上天下澤，定分不易，必謹乎此，然後其德有以爲基而立也。謙者，自卑而尊人，又爲禮者之所當執持而不可失者也。九卦皆脩德之事，而有序焉。基所以立，柄所以持。復者，反善之端。恒者，守而不變。懲忿窒慾以脩身，遷善改過以長善。困以觀德，井以定性，然後能巽順於理，以制事變也。

履，和而至。謙，尊而光。復，小而辨於物。恒，雜而不厭。損，先難而後易。益，長裕而不設。困，窮而通。井，居其所而遷。巽，稱而隱。此如《書》之九德，《禮》之用和，然實皆至理。謙以自卑而尊且光。復陽微而不亂於群陰。恒處雜而常德不厭。損欲先難，習熟則易。益但充長而不造作。困身困而道亨。井不動而及物。巽稱物之宜而隱伏不露。

履以和行，謙以制禮，復以自知，恒以一德，損以遠害，益以興利，困以寡怨，井以辨義，巽以行權。行非禮不和，禮非謙不成。自知是惟精，一德是惟一。損害於人者，莫大於忿慾。利益於人者，莫大於遷善改過。寡怨謂少所怨尤。辨義謂安而能慮。義精仁熟，然後可以行權也。柴氏曰：「道始於踐履，而終以知權，故孔子以可與權爲學之至。」○右以上爲一章。

易之爲書也不可遠，爲道也屢遷。變動不居，周流六虚，上下无常，剛柔相易，不可爲典要，唯變所適。遠猶離也。張子曰：「心不存之是遠也，不觀其書亦是遠也。」六虚，六位也。陰陽流行於卦之六位，剛柔上下，變動不常，易之道也。典即常也。

其出入以度，外内使知懼。又明於憂患與，平聲句。故无有師保，如臨父母。其變而出於外也，以度使人知懼於外。其變而入於内也，亦以度使人知懼於内。又昭然具見聖人憂患天下之意歟。故學易者，雖无師保而常若父母臨之，戒懼之至也。是易道雖變動不常而有至常者在也，豈可須臾離乎？出入外内，本上下而言。

初率其辭而揆其方，既有典常，苟非其人，道不虚行。方，道也。率其辭之所指，而揆其方之所向，則其道雖不可爲典要，而其書則有典可循，有常可蹈也。然非得其人，亦何以行之哉？○右以上爲一章。

易之爲書也，原始要終，以爲質也。六爻相雜，唯其時物也。質謂卦體，卦必舉其始終而後成體。爻則唯其時物而已。時謂六位之時，物即下文遠近貴賤之等也，故曰「爻有等，故曰物」。

其初難知，其上易知，本末也。初辭擬之，卒成之終。此言初、上二爻。初者卦之本，本則其質未明，故難知。上者卦之末，末則其質已著，故易知。故初爻之辭必擬議而後得，終爻之辭但率而成之耳。承原始要終而言，「卒」當作「率」。

若夫雜物撰德，辨是與非，則非其中爻不備。此謂卦中四爻。承六爻相雜而言，於下又見之不言吉凶，而曰辨是與非，則吉凶可知矣。

噫！亦要存亡吉凶，則居可知矣。知者觀其彖辭，則思過半矣。此又總言六爻而復歸重於彖辭也。彖統論一卦六爻之體。存亡者，陰陽之消息；吉凶者，事情之得失。要其存亡吉凶之所歸，則六爻之義居然易見矣。若知者能見事於未形，雖不觀各爻之義，但觀卦辭則所思已得十分之五六矣。

二與四同功而異位，其善不同，二多譽，四多懼，近也。柔之爲道，不利遠者，其要无咎，其用柔中也。此以下申言中爻「雜物撰德，辨是與非」之義。時位，物也。剛柔中正，德也。得位有德則是而吉，失位无德則非而凶也。同功謂皆陰爻，異位謂遠近不同。四近君故多懼，柔不利遠而二多譽者，以其柔中也。

三與五同功而異位，三多凶，五多功，貴賤之等也。其柔危，其剛勝耶？三、五同陽爻而貴賤不同，然以柔居之則危，唯剛則能勝之。故六居五无功，九居五多功，六居三多凶，九居三則吉也。○右以上爲一章。

易之爲書也，廣大悉備。有天道焉，有人道焉，有地道焉。兼三材而兩之，故六。六者非他也，三材之道也。三畫已具三才，重之故六，而以上二爻爲天，中二爻爲人，下二爻爲地。兼謂天之道兼陰與陽也，地之道兼柔與剛也，人之道兼仁與義也。三才之道皆以兩，不兩則无用，故兼而兩之也。程子曰：「天地本一物也，地亦天也，只是人爲天地心，是心之動則分了天爲上，地爲下。兼三才而兩之，故六也。」

道有變動，故曰爻。爻有等，故曰物。物相雜，故曰文。文不當，故吉凶生焉。三才之道各兩則有變動，故曰六爻之動三極之道也。又曰爻也者，效天下之動也。等謂遠近貴賤之差。相雜謂剛柔之位相間。不當謂不當位。陽居陽位，陰居陰位，當也。陽居陰位，陰居陽位，不當也。當則吉，不當則凶。是吉凶所由生，而占在其中矣。○右以上爲一章。

易之興也，其當殷之末世，周之盛德邪？當文王與紂之事邪？是故其辭危。危者使平，易者使傾。其道甚大，百物不廢。懼以終始，其要无咎。此之謂易之道也。殷之末世即紂之事也。周之盛德即文王之事也。文王囚於羑里而作易，故云然。文王以危懼之心作易，故其辭多危懼之意。危懼者使之安平，慢易者使之傾覆，易之道雖廣大悉備，而終始之以危懼，大要使人免過而已。乾第一卦而曰「君子終日乾乾，夕惕若，厲无咎」，此懼以終始，其要无咎之謂也。前以九卦見聖人憂患之意，此以易辭始終見聖人危懼之意，可以爲萬世訓矣。○右爲一章。

夫乾，天下之至健也，德行恒易以知險。夫坤，天下之至順也，德行恒簡以知阻。至健至順者，聖人也，如所謂天下之至誠也。聖人之德行至健則所行无難，故易；至順則所行不煩，故簡。然其於事，皆有以知其難，而不敢易以處之也，是以知險、知阻而不陷於險阻也。此承上章危懼之意而言。

能説諸心，能研諸侯之慮，定天下之吉凶，成天下之亹亹者。「侯之」二字衍。説諸心者，心與理會，乾之事也。研諸慮者，理因慮審，坤之事也。説諸心，故能定吉凶。研諸慮，故能成亹亹。

是故變化云爲，吉事有祥。象事知器，占事知來。天之變化，人之云爲，因其禎祥，可以知吉。聖人之易，求其象則可以知器，求其占則可以知來也。

天地設位，聖人成能。人謀鬼謀，百姓與能。天地設位，能以象示人，不能以言教人。故聖人作易以成天地之能，於是百姓日用行事既謀於人，又謀於易，皆得以與聖人之能也。聖人成能，即説心研慮一節事。百姓與能，即知器知來一節事。人謀鬼謀猶《洪範》「謀及卿士庶人，謀及卜筮」之謂也。○右以上爲一章。

八卦以象告，爻彖以情言，剛柔雜居，而吉凶可見矣。八卦成列，象在其中矣，此八卦所以告人以象也。爻者，變也。彖者，材也。此卦爻之辭所以言卦爻之情也。蓋卦具六爻，則剛柔之位相間雜，有當不當而吉凶見矣。此言象辭吉凶之要也。

變動以利言，吉凶以情遷。是故愛惡相攻而吉凶生，遠近相取而悔吝生，情僞相感而利害生。凡易之情，近而不相得則凶。或害之，悔且吝。此言變占吉凶之法也。吉凶悔吝生乎動者也，動有得失則有愛惡、遠近、誠僞三者之情，故有吉凶、悔吝、利害三者之應也。遠謂應爻，近謂比爻，近甚於遠。不相得，謂相惡而以僞者也，故凶害悔吝皆由之。

將叛者，其辭慙。中心疑者，其辭枝。吉人之辭寡，躁人之辭多。誣善之人，其辭游。失其守者，其辭屈。此又推於人之辭，使人由易以知言也。言，心之聲，由乎中而見乎外，孟子「詖淫邪遁」一章意亦如此。

○右以上爲一章。凡十二章，胡氏曰：「上下繫各十二章，始皆言易簡，終皆言易在德行，不在言辭，示人學易只要深切矣。」獻夫曰：「上篇多言功用之盛，下篇多言憂懼之義，皆贊易也。」

古文周易傳義約說卷第九

文言傳

他卦《彖》、《象》而已，獨乾、坤更設《文言》以發明其義。蔡氏曰：「文，飾也。言，辭也。文飾《彖》、《象》之辭，以盡《彖》、《象》之意。乾、坤居衆卦之首，故特詳之，而餘卦可以類推也。」

元者，善之長也。亨者，嘉之會也。利者，義之和也。貞者，事之幹也。元者，生物之始，天地之德莫先於此，故於時爲春，於人則爲仁，而衆善之長也。亨者，生物之通，物至於此莫不嘉美，故於時爲夏，於人則爲禮，而衆美之會也。利者，生物之遂，物各得宜，不相妨害，故於時爲秋，於人則爲義，而得其分之和。貞者，生物之成，實理具備，隨在各足，故於時爲冬，於人則爲智，而爲衆事之幹。幹，木之身，而枝葉所依以立者也。

君子體仁足以長人，嘉會足以合禮，利物足以和義，貞固足以幹事。以仁爲體，則無一物不在所愛之中〔一〕，故足以長人。長，君長也。嘉其所會，則无不合禮。使物各得其所利，則義無不和。貞固者，知正之所在而固守之，所謂知而弗去是也，故足以爲事之幹。

君子，行此四德者，故曰：「乾，元亨利貞。」唯君子之至健能行此四德，故曰：「乾，元亨利貞。」○此上一

〔一〕「愛」，原漫漶不清，今據《本義》補。

章。申《彖傳》之意，與《春秋傳》所載穆姜之言不異。疑古者已有此語，穆姜稱之，而夫子亦有取焉也。

初九曰："潛龍勿用。"何謂也？子曰：龍德而隱者也，不易乎世，不成乎名，遯世无悶，不見是而无悶，樂則行之，憂則違之，確乎其不可拔，潛龍也。龍德，聖人之德也。在下故隱。守其道不隨世而變，晦其行不求知於時，自信自樂，見可而動，知難而避，其守堅不可奪，潛龍之德也。朱子曰："乾卦六爻，《文言》皆以聖人明之，有隱顯而無淺深也。"

九二曰："見龍在田，利見大人。"何謂也？子曰：龍德而正中者也。庸言之信，庸行之謹，閑邪存其誠，善世而不伐，德博而化。易曰"見龍在田，利見大人"，君德也。正中，謂在下卦之中，爲得正中之義。庸言亦信，庸行亦謹，所依閑邪以存其誠也。善世而不伐，不有其善也，皆盛德之至也。博而化猶大而化之。語九二雖非君位，君之德也，故稱爲大人。真氏曰："乾天德，聖人之事也，必以中爲貴，以不中爲戒，則天下之至善，豈有過於中者乎？"

九三曰："君子終日乾乾，夕惕若厲，无咎。"何謂也？子曰：君子進德脩業，忠信所以進德也。脩辭立其誠，所以居業也。知至至之，可與幾也。知終終之，可與存義也。是故居上位而不驕，在下位而不憂，故乾乾因其時而惕，雖危无咎矣。此言聖人之學也。大學先致知而後誠意，學者事也。此先誠意而後致知，聖人事也。內主忠信爲進德之基，脩辭立誠爲居業之要，多言者必少實，故脩省言辭所以立己之誠意。知至即大學所謂知本，故可與幾，即慎獨之事。知終即大學所謂知止，故可與存義，即止至善之事。知至則當至之，知終則遂終之。須以知爲本，知之深則行之必至，有知之而不能行者，只是知得淺。至之有進而不已之意，即進德之事。終之有止而不遷之意，即居業之事。君子所以終日乾乾而夕猶惕若者，以此故也。可上可下，不驕不憂，所謂无咎也。

九四曰：「或躍在淵，无咎。」何謂也？子曰：上下无常，非爲邪也。進退无恒，非離群也。君子進德脩業，欲及時也。故无咎。內卦以德、學言，外卦以時、位言。進德脩業，九三備矣，此則欲其及時而進也。或上或下之无常，非爲邪枉；或進或退之无恒，非離群類，隨時而已。

九五曰：「飛龍在天，利見大人。」何謂也？子曰：同聲相應，同氣相求。水流濕，火就燥，雲從龍，風從虎。聖人作而萬物覩。本乎天者親上，本乎地者親下，則各從其類也。聲應氣求，水濕火燥，雲龍風虎，凡此六者皆同類相感召。聖人之於人亦類也，故興起於上則人皆仰之。物猶人也。覩即利見之意。本乎天者謂動物，本乎地者謂植物。親上親下，人之親，聖人亦然。

上九曰：「亢龍有悔。」何謂也？子曰：貴而无位，高而无民，賢人在下位而无輔，是以動而有悔也。已解在《繫辭傳》。○此上一章。申《象傳》之意。

「潛龍勿用」，下也。陽在下也，以氣言。此曰下也，以人言。

「見龍在田」，時舍也。舍，止也。隨時而止也。

「終日乾乾」，行事也。進德脩業也。

「或躍在淵」，自試也。未遽有爲，姑試其可。試如「舜歷試諸難」之試。

「飛龍在天」，上治也。居上以治下。

「亢龍有悔」，窮之災也。窮極而災至也。

乾元用九，天下治也。言乾元用九，見君道也。君道剛而能柔，天下无不治矣。○此上一章。再申前意。

「潛龍勿用」，陽氣潛藏。陽氣在下，方潛藏之時，君子亦當晦陰，未可用也。

「見龍在田」，天下文明。出潛而見，雖不在上位，然天下已被其化。

「終日乾乾」，與時偕行。時當然也。

「或躍在淵」，乾道乃革。離下而上，變革之時。

「飛龍在天」，乃位乎天德。天德即天位也，蓋唯有是德乃宜居是位，故以名之。

「亢龍有悔」，與時偕極。時行則偕行可也。時極則偕極，是爲不知變。

乾元用九，乃見天則。用九之道，剛變而柔，天之則也。則者，理之有限節，而无過、无不及者也。○此上一章。又申前意。

乾元者，始而亨者也。此繼之者善，時也。始則必亨，未有始而不亨者也。

利貞者，性情也。此成之者性，時也。收斂歸藏，乃見性情之實。程子曰：「利貞便是各正性命。」胡氏曰：「《彖》曰性命，此則曰性情。言性而不言命，非知性之本；言性而不言情，非知性之用也。」

乾始能以美利利天下，不言所利，大矣哉！乾始即乾元也。美，亨也。利天下，利也。不言所利，貞也。程子曰：「不有其功，常久而不已者，貞也。」此又言亨利貞，皆乾元之爲也，□贊其大。丘氏曰：「乾以一元之氣運轉於六虛之中，始而終，終而始，其生出者元也，其歸宿者貞也，而亨利乃其間之功用耳。析而四之則爲四時，合而兩之則爲陰陽，貫而一之則渾然一元之氣也。」

大哉乾乎！剛健中正，純粹精也。此又總贊乾德之大。剛以質言，健以性言，中者不偏，正者不私，四者乾之德也。純者不雜於陰柔，粹者不雜於邪惡，蓋剛健中正之至極而精者，又純粹之至極也。剛健中正，乾之體也。元亨利貞，乾之用也。周子言「中正仁義」本此，中正體也，仁義用也。

六爻發揮，旁通情也。言乾之六爻曲盡乾之情也。

時乘六龍，以御天也。雲行雨施，天下平也。言聖人時乘六龍以行天道，則德澤流布，如天之雲行雨施而天下平也。雲行雨施，元亨也。天下平，利貞也。○此上一章。復申首章之意。

君子以成德爲行，日可見之行也。潛之爲言也，隱而未見，行而未成，是以君子弗用也。德以在身者而言，行以在事者而言。初九固成德，但其行未可見爾。

君子學以聚之，問以辨之，寬以居之，仁以行之。易曰「見龍在田，利見大人」。君德也。學聚問辨，則所知无不盡，窮理之事也。寬居仁行，則所行无不至，成性之事也。所謂終條理者，聖之事也。九二之所以成聖德者如此，故再言君德，亦深明其爲大人也。吴氏曰：「學聚之以知其理，仁行之以行其事，問辨之以審别所當行。於學聚之，後寬居之，以存畜所已知於仁行之先。寬之所居即學之所聚者，仁之所行即問之所辨者。」

九三重剛而不中，上不在天，下不在田，故乾乾因其時而惕，雖危无咎矣。重剛謂陽爻、陽位。不中謂居下之上。上未至於天，而下已離於田，危懼之地也。

九四重剛而不中，上不在天，下不在田，中不在人，故或之。或之者，疑之也，故无咎。九四非重剛，「重」字疑衍。在人謂三。或者，隨時而未定也。

夫大人者，與天地合其德，與日月合其明，與四時合其序，與鬼神合其吉凶。先天而天弗違，後天而奉天時。天且弗違，而況於人乎？況於鬼神乎？大人者，九五大人也。人與天地日月四時鬼神本无二理，特蔽於有我之私，是以梏於形體而不能相通。聖人无私，以道爲體，曾何彼此先後之可言哉！與天合道，則人鬼神豈能違也。回紇謂郭子儀曰：「卜者言，此行當見一大人而還。」其占蓋與此合。若子儀者，雖未及乎夫子之所論，然其至公无我，亦可謂當時之大人矣。獻夫曰：「先天而天弗違，則我即天也；後天而奉天時，則天即我也。」

亢之爲言也，知進而不知退，知存而不知亡，知得而不知喪。其唯聖人乎？知進退、存亡而不失其正者，其唯聖人乎？進退者，身也。存亡者，位也。得喪者，物也。極之甚爲亢，上九至於亢者，不知進退、存亡、得喪之理也。聖人則知其理而處之，皆不失其正，故不至於亢也。○此上一章。復申第二、第三、第四章之意。

坤，至柔而動也剛，至靜而德方。《象》曰「柔順利貞」，此曰「柔靜剛方」。柔以質言，靜以性言，剛謂應乾不息，方謂賦形有定，是言牝馬之貞也。

後得主而有常。《象》曰「後順得常」，此曰「後得主而有常」。有常謂生物有常，是言利也。

含萬物而化光。《象》曰「含弘光大，品物咸亨」，此曰「含萬物而化光」。化光謂化育顯著，是言亨也。

坤道其順乎！承天而時行。《象》曰「至哉坤元，乃順承天」，此曰「承天而時行」。謂承天之施行不違時，見其順也，是言元也。〇此上一章。申《象傳》之意。

積善之家必有餘慶，積不善之家必有餘殃。臣弑其君，子弑其父，非一朝一夕之故，其所由來者漸矣，由辨之不早辯也。易曰：「履霜，堅冰至。」蓋言順也。天下之事未有不由積而成，家之所積者善則福慶及於子孫，所積不善則災殃流於後世。其大至於弑逆之禍，皆因積累而至，非朝夕所能成也。明者則知漸不可長，小積成大，辨之於早，不使順長，故天下之惡无由而成也。順即馴致之義。霜而至於冰，小惡而至於大，皆順長而馴致也。此坤之初也，而聖人極言之如此，正欲人辨之於早也。呂氏曰：「胸中有容着善處，善自然積胸中；无容着惡處，惡自然不積，要哉言乎！」

直其正也，方其義也，君子敬以直內，義以方外，敬義立而德不孤。「直、方、大，不習无不利」，則不疑其所行也。程子曰：「乾九三言聖人之學，坤六二言賢人之學。直言其正也，方言其義也。君子主敬以直其內，守義以方其外，敬立而內直，義形而外方。義形於外，非在外也。敬義既立，其德盛矣，不期大而大矣，德不孤也。无所用而不周，无所施而不利，孰爲疑乎？」又曰：「敬以直內，義以方外，合內外之道也。敬只是持己之道，義便知有是非，順理而行是爲義也。若只守一個敬，不去集義，却是都无事也。」又曰：「敬義夾持，直上達天德自此。」獻夫曰：「以人品言則乾爲聖，坤爲賢；以學行言則乾主知，坤主行。乾主誠，坤主敬，聖誠而已矣，賢者則由敬入誠。」又曰：「正者義之體也，義者正之用也。猶中者仁之體也，仁者中之用也。」

陰雖有美，含之。以從王事，弗敢成也。地道也，妻道也，臣道也。地道无成而代有終也。爲下之道，不耀其美，不居其功。三雖有章美而含晦之，代上以終王事，而不敢有其成功也。猶地道代天終物，而成功則主於天也，妻道亦然。

天地變化，草木蕃；天地閉，賢人隱。易曰：「括囊，无咎无譽。」蓋言謹也。四居重陰閉隔之時，故爲此象。天地交感則變化，萬物草木蕃盛。天地閉隔則萬物不遂，賢者隱遁。四於閉隔之時，括囊晦藏，則雖无令譽可得无咎，言當謹自守也。

君子黄中通理，正位居體，美在其中而暢於四支，發於事業，美之至也。六五君子，中德在内而達於理，是釋「黄」字之義。正其臣位而居下體，是釋「裳」字之義。美在其中復釋「黄中」，暢於四支復釋「居體」。發於事業，則德美之至盛也，是釋「元吉」之義。是道也，周公以之。

陰疑於陽必戰。爲其嫌於无陽也，故稱龍焉；猶未離其類也，故稱血焉。夫玄黄者，天地之雜也。天玄而地黄。陽大陰小，陰必從陽。上六陰既盛極，與陽偕矣，是疑於陽也。疑爲均敵而无小大之差也〔一〕。坤雖无陽，然陽未嘗无也，雖盛極不離陰類也〔二〕。血，陰屬。陰既盛極至與陽争，其傷可知，雖陽亦不能无傷，故其血玄黄。玄黄，天地之色，謂皆傷也。項氏曰：「玄黄者，上下无别，所謂雜也。曰疑於陽，曰嫌於无陽，曰猶未離其類〔三〕，曰天地之雜，皆

〔一〕「小」，原漫漶不清，今據上下文意及《本義》補。
〔二〕「雖盛」，此二字原漫漶不清，今據《周易大全》補。
〔三〕「曰猶未」，此三字原漫漶不清，今據《周易古訂詁》所引項平甫語補。

言陰之似陽〔一〕，臣之似君〔二〕，楚公子圍之美矣君哉是也，然終以野死則何利哉？〔三〕」此上一章。申《象傳》之意。獻夫曰：「二、三、五皆以位言，臣道也。初、四、上皆以時言：一陰五月初是也；四陰八月正，天地閉之時也；上則十月，陰之極而純矣。聖人爲其純陰而或嫌於无陽也，故稱龍以明之。古人謂十月爲陽月者，蓋出於此。」

〔一〕「似陽」，此二字原漫漶不清，今據《周易古訂詁》所引項平甫語補。
〔二〕「臣之似」，此三字原漫漶不清，今據《周易古訂詁》所引項平甫語補。
〔三〕「終以」，此二字原漫漶不清，今據《周易古訂詁》所引項平甫語補。

古文周易傳義約説卷第十

説卦傳

説卦者，備載卦位、卦德、卦象之説。首章、次章則夫子總説聖人作易大意，以爲《説卦傳》之發端也。

昔者聖人之作易也，幽贊於神明而生蓍。聖人作易，贊佑神明之用而蓍生。程子曰：「幽贊於神明而生蓍，用蓍以求卦，非謂有蓍而後畫卦。」

參天兩地而倚數。此本河圖中五數而得之。參三也，兩二也。三者天也，二者地也。一個三，一個二，合成五也。五合十而衍之則爲五十，而大衍之數所由起也。五合一而成六，五合二而成七，五合三而成八，五合四而成九，而四象之數所由起也。倚，所依而起也。

觀變於陰陽而立卦，發揮於剛柔而生爻。觀陰陽交合之變而擬之象則卦立，發剛柔動静之理而繫之辭則爻生。卦謂六十四卦，爻謂三百八十四爻。

和順於道德而理於義，窮理盡性以至於命。和順者，從容統會，无所乖逆。以卦言，理謂隨時隨事得其條理。以爻言，窮天下之理，盡人物之性，而至於天道，皆易之能事也。程子曰：「和順於道德而理於義者，體用也。」周子曰：「易者，性命之原。」獻夫曰：「和順於道德而理於義，仁之至也。窮理盡性以至於命，知之極也。」○右以上爲一章。

昔者聖人之作易也，將以順性命之理，是以立天之道曰陰與陽，立地之道曰柔與剛，立人之道曰仁與義。兼三才而兩之，故易六畫而成卦。分陰分陽，迭用柔剛，故易六位而成章。此即言「和順道德而理於義，窮理盡性以至命」之事。陰陽者，天之用也。柔剛者，地之用也。仁義者，人之用也。仁屬陰柔，義屬陽剛。楊子雲謂「君子於仁也柔，於義也剛」是也。兼三才而兩之，總言六畫。又細分之，則陰陽之位間雜而成文章也。程子曰：「兼三才而兩之，不兩則无用。」○右爲一章。

天地定位，山澤通氣，雷風相薄，水火不相射，八卦相錯。此即文王八卦應天圖。乾南坤北，天地定位也。兑居東南，艮居西北，山澤通氣也。震居東北，巽居西南，雷風相薄也。離東坎西，水火不相射也。是八卦一順一逆，相錯而成者也，即邵子所謂「乾生於子，坤生於午，坎終於寅，離終於申，以應天之時」者也。又曰「運行者，天也」，此皆是文王卦位。凡入用皆由文王，伏羲只有八卦次序而已。

數往者順，知來者逆，是故易，逆數也。起震而歷離、兑以至於乾，數已生之卦也。自巽而歷坎、艮以至於坤，推未生之卦也。此所謂八卦相錯也。易之生卦則以乾、兑、離、震、巽、坎、艮、坤爲次，故皆逆數也。

雷以動之，風以散之，雨以潤之，日以烜之，艮以止之，兑以説之，乾以君之，坤以藏之。此即應天之時之事君主也。上先言天地之无爲，後言六子之相爲用，言天地之用六子也。此先言六子之職，後言乾坤之道，言六子非乾坤无以主之藏之也。○右以上爲一章。

帝出乎震，齊乎巽，相見乎離，致役乎坤，説言乎兑，戰乎乾，勞乎坎，成言乎艮。此即文王八卦應地圖。即邵子所謂「置乾於西北，退坤於西南，長子用事而長女代母，坎離得位，兑艮爲偶，以應地之方」者也，又曰「生物者，地也」。此與上二圖皆文王所定，所謂則《洛書》者也。《河圖》只是五位五行之數而已，《洛書》始有九宮八位，此二圖之所則而定者也。天之宰曰帝。

萬物出乎震，震，東方也。齊乎巽，巽，東南也。齊也者，言萬物之潔齊也。離也者，明也，萬物皆相見，南方之卦也。聖人南面而聽天下，向明而治，蓋取諸此也。坤也者，地也，萬物皆致養焉，故曰致役乎坤。兌，正秋也，萬物之所説也，故曰説言乎兌。戰乎乾，乾，西北之卦也，言陰陽相薄也。坎者，水也，正北方之卦也，勞卦也，萬物之所歸也，故曰勞乎坎。艮東北之卦也，萬物之所成終而所成始也，故曰成言乎艮。此即應地之方之事。上言帝，此言萬物之隨帝以出入也。自巽至兌，皆陰卦，忽與乾遇，陰疑於陽必戰，故曰戰乎乾。勞如勞來之「勞」，物歸則勞之也。程子曰：「南北之位所以定者，在坎離也。坎離又不是人安排得來，莫非自然也。」又曰：「陰陽消長之際，无截然斷絶之理，故相摻掩過。終始萬物莫盛乎艮，此儘神妙，須研窮這個理。」

神也者，妙萬物而爲言者也。動萬物者莫疾乎雷，撓萬物者莫疾乎風，燥萬物者莫熯乎火，説萬物者莫説乎澤，潤萬物者莫潤乎水，終萬物始萬物者，莫盛乎艮。故水火相逮，雷風不相悖，山澤通氣，然後能變化，既成萬物也。天之妙用曰神，六子之用皆神之爲也。雷風相隨，故曰不相悖。兌在西，艮在東北，亦是山澤通氣，所謂兌艮爲偶也。去乾坤者，即退而不用之義也。鄭氏曰：「共成萬物不可得而分，故合謂之神。」張子曰：「一則神，兩則化，妙萬物者，一則神也。」○右以上爲一章。

乾，健也。坤，順也。震，動也。巽，入也。坎，陷也。離，麗也。艮，止也。兌，説也。此言八卦之性情。純乎陽剛故健，純乎陰柔故順。陽，在陰下則動，在陰中則陷，在陰上則止。陰，伏陽下爲入，附陽中爲麗，見陽上爲説。○右爲一章。

乾爲馬，坤爲牛，震爲龍，巽爲雞，坎爲豕，離爲雉，艮爲狗，兑爲羊。遠取諸物如此。健行爲馬，順載爲牛。以動奮之身，而静息於地勢重陰之下，與地雷同其寂者，龍也。以入伏之身，而出聲於天氣重陽之内，與地風同其感者，雞也。豕性汙濁而中剛躁。雉性耿介而外文明。狗言其能止物。内狠外説者，羊也。

乾爲首，坤爲腹，震爲足，巽爲股，坎爲耳，離爲目，艮爲手，兑爲口。近取諸身如此。首會諸陽，尊而在上。腹藏諸陰，大而容物。足在下而動。股兩垂而下。耳輪内陷，陽在内而聰。目睛外附，陽在外而明。手剛在前。口開于上。○右以上爲一章。

乾，天也，故稱乎父。坤，地也，故稱乎母。震一索而得男，故謂之長男。巽一索而得女，故謂之長女。坎再索而得男，故謂之中男。離再索而得女，故謂之中女。艮三索而得男，故謂之少男。兑三索而得女，故謂之少女。程子曰：「乾坤變爲六子。」六子皆乾坤所生，故乾坤爲父母，而六子爲男女也。索，求也。乾求於坤而得震、坎、艮，皆陽卦。坤求於乾而得巽、離、兑，皆陰卦。一、二、三者，以其畫之次序言也。朱子曰：「一索再索之説，初間畫卦時也，不恁地只是畫成八卦後便見有此象耳。」○右爲一章。

乾爲天，爲圜，爲君，爲父，爲玉，爲金，爲寒，爲冰，爲大赤，爲良馬，爲老馬，爲瘠馬，爲駁馬，爲木果。荀九家此下有：爲龍，爲直，爲衣，爲言。程子曰：「《説卦》於乾雖言爲天，又言爲金、爲玉，以至爲良馬、爲駁馬、爲木果之類，豈盡言天。若此者，所謂類萬物之情也，故孔子推明之曰此卦於天文地理則爲某物，於鳥獸草木則爲某物，於身於物則爲某物，各以例舉，不盡言也。學者觸類而求之，則思過半矣。不然《説卦》所叙何所用之？朱子曰：「廣八卦之象也。」積陽爲天爲圜，天之體也。居上而統下者，君也。爲玉，德粹也。爲金，堅剛也。爲寒，位西北也。爲冰，寒之凝也。爲大赤，盛陽之色也。良馬，德莫加焉。駁馬，鋸牙食虎，力莫加焉。老馬智最高。瘠馬筋骨至峻。爲木果，以實承實也。若艮爲果蓏，則下有柔者存焉。

坤爲地，爲母，爲布，爲釜，爲吝嗇，爲均，爲子母牛，爲大輿，爲文，爲衆，爲柄，其於地也爲黑。荀九家有：爲牝，爲迷，爲方，爲囊，爲裳，爲黄，爲帛，爲漿。積陰爲地。布謂泉也。坤主財富，故爲布。虚而容物，故爲釜。静翕而不施，故爲吝嗇。動闢而廣，故爲均。性至順，故爲子母牛。厚而載物，故爲大輿。坤畫偶，故爲文。偶畫多，故爲衆。有形可執，故爲柄。純陰，故於色爲黑。

震爲雷，爲龍，爲玄黄，爲旉，爲大塗，爲長子，爲決躁，爲蒼筤竹，爲萑葦。其於馬也，爲善鳴，爲馵足，爲作足，爲的顙。其於稼也，爲反生。其究爲健，爲蕃鮮。荀九家有爲玉，爲鵠，爲鼓。陽動於下，故爲雷。陰陽始交，故兼有天地之色爲玄黄。陽氣始施，故爲旉。一奇動於内，而二偶開通，前无壅塞，爲大塗。決者，陽生於下而上進以決陰躁者，陽之動也。蒼，深青色。筤，竹之筍也。萑荻、葦蘆、竹皆下本實而上幹虚。於馬爲善鳴者，陽在内爲聲，上畫偶口開出聲也。馵足，足骹白，陽色也；作足，足超起，陽之健也，皆言下畫之陽也。的顙，額有旋毛，中虚如射者之的，言上畫之虚也。稼，諸穀之類，反生，萌芽自下而上，反勾向上，陽在下也。其究爲健，中上二畫變則爲乾也。爲蕃鮮謂萬物蕃盛而鮮美，陽長則盛也。

巽爲木，爲風，爲長女，爲繩直，爲工，爲白，爲長，爲高，爲進退，爲不果，爲臭。其於人也，爲寡髮，爲廣顙，爲多白眼，爲近利市三倍。其究爲躁卦。荀九家有：爲楊，爲鸛。巽入也，物之入者莫如木。氣之善入者莫如風。繩，糾木之曲而取直者。工，引繩之直而制木者。巽德之制，故爲繩直，爲工。巽少陰，故於色爲白。木下入而上升，故爲長，爲高。陰性多疑，故爲進退，爲不果。陰伏於下，氣鬱不散，故爲臭。髮，陰也，陽盛於上爲寡髮。二陽在上爲廣顙。白者爲陽，黑者爲陰，爲多白眼。義理陽也，利欲陰也。震陽在内，義理主於内也，故一剛爲主於内之卦爲无妄。巽陰在内，利欲主於内也，故爲近利。曰市三倍者，猶《詩》言「賈三倍」，謂市物而得利三倍，近利之至甚者也。其究爲躁卦，三畫皆變則爲震也。

坎爲水，爲溝瀆，爲隱伏，爲矯輮，爲弓輪。其於人也，爲加憂，爲心病，爲耳痛，爲血卦，爲赤。其於馬也，爲美脊，爲亟心，爲下首，爲薄蹄，爲曳。其於輿也，爲多眚，爲通，爲月，爲盜。其於木也，爲堅多心。荀九家有：爲宫，爲律，爲可，爲棟，爲叢棘，爲狐，爲蒺藜，爲桎梏。内明外暗者，水與月也。坎内陽外陰，故爲水，爲月。溝瀆所以行水，故爲溝瀆。陽匿陰中，故爲隱伏，爲盜。《太玄》以水爲盜，陰陽家以玄武爲盜，皆以其屬北方之坎也。陽在陰中，抑而能制，故爲矯輮，爲弓輪。矯者，矯曲而使之直。輮者，輮直而使之曲。弓與輪皆矯輮之所成也。陽陷陰中，故爲加憂。心、耳皆以虛爲體，坎中實則爲病，爲痛。離火在人身爲氣，坎水在人身爲血，故爲血卦。爲赤者得乾中畫之陽，故與乾同色也。三畫之卦，上畫爲馬顙，下畫爲馬足，坎中畫陽，故爲美脊，爲亟心。上柔故又爲下首，下柔故又爲薄蹄，爲曳。行在險陷，故於輿爲多眚。坎惟心亨，故爲通。剛在中，故於木爲堅多心。

離爲火，爲日，爲電，爲中女，爲甲胄，爲戈兵。其於人也，爲大腹。爲乾卦，爲鱉，爲蟹，爲蠃，爲蚌，爲龜。其於木也，爲科上槁。荀九家有：爲牝牛。内暗外明者，火與日也，離内陰外陽，故爲火，爲日。

陰麗於陽則明，故爲電。剛在外，故爲甲冑，爲戈兵。中虛，故於人爲大腹。火熯躁，故爲乾卦。外剛内柔，故爲鱉，爲蟹，爲蠃，爲蚌，爲龜。中虛，故爲木，爲科上槁。科，空也。木既中空，上必枯槁矣。

艮爲山，爲徑路，爲小石，爲門闕，爲果蓏，爲閽寺，爲指，爲狗，爲鼠，爲黔喙之屬。其於木也，爲堅多節。荀九家有：爲鼻，爲虎，爲狐。上而止者，山也。爲徑路，徑者，路之小也。艮者，震之反體。高山之上成蹊，非如平地之大塗也。爲小石，剛在坤土之上，象山頂高處之小石。坎剛在坤土之中，則象平地土中之大石也。闕者，門之出入處。上畫連亘中下二畫，雙峙而虛似門闕也。果者木實，蓏者草實，乾純剛，故爲木果，艮一剛在上者木之實，二柔在下者草之蓏也。《周官》閽人掌王宮中門之禁，止物之不應入者；寺人掌王之内人及宮女之戒令，止物之不得出者，故爲閽寺。艮爲手而所用以止物者又在指也，故爲指。爲鼠，爲黔喙之屬，皆謂前剛也。鳥善以喙止物者，黔喙之屬也。於木爲堅多節，剛在外也。

兑爲澤，爲少女，爲巫，爲口舌，爲毁折，爲附決。其於地也，爲剛鹵。爲妾，爲羊。荀九家有：爲常，爲輔頰。陰停於外，故爲澤。巫，口舌之官，以口語説神者。兑象口，故爲巫，爲口舌。金氣始殺，條枯實落，故爲毁折。柔附於剛，剛乃決柔，故曰附決。潤極，故爲剛鹵，陽在下爲剛，陰在上爲鹵，剛鹵之地不能生物。鹵者，水之死氣也，坎水絶于下而澤見于上，則足以爲鹵而已。少女從姊爲娣，故爲妾。〇右以上爲一章。

古文周易傳義約説卷第十一

序卦傳

吴氏曰：「始乾坤，終既济未济者，周易六十四卦之序也。蓋文王既立卦名之後，而次其先後之序如此，皆以施用於人事者起義，而夫子爲之傳，以發明其卦序之意。或者乃疑其非夫子之作。」張子曰：「序卦不可謂非聖人之藴，其間雖无極至精義，大概皆有意思。今欲安置一物，猶求審處，況聖人之於易，必須布遍精密如是，大匠豈以一斧可知哉？」胡氏曰：「乾坤，天地也；坎離，水火也。以體言也。咸恒，夫婦也；既未濟，水火之交不交也。以用言也。上經以天道爲主，具人道於其中；下經以人道爲主，具天道於其内。三才之間，坎離最爲切用。日月不運，寒暑不成矣。民非水火不生活矣。心火炎燥而不降，腎水涸竭而不升，百病侵凌矣，故上下經皆以坎離爲終焉。」

有天地，然後萬物生焉。天地，乾坤也。此言乾坤所以爲上經之首也。胡氏曰：「乾坤爲上經主，自坎離外諸卦皆乾坤會遇。」盈天地之間者唯萬物，故受之以屯。屯者，盈也。屯者，物之始生也。物生必蒙，故受之以蒙。蒙者，蒙也，物之穉也。物穉不可不養也，故受之以需。需者，飲食之道也。幼小曰穉。飲食必有訟，故受之以訟。朱氏曰：「有血氣者必有争心。」

訟必有衆起，故受之以師。師者，衆也。衆必有所比，故受之以比。比者，比也。比必有所畜，故受之以小畜。物畜然後有禮，故受之以履。物之相畜聚，必有禮以行之。項氏曰：「履不訓禮，人之所履，未有外於禮者，故以履爲禮也。」

履而泰，然後安，故受之以泰。人有禮則安，无禮則危。

泰者，通也。物不可以終通，故受之以否。物不可以終否，故受之以同人。與人同者，物必歸焉，故受之以大有。否而受之以同人，所以通之也。物通則大有矣。

有大者不可以盈，故受之以謙。有大而能謙必豫，故受之以豫。豫必有隨，故受之以隨。以喜隨人者必有事，故受之以蠱。蠱者，事也。蠱者，壞也。物壞則萬事生矣。

有事而後可大，故受之以臨。臨者，大也。可大之業，由事以生。項氏曰：「臨不訓大，大者以上臨下，以大臨小，反稱臨者，皆大者之事，故以大稱之。若豐者大也，則真訓大也。是以六十四卦有二大而不相妨也。」

物大然後可觀，故受之以觀。張氏曰：「天下皆山也，唯泰山可觀。天下皆水也，唯東海可觀。蓋物大然後可觀，況於人乎？」

可觀而後有所合，故受之以噬嗑。嗑者，合也。物不可以苟合而已，故受之以賁。不執贄則不可以成賓主之合，不受幣則不可以成男女之合，賁所以次合也。

賁者，飾也。致飾然後亨則盡矣，故受之以剥。剥者，剥也。物不可以終盡剥，窮上反下，故受之以復。朱氏曰：「此周末所以不勝其弊，文之末流也。物窮則反，不可終盡剥，陽窮於上而終反於下，故次之以復。」

復則不妄矣，故受之以无妄。无妄，誠也。反於天理則誠矣。

有无妄然後可畜，故受之以大畜。所畜者在物，故曰小。所畜者在德，故曰大。

物畜然後可養，故受之以頤。頤者，養也。不頤則不可動，故受之以大過。朱子曰：「動則過矣，故小過。」亦曰：「有其信者必行之，故受之以小過。」

物不可以終過，故受之以坎。坎者，陷也。陷必有所麗，故受之以離。離者，麗也。張子曰：「一陷溺而不得出爲坎，一附麗而得出爲離。」○右爲上篇序卦之意。有以相因爲序，如屯、蒙、需、訟是也。有以相反爲序，如泰、否、同人是也。天地間不出相反相因而已。

有天地然後有萬物，有萬物然後有男女，有男女然後有夫婦，有夫婦然後有父子，有父子然後有君臣，有君臣然後有上下，有上下然後禮義有所錯。咸者，夫婦之道也。不言咸者，亦如上經不言乾坤，蓋乾坤與咸初无所受故也。先言天地萬物男女者，有夫婦之所由也。後言父子君臣上下者，有夫婦之所致也。錯，施設也。項氏曰：「上下既具，則拜趨坐立之節形，而宫室車旗之制設。其行之必有文，故謂之禮。辨之必有理，故謂之義。禮義者，非能制爲人倫也，有人倫而後禮義行其間耳。」

夫婦之道不可以不久也，故受之以恒。胡氏曰：「咸恒爲下經之主，自既未濟外諸卦皆艮兑巽震之會遇。」

恒者，久也。物不可以久居其所，故受之以遯。遯者，退也。物不可以終遯，故受之以大壯。物不可以終壯，故受之以晉。豈壯而已乎？壯則進矣。

晉者，進也。進必有所傷，故受之以明夷。知進而不知已，則傷之者至矣。夷者，傷也。傷於外者必反其家，故受之以家人。閻氏曰：「以利合者，迫窮禍患害，相棄也；以天屬者，迫窮禍患害，相收也。明夷之傷豈得不反於家人乎？」

家道窮必乖，故受之以睽。睽者，乖也。乖必有難，故受之以蹇。蹇者，難也。物不可以終難，故受之以解。解者，緩也。緩必有所失，故受之以損。解者，怠緩縱弛之意，故必有所失。

損而不已必益，故受之以益。益而不已必決，故受之以夬。益久則盈，盈則必決其隄防，故次夬。夬者，決也。決必有所遇，故受之以姤。姤者，遇也。物相遇而後聚，故受之以萃。萃者，聚也。聚而上者謂之升，故受之以升。天下之物散之則小，合而聚之則積小以成其高大，故聚而上者爲升也。

升而不已必困，故受之以困。困乎上者必反下，故受之以井。井道不可不革，故受之以革。井久則穢濁不食。治井之道，革去其舊者而已。

革物者莫若鼎，故受之以鼎。主器者莫若長子，故受之以震。鼎者，宗廟之器，主之者，長子也。震爲長子。

震者，動也。物不可以終動，止之，故受之以艮。艮者，止也。物不可以終止，故受之以漸。漸者，進也。進必有所歸，故受之以歸妹。閻氏曰：「晉者進也，晉必有所傷。漸者進也，進必有所歸。何也？

曰：晉所謂進者，有進而已，此進必有傷也。漸之謂進者，漸進也，烏有不得所歸者乎？」

得其所歸者必大，故受之以豐。夫子特借「歸」之一字以論其事，非以明卦旨也。

豐者，大也。窮大者必失其居，故受之以旅。旅而无所容，故受之以巽。巽者，入也。入而後説之，故受之以兑。項氏曰：「人之情相拒則怒，相入則説，故入而後説之。」

兑者，説也。説而後散之，故受之以涣。涣者，離也。物不可以終離，故受之以節。節而信之，故受之以中孚。有其信者必行之，故受之小過。必行謂果於行也。行之果，則必過矣。

有過物者必濟，故受之以既濟。能高於人而過之，然後可以濟天下。

物不可窮也，故受之以未濟終焉。既濟，定也，定則窮矣，故受之未濟，以示不窮之道。馮氏曰：「既濟之後猶有未濟者，示造化之用，終則有始也。」○右爲下篇。朱子曰：「周子分精與蘊字甚分明。序卦正是易之蘊，事事夾雜都有在裏面。問：如何謂易之精？曰：如易有太極，是生兩儀，兩儀生四象，四象生八卦，這是易之精。」

古文周易傳義約説卷第十二

雜卦傳

《序卦》上經三十卦，下經三十四卦。以反對而觀，則上經十八卦，下經十八卦也。此篇仍其反對之偶，而不仍其先後之序。大過以下亦无復反對，故曰雜。龍氏曰：「按《春秋傳》釋《繫辭》所謂『屯固比入，坤安震殺』之屬，以一字斷卦義，往往古筮書多有之。雜卦，此類是也。」

乾剛坤柔，比樂師憂。乾德主剛，坤德主柔。有親則樂，動衆則憂。

臨、觀之義，或與或求。以我臨物曰與，物來觀我曰求。

屯見而不失其居。蒙雜而著。屯雖物生盈見，而未能有行。蒙雖幼稚雜昧，而終必昭著。

震，起也。艮，止也。損、益，盛衰之始也。損者盛之始，益者衰之始。

大畜，時也。无妄，災也。止健者時有適然。无妄之災非其自取。

萃聚而升不來也。謙輕而豫怠也。謙者視己若甚輕，豫則有滿盈之志而怠矣。

噬嗑，食也。賁，无色也。食、色，人情所不免。頤中有物，故曰食。賁尚質而不尚色，故曰无色。

兑見而巽伏也。兑陰外見，巽陰内伏。

隨，无故也。蠱則飭也。隨時從道，不膠於故。蠱則飭故而已。

剥，爛也。復，反也。剥五陰潰於内。復一陽反於内。

晉，晝也。明夷，誅也。晉言晝以見明夷之夜。明夷言誅以見晉之賞。互發也。誅即湯武殺伐之義。

井通而困相遇也。往來井井，則其道通。剛遇柔揜，所以爲困。項氏曰：「自乾坤至此三十卦，正與上經之數相當，而下經亦以咸恒爲始，以此見卦雖以雜名，而乾坤咸恒上下經之首則未嘗雜也。」

咸，速也。恒，久也。感應之道至速。恒常之道則久。

涣，離也。節，止也。解，緩也。蹇，難也。睽，外也。家人，内也。否、泰，反其類也。否大往小來，泰小往大來，其道皆相反。

大壯則止。遯則退也。皆爲陽謀也。既壯而不止則過，當遯而不退則傷。

大有，衆也。同人，親也。大有則得衆，同人則有親。程子曰：「與物同，故不孤也。」

革，去故也。鼎，取新也。小過，過也。中孚，信也。豐，多故也。親寡，旅也。物盛則多故，旅寓則少親。

離上而坎下也。火炎上，水潤下。

小畜，寡也。履，不處也。寡，一陰小義。不處，行履之義。

需，不進也。訟，不親也。關子明云：「履而不處者，其周公乎？需而不進者，其仲尼乎？」訟取上下相違之義，故曰不親。

大過，顛也。小過，過而未顛。過至於大，則顛矣。姤，遇也，柔遇剛也。漸，女歸待男行也。頤，養正也。既濟，定也。事已濟則定矣。歸妹，女之終也。男女合則能成生育之功，女既歸而不合，无復生育之道矣，故曰女之終也。未濟，男之窮也。人之一身在水火之相濟，水火不交，則生意絶矣，故曰男之窮也。夬，決也，剛決柔也。君子道長，小人道憂也。胡氏曰：「《雜卦》自乾至困，非但當上經三十卦，實雜下經十二卦於其中。自咸至夬，非但當下經三十四卦，亦雜上經十二卦於其中。雜中不雜，必有至理。又嘗觀《雜卦》以乾爲首，不終之以他卦而必終之以夬者，蓋夬以五陽決一陰，決去一陰則復爲純乾矣，故曰君子道長，小人道憂也。」張子曰「易爲君子謀」，信矣夫。

易雜説四首〔一〕

予《易説》成之已久，未敢出以示人。因承蔡半洲先生問及山中舊得，録以請教先生，不見誹斥，乃付之鋟梓。且遺予書曰：「蒙以《易説》示教，謹奉披閲，簡明醇切，誠得作易要旨，而圖象尤極精到，真可開來學而繼往哲。惟朱子昔以六十四卦爲伏羲所畫，爻辭爲周公所繫，不知果何所據？此易之大節也，而朱子乃爾何哉？乞再明教。」予深服其討論之益，謹録平日所著《易雜説》四首復于先生，并列于後，獻夫謹識。

《周易》卦名、卦爻辭皆文王作，并無伏羲名卦、周公繫爻之理，觀《大傳》自見。若謂伏羲名六十四卦，則《大傳》不應曰「聖人設卦觀象」。《繫辭》曰：「其稱名也，雜而不越。於稽其類，其衰世之意耶？」又曰：「作易者其有憂患乎？是故履，德之基也。」云云。且謂伏羲名卦、文王繫辭，則「履虎尾」、「同人于野」等辭何以解乎？若謂爻辭周公所繫，則《大傳》不應獨贊文王而無一言及周公，且有卦辭而無爻辭，文王之時何以占也？若然，則易是文王未成之書，而

〔一〕底本原無標題，今據此一部分之前方氏之按語補此標題。

周公之功大於文王矣，安得《大傳》獨贊文王而不贊周公乎？漢以前并無周公繫爻之說。《史記》只曰「易更三聖」，顏師古解曰「伏羲、文王、孔子」也。惟馬融等始謂繫爻，蓋因爻辭中「箕子之明夷」、「王用亨于岐山」之說疑之也。不知箕子之事正當文王之時，「王用亨于岐山」猶「王假有廟」之類，安得謂非文王之辭也。

伏羲時未有六十四卦，只有八卦，故謂之八索，不謂之易。夏商時當有六十四卦，然亦非乾坤屯蒙之名。夏曰連山，商曰歸藏，亦不謂之易。文王始作乾坤屯蒙六十四卦名而繫之辭，始謂之易，故曰周易。三易之名乃後人所稱耳。

伏羲作六十四卦，先儒本無定說。王弼等以爲伏羲重卦，鄭玄等以爲神農重卦，孫盛等以爲夏禹重卦，史遷等以爲文王重卦。皇甫謐云：「文王在羑里演六十四卦，著七八九六之爻，謂之周易。」是也。文公不應止據王弼之說而質言之耳。

隨上六「王用亨于西山」，升六四「王用亨于岐山」，漢儒解前「王」爲大王，後「王」爲文王，亨皆爲「亨通」之亨，故疑爻辭爲文王後事，當是周公所作，不知此二爻與大有九三「公用亨于天子」，益六二「王用亨于帝吉」句法皆同。王皆泛言王者，亨皆爲「祭亨」之亨。雲峰胡氏曰：「隨上體兑，兑正西。羑里視岐山爲西方，故曰西山。升上體坤，坤位西南，故只曰岐山。」是也。漢儒解書多鹵莽，如解《春秋》「王正月」，亦曰「王，文王也」，可乎？又明夷六五

「箕子之明夷」，謂武王觀兵之後，箕子始被囚奴，文王不宜豫言箕子之明夷，不知箕子晦其明之事，正與文王同時。文王之稱箕子，猶孔子之稱左丘明也。箕子之明夷，豈待囚奴而後見乎？若謂周公繫爻辭，則小過六五「密雲不雨，自我西郊」之辭何以解乎自我？説周公自我也，得乎？

書古文周易傳義約説後

聖人之學，盡心焉耳矣。天地之全，莫或局之，故能盡其大。日月之全，莫或掩之，故能盡其明。聖人之全，莫或蔽之，故能盡其心。所惡於智者，爲其鑿也。能不鑿，斯不蔽已，不蔽則虛，虛則明，明則高，高則廣，廣則大，廣大高明在乎盡心焉耳矣。是故高明配日月，廣大配天地，盡心之至配至德，其惟易道之純粹精乎！我西樵先生盡心於三聖之藴，會古文要旨，以虛受人，博采程朱傳義諸説之醇乎易者，而折衷以邵子，一洗鹵莽支離之蔽，大彰潔净精微之全，成《約説》一書，凡十有二卷，久藏巾笥。嘉靖庚子夏，大督府半洲蔡公盡心體國，揆文奮武，會兵吾廣，質先生于素得，乃出是書。公嘉其簡明醇切，誠得作易要旨，而圖象尤極精到。既而以六十四卦與爻辭訂疑，復出四説，如指諸掌。公欣然攜之交南，不三月而交夷大歸，全曠古奇功於談笑間，天下大悦，所謂復其見天地之心乎！是冬，公既戢戈櫜弓。辛丑春，遂晉胡郡守曰：「《詩》云『我求懿德，肆于時夏』，此其時也。今兹《易説》宜壽諸梓，用開來學。」爰命直方校刊而襄之。嗣是易學之廣大高明，克配天地日月，皜皜乎不可尚已，謂非盡心之至配至德乎！《詩》云「豈弟君子，遐不作人」，今日之謂也；又云「肆成人有德，小子有造」，敬歌以俟。是歲中秋，門人關直方大正頓首書。

【附】四庫全書總目·周易傳義約説十二卷 兩江總督採進本

明方獻夫撰。獻夫初名獻科，字叔賢，南海人，弘治乙丑進士。案朱彝尊《經義考》引《姓譜》，以獻夫爲正德辛巳進士，誤也。官至武英殿大學士。謚文襄。事蹟具《明史》本傳。是書用朱子所定古經本，以上下經、十翼各自分篇，兼取《程傳》、《本義》而參以邵子之學，頗以象數爲主，其説務在簡明，然大抵依違舊説，不能别有發明。末附《易雜説》四則，深辨爻辭非周公作，蓋本元胡炳文之論，亦未能確有所據也。

附録

方獻夫年譜簡編

成化二十一年乙巳（1485），一歲

二月，父允成公卒。（案：《先考允成公行狀》云：「先府君諱遂，南海人也，系出莆田……成化辛卯領鄉薦，戊戌試禮部中乙榜，授廣西全州學正……八載卒于官，爲成化乙巳二月，距生正統戊辰六月享年三十八。」《西樵遺稿》，《四庫全書存目叢書》集部第59册，第134頁。〔一〕）

其父卒後二十八日，獻夫始生。〔二〕（《先考允成公行狀》云：「季即獻夫，府君卒之二十八日始生。」《西樵遺稿》，第135頁。《亭秋翁行狀》云：「季孫即獻夫，遺腹生。」《西樵遺稿》，第134頁。）

十二月，其母黃氏葬夫于駟馬岡亥壬向之原。（《先考允成公行狀》云：「夫人黃氏……以其年十二月葬府君于駟馬岡亥壬向之原。」《西樵遺稿》，第135頁。）

〔一〕以下凡引該書，只標注書名、頁碼。

〔二〕案：方獻夫初名獻科，字叔賢，別號西樵，廣東南海人。

弘治三年庚戌（1490），六歲

五月，其祖父亭秋公卒。（《亭秋翁行狀》云：「先祖考亭秋公諱權，字用中，以字行，別號亭秋。公壽八十，卒於弘治庚戌五月。季孫即獻夫，遺腹生，公撫愛之尤至，六歲而公卒。」《西樵遺稿》，第133—134頁。）

七月，其祖母杜氏卒。（《亭秋翁行狀》云：「公配杜氏，賢且克家，不以細務橈公之勤，居六十年未嘗一日輟敬愛。公壽八十卒于弘治庚戌五月，杜氏卒于是歲之七月，予兄弟幼，弗克葬。」《西樵遺稿》，第133—134頁。）

弘治十七年甲子（1504），二十歲

領鄉薦。（《先考允成公行狀》云：「獻夫，弘治甲子領鄉薦。」《西樵遺稿》，第135頁。）

弘治十八年乙丑（1505），二十一歲

春，就試禮闈，成進士。[一]（《先考允成公行狀》云：「獻夫，弘治甲子領鄉薦，乙丑成進士。」《西樵遺稿》，第135頁。）

[一] 弘治十八年榜録取爲第三甲，第一百五十六名。參朱保炯、謝沛霖編：《明清進士題名碑録索引》，上海古籍出版社，1980年，下册，第2493—2494頁。《萬姓統譜》、《經義考》謂獻夫正德辛巳進士，誤。

三月二十六日，入選翰林院庶吉士。〔二〕請命歸娶，迎養其母黄氏。（《亭秋翁行狀》云：「弘治乙丑，獻夫舉進士，請命歸娶，迎養黄夫人。」《西樵遺稿》，第134頁。）

正德元年丙寅（1506），二十二歲

母太夫人黄氏卒。（《先考允成公行狀》云：「後二十年丙寅夫人卒，享年五十四。」《西樵遺稿》，第135頁。）

正德二年丁卯（1507），二十三歲

十月，葬其祖父亭秋公于番禺永泰鄉員岡亥壬向之原。（《亭秋翁行狀》云：「正德丁卯十月，葬公于番禺永泰鄉員岡亥壬向之原。」《西樵遺稿》，第134頁。）

十二月，祔母于父之兆。（《先考允成公行狀》云：「丁卯十二月祔于府君之兆。」《西樵遺稿》，第135頁。）

正德四年己巳（1509），二十五歲

二月初八日，長女方孺人始生。（《方氏孺人墓誌》云：「孺人……予前室贈一品夫人鄒氏所出。夫人四女，孺

〔二〕案：弘治十八年乙丑科入選翰林院庶吉士者有嚴嵩、湛若水、翟鑾、方獻科等二十九人。參《明孝宗實録》第222卷，臺灣中研院歷史語言研究所校勘本，1962年，第4207頁。

人長而少聰悟……卒于丙申七月初九日，距其生己巳二月初八日僅得年二十有八。」《西樵遺稿》，第131—132頁。）

是年，終喪起復，授禮部祠祭司主事。〔一〕

正德五年庚午（1510），二十六歲

改吏部文選司。〔二〕

正德六年辛未（1511），二十七歲

是年，升驗封司員外郎，轉文選。〔三〕受學於王陽明。〔四〕冬，告病歸西樵。〔五〕陽明有《別方叔賢

〔一〕呂本：《方公獻夫神道碑銘》，焦竑《國朝獻徵録》第16卷，《續修四庫全書》第0525册，上海古籍出版社，2002年，第556—557頁。以下凡引該篇，只標注篇名。

〔二〕雷禮：《國朝列卿紀》第13卷，《續修四庫全書》第0522册，上海古籍出版社，2002年，第233頁。以下凡引該書，只標注書名、卷數、頁碼。

〔三〕《國朝列卿紀》第13卷，第233頁。

〔四〕《陽明先生年譜》：「獻夫時爲吏部郎中，位在先生上，比聞論學，深自感悔，遂執贄事以師禮。」《王陽明全集》下册，上海古籍出版社，2011年，第1360頁。以下凡引該書，只標注書名、頁碼。

〔五〕《陽明先生年譜》，《王陽明全集》下册，第1360頁。《西樵書院記》：「公以文選員外告歸。」（方豪《棠陵文集》第3卷，《四庫全書存目叢書》集部第64册，齊魯書社，1997年，第374頁。）

序》〔一〕、《别方叔賢四首》〔二〕。

正德十二年丁丑（1517），三十三歲

八月下旬，湛若水入西樵。〔三〕

冬，得陽明在贛兩書。（《西樵遺稿》，第141頁。）

正德十三年戊寅（1518），三十四歲

《寄王陽明》并録與甘泉往復兩書。（《西樵遺稿》，第141—142頁。）

〔一〕《王陽明全集》上册，第258頁。

〔二〕《王陽明全集》中册，第797頁。

〔三〕參黎業明撰：《湛若水年譜》，上海古籍出版社，2009年，第82頁。

下半年，陽明有《答方叔賢》書。〔二〕

正德十四年己卯（1519），三十五歲

去年底或是年初，方獻夫在收到陽明書信及獲觀《朱子晚年定論》、《傳習録》後，有《寄王陽明》。（《西樵遺稿》，第142—143頁。）

正德十五年庚辰（1520），三十六歲

春，在髪履塚下，與霍韜、湛若水同時家居爲會。〔三〕

初冬，修書與陽明。（「去歲初冬，曾修書。」《西樵遺稿》，第143頁。）

〔二〕《王陽明全集》上册，第196—197頁。案：王陽明此信，題下標爲「己卯」年作，非是。信中有：「近得手教及與甘泉往復兩書……楊仕德去，草草復此，諸所欲言，仕德能悉。」時陽明有《答甘泉》書，陳來先生、黎業明師以爲陽明此書當作於戊寅秋冬。陳來：《有無之境：王陽明哲學的精神》，第357頁。黎業明：《湛若水年譜》，上海古籍出版社，2009年，第63—64頁。王陽明答甘泉信中有：「旬日前，楊仕德人來，領手教及答子莘書……叔賢所進超卓，海内諸友實罕其儔。……其諸所欲請，仕德能有述。」綜合這些説法，可知王陽明作《答甘泉》、《答方叔賢》二信應在「楊仕德去」之前，并由楊仕德帶書信回西樵。參陳來先生、黎業明師之説，系陽明《答方叔賢》書於正德十三年戊寅下半年。

〔三〕《陽明先生年譜》，《王陽明全集》下册，第1413頁。

正德十六年辛巳（1521），三十七歲

五月，寄所著《大學》、《洪範》與陽明，間有論及格物問題。〔一〕（「去歲初冬，曾修書奉，不審曾達左右否？……凡所欲言者已具前書，恐彼時道路相左，今更録去。又《大學原》一册并呈請教。」《西樵遺稿》，第143頁。）陽明有《答甘泉》書〔二〕；有《答方叔賢》書〔三〕。

年底，湛若水離開西樵。〔四〕

嘉靖元年壬午（1522），三十八歲

二月十二日，陽明父海日翁卒。暮春，獻夫與湛若水、王改齋過江弔喪。〔五〕

夏，還朝。〔六〕

〔一〕《陽明先生年譜》，《王陽明全集》下册，第1413頁。

〔二〕《王陽明全集》上册，第202—203頁。信中提及方獻夫《大學》、《洪範》之説。

〔三〕《王陽明全集》上册，第205—206頁。信中有「承示《大學原》……近與甘泉書，亦道此」。可見此信當作於《答甘泉》書後不久。

〔四〕參黎業明撰：《湛若水年譜》，上海古籍出版社，2009年，第82頁。

〔五〕參黎業明撰：《湛若水年譜》，上海古籍出版社，2009年，第85頁。

〔六〕《方獻夫傳》，《明史》第196卷。

嘉靖二年癸未（1523），三十九歲

時大禮未定，獻夫《大禮疏》曰：「陛下之繼二宗，當繼統而不繼嗣。興獻之於群廟，當稱帝而不稱宗。請改興獻爲皇考，則合於人情，當於名實矣。」不果上。〔一〕

是年春，復除吏部考功司員外郎，調文選。〔二〕又，陽明有《答方叔賢》書。〔三〕

嘉靖三年甲申（1524），四十歲

正月二十一日，南京刑部主事桂萼上言大禮，并録南京兵部右侍郎席書、吏部員外郎方獻夫二疏上。〔四〕

六月十三日，進翰林院侍講學士。〔五〕

〔一〕《國朝列卿紀》第13卷，第233頁。

〔二〕吕本：《方公獻夫神道碑銘》。

〔三〕《王陽明全集》上册，第206頁。

〔四〕《明世宗實録》第35卷，臺灣中研院歷史語言研究所校勘本，1962年，第884—886頁。以下凡引該書，只標注書名、卷數、頁碼。

〔五〕《明世宗實録》「（嘉靖三年六月）丙午，上命方獻夫爲侍讀學士。」（《明世宗實録》第40卷，第1012頁。）談遷《國榷》亦作「侍讀學士」，誤。《明世宗實録》第46卷（第1178頁）、第287卷（第5541—5542頁），吕本《方公獻夫神道碑銘》，王世貞《方公獻夫傳》，均謂方獻夫爲「侍講學士」，據改。

八月十八日，以方獻夫《大禮論》，席書《大禮考議》，璁、萼前後三疏并南寧伯毛寬等疏下部集議。〔一〕

九月二十五日，大禮始定，獻夫上疏求退，帝優答不允。〔二〕

十二月初七日，上所纂《大禮書》二卷。帝命梓之。〔三〕

嘉靖四年乙酉（1525），四十一歲

閏十二月初十日，以《大禮集議》成，進詹事府少詹事，兼翰林院學士。〔四〕

是年，妻鄒氏卒。時長女方孺人年十七。（《方氏孺人墓誌》云：「孺人……年十七而夫人卒。」《西樵遺稿》，第131—132頁。）

〔一〕《明世宗實録》第42卷，第1099—1101頁。《國榷》：「時書適至京，與璁、萼、獻夫等集議闕左門。書等上言：『伯父子姪，分不可易。世無二道，人無二本。孝宗皇帝本伯也，宜曰皇伯考。昭聖皇太后本伯母也，宜曰伯母。獻皇帝本父也，已去本生，宜曰皇考。章聖太后本母也，已去本生，宜曰聖母。武宗仍曰皇兄，莊肅皇后曰皇嫂。名義如此，大倫大統，兩有歸矣。奉神主而別爲禰室，於至親不廢；隆尊號而不入太廟，於正統無嫌。』帝善之。」（談遷：《國榷》，中華書局，1958年，第4册，第53卷，第3307—3308頁。）

〔二〕《明世宗實録》第43卷，第1129—1130頁。

〔三〕《明世宗實録》第46卷，第1178—1179頁。

〔四〕《明世宗實録》第59卷，第1398頁。呂本《方公獻夫神道碑銘》。

嘉靖五年丙戌（1526），四十二歲

十二月十一日，與張璁、桂萼及霍韜等再修《議禮全書》。〔二〕

嘉靖六年丁亥（1527），四十三歲

正月二十二日，敕纂修《大禮全書》，與霍韜等爲纂修官。〔三〕

七月十四日，與霍韜俱充經筵日講官，講《大學衍義》。〔三〕

八月初五日，攝大理寺，訊李福達事。〔四〕十五日，定《大禮全書》曰「明倫大典」。〔五〕

九月初六日，進禮部右侍郎，仍兼翰林院學士，照舊經筵日講，纂修《明倫大典》。〔六〕二十四日，疏薦布政使汪鋐等四十五人，帝屬吏部令更加查訪斟酌舉用。〔七〕二十八日，轉吏部左侍郎，

〔一〕《明世宗實録》第71卷，第1597—1599頁。

〔二〕《明世宗實録》第72卷，第1636—1638頁。

〔三〕《明世宗實録》第78卷，第1738—1739頁。

〔四〕《明世宗實録》第79卷，第1752—1753頁。

〔五〕《明世宗實録》第79卷，第1756頁。

〔六〕《明世宗實録》第80卷，第1769頁。

〔七〕《明世宗實録》第80卷，第1786頁。

兼官如故。〔二〕二十九日，因思恩、田州比歲亂，獻夫請專任王守仁，而罷鎮守中官鄭潤、總兵官朱騏，帝乃召潤、騏還。另乞特設一都御使與總兵官共駐田州，悉聽王守仁節制，帝命公議。〔三〕

十一月十四日，進禮部尚書，仍兼翰林院學士，充史館副總裁官。〔三〕

十二月初九日，請禁度尼姑，變賣庵寺。帝從之。仍請核僧道，戒私創寺觀庵院。會江西提學副使徐一鳴先毀寺觀，逐僧道，被逮，獻夫等申救，尋釋。〔四〕

嘉靖七年戊子（1528），四十四歲

六月初一日，《明倫大典》成，加太子太保。〔五〕

九月十四日，帝命禮部尚書方獻夫大書各處災異進覽。〔六〕

十月初九日，皇后陳氏崩。禮部上《喪祭儀注》，帝疑過隆，令更議。遂酌舊儀以請，帝手自

〔二〕《明世宗實録》第80卷，第1788—1789頁。
〔三〕《明世宗實録》第80卷，第1789頁。
〔四〕《明世宗實録》第82卷，第1838頁。
〔五〕《明世宗實録》第83卷，第1866—1867頁。
〔五〕《明世宗實録》第89卷，第2005頁。
〔六〕《明世宗實録》第92卷，第2119頁。

裁定。禮部尚書方獻夫言持服如初。〔一〕二十七日，尚書方獻夫與大學士張璁等擇陵天壽山，帝定於燠兒峪，乃遣獻夫祭告天壽山。〔二〕

十一月二十九日，陽明卒。〔三〕是月，有《議禮儀疏》。（《西樵遺稿》，第35—38頁。）

嘉靖八年己丑（1529），四十五歲

正月二十六日，《應詔陳言疏》。（《西樵遺稿》，第38—40頁。）

二月初八日，嘉靖皇帝對方獻夫與湛若水之交情有所論評。〔四〕十二日，禮部尚書方獻夫等

〔一〕《明世宗實録》第93卷，第2137—2143頁。

〔二〕《明世宗實録》第93卷，第2161—2162頁。

〔三〕《陽明先生年譜》，《王陽明全集》下册，第1463頁。

〔四〕《國榷》：「六年二月甲戌，上觀宋朱熹《尤溪縣明倫堂銘》，作《自得有述》一篇。末云：楊一清爲喬宇之師，則師不從。桂華爲桂萼之兄，則弟不親。湛若水爲方獻夫之友，則友日疏。吁，勢利奪人，可垂世戒。」（談遷：《國榷》，中華書局，1958年，第4册，第53卷，第3348頁。）《明世宗實録》第73卷、《世宗實訓》第5卷亦將此事系於嘉靖六年二月。王世貞謂：「史於嘉靖六年正月内記：上閲宋儒著《南劍州尤溪縣學明堂記》，有述一篇，云：……桂華爲少保桂萼之兄，則弟不親矣。湛若水爲尚書方獻夫之友，則友而疏矣。……按，然六年正月内，桂萼尚爲詹事，不當稱少保；方獻夫尚爲少詹事，不當稱尚書。又其時《大典》尚未完，當是七年終八年初萼、獻夫加官後御劄，不應置於此月也。」（《弇山堂别集》第2册，第488—489頁。）案：六年二月無甲戌日，八年二月初八日爲甲戌日，時桂萼稱少保，方獻夫任禮部尚書，參王世貞之説，今姑將此事系於嘉靖八年二月初八日下。

奏對祭告南郊、社稷山川之儀。〔一〕二十八日，改吏部尚書。〔二〕

年初，還有《省災自劾疏》。（《西樵遺稿》，第40頁。）

三月初三日，《辭免改吏部尚書疏》。（《西樵遺稿》，第40—41頁。）

四月初三日，奉敕纂修《大明會典》，任總裁官。〔三〕初四日，吏部尚書方獻夫奏增侍讀、侍講、修撰各三員，編修、檢討各六員。帝命著爲令。〔四〕

八月二十三日，《自陳請罷疏》。（《西樵遺稿》，第41—42頁。）二十六日，太子太保吏部尚書方獻夫論黨事：如無顯過，宜令仍任。帝是之，命公議。〔五〕是月，還有《明公論别善類以全國體兼乞回避疏》。（《西樵遺稿》，第42—43頁。）營葺祖父亭秋公墓。（《亭秋翁行狀》云：「將卜以己丑八月營葺公墓。」《西樵遺稿》，第134頁。）

九月初七日，《謝賜手敕并賜銀記疏》。（《西樵遺稿》，第43頁。）十二日，《恭答聖諭議處疏》，

〔一〕《明世宗實録》第98卷，第2303—2308頁。
〔二〕談遷：《國榷》，中華書局，1958年，第4册，第54卷，第3396頁。
〔三〕《明世宗實録》第100卷，第2361—2365頁。
〔四〕《明世宗實録》第100卷，第2365—2366頁。
〔五〕《明世宗實録》第104卷，第2468—2469頁。

《事關國體疏》，《又恭答密諭疏》。（《西樵遺稿》，第61—62頁。）十七日，《又疏》。（《西樵遺稿》，第62頁。）二十二日，帝謂倫以訓之論後世心學不明，所説欠當，命獻夫開陳。（《西樵遺稿》，第62—64頁。）二十四日，《恭答聖諭講心學疏》。（《西樵遺稿》，第62—64頁。）

十月初四日，《恭答聖諭立本工夫疏》。（《西樵遺稿》，第64頁。）初七日，《恭答聖諭省身疏》。（《西樵遺稿》，第64—65頁。）十六日，《推陞巡撫疏》。（《西樵遺稿》，第65—66頁。）十八日，《補除缺員疏》。（《西樵遺稿》，第66頁。）二十五日，《省災直言疏》。（《西樵遺稿》，第66—68頁。）

十一月十一日，以都給事中劉世揚等疏中連及，上疏乞休，帝優詔不允。〔二〕二十五日，帝躬謝郊壇，吏部尚書方獻夫等各上靈雪詩賦。〔三〕（《靈雪賦》，《西樵遺稿》，第107頁。）

十二月初五日，《推舉都給事中疏》。（《西樵遺稿》，第68—69頁。）十二日，《推舉都御史疏》。（《西樵遺稿》，第69頁。）

嘉靖九年庚寅（1530），四十六歲

正月初十日，《應詔議禮疏》。（《西樵遺稿》，第43—47頁。）二十五日，《恭答聖諭耕蠶又推舉機

〔二〕《明世宗實録》第107卷，第2534頁。

〔三〕《明世宗實録》第107卷，第2537頁。

部疏》。（《西樵遺稿》，第70頁。）三十日，《恭答聖諭議郊禮疏》。（《西樵遺稿》，第70—71頁。）

二月初三日，《祖制宜守疏》。（《西樵遺稿》，第71頁。）初八日，《郊祀議疏》。（《西樵遺稿》，第71—72頁。）

三月初三日，以病乞假，帝慰諭之。〔一〕十一日，禮部集議，尚書方獻夫等二百六人主合祭，不以分祀爲非。〔二〕

四月，北畿、河南、山西、湖廣、陝西大飢。二十三日，吏部尚書方獻夫等會陳重守令、廣儲蓄、索鬼神、卹陣亡、慎刑獄及蠲免救濟諸條，帝採納之。〔三〕二十四日，大學士張璁等，尚書方獻夫等，視圜丘。〔四〕

五月十八日，《推舉僉都御史疏》。（《西樵遺稿》，第72頁。）二十二日，《欽遵推舉疏》。（《西樵遺稿》，第72頁。）

六月初三日，《任大責重病實不能支持再疏陳情懇乞天恩放歸田里疏》。（《西樵遺稿》，第47—

〔一〕《明世宗實録》第111卷，第2615頁。
〔二〕《明世宗實録》第111卷，第2626頁。
〔三〕《明世宗實録》第112卷，第2663—2668頁。
〔四〕《明世宗實録》第112卷，第2672頁。

48頁。）十八日，《推補政通司員缺疏》。（《西樵遺稿》，第72—73頁。）二十日，《推補右通政員缺疏》。（《西樵遺稿》，第73頁。）

七月初七日，《推補國子監祭酒疏》。（《西樵遺稿》，第73頁。）初九日，《推補國學及太常員缺疏》。（《西樵遺稿》，第73—74頁。）初十日，《欽選巡按及奏謝賜字疏》。（《西樵遺稿》，第74頁。）十九日，遭左給事中孫應奎劾。[一]二十日，遭吏科都給事中夏言劾[二]，《自陳請免罷黜疏》。（《西樵遺稿》，第48—49頁。）二十五日，《請寬假疏》。（《西樵遺稿》，第74頁。）

九月初十日，《十分病弱不能供職陳情固請懇乞天恩放歸調理疏》。（《西樵遺稿》，第49—50頁。）二十六日，《十分病弱委實不能供職再疏陳情懇乞天恩放歸以全萬里殘骸疏》。（《西樵遺稿》，第50頁。）二十九日，太子太保、吏部尚書兼翰林院學士方獻夫以疾去。[三]

[一]《明世宗實録》第115卷，第2729—2730頁。

[二]《明世宗實録》第115卷，第2730—2736頁。《國榷》：「吏科都給事中夏言奏，浙江右參政黄卿忤張璁調陝西，以温州兵備副使黨以平代，温州知府丁瓚即擢副使，俱初任改補。私鄉人黄芳，授南京太常寺卿，又私太常卿彭澤，皆璁意。而吏部尚書方獻夫引用憸邪，效力私家，無大臣禮。上令黄卿等俱如故。璁、獻夫各疏辨。不問。」（談遷：《國榷》，中華書局，1958年，第4册，第54卷，第3425—3426頁。）

[三]《明世宗實録》第117卷，第2780頁。

嘉靖十年辛卯（1531），四十七歲

六月初十日，帝遣行人蔡㻑召獻夫還部復任。（《西樵遺稿》，第50頁。）

閏六月二十七日，桂萼卒。〔二〕後作《桂文襄公墓誌銘》。（《西樵遺稿》，第126—129頁。）

七月十一日，《謝恩陳情疏》。〔三〕（《西樵遺稿》，第50—51頁。）

九月，帝復遣官催取，來京別用。獻夫始扶病就道。（《西樵遺稿》，第53頁。）

十一月十八日，《中途病篤懇乞天恩照舊回籍調理以全螻蟻微命疏》。（《西樵遺稿》，第51—52頁。）

嘉靖十一年壬辰（1532），四十八歲

三月十八日，行至江西吉安府地。（《恭問起居疏》云：「臣力疾趨命，本年三月十八日行至江西吉安府地。」《西樵遺稿》，第52頁。）

四月二十二日，行至江西省城，《恭問起居疏》。（《西樵遺稿》，第52頁。）

〔二〕《明世宗實録》載桂萼卒於八月二十三日，可能爲訃聞至京之日。（《明世宗實録》第128卷，第3054頁。）

〔三〕《明世宗實録》第128卷，第3054頁。

五月十五日，行至張家灣。（《乞恩暫容調理疏》云：「兼程前來，五月十五日行至張家灣。」《西樵遺稿》，第53頁。）十九日，《乞恩暫容調理疏》。（《西樵遺稿》，第52—53頁。）二十九日，至京，進武英殿大學士，直閣。〔一〕

六月初一日，《辭免重任疏》。（《西樵遺稿》，第53頁。）初二日，赴午門外謝恩。初五日，赴閣辦事。初六日，《謝恩疏》。（《西樵遺稿》，第53—54頁。）

七月十五日，遭廣東按察司僉事龔大稔劾。〔二〕二十三日，掌吏部事。〔三〕

八月十五日，《自陳請罷以弭天變疏》。（《西樵遺稿》，第54頁。）二十七日，《陳情乞恩辭免銓衡重託疏》。（《西樵遺稿》，第54—55頁。）

九月初三日，《欽遵陞補各職疏》。（《西樵遺稿》，第74—75頁。）初五日，《薦賢疏》。（《西樵遺稿》，第55頁。）初八日，薦吏部文選郎中王道、河南道監察御史張珩堪補宮僚。〔四〕十二日，《欽奉陞補得

〔一〕《明世宗實録》第138卷，第3250頁。

〔二〕《明世宗實録》第140卷，第3272—3274頁。《國榷》：「七月辛酉，廣東按察僉事龔大稔劾吏部尚書方獻夫及守制詹事霍韜俱貪橫不法數事。逮大稔，削籍。」（談遷：《國榷》中華書局，1958年，第4册，第55卷，第3466頁。）

〔三〕《明世宗實録》第140卷，第3277頁。《國榷》：「是月，吏部尚書王瓊卒，詔獻夫兼領部事。」（談遷：《國榷》，中華書局，1958年，第4册，第55卷，第3467頁。）

〔四〕《明世宗實録》第142卷，第3303頁。

旨疏》。（《西樵遺稿》，第75頁。）

十月二十二日，南京御史馮恩以彗再見悉疏在廷大臣行事。帝怒，逮入京。〔二〕獻夫自陳乞賜罷黜。二十四日，帝命安心供職，《謝恩疏》。（《西樵遺稿》，第75頁。）

十一月初三日，《請復召張内輔疏》。（《西樵遺稿》，第75—77頁。）是月，帝遣行人召大學士張孚敬還朝。〔三〕作《瑞應白兔頌》。（《西樵遺稿》，第107—108頁。）

十二月，三年考滿復職，加光禄大夫、柱國。〔三〕三十日，《謝恩疏》。（《西樵遺稿》，第55頁。）

嘉靖十二年癸巳（1533），四十九歲

正月初六日，秩滿，蔭其姪芷爲國子生。〔四〕初八日，《恭答聖諭行取疏》。（《西樵遺稿》，第77—

〔二〕《明世宗實録》第143卷，第3337—3343頁。《國榷》：「十月丙申，南京監察御史馮恩疏時政得失，差等大臣。李時任重少力，太平宰相。翟鑾附勢倚權，伴食中書。方獻夫外愿内奸，播弄威福，所當亟黜。……禮部左侍郎湛若水，無用道學。……但張孚敬之奸久露，汪鋐、方獻夫之奸不測。去孚敬不去此二人，天下事未可知也。上怒其浮肆，逮入京。」（談遷：《國榷》，中華書局，1958年，第4册，第55卷，第3472—3473頁。）

〔三〕谷應泰：《明史紀事本末》，中華書局，1977年，第2册，第52卷，第784頁。

〔三〕呂本：《方公獻夫神道碑銘》。

〔四〕《明世宗實録》第146卷，第3380頁。

78頁。）

三月二十一日，《自陳請免疏》。（《西樵遺稿》，第78頁。）

四月初五日，《請復科道互相糾察疏》。（《西樵遺稿》，第78頁。）初六日，《欽奉御撰疏》。（《西樵遺稿》，第78—79頁。）十三日，《恭答聖諭糾舉疏》。（《西樵遺稿》，第79頁。）同日，帝幸南城，召孚敬、時、獻夫、鑾共觀馬，各賜茶、蟒衣飛魚服，帝制古樂府、七言律各二章，命各和。獻夫作詩七首以和。（《西樵遺稿》，第80—81頁。）十六日，帝幸西苑，復召孚敬、時、獻夫、鑾共遊。各賜酒食、詩、扇、花。帝制古樂府、七言絶、五言絶各一首，命各和。獻夫作詩三首以和。（《西樵遺稿》，第82—84頁。）

六月初九日，湛若水作《亭秋方先生詩集序》。〔一〕

八月二十七日，《推補禮部右侍郎員缺疏》。（《西樵遺稿》，第79頁。）是月，還有《恭答聖諭議罪疏》；（《西樵遺稿》，第56頁。）《再奏議罪疏》。（《西樵遺稿》，第79—80頁。）

嘉靖十三年甲午（1534），五十歲

正月十九日，加秩少保〔二〕，《辭免加秩疏》。（《西樵遺稿》，第56—57頁。）

〔一〕　黎業明：《湛若水年譜》，上海古籍出版社，2009年，第194頁。

〔二〕　《明世宗實録》第158卷，第3551—3552頁。

閏二月二十七日，《自陳衰疾願乞骸骨疏》。（《西樵遺稿》，第57頁。）

三月初六日，《再瀝血誠自陳衰疾願乞骸骨疏》。（《西樵遺稿》，第57—58頁。）

四月初十日，《三瀝血誠自陳衰疾願乞骸骨疏》。（《西樵遺稿》，第58頁。）十三日，致仕。〔二〕十七日，《謝恩疏》、《乞留恩賜圖書疏》。（《西樵遺稿》，第58—59頁。）

嘉靖十五年丙申（1536），五十二歲

七月初九日，長女方孺人卒，年僅二十八歲。（《方氏孺人墓誌》云：「孺人……卒于丙申七月初九日，距其生己巳二月初八日僅得年二十有八。」《西樵遺稿》，第131—132頁。）

十二月初五日，獲邸報，聞嘉靖皇帝長子誕生。十八日，《慶賀疏》。（《西樵遺稿》，第59頁。）

嘉靖十六年丁酉（1537），五十三歲

三月十六日，獲邸報，聞嘉靖皇帝第三子生。二十七日，《慶賀疏》。（《西樵遺稿》，第59—60頁。）

五月十二日，獲邸報，聞嘉靖皇帝第四子生。二十二日，《慶賀疏》。（《西樵遺稿》，第60頁。）

〔二〕《明世宗實録》第162卷，第3601頁。

十二月二十五日，卜葬長女方孺人於駟馬岡辛向之原。（《西樵遺稿》，第132頁。）

嘉靖十八年己亥（1539），五十五歲

正月初五日，婿周日振卒，年僅三十四歲。（《方氏孺人墓誌》云：「予既爲此誌，未果葬，而次年己亥正月初五日其夫日振亦卒……夫距其生丙寅某月某日亦止得年三十有四。」《西樵遺稿》，第132頁。）

三月二十日，獲邸報，聞皇太后崩逝，《奉慰疏》。（《西樵遺稿》，第60頁。）

四月初三日，獲邸報，聞嘉靖皇帝册立皇太子，正位東宫，并册封裕王、景王，《慶賀疏》。（《西樵遺稿》，第61頁。）

十二月十九日，合葬長女方孺人及婿周日振。（《方氏孺人墓誌》云：「以其年十二月十九日壬午合葬焉。」《西樵遺稿》，第132頁。）

嘉靖十九年庚子（1540），五十六歲

四月，刊刻《古文周易傳義約説》十二卷。（《古文周易傳義約説》，《四庫全書存目叢書補編》第89册，第2頁。）

十月初七日，霍韜卒。後作《祭霍渭厓文》。（《西樵遺稿》，第137頁。）

嘉靖二十一年壬寅（1542），五十八歲

作《霍文敏公墓表》。（《西樵遺稿》，第129—130頁。）

嘉靖二十三年甲辰（1544），六十歲

三月二十五日，與湛若水回甘泉都，登沙堤新築之「江門釣臺」，作《登沙堤新築釣臺次石翁韻詩》。〔一〕

六月初七日，卒。賜祭葬如例，贈太保，謚文襄。〔二〕十六日，湛若水作《祭告西樵方公文》。〔三〕

〔一〕黎業明：《湛若水年譜》，上海古籍出版社，2009年，第284頁。

〔二〕《明世宗實録》第287卷，第5541—5542頁。

〔三〕黎業明：《湛若水年譜》，上海古籍出版社，2009年，第285頁。

圖書在版編目(CIP)數據

方獻夫集 /(明)方獻夫撰；問永寧，周悦點校. —上海：上海古籍出版社，2016.11
(嶺南思想家文獻叢書)
ISBN 978-7-5325-8281-5

Ⅰ.①方… Ⅱ.①方… ②問… ③周… Ⅲ.①方獻夫(1485-1544)—文集 Ⅳ.①Z429.48

中國版本圖書館 CIP 數據核字(2016)第 257321 號

嶺南思想家文獻叢書
方獻夫集
[明]方獻夫　撰
問永寧　周悦　點校
上海世紀出版股份有限公司
上　海　古　籍　出　版　社　出版
(上海瑞金二路 272 號　郵政編碼 200020)
(1) 網址：www.guji.com.cn
(2) E-mail：guji1@guji.com.cn
(3) 易文網網址：www.ewen.co
上海世紀出版股份有限公司發行中心發行經銷
惠敦印務科技有限公司印刷
開本 890×1240　1/32　印張 16.125　插頁 2　字數 309,000
2016 年 11 月第 1 版　2016 年 11 月第 1 次印刷
ISBN 978-7-5325-8281-5
B·975　定價：62.00 元
如有質量問題，請與承印公司聯繫